行政法研究双書 31

国家賠償責任の再構成
―― 営造物責任を中心として

小幡純子 著

弘文堂

「行政法研究双書」刊行の辞

　日本国憲法のもとで、行政法学が新たな出発をしてから、六〇有余年になるが、その間の理論的研究の展開は極めて多彩なものがある。しかし、ときに指摘されるように、理論と実務の間に一定の乖離があることも認めなければならない。その意味で、現段階においては、蓄積された研究の成果をより一層実務に反映させることが重要であると思われる。そのことはまた、行政の現実を直視した研究がますます必要となることを意味するのである。

　「行政法研究双書」は、行政法学をめぐるこのような状況にかんがみ、理論と実務の懸け橋となることを企図し、理論的水準の高い、しかも、実務的見地からみても通用しうる著作の刊行を志すものである。もとより、そのことは、本双書の内容を当面の実用に役立つものに限定する趣旨ではない。むしろ、当座の実務上の要請には直接応えるものでなくとも、わが国の行政法の解釈上または立法上の基本的素材を提供する基礎的研究にも積極的に門戸を開いていくこととしたい。

塩　野　　　宏
園　部　逸　夫
原　田　尚　彦

はしがき

　本書は、国家賠償責任、中でも営造物責任──わが国の国家賠償法2条関係──を中心として、筆者がこれまで研究したきた論文を3編選び、「行政法研究双書」の1冊として公刊させていただいたものである。

　第1章は、「フランスにおける公土木の損害（dommages de travaux publics）──公土木責任法の発展過程(1)〜(5・完)」として、法学協会雑誌101巻4号〜102巻11号（1984年4月〜1985年11月）に発表した論文に若干補正を加えたものである（第1章の最後に「補論」として、最近の状況に若干触れている）。フランスにおいては、わが国の国家賠償法2条の「公の営造物」に関する行政賠償責任にほぼ対応する「公土木の損害（dommages de travaux publics）」に関する法制度が存在しているが、同論文では、そのようなオリジナルな行政賠償責任のカテゴリーが出来上がっていく歴史的過程を研究対象としている。フランスの公土木責任法を研究したのは、筆者が東京大学法学部の助手に在籍していた時期で、いわゆる当時の助手論文の成果として法学協会雑誌に発表したものである。今日、時を遙かに経て一書として公刊することには、相当程度躊躇したところでもあるが、フランスの公土木責任法の発展過程自体は、今なお、1つのまとまりをもって存在し、一定の意義を有するものと認められることから、一資料として、より多くの読者の目に留まることを期待して、本書として上程させていただくこととした。

　本助手論文執筆にあたっては、東京大学の故雄川一郎先生、塩野宏先生、小早川光郎先生、宇賀克也先生より、大変親身にご指導をいただき、当時のことを思い返しても、本当に有難いことであったと、改めて心より感謝する次第である。

　第2章は、筆者が、上智大学に奉職した後、「国家賠償法2条の再構成(上)(下)」と題する論文として、上智法学論集37巻1号・2号合併号（1993年12月）及び38巻2号（1994年10月）に掲載したものについて、本書の公刊にあたって、必要最

低限のアップデートを施したものである。筆者の問題意識は、国家賠償法2条について、公物管理の観点から固有の法理が成立しうる部分を明らかにし、その特徴を際立たせる形で国家賠償法2条の法理論の再構築を目指したものである。わが国の国家賠償法2条は、「公の営造物の設置・管理の瑕疵」の条文の下で、営造物が「通常有すべき安全性」を欠いているかについて裁判所が判断することで責任を決しているが、そこには、私人間の不法行為とは異なり、公物として管理するという目的の下で、公物利用者に合理的に期待されうる安全性が確保されているか、という観点から理論を構築する余地があるものと思われる。「公の営造物」の典型例として国家賠償法2条に例示されている道路と河川とは、まさに、それぞれ特徴を有する代表的な公物であるため、行政法学の公物法の視点からの考察によって、営造物の管理責任を明確化していくことは有意義であると考えられよう。

これまで、道路・河川等については、筆者は、行政法研究者として国の審議会等に参画することによって、その公物管理のあり方を論議する機会を得ている。最近の国土交通省社会資本整備審議会道路部会の議論では、利用者の視点を入れて事故時や降雪時の道路通行止めの短縮等についても議論されているが、筆者が本書第2章で示している、道路通行中の利用者の利用方法との関係で合理的に期待される安全性を中心に道路管理の瑕疵をとらえる見方とも繋がるものではないかと思われる。

なお、このような国家賠償法2条の再構成の視点は、本書第1章で行ったフランスの公土木の損害に関する責任法を研究した際に示唆を得て、わが国の法理論への導入を試みたものでもある。第2章については、上智法学論集に発表後、やはりかなり時間を経ているため、新しい最高裁判決等を加え、また、河川の管理瑕疵の構成や、第三者に対する物的性状瑕疵の構成などについて、前記論文発表時から修正を施している。ただし、新しい学説のフォローは時間の制約もあり不十分となっていることをお断わりし、ご寛恕を願う次第である。

最後に、終章の「国家補償の体系の意義」は、国家賠償法・損失補償法の両者に関わる問題について、新しい視点からの再構成を試みたものである。同論文は、磯部力＝小早川光郎＝芝池義一編『行政法の新構想Ⅲ　行政救済法』（有斐閣・2008年12月）279頁以下に掲載するため、国家補償法に関する「新構想」

を描くことを意図したものであるが、行政賠償責任と損失補償との交錯する場面を明らかにし、行政賠償責任についても、損失補償との連続性を意識することによって、行政法に特有の見地からの国家賠償法の理解に繋げていくことが可能となるのではないかと思われる。第1章及び第2章は、いずれも行政賠償責任の中の営造物責任に関わる研究であったが、終章は、営造物責任に限定することなく、国家補償の体系の意義を論じたものであり、前二章とはやや趣きが異なるが、3編を併せて「国家賠償責任の再構成」と題して、本書を公刊することにさせていただいた。

　今回、本書を「行政法研究双書」として出版させていただくにあたっては、弘文堂編集部の北川陽子さんに大変お世話になった。恩師の塩野宏先生には、もっと早く公刊するようかなり以前からご指導いただきながら、何かと雑務に追われ、出版に踏み切れずにいたことをお詫びするとともに、今の時期になって、「行政法研究双書」として本書を公刊させていただく運びになったことに厚く御礼申し上げたい。

　最後に、これまでの筆者の行政法研究者としての活動に多大なご指導・ご助言・ご協力をいただいた多くの先生方に感謝するとともに、私生活上でも研究時間を得るために多大な尽力を惜しまなかった家族の皆に心よりの感謝の気持ちを捧げたい。

　　2014年11月　晩秋の世田谷砧にて

小幡　純子

初出一覧

第 1 章
「フランスにおける公土木の損害（dommages de travaux publics）――公土木責任法の発展過程(1)～(5・完)」
　　法学協会雑誌101巻 4 号～102巻11号（1984年 4 月～1985年11月）

第 2 章
「国家賠償法 2 条の再構成(上)(下)」
　　上智法学論集37巻 1 号・ 2 号合併号（1993年12月）・38巻 2 号（1994年10月）

終　章
「国家補償の体系の意義」
　　磯部力＝小早川光郎＝芝池義一編『行政法の新構想Ⅲ　行政救済法』（有斐閣・2008年12月）

目次

はしがき…*i*
初出一覧…*iv*

第1章　フランスにおける公土木の損害
　　　　（dommages de travaux publics）……………………1
　序　節　本章の意図 ………………………………………………1
　第1節　公土木の損害に関する責任法の成立
　　　　――恒久的損害（dommage permanent）を中心として…8
　　序　款　公土木（travaux publics）の概念 ……………………8
　　　　Ⅰ　公土木と公の工作物　*8*
　　　　Ⅱ　公土木の概念の構成要素　*8*
　　第1款　公土木の損害に関する責任の成立
　　　　　　――恒久的損害に関わる紛争に係る管轄の歴史 ………14
　　　第1項　公土木の損害に関する責任の確立まで
　　　　　　　――共和暦8年法律制定までの歴史　*14*
　　　　Ⅰ　特許状による紛争解決（アンタンダンの管轄）　*14*
　　　　Ⅱ　大革命後から共和暦8年法律制定前まで　*18*
　　　　Ⅲ　共和暦8年雨月28日法律　*19*
　　　第2項　公土木の損害とその隣接分野（行政管轄と司法管轄の区分）
　　　　　　………………………………………………………………*23*
　　　　Ⅰ　（狭義の）収用の司法管轄への移行　*23*
　　　　Ⅱ　（狭義の）収用の概念　*25*
　　　　Ⅲ　公土木により生じた損害について司法権限に留保された問題　*30*
　　　中間総括 …………………………………………………………*32*
　　第2款　公土木の恒久的損害に関する責任法の考察 …………*32*
　　　第1項　恒久的損害の概念 ……………………………………*32*
　　　第2項　恒久的損害に関する責任の実体的要件の検討 ……*34*
　　　　Ⅰ　判例の検討　*34*
　　　　Ⅱ　学説による責任理論の形成　*40*
　　　　Ⅲ　恒久的損害に関する責任法の総括的検討　*44*
　　　第3項　恒久的損害に関する責任の根拠（fondement）………*50*

　　　　Ⅰ　学説の展開　50
　　　　Ⅱ　公負担の前の平等原則　55
　第2節　公土木責任法の発達
　　　　──事故損害（dommage accidentel）に関する責任法の
　　　　考察を中心として ……………………………………………58
　　第1款　事故損害の概念の成立 ……………………………………58
　　　第1項　公土木の損害の領域全体の検討 ………………………58
　　　　Ⅰ　恒久的損害と公土木の損害　58
　　　　Ⅱ　非恒久的損害に関する責任理論に対する学問的研究の遅れ　59
　　　第2項　公土木の損害の分類の試み ……………………………60
　　　第3項　事故損害の概念の検討 …………………………………66
　　第2款　公土木の事故損害に関する裁判管轄 ……………………70
　　　第1項　19世紀後半までの事故損害に関する裁判管轄の動き …70
　　　　Ⅰ　共和暦8年法律制定前後の裁判管轄の問題　70
　　　　Ⅱ　共和暦8年法律制定後のコンセイユ・デタの判例の動向　72
　　　第2項　コンセイユ・デタによる県参事会の管轄の拡大 ………79
　　　　Ⅰ　コンセイユ・デタによる判例変更　79
　　　　Ⅱ　19世紀末以降のコンセイユ・デタによる県参事会の管轄の
　　　　　　拡大　86
　　　　Ⅲ　県参事会の管轄拡大の理由とその意義　98
　　第3款　公土木の事故損害に関する責任法の考察 ……………101
　　　第1項　事故損害の領域における責任の根拠
　　　　　　──恒久的損害との比較において ……………………101
　　　　Ⅰ　学説の状況　101
　　　　Ⅱ　判例の検討　106
　　　第2項　恒久的損害と事故損害の区別 ………………………115
　　　　Ⅰ　恒久的損害と事故損害の責任論の根本的差異　115
　　　　Ⅱ　恒久的損害と事故損害の責任の根拠　118
　　　第3項　事故損害に関する責任の実体的要件の考察 …………119
　　　　Ⅰ　「損害」の存在　119
　　　　Ⅱ　「維持の欠缺」等行政側の帰責事由　120
　　　　Ⅲ　因果関係の存在　126
　　　第4項　危険物に関する判例 …………………………………130
　　　　Ⅰ　危険性を有する公土木の特例　130
　　　　Ⅱ　危険責任原則の適用判例　133

第3節　公土木責任法における新たな展開
　　　　——第三者(tiers)と利用者(usager)の区別に基づく
　　　　　責任システム ………………………………………………136
　第1款　公土木の事故損害の領域における第三者と利用者の
　　　　　区別に基づく責任システム ………………………………136
　　第1項　第三者と利用者の区別による法制の成立まで …………136
　　　Ⅰ　20世紀前半の政府委員による修正提案　136
　　　Ⅱ　学説の中での萌芽　139
　　第2項　判例による第三者と利用者の区別に基づく責任システム
　　　　　　の採用 ……………………………………………………141
　　　Ⅰ　1952年の判例変更　141
　　　Ⅱ　学説による承認　143
　　　Ⅲ　第三者に対する公土木責任法　145
　　第3項　利用者に対する公土木責任法 ……………………………151
　　　Ⅰ　「維持の欠缺（défaut d'entretien）」に基づく責任　151
　　　Ⅱ　特別に危険な公土木に関する例外　157
　　　Ⅲ　「維持の欠缺」理論の意味内容の分析　160
　第2款　恒久的損害の領域における第三者と利用者の区別 …172
　　第1項　従前の恒久的損害に関する責任法 ………………………172
　　　Ⅰ　共和暦8年法律による形成　172
　　　Ⅱ　恒久的損害に関する責任の性質　174
　　第2項　恒久的損害の領域における20世紀後半の責任理論の検討
　　　　　　……………………………………………………………175
　　　Ⅰ　恒久的損害に関する責任の性質　175
　　　Ⅱ　恒久的損害における責任要件　177
　　第3項　恒久的損害の領域における第三者と利用者の区別の意義
　　　　　　……………………………………………………………178
　　　Ⅰ　恒久的損害の領域における被害者の地位　178
　　　Ⅱ　公の工作物の近隣住民と沿道住民の被害に関する判例　184
　　　Ⅲ　恒久的損害の領域での特質　189
　第3款　公土木の損害の領域全般における第三者と利用者の
　　　　　区別の意義 …………………………………………………190
　　第1項　第三者と利用者の区別と恒久的損害・事故損害の区別と
　　　　　　の関係 ……………………………………………………190
　　　Ⅰ　恒久的損害・事故損害の区別による責任理論と第三者・
　　　　　利用者の地位の区別による責任理論との重なり合い　190
　　　Ⅱ　恒久的損害・事故損害の区別の問題点の指摘　192
　　　Ⅲ　第三者・利用者の区別に基づく責任システムの意義　196

第 2 項　第三者と利用者の区別に基づく責任システムにおける
　　　　　　　責任の根拠の検討 …………………………………………200
　　　　　Ⅰ　利用者に関する責任の論拠　200
　　　　　Ⅱ　学説の状況　201
　　　第 3 項　公負担の前の市民の平等原則との関係 ……………………204
　　　　　Ⅰ　第三者・利用者の区別に基づく責任システムとの関係　204
　　　　　Ⅱ　恒久的損害・事故損害の区別に基づく責任システムにおいて
　　　　　　　果たした役割　205
　　　　　Ⅲ　事故損害の領域への公負担の前の平等原則の拡大　208
　　　　　Ⅳ　公土木の損害の領域全体への公負担の前の平等原則の適用　209
　　　第 4 項　第三者と利用者の区別に基づく責任システムの総括 …211
　　　　　Ⅰ　第三者・利用者の区別による責任理論の問題点　211
　　　　　Ⅱ　第三者に対する損害としての統一的理解の試み　213
　　　第 5 項　公土木の損害に関する責任法の独自性（originalité）
　　　　　　　──その発展の歴史の総括的検討 ……………………………216
　　　　　Ⅰ　初期の恒久的損害に関する責任法の独自性　216
　　　　　Ⅱ　恒久的損害・事故損害の区別を中心とした公土木責任（裁判
　　　　　　　管轄の独自性）　217
　　　　　Ⅲ　第三者・利用者の区別に基づく責任システムの採用による
　　　　　　　独自性　218
　　　　　Ⅳ　「公土木の損害」のカテゴリーの独自性　220
　終　節　フランス公土木責任法及び日本法との対照の試み …222
　　　　　Ⅰ　フランス公土木責任法の発展過程──要約　222
　　　　　Ⅱ　日本法との対比　225
　　　　　Ⅲ　まとめ　235
　補　論 ……………………………………………………………………………237

第 2 章　国家賠償法 2 条の再構成 ……………………………………239

　序　節　国家賠償法 2 条をめぐる問題状況 ……………………………239
　第 1 節　国家賠償法 2 条の成立と展開 …………………………………242
　　第 1 款　国家賠償法 2 条の成立と民法717条 …………………………242
　　　第 1 項　国家賠償法の成立過程 …………………………………………242
　　　第 2 項　国家賠償法 2 条と民法717条との関係 ………………………243
　　　　　Ⅰ　国家賠償補法 2 条の立法趣旨　243
　　　　　Ⅱ　民法717条の法的性質　243
　　　　　Ⅲ　両者の関係　245

第2款　国家賠償法2条の独自の展開 ……………………246
　　　第1項　「公の営造物」の独自性 ……………………………246
　　　第2項　国家賠償法2条の展開の独自性 ……………………247
　　第3款　国家賠償法2条の設置・管理の瑕疵に関する判例学説
　　　　　　理論の形成 ……………………………………………248
　　　第1項　序　説 …………………………………………………248
　　　第2項　瑕疵に関する諸学説 …………………………………248
　　　　Ⅰ　主要な学説　*248*
　　　　Ⅱ　瑕疵論争　*250*
　　第4款　国家賠償法2条の類型化の試み ……………………252
　　　第1項　国家賠償法2条の諸類型 ……………………………252
　　　　Ⅰ　類型化による分類　*252*
　　　　Ⅱ　公物の利用の観点　*253*
　　　第2項　「供用関連瑕疵」類型の登場 ………………………253
　　　　Ⅰ　公の営造物の周辺住民に及ぼされる損害　*253*
　　　　Ⅱ　「供用関連瑕疵」の判断基準　*254*
　　　第3項　「供用関連瑕疵」と「物的性状瑕疵」の分類 …………255
　第2節　物的性状瑕疵類型 ……………………………………………257
　　第1款　利用者に対する損害と第三者に対する損害との区別
　　　　　 …………………………………………………………………257
　　　第1項　公物の管理と供用目的 ………………………………257
　　　第2項　公の営造物の「利用」と利用者に対する瑕疵責任 ……258
　　　第3項　公の営造物の第三者に対する瑕疵責任 ……………259
　　　第4項　道路・河川等の公の営造物と物的性状瑕疵 …………259
　　　　Ⅰ　道路の管理瑕疵　*259*
　　　　Ⅱ　河川の管理瑕疵　*260*
　　　　Ⅲ　その他の公共用物・公物に係る管理瑕疵　*261*
　　　　Ⅳ　国家賠償法2条に特有な瑕疵論　*263*
　　第2款　利用者に対する物的性状瑕疵 ………………………263
　　　第1項　道路の利用者に対する物的性状瑕疵 ………………263
　　　　Ⅰ　道路の利用の特色　*263*
　　　　Ⅱ　公物管理としての道路の管理　*264*
　　　第2項　主要判例の検討 ………………………………………265
　　　　Ⅰ　路面不良等による事故　*266*
　　　　Ⅱ　落石等の直撃事故　*268*

         Ⅲ　路上障害物による事故　*272*
　　　第3項　瑕疵の判断基準の検討 …………………………………*275*
         Ⅰ　利用者に対して備えるべき安全性の基準　*275*
         Ⅱ　利用者側の利用方法との関係で発生する損害類型　*276*
         Ⅲ　利用者側に回避可能性のない損害類型　*278*
         Ⅳ　両類型の瑕疵の判断基準　*279*
　　　第4項　利用者側の利用方法 ……………………………………*280*
　　　第5項　管理における行為規範 …………………………………*282*
         Ⅰ　利用者側の利用方法との関係で発生する損害類型　*282*
         Ⅱ　利用者側に回避可能性のない損害類型　*284*
　　　第6項　管理における守備範囲 …………………………………*285*
         Ⅰ　道路管理の対象となる物理的範囲　*285*
         Ⅱ　自然現象、第三者の行動が原因である場合の守備範囲　*286*
　　　第7項　小　括 ……………………………………………………*290*
　　第3款　第三者に対する物的性状瑕疵 ………………………………*292*
　　　第1項　第三者に対する損害と物的性状瑕疵 …………………*292*
　　　第2項　判例の検討 ………………………………………………*293*
　　　第3項　第三者に対する物的性状瑕疵の判断基準 ……………*295*
　　第4款　危険防御施設の設置・管理の瑕疵 …………………………*298*
　　　第1項　河川の瑕疵と水害 ………………………………………*298*
　　　第2項　河川水害における判例の瑕疵判断基準 ………………*299*
         Ⅰ　大東水害訴訟最高裁判決　*299*
         Ⅱ　多摩川水害訴訟等　*300*
         Ⅲ　河川管理の特質　*301*
　　　第3項　危険防御施設の物的性状瑕疵の特殊性 ………………*302*
　第3節　供用関連瑕疵類型 …………………………………………………*305*
　　第1款　供用関連瑕疵に関わる類型の検討 …………………………*305*
　　　第1項　「供用関連瑕疵」概念の問題点 ………………………*305*
　　　第2項　「供用関連瑕疵」の類型化の検討 ……………………*306*
　　第2款　供用関連瑕疵類型に関する責任理論の検討 ………………*308*
　　　第1項　供用関連瑕疵判例の検討 ………………………………*308*
         Ⅰ　国家賠償法2条の適用　*308*
         Ⅱ　供用関連瑕疵類型における判断基準　*310*
　　　第2項　民法の不法行為一般論との関係 ………………………*315*
         Ⅰ　民法理論における公害賠償のとらえ方　*315*
         Ⅱ　民法709条の適用における公害判例の概観　*316*

　　　　Ⅲ　供用関連瑕疵の特殊性　317
　　第3項　供用関連瑕疵における「通常有すべき安全性」………318
　　　　Ⅰ　供用関連瑕疵判例における「（通常）有すべき安全性」　318
　　　　Ⅱ　供用関連瑕疵事例における被害回避可能性　320
　　第4項　供用関連瑕疵における「公共性」……………………324
　　　　Ⅰ　「公共性」に関する判例　324
　　　　Ⅱ　「公共性」をめぐる学説の議論　325
　　　　Ⅲ　「公共性」の意味・機能　327
　　第5項　損失補償理念との共通性……………………………329
　　　　Ⅰ　判例における「損失補償」理念　329
　　　　Ⅱ　行政法分野における位置づけ　330
　　　　Ⅲ　民法分野での問題点の指摘　331
　　　　Ⅳ　「公共性」との関係　333
　　　　Ⅴ　地域性、受益性の考慮　335
　　　　Ⅵ　被害防止措置の考慮　336
　　第3款　供用関連瑕疵類型の小括…………………………337

　終　節　国家賠償法2条の再構成………………………………340
　　　　Ⅰ　利用者に対する物的性状瑕疵　340
　　　　Ⅱ　第三者に対する物的性状瑕疵　341
　　　　Ⅲ　供用関連瑕疵　342
　　　　Ⅳ　公物管理の観点からの国家賠償法2条の再構成　343

終　章　国家補償の体系の意義……………………………………345

　　第1項　国家補償法の意義——現状の理解と問題点…………345
　　　　Ⅰ　行政法の体系の中での「国家補償法」　345
　　　　Ⅱ　適法行為に基づく損失補償　346
　　　　Ⅲ　国家賠償責任の概念　352
　　　　Ⅳ　損失補償・国家賠償の融合事例の検討　356
　　第2項　国家補償法の行政法体系の中での視座の設定………361
　　　　Ⅰ　適法な侵害作用の類型としての共通理解　361
　　　　Ⅱ　「公権力の行使」（狭義）と補償の要否　364
　　　　Ⅲ　供用関連瑕疵と補償代替型国家賠償　366
　　第3項　小　括……………………………………………………366

第 1 章

フランスにおける公土木の損害
(dommages de travaux publics)

序　節　本章の意図

　(1)　わが国においては、一般的に国家のなすべき損失の塡補について、国家の適法行為に基づく公法上の損失補償と国家の不法行為に基づく損害賠償との2種に区別して考察されてきた[1]。その際、後者に関しては、第二次世界大戦後、国家賠償法が制定されたことにより、これを中心に議論が展開されることとなった。

　国家賠償法の制定は、戦前、わが国において、国または公共団体の不法行為責任について一般的規定とみるべきものが存在せず、公の不法行為に対する救済制度が不備であったことに鑑み、新憲法の下に、これを整備することを目的としたものである[2]。従来から純然たる私経済関係の主体たる国または公共団体の作用より生じた損害については、学説・判例ともに民法の適用を肯定してきた。これに対し、国または公共団体の公の作用から生じた損害に関する賠償責任の有無の問題については、公の行政作用を権力的作用と非権力的作用に分かち、前者については、特別の規定のない限り民法の不法行為上の規定は適用ないものとし、一貫して国または公共団体の賠償責任が否定されていた[3]。他方、

---

1)　田中二郎「不法行為に基く国家の賠償責任」『行政上の損害賠償及び損失補償』（酒井書店・1954）5頁、美濃部達吉『行政法撮要　上巻』〔訂補4版〕（有斐閣・1933）230頁、佐々木惣一『日本行政法論―総論』（有斐閣・1924）667頁以下、等参照。

2)　田中二郎「国家賠償法について」前掲注1）159頁参照。

3)　租税の違法な賦課徴収及び滞納処分に基づく損害（大判明治36・5・28大民録9輯647頁、大判昭和7・9・14大民律新聞3461号9頁、大判昭和16・2・27大民集20巻118頁）、消防自動車による轢殺による損害（大判昭和10・8・31大民律新聞3886号7頁）、違法の行政執行に基づく損害（大判昭和16・11・26大審院判決全集9輯10号6頁）、印鑑証明事務の執行に基づく損害（大判昭和13・12・23大民集17巻2689頁）、違法な特許附与の制限に基づく損害（大判昭和4・10・24大民法

後者については、判例により漸次民法の不法行為法の適用範囲が拡大され賠償責任が肯定される場合も多くなったが、未だその責任を否定したものも少なくないという状況にあった。

新憲法の下で制定された国家賠償法は、ごく概括的にいえば、民法の規定の適用を受けた領域は従来どおり民法の規定によるべきものとしつつ、これまで民法の規定の適用がなくまた特別の定めもないために賠償を求める途がなかった権力的作用に関する賠償責任（国家賠償法1条）、及び民法規定による損害賠償を求めうるか否かについて疑義が存し、判例も必ずしも一貫していなかった公の営造物の設置・管理の瑕疵に基づく損害の賠償責任（国家賠償法2条）を整備するものであった。

ところで、わが国の国家賠償法2条は、その成立経緯の特殊性——従来より民法の適用は完全に排除されていない中間的な領域であって疑義をなくすために立法化されたという事情——と関連して、その責任の性格、責任要件、民法

律新聞3073号9頁）等は、いずれも民法の適用がないものとして賠償責任を否定した事例である。田中・前掲注2）167頁注（一）参照。

4） 古い判例は、公の行政作用について、すべて民法に基づく賠償責任を否定してきたが〔例えば、河川・道路等の工事に基づく損害（大判明治29・4・30大民録2輯4巻117頁、大判明治40・2・22大民録13輯148頁）、火薬製造事業に基づく損害（大判明治43・3・2大民録16輯174頁）等〕、大正5年の徳島県の遊動円棒に関する事案を境として、このような判例は、民法717条の適用または類推適用を認める方向へと変遷していったといわれる。例えば、小学校運動機具設備の瑕疵に基づく損害（大判大正5・6・1大民録22輯1088頁）、水道工事に基づく損害（大判大正7・6・29大民録24輯1306頁）、下水道設備の瑕疵に基づく損害（大判大正13・6・19大民集3巻295頁）、築港工事に基づく損害（大判大正7・10・25大民録24輯2063頁）等は、損害賠償責任を肯定した事例である。田中・前掲注2）160頁参照。

5） しかしながら、賠償責任を肯定する判例は、公の営造物を占有するのは、権力関係というより純然たる私法上の占有であるとする理由から民法の規定を適用したものであり、他方、消防自動車の試運転中に人を轢殺した事件（大判昭和10・8・31大民法律新聞3886号7頁）等では、賠償責任は否定されている。古崎慶長『国家賠償法』（有斐閣・1971）207頁参照。

6） 田中・前掲注2）160頁参照。

7） 国家賠償法2条の責任の性格をどのようにとらえるかという問題については、民法717条の責任の考え方を持ち込み、危険責任の原理に基づく無過失責任（民法717条に関する通説：中川善之助ほか編『注釈民法(19)』（有斐閣・1965）306頁参照、その内容について、加藤一郎『不法行為（法律学全集22-2）』〔増補版〕（有斐閣・1974）196頁等参照）であるとするのが通説だが（加藤一郎『不法行為法の研究』（有斐閣・1961）33頁、乾昭三「国家賠償法」中川ほか編・前掲書417頁、古崎慶長『国家賠償法の理論』（有斐閣・1980）161頁参照）、特に国家賠償法2条について吟味されるべき問題点の指摘（西尾昭「公の営造物と賠償責任」同志社法学14巻8号1364頁）、及び結果責任・過失責任主義との関係についての議論等がある（末川博『天災と国家の責任』『法と自由』（岩波書店・1954）165頁、加藤・前掲『不法行為法の研究』32頁、古崎・前掲書160頁、西尾・前掲論文

との関係等について様々な議論がなされてきた。また、国家賠償法１条については、構成こそ違え同様の条文が各国に認められるが、これに対して２条については、外国の立法例では同様の規定はほとんど存在しないといわれている。

(2) ここで、フランスにおいて伝統的に公法に固有な領域として存在する公土木（事業）[travaux publics] と呼ばれる分野に目を移してみたい。公土木の

1370頁参照――なお、過失責任・無過失責任をめぐる議論に対する疑問として、野村好弘「道路の安全性の欠如による交通事故とその賠償責任」ジュリ413号109頁、さらに、平井宜雄『損害賠償法の理論』（東京大学出版会・1971）385頁以下参照）。

また、国家賠償法２条の責任要件、特に「設置管理の瑕疵」の解釈論に関し、判例分析を中心とする様々な論議が展開された。主なものとして、義務違反説と客観説との対立などが挙げられるが、小幡「営造物の管理の瑕疵の意義」高木光＝宇賀克也編『行政法の争点（ジュリスト増刊）』（有斐閣・2014）156頁に簡潔にまとめている。

8) 国家賠償法２条を、民法717条との関係でどのように理解すべきかは一の問題である。学説上一方で、例えば加藤教授は「２条……の内容は民法717条と同一であり、ただ土地の工作物が国または公共団体の設置し管理するものか、私人のものであるかによって、適用条文が違ってくるにすぎない」（加藤・前掲注７）『不法行為』194頁、同旨・末川・前掲注７）164頁）と論じているが、他方、古崎判事は「２条を、単に民法717条の延長線上でのみとらえることは許されない」（古崎・前掲注５）207頁）と述べ、また、乾教授は、「本条は民法717条と連続する側面をもつと同時に、違った側面を有していることに注意する必要がある。……かえって一般市民の場合より……重い責任があることを認めたものと解すべきである」（乾・前掲注７）417頁）と指摘するなど、議論がある。

9) 例えば、ドイツにおいては、国家の職務責任（Amtshaftung）と呼ばれるものが存在し、フランスにおいても公役務のフォート（faute de service public）に基づく賠償責任の法理が展開されている。

10) 古崎判事によれば、「わが国の２条のような規定があるのは、大韓民国国家賠償法５条だけで、その他の国は、民法の工作物責任によっている。従って、１条のような比較法的研究は見当たらない。ということは、外国では、国の営造物の管理責任は、民法と同一のレベルで論じれば足りるということである」とされている（古崎・前掲注５）209頁）。なお、昭和56年に制定された中華民国の国家賠償法第３条でも、わが国の２条と同様の規定が置かれている。

11) travaux publics をどのように日本語訳するかはそれ自体難しい問題である。近藤昭三教授は「公土木」と訳されており（「公土木（Travaux publics）の損害について―無過失責任主義の成立」法政研究32巻2＝6合併号139頁。國井和郎「遊園地の滑り台の欠損と児童のけが」奥田昌道ほか編『民法学６ 不法行為の重要問題』（有斐閣・1975）147頁以下、149頁においても同様。Ｊ・リヴェロ〔兼子仁＝磯部力＝小早川光郎編訳〕『フランス行政法』（東京大学出版会・1982）、等も同様）、また、雄川一郎教授は「公土木工事」（「フランスにおける国家賠償責任法」比較法研究9＝10号49頁以下、62頁参照）、あるいは「公事業」（「行政上の無過失責任」川島武宜編集代表『我妻先生還暦記念 損害賠償責任の研究(下)』（有斐閣・1965）198頁以下、220頁参照。神谷昭「フランス行政法における国の危険責任」『フランス行政法の研究』（有斐閣・1965）352頁において同様）とされ、渡辺宗太郎教授は「公共企業」（「仏国に於ける国家責任問題の趨勢」法学論叢20巻１号145頁以下、153頁参照）と訳されており、様々な訳語が考えられる。新しい用語法としては、「公土木」より「公事業」の方が適当とも考えられるが、"travaux publics" という言葉自体、伝統的な、いわば古い用語であると思われるので、本書では、「公土木」と訳することとする。その内容については、以下、明らかにしていくことにしたい。また、通常、"travail public" ではなく、

領域は、大摑みにいえば、一般的利益のために公法人が不動産に関して行う土木事業、及びその土木事業の実現たる公の工作物に関わる様々な法制を包含した領域である。フランス行政法において重要な1項目を占める公土木は、古くは王権の下に最も中央集権化された行政組織の1つであったポン・ゼ・ショッセ（ponts et chaussées 橋梁道路）――公土木を担当する役務――を基軸に発展してきた長い歴史を有するものであり、その中の公土木の損害に関する責任法についても、固有の歴史的発展の流れを明確に認めることができる。このことは、例えば、「この（公土木の損害に関する責任の――引用者注）制度が、公権力責任の一般法（le droit commun de la responsabilité de la puissance publique）と呼ぶことのできる制度に比べて速い進歩を遂げたことは、疑う余地のないところである。したがって、それは長い間、一般法に対して独自的な（original）性格を呈していた」（F. -P. Bénoit）と論じられることからも、うかがい知ることができる。

　本章は、このフランスにおける公土木責任法を研究対象として取り上げるものであるが、その主要な理由は次のとおりである。第一に、公土木の損害の領域が、わが国における公の営造物の設置または管理の瑕疵に基づく損害賠償責任を定めた国家賠償法2条が対象とする領域に近似しているため、フランスにおいて公法領域で育てられたコンセイユ・デタの判例法たる公土木責任法とわが法とを比較対照することによって、国家賠償法2条の解釈論さらには立法論、理論的問題にも有益な示唆を得ることができると考えられることである。第二

　　"travaux publics"と複数形で用いられることにも注意しておく必要があろう。
12)　公土木の概念については、それ自体歴史的な発展もみられ、簡単に論ずることはできない。次節において触れることとしたい。
13)　近藤・前掲注11）139頁以下、142頁参照。
14)　F. -P. Bénoit, "Dommages resultant des travaux et ouvrages publics", Jurisclasseur administratif, Fascicule 725, n°3.
15)　フランスにおいては、「公土木の損害（dommages de travaux publics）」に関する責任という形で議論されることが多いが、ここでは略して「公土木責任法」と記述する場合もある。
16)　しかしながら、フランスにおける公土木は少なくとも不動産に限られるため、国家賠償法2条の「公の営造物」と一致するものではないことに留意すべきである（「公の営造物」は、土地工作物に限られず、動産をも含むとされている（古崎慶長『判例営造物管理責任法』（有斐閣・1975）389頁以下、田中二郎『新版行政法(上)』（弘文堂・1974）175頁、我妻栄＝有泉亨＝四宮和夫『事務管理・不当利得・不法行為』（コンメンタール刊行会・1963）284頁、今村成和『国家補償法（法律学全集9）』（有斐閣・1957）124頁、乾・前掲注7）419頁、小幡「『公の営造物』の意義」国家補償法大系2（日本評論社・1987）169頁以下参照。

は、フランスの公土木責任法が国家賠償法2条に限らず、わが国の損失補償法の一部をも広く包含するものと考えられ、このことがわが法との比較における意義を増大せしめうることである——この点は、公土木責任法制が、一方において収用（expropriation）に接し、他方において公権力責任の一般法に接するものとして位置づけられることに基づくものである——。第三に、フランスにおける公土木責任法が、フランス法固有の視点から、また比較法的にも、先進的なものとみなされうること、等が挙げられよう[17]。

(3) 本章は、フランスにおける公土木の損害に関する責任法を対象とするものであるが、その際、できるだけ客観的な形でフランスの公土木責任法に関する検討を進め、その歴史的な発展過程を明らかにすることを旨とした。

フランス公土木責任法に関しては、すでに近藤昭三教授の「公土木（Travaux publics）の損害について—無過失責任主義の成立」（法政研究32巻2=6合併号139頁）などのすぐれた論文が著わされている[18]。本章は、フランス公土木

---

17) 先にも挙げたように、ベノワは、この公土木責任法制が、公権力責任の一般法に比べて速い進歩を遂げた（a progressé plus rapidement）ことを指摘している。時期的に早くから賠償責任を認めていたこと、無過失責任主義の成立等、同国の公権力責任一般法との関係のみならず、広い意味で先進的な法制であったことは間違いなく、例えば、道路隣地者に認められる補償について、フランス法がドイツ法に影響を与えたことが認められている（柳瀬良幹「道路隣地者の求償権—併せて公法上の損失補償の観念に就て」『行政法の基礎理論(2)』101、108頁参照。より一般的に、公法上の損失補償の理論に対するフランス法の影響について、塩野宏『オットー・マイヤー行政法学の構造』（有斐閣・1962）255頁参照）。

18) 本邦におけるフランス公土木責任法に関する著作としては、前掲注11）の近藤昭三教授の論文が代表的なものであるが、その他、この問題に触れている主要な論文を以下に挙げておく。
雄川・前掲注11）「フランスにおける国家賠償法」49頁、同・前掲注11）「行政上の無過失責任」191頁、神谷・前掲注11）352頁、渡辺・前掲注11）145頁、杉村章三郎「国家の損害賠償責任と無過失主義の原則」同編『筧教授還暦祝賀論文集』（有斐閣・1934）658頁、近藤昭三「行政と補償」雄川一郎＝高柳信一編『岩波講座現代法4 現代の行政』（岩波書店・1966）315頁、同「公土木の概念とその責任法理」『フランス判例百選（別冊ジュリスト）』（有斐閣・1969）57頁、池田敏雄「フランスにおける損失補償の法理」公法研究42号203頁、同「フランスの公用収用制度とその適用範囲について」法学論集（関西大学）24巻4号150頁、山田準次郎「フランス法における国の補償責任」法律論叢39巻4=5=6号123頁、広岡隆「フランスにおける行政上の無過失責任の最近の動向」同ほか編『杉村敏正先生還暦記念 現代行政と法の支配』（有斐閣・1978）277頁、兼子仁「行政の危険に基づく無過失責任」『フランス判例百選（別冊ジュリスト）』（有斐閣・1969）60頁、國井・前掲注11）147頁、滝沢正「フランス法における行政の不法行為責任」山口俊夫ほか編『野田良之先生古稀記念 東西法文化の比較と交流』（有斐閣・1983）421頁、同「各国行政法・行政法学の動向と特色『フランス』」雄川一郎ほか編『現代行政法大系1 現代行政法の課題』（有斐閣・1983）215頁、田代暉「国家賠償法2条にいう瑕疵について—フランスの公土木の損害賠償と比較しながら」民事研修312号10頁、松尾直「公の営造物の管理と責任」徳山大学論叢17号67頁、等。

責任法の歴史的発展過程を、20世紀後半以降にほぼ完成したと考えられるまでの広い時代にわたって分析するものである点において特徴を有する。

(4) 本章では、フランスの公土木責任法について、その現状を理解する上で不可欠と思われる歴史的な形成、変遷の過程を追って論じていくこととする。すなわち、第1節は、公土木の損害（dommages de travaux publics）に関して、その責任の問題が考えられるようになった最初の段階及びその責任法制について検討するが、ここでの公土木の損害は、収用に基づき補償される損失とかなり近いものととらえられる「恒久的損害（dommage permanent）」と名づけられる損害のカテゴリーであり、この領域こそ、その後の公土木責任法発展の中核となった部分である。ここでは、20世紀前半までの当該領域で妥当したとみられる責任原則を明らかにしていくことになる。

続いて第2節においては、広義の公土木の損害の中で「恒久的損害」と区別され、「事故損害（dommage accidentel）」と名づけられる損害のカテゴリーについて、その責任原則を探っていくこととする。このカテゴリーでは、一般に公権力責任法の発達と軌を一にした展開がみられるため、フォートによらぬ責任（responsabilité sans faute）[19]が早くから認められていた領域である「恒久的損害」との相違が重要な視点となる。[20]

---

19) フランスにおける"faute"をどのように訳するという問題がある。"faute"の概念自体、フランスにおいても、先存義務違背（uu manquement à une obligation préexistante）という客観的な要素に尽きるのか、あるいは行為者の意思に対する帰責性（imputabilité）という主観的な要素をも含むのかという点で論争があり、一義的には定められないようであるが（野田良之「フランス民法における fauteの概念」川島武宜編集代表『我妻先生還暦記念　損害賠償責任の研究(上)』（有斐閣・1957）110頁以下、平井・前掲注7）424頁参照）、通常、このfauteは、ドイツ・日本式の「違法性」と「過失」とを融合し、故意をも含む観念であるといわれる（アンドレ・タンク〔星野英一訳〕「不法行為責任におけるフォート（faute）の地位」法協82巻6号717頁注(2)、平井・前掲注7）425頁参照）。本章では、fauteを「過失」とは訳さず、そのまま「フォート」と訳しておく（タンク〔星野訳〕・前掲論文の注(2)に従う）。

20) したがって、本章第1節と第2節は、時間的にみれば重なる部分も多く、カテゴリーごとに構成されることになる。これに対して第3節は、20世紀後半以降の最近の法制を、もっぱら時間的に区切って論ずるものである。

本章の執筆にあたって参照した文献の中で、特に主要なものを以下に挙げておく。

F.-P. Bénoit "Dommages resultant des travaux et ouvrages publics", Jurisclasseur administratif, Fascicule 725 et 726.

P. Delvolvé, Le principe d'égalité devant les charges publiques, 1969.

R. Dareste, La justice administrative en France, 1898.

第3節では、20世紀半ば以降の最近の判例の動きを、恒久的損害・事故損害の区別に関わらず、公土木の損害の領域全体に関して検討する。ここで判例により採用されたとみられるのは、被害者の地位――第三者・利用者（tiers・usager）――による区別であり、この局面において、第1節から考察してきた歴史的発展の流れが1つの形をなすものととらえられる。

そして終節において、フランス公土木責任法の歴史的発展及び現状を総括し、その意義を明らかにするとともに、日本法との関わりにおける同法の位置づけの探究を試みることとしたい。

　P. Duez, La responsabilité de la puissance pulique (en dehors du contrat), 1re éd. 1927; 2e éd. 1938.

　M. Hauriou, Précis de droit administratif et de droit public, 12e éd. 1933.

　H. F. Koechlin, La responsabilité de l'Etat en dehors des contrats de l'an VIII à 1873, 1957.

　E. Laferrière, Traité de la juridiction administrative et des recours contentieux, 2e éd. 1896, Tome I - II.

　A. Mathiot, Les accidents causés par les travaux publics, thèse Paris, 1934.

　F. Moderne, "La distinction du tiers et de l'usager dans le contentieux des dommages de travaux publics", Cahiers juridiques de l'électricité et du gaz (C. J. E. G.), 1964, n° 174, p. 677 à 702; n° 175, p. 755 à 779.

　J. Moreau, L'influence de la situation et du comportement de la victime sur la responsabilité administrative, 1956.

　A. Rouast, Du fondement de la responsabilité des dommages causés aux personnes par les travaux publics, 1910.

　K. H. Vogt, Die Entwicklung der "Responsabilité sans faute" in der neueren französischen Lehre und Rechtsprechung, 1975.

第1節　公土木の損害に関する責任法の成立
　　　——恒久的損害(dommage permanent)を中心として

序　款　公土木（travaux publics）の概念

Ⅰ　公土木と公の工作物

　フランス法上の公土木の概念自体、歴史的に変遷をみせており、また、それが、それぞれの時代の公土木法制との関係でのみとらえられるものであることを考えるならば、これを画一的に定義することは甚だ困難である。しかしながら、本章のテーマである公土木の損害に関する責任法が、公土木の中の一法制である以上、公土木の概念を、本論に入る前に簡単に明らかにしておくことが便宜であると思われる。

Ⅱ　公土木の概念の構成要素

　公土木の観念は、法令では定められておらず、判例により形成されてきたものである。公土木の訴訟について定める共和暦8年雨月28日法律は、公土木の定義を行わずして、この領域における県参事会の権限を付与したものであった。
　まず、公土木という場合、狭義の公土木と公の工作物（ouvrage public）との2つのカテゴリーが考えられ、両者を合わせて広義の公土木概念を構成することに注意する必要がある。20世紀初頭、カピタン（Capitant）は「公土木の二重の概念」と題する論文において、公土木に隣接する概念として、公役務（service public）と公物（domaine public）とを挙げ、この3つの概念のそれぞ

---

1) ouvrage public を、本章では「公の工作物」と訳するが（J・リヴェロ〔兼子仁＝磯部力＝小早川光郎編訳〕『フランス行政法』（東京大学出版会・1982）も同様）、「公的施設」と訳する論者も多い（近藤昭三「公土木（Travaux publics）の損害について—無過失責任主義の成立」法政研究32巻2＝6合併号139頁等）。
2) R. Capitant, "La double notion de travail public", R. D. P. 1929, p. 507.

れの自律性を認めた。カピタンの論ずるところによると、公土木は、ある時は公役務として、またある時は公物として現われ、能動的意味と受動的意味との二重性が認められるとされる。すなわち、能動的——行動（activité）——役務と、これに対比される、受動的——物（chose）——財産（bien）という2つの意味がそれである。能動的意味の公土木としては、公土木の計画（programme）や、鉄道線路・陸橋・教会の建設や、山の再植林、荒廃地域の取払い、道路の清掃等が挙げられ、他方、受動的意味においては、線路・陸橋・教会等の公の工作物自体を示すことができる。[3]

このような公土木の二重の概念は、その後、ほとんどすべての学者によって認められており、例えば、ローバデール（Laubadère）は、その教科書の中で[4]「公土木という表現は、単にある施設の建設・維持・整備等の作用、すなわち、通常《travail》という言葉が意味する作用を示すために用いられるばかりではなく、その施設それ自身をも指す」と述べている。

以上を前提として、公土木の概念の構成要素を挙げていきたい。狭義の公土木の概念を論ずることによって、公の工作物の概念をもほとんどカヴァーすることができると思われるので、ここでは、狭義の公土木の概念についてみていくこととする。[5]

狭義の公土木の概念は、その伝統的条件として3つの要素、すなわち、(一)不動産の travail であること、(二)一般的利益（utilité générale）の目的（but）を有すること、(三)公法人のためになされる（pour le compte d'une personne publique）執行であること、——を挙げることができるとともに、さらに、この伝統的概念の拡張として、より広げられた公土木の概念がみられるようになった。以下、これらの要素を順に検討していくことにしたい。[6]

---

3) R. Capitant, op. cit., p. 509.
4) A. De Laubadère, Traité de droit administratif, 7ᵉ éd 1980, Tome II. p. 290.
5) 公の工作物は、狭義の公土木の対象をなす不動産としてとらえうることが多いとされる。例えば、公土木が工作物の建設を対象としているときにも、当該工作物が個人の所有に予定されている場合などには、私的工作物（ouvrage privé）たりうるが、これに対して、公の工作物についてなされる不動産土木は、常に公土木となる（Laubadère, op. cit., p. 301 à 306）。
6) C. E. 10 juin 1921, Commune de Monségur（S. 1921 III p. 49）により、「一般的利益の目的において、公法人によってまたは公法人のために（pour le compte）執行された不動産土木（travail immobilier）」という伝統的概念が成立したとされる（J. -M. Auby/Ducos-Ader, Droit administratif 3 éd. 1973, nº 300（p. 405）; Laubadère, op cit., p. 290 et s. 参照）。

1 travail immobilier の概念

(1) travail の概念——不動産の構造を変える事実上の作用(建設、修繕、変形、破壊)のみならず、維持(entretien)作用、ならびにより広くは、不動産に直接関わりうる様々な事実上の作用を含む。例えば、公道の清掃・撒水、travail の執行のために用いられる材料の輸送[7]、罹災した不動産の処理[8]などがこれに含まれる。

(2) 不動産であること——最も厳格な条件である。船や飛行機等、重量が大きいものでも、動産は公土木とはなりえない。判例は、ここでは私法上の基準(critère)を採用しており、用途(destination)による、あるいは合体(incorporation)による不動産に関する土木を公土木の中に含ましめている(電話線・海底ケーブル等)[9]。

2 一般的利益の目的

単なる土木(travail)か公土木であるかを決定する要件として、一般的利益という概念の意味が重要である。

(1) 公役務との関係——一般的利益は、公役務より広い概念であると考えられ、判例は、いわゆる公役務の目的で遂行されたものではない travail にも公土木の性格を認めている[10] (例えば、政教分離法律により公役務たる性格を失った教会に対して執行された travail)[11]。

(2) 公物との関係——公物の概念は、一般的利益の概念とは合致せず、したがって、公土木の概念とは分離されうるものとされる[12]。原則として、公物について執行された travaux は、不動産公物である場合には公土木を構成する(ただし、公物に対する私的 travail、例えば、公道占用者により執行される travaux 等の場合は異なる)[13]。他方、公土木であっても公物に関する travail とは限らず、

---

7) C. E. 28 mai 1935, Quignard, R. p. 627.
8) C. E. 11 février 1927, Touzé, R. p. 202; C. E. 21 novembre 1933, Sté Goldenberg, R. p. 927.
9) C. E. 4 juin 1937, Compagnie fr. des câbles télégr. R. p. 557; C. E. 21 janvier 1927, Compagnie générale des eaux, D. 1928 III p. 57. etc.
10) しかしながら、公役務の概念は、後述する第三の条件において、公土木の概念に関わっていると考えられる。
11) C. E. 10 juin 1921, Commune de Monségur, S. 1921 III p. 49, concl. Corneille.
12) 「公土木の概念は公物から独立(indépendante de)している」(Trib. Confl. 24 octobre 1942, Préfet des Bouches-du-Rhône, S. 1945 III p. 10) と明言する判例もみられる。
13) C. E. 10 février 1937, Bracornot, R. p. 182 (河床の私的浚渫の事例) 等。

かえって、行政の私物について執行される travaux であってもそれが単なる私的管理を超える場合には、一般的利益の目的を追求するものとして公土木となりえ（例えば、国の私物に属する沼地の浄化を目指した travaux の事例[14]など）、公物であるか私物であるかを問わないとされる。[15]

この一般的利益の目的を有しないもの、例えば財政的利益において公共団体の財産を維持することのみを目的とした土木[16]や、私的利益において実現される土木[17]は、したがって、公土木の概念から外れることとなる。

3 公法人のために (pour le compte d'une personne publique) なされる執行ないし公役務の使命の実現 (réalisation d'une mission de service public) のための執行

公法人のためになされる執行という厳しい条件だけではなく、よりゆるやかに、公役務の使命の実現のための執行でも足りるとされている。[18]

(1) 公法人のためになされる執行——公法人（国や地方公共団体、公施設）がその土木から利益を得る者 (bénéficier) となっていることを意味するが、必ずしも当該土木が公法人自身によって執行されるものである必要はなく、企業者 (entrepreneur)、特許事業者 (concessionnaire) 等の執行者によって、公法人の利益のために (au profit de la personne publique)、したがって、公法人のために (pour son compte) なされる場合でも足りるとされる。通常は、ある公法人の利益のために執行される土木は当該団体に属する工作物に関するものであるが、判例は、それ以外の場合にも——後に公法人に帰属する予定の工作物についてなされた土木[19]や、公法人の指揮監督の下で、あるいは公法人の出資によって行われる土木について——《pour le compte de》を広げている。[20]

---

14) C. E. 16 mai 1941, Giraudon, S. 1942 III p. 5; C. E. 25 juillet 1924, Maurice, R. p. 1581.
15) Trib. confl. 24 octobre 1942, précité; Trib. confl. 24 juillet 1851, Pamard, R. p. 521（兵舎に関する事例）.
16) C. E. 18 janvier 1924, Casino de Sain-Malo, R. p. 58; C. E. 12 juillet 1944, Godet, R. p. 206.
17) Trib. confl. 20 janvier 1945, Suchet, R. p. 275（万国博覧会の際の外国大使居住用に建築される建物についての土木）.
18) Laubadère, op. cit., p. 295 et s.
19) C. E. 22 juin 1928, de Sigalas, R. D. P. 1928, p. 525; S. 1928 III p. 113（特許終了後、国への返還が義務づけられている工作物に関して、特許事業者が行った土木）.
20) C. E. 11 février 1927, Touzé, R. p. 202（罹災地区での取払い）, C. E. 29 avril 1949, Dastrevigne, R. p. 185（地崩れ防止のために私人の土地上で命じられた土木）.

(2) 公役務の使命の実現のための執行——1955年のエフィミエフ判決[21]は、私人の利益において私人の資金でなされた不動産土木であっても、法律によって授任された公役務の使命の枠内で公法人によって執行されたものであるならば公土木となるとする新判断を示したものとして重要であった。このような判例の発展[23]は、私人の不動産について私人のためになされる土木であっても、全国的・地方的な政治経済目的のために国家が引き受けるべきであるという不動産事業の考え方に結びつくものであるが[24]、この場合の限界として、公法人が執行する事業に限定されることは注意されるべきであろう。

以上、公土木の概念について、ごく簡単にみてきたが、本章の対象となる「公土木の損害」については、それ自体1つの概念として別途検討する必要があるため、「公土木」の概念としてここで独立して論じたことが、本論において直接的に意義を有するものではないが[25]、少なくとも、「公土木」に関する大

---

21) Trib. confl. 28 mars 1955, Effimieff, J. C. P. 1955 II 8786, note Blaevoët. この事案は罹災した所有者らのために、公施設である再建組合によって執行された再建の土木に関するものである。同再建組合と、工事の請負人エフィミエフ氏との間に結ばれた土木契約の執行に関して、エフィミエフ氏が提起した訴訟についての権限争議。
22) ほかに、C. E. 20 avril 1956, ministre de l'Agriculture c. consorts Grimouard, D. 1956 p. 429, R. D. P. 1956, p. 1058; C. E. 12 avril 1957, Mimouni, D. 1957 p. 413 etc.
23) 従来より "pour le compte de" という表現が厳格に用いられてはいなかったとして、エフィミエフ判決とそれ以前の判例を同一ライン上にみる見方も存する (Laubadère, op. cit., p. 297)。また、このような拡大は、公土木の概念自体に本質的に結びつくというより、国と私人との間での公土木の負担・利益の配分の変更からもたらされたものとみるべきであるとの指摘がなされている (F. -P. Bénoit, Dommages résultant des travaux et ouvrages publics, Jurisclasseur administratif, Fascicule 725, n° 9) が、ここでは詳説しない。
24) Laubadère, op. cit.; p. 296.
25) 公土木の概念を論ずる意義としては、通常、管轄決定に関する問題と実体上の問題とが挙げられている。すなわち、まず管轄の決定に関しては、公土木の訴訟は、私土木 (travail privé) の訴訟と異なり行政裁判所の管轄に属する——共和暦8年雨月28日法律4条によって県参事会に与えられた権限は、行政領域の普通法上の権限を有する行政裁判所に引き継がれた——ため、ある土木が公土木か否かは、裁判機関を決定するにあたって有益であるとされている。まさに、この問題が公土木の概念として語られるところの最も重要な部分であるといってよかろう。また、次いで実体上の問題も挙げられるが、これは、公土木に特殊な原則が適用されるか否かを考える上で有益とされるものである。したがって具体的には、それぞれの紛争の出方によって、例えば、公土木の損害に関する賠償責任追求の訴訟であれば、それが公土木訴訟の管轄の下で裁判されるか（管轄問題）、公土木の損害に関して形成された責任原則が適用されるか（実体問題）という形で問題になるといってよかろう。

第1節　公土木の損害に関する責任法の成立　　13

きな輪郭をとらえることはできたと思われる。ローバデールは、「公土木の理論は特に重要な地位を占め、特に独自的な（originale）法的外観（physionomie）を示すものである」とした上で、公土木の法制全体をとらえて、「公土木の法のこの特殊性（particularisme）の本質は、公土木の執行者の普通法外的特権（prérogatives exorbitantes）とその代償としての厳格な規律（règles strictes）、コントロール（contrôles）、及び衡平（équité）の考慮に基づいて広げられた責任（responsabilités élargies）との統合の中に存する」と述べているが、このような総合的枠組を一応前提とした上で、本章は、「責任」の問題を取り上げて考察していくことにしたい。

---

26) Laubadère, op. cit., n° 513 (p. 287).
27) 公土木の機会における行政の特権としては、一時的占有（occupation temporaire）、公の工作物の保護、増価（plus-values）分の返還等の制度が挙げられる。(1)一時的占有——公土木の執行者が、機械設備をそこに配置するため、また、土木に必要な原材料を採掘するため、または予備的な検査を行う等の目的で私人の土地を一時的に占有するという、公土木の執行を容易にするために認められている特権であり、1892年12月28日法律に基づいている。(2)公の工作物の保護——公の工作物の不可侵性（intangibilité）の原則による特権であるが、この原則は主に公の工作物が私人の所有地に誤って建設されたような場合に適用をみるもので、行政裁判所・司法裁判所は当該工作物の取壊しを命ずることはできず、賠償を土地所有者に与えうるのみであるとされ、その取壊しを決定する権限は行政のみに与えられるとされた（J.-M. Auby, "L'ouvrage public", Cahiers juridiques de l'électricité et du gaz, 1961 n° 42, p. 61; 1962 n° 1, p. 1 参照）。(3)増価分の返還——公土木の執行によって隣接する私人の所有地に価値上昇が生ずる場合に、公共団体は授益者からその増価分の返還を当然受けるべきであるとする理念であるが、すでに1807年9月16日法律で、この制度が整えられようとしていた。増価分の相殺（compensations）——公益を理由とする収用においては、1841年から増価分の控除がなされうることとなった。また、増価の直接の返還、都市計画において施設建設の公土木のための出費への私人所有者の分担等の形態が考えられる（Laubadère, op. cit., p. 354 à 358 参照）。
28) 公土木の実現のための法的手続は、Le marché de travaux publics として細かく定められている。
29) 本章は、公土木の責任法を対象とするものであるため、公土木の他の法制については詳説しない。

第1款　公土木の損害に関する責任の成立
　　　――恒久的損害に関わる紛争に係る管轄の歴史

第1項　公土木の損害に関する責任の確立まで
　　　――共和暦8年法律制定までの歴史

I　特許状による紛争解決（アンタンダンの管轄）
　序款においては、公土木の概念について簡単にみてきたが、このような公土木をめぐって生ずる諸々の法律問題の中で、その損害に関する責任の問題を取り上げ、以下、論じていくこととしたい。

1　アンタンダンの管轄の成立
　公土木（事業）に関する事件についての処理は、実際上は古くからなされていたものであると思われるが、明確な権限をもって法的処理を行った最初のものは、フランスにおける行政裁判制度の起源を確立したとみられるアンタンダ

---

30)　アンシャン・レジーム下における行政裁判制度については、渡辺宗太郎「仏蘭西に於ける行政裁判法の沿革」『行政法に於ける全体と個人』（有斐閣・1940）299頁以下、村上順「フランス型権力分立制の成立(1)〜(4・完)」自治研究49巻12号121頁、13号146頁、50巻2号127頁、3号121頁、同「フランス革命期行政裁判制度研究試論―革命期における行政階層構造の展開」神奈川法学11巻2＝3号57頁、同「フランス司法国家論における司法消極主権―19世紀前半期の『行政裁判』『行政訴訟』『行政行為』覚書き」神奈川法学17巻2＝3号87頁、雄川一郎「フランス行政法」田中二郎＝原龍之助＝柳瀬良幹編『行政法講座第1巻』（有斐閣・1964）156頁以下、神谷昭「フランス行政法成立史」『フランス行政法の研究』（有斐閣・1965）、同「フランスの行政訴訟制度」公法研究15号120頁、高橋貞三「フランス行政裁判制度について」公法雑誌2巻2号18頁、阿部泰隆『フランス行政訴訟論』（神戸大学研究双書刊行会・1971）、野田良之『フランス法概論　上巻第(1)(2)』（有斐閣・1954〜55）等を参照。
　これより以前においては、国王の諮問に応じ意見を奉上する権臣の一団であるコンセイユ・デュ・ロワが存在しており、1291年に、そこから裁判機関としてパルルマン（Parlement）が分離した（フィリップ4世の勅令）。さらに、ここから、王室の領土、財産に関する特別裁判所としてChambre des comptes が分離し（1319年フィリップ5世の勅令）、これらの事項に関する訴訟事件をも裁判するようになった（R. Dareste, La justice administrative en France, 1898, p. 7 et s.; E. Laferrière, Traitéde la juridiction administrative et des recours contentieux, 2ᵉ éd. 1896, Tome I. p. 111; M. Felix, L'histoire du conflit d'attribution, 1899, p. 10 et s.）。また14世紀末には、Chambre des comptes の中で王室領土の行政やそれに関する裁判事項を扱っていた généraux trésoriers de Frarce が、特殊裁判所である bureaux de finances として独立した（Dareste, op. cit., p. 94-101; Laferrière, op. cit., Tome I. p. 11）とされる。しかしながら、これらの制度の詳細な検討は困難とされている（渡辺・前掲書300-304頁参照）。

ン (intendants) であった。すなわち、17世紀に及んで、コンセイユ・デュ・ロワ (conseil du roi) とアンタンダンとが、従来の原始的行政裁判所に代わり統一的に行政裁判権を行使するに至ったが、一方のコンセイユ・デュ・ロワが、国王によって任命される国王の諮問機関であって、その決定は国王が直接発したものとみなされ、フランスにおける最高行政裁判所として発達していったのに対し、アンタンダンは、従来から存在していた地方派遣の巡察使が Richelieu によって完全な地方行政官兼裁判官とされたものであり、コンセイユ・デュ・ロワに従属し、その第一審裁判所として行政裁判権を行使したものであった。しかしながら、このアンタンダンの行政裁判権は、特別の規定によって定められたものではなく、個々の場合に——ある行政事件に関する国王の命令やコンセイユ・デュ・ロワの判決において、または公共企業の特許状 (édits de concession) の中において等——、アンタンダンの裁判権を認める旨が定められた結果認められたものであった。

アンタンダンの権限の主要なものの1つに、租税に関する事件と並んで、公土木に関する事件が挙げられる。公土木の執行に関する訴訟事件は、当初は、各事業に関して特に設けられた特別委員会が処理していたが、その後、コンセイユ・デュ・ロワに控訴しうる条件の下に、もっぱらアンタンダンの権限に委ねられるところとなった。すなわち、ある公土木について特許の申請がなされた場合に、アンタンダンは、まず、その事業の公益性 (utilité publique) につ

---

31) ただし、アンシャン・レジームにおいての行政裁判は、近代的意味での行政裁判と称することはできないことに関し、阿部・前掲注30) 11頁注(3)参照。
32) 17世紀に、ルイ13世の下で宰相 Richelieu が行政権を中央に集中しようとした政策（裁判権の行使によって王権を伸長し中央集権を達成しようとしたもの）によるものである（渡辺・前掲注30) 299、305頁)。
33) 前掲注30)において挙げた様々な機関——パルルマンや Chambre des comptes 等の独立した裁判機関。
34) ルイ13世以前から、国王がその部下を地方に派遣して情況を視察させ、その結果をコンセイユに報告させる制度が存在していたが、Richelieu はこの制度を強化したものであった。すなわち、16世紀にはかつての騎行巡視（Chevauchée）が頻繁になりその地方滞在期間は延長され、視察区域も généralités (généraux des finances の監督下の財務行政区域) に一致するまでになっていたが、Richelieu はこれをさらに強化し、永続的に地方に滞在しうることを認めた（1635年の命令）(Dareste, op. cit., p. 94-101; Laferrière, op. cit., Tome I. p. 122)。渡辺・前掲注30) 313頁参照。
35) Laferrière, op. cit., Tome I. p. 123, 137, 138. 渡辺・前掲注30) 314頁。
36) Dareste, op. cit., p. 123-130. 渡辺・前掲注30) 316頁。

いて審査し、次いでプロジェクトの実行可能性を検討した後、生み出す公共の利益が最も大きく、私人に与える迷惑が最も少ない、実現可能な執行態様を探求した上で、詳細な計画を作製させ、それを国王に認可させる（faire approuver）。そして、この際与えられる特許状の中に、アンタンダンがこれら事業の執行に関する監督権及びそれに関する紛争の裁判権を有することが記されるか、あるいは、土木を許可したコンセイユのアレテの中に含まれる委任（délégation）によって、アンタンダンの管轄は認められることとなった。

このような経緯によって、アンタンダンは公土木の執行に関し、また、その異議・賠償について発生しうる紛争すべてに関して、コンセイユ・デュ・ロワに対する控訴を留保しつつ管轄権限を有していたものであって、この原則は1789年まで維持されていた。[37]

2　アンタンダンの下での処理状況

アンタンダンの最も重要な権限が公土木に関わる事項であり、その紛争がアンタンダンの管轄の下で処理されてきたことは、上記にみたところであるが、以下、そのアンタンダンの下での公土木の状況を簡単にみていきたい。

アンリ4世の治世以前は、公土木の執行として新しいものを創造することはほとんどなく、単なる修繕や維持にとどまっていたが、17世紀初頭になると、様々な公のプロジェクトが構想され、その執行が開始されるようになった。そこでは、従来ほとんど認知されていなかった状況、すなわち、私的所有権と一般的利益の衝突という局面が生じ、これに対処する新たな法の創造が必要とされるに至った。[38] しかしながら、当時は、これに対して、収用法（loi d'expropriation）が作られることもなく、また、この種の賠償の確定（fixation des indemnités）に関する一般的なレグルマンが作られることもなく、コンセイユは、それぞれの企業の特許状（édits de concession）を作製する際に、その中に重要・困難な問題を解決する条項を挿入することにより、この新しい状況に対処

---

37) 一般的利益における大規模な起業（entreprises）のほかに、ポン・ゼ・ショッセ（ponts et chaussées 橋梁道路——土木局）の土木についても、同様にアンタンダンの権限が認められるようになっていたといわれる。例えば、「土木の特許状によってアンタンダンに与えられた権限とは無関係に、一般的なレグルマンが、道路土木の企業者（entrepreneurs）と、この土木のために掘削される土地の所有者との間にあらゆる紛争について決定する権利（droit）をアンタンダンに付与する」と述べられている（Dareste, op. cit., p. 126）。

38) Dareste, op. cit., p. 121.

したのであった。このような状況をとらえて、「行政法のこの部分のオリジンは、これら特許状の中に求めるべきである」といわれたように、収用（expropriation）・公土木の損害の法理のその萌芽的形成は、この特許状作製の過程で進められていったということができよう。公土木の際に生ずる損害が、一般の行政責任とは離れて独自の発展を遂げたのは、かかる歴史的沿革に負うところが大きいものと思われる。

　法令が未制定であったため、明確な紛争解決法を知ることは困難であるが、ここでは、特許状においてとられた手法を挙げておきたい。当時、公土木の執行が私人の土地に対して行われる際、その賠償額（indeminités）はいわゆる鑑定人（expertt）によって確定され、所有権剥奪より前に支払われるべきものとされた。そこでは、不動産に対するすべての権利は、法的に認められ割り当てられた価格に対する権利へと移行することになる。また、所有権剥奪には至らない所有権に対して惹起される単なる損害（simples dommages）に関する賠償額についても、同様のやり方で確定される。特許状は、様々な種類の損害を予定しており、掘削（fouilles）、原材料の採掘（extractions de matériaux）、土地の一時的占有（occupations temporaires）、他の利用者や工場を害するような取水、隣接土地を貫通する導水、また、計画の測量や土木の執行のための隣接土地上の通行などによる損害についても、その賠償額を確定し、企業者にこれを支払わせることを特許状の中で定めていたといわれる。

　以上のように、収用に対する補償、及び収用に至らない公主木の損害に対する賠償が、両者ともに特許状で定められていたことは、公土木の損害に関する

---

39)　Dareste, op. cit., p. 122 引用。渡辺・前掲注30) 315頁。
40)　収用（expropriation）の概念については、後述の第2項IIで論ずる。
41)　Dareste, op. cit., p. 122 による。
42)　これに関し、ダレストは、「すべての公土木の執行は、……収用の手法（voie d'expropriation）で行われた」と述べているが（Dareste, op. cit., p. 122）、当時、収用法は存在していなかった。収用については、次項で詳説する。
43)　"indemnité"の語は、フランスにおいては、いわゆる収用に対する補償と損害賠償責任における賠償との両方について用いられうる語であるため、日本語訳には困難が伴う。本章では、多くの場合、「賠償額」または「賠償」という訳語をあてることとするが、わが国における損失補償法上の補償と明らかに結びつくような場合には、「補償」と訳することもあることを断わっておきたい。
44)　Dareste, op. cit., p. 122-123 参照。また、いくつかの古い特許状の中には、その土木が私人の不動産に価値の増大をもたらす場合には、当該所有権者はこの土木の執行に協力すべきであるとする理念の芽ばえが見受けられる（Dareste, op. cit., p. 123, 注(1)）。

責任の起源として重要であり、その後の1789年以降の法制度につながるものと理解することができよう。[45]

II 大革命後から共和暦8年法律制定前まで
1 アンタンダンの廃止

Iでみたようなアンタンダンの権限は、革命時代には大きく変容を受けることとなった。すなわち、行政裁判所と通常裁判所との間の権限争議の結果生じた裁判作用の混乱や、また、移審権の濫用による王権の不当な干渉から生じた判決の不公平を是正するために、1789年の立憲議会 (l'assemblée constituante) は、まず、王政時代の裁判制度を廃止するという方法をとった。[46]パルルマンは、1790年8月16日法律により正式に廃止され、アンタンダンも、1789年11月22日の命令により廃止されるに至ったのである。

しかし、王政時代の行政裁判所を消滅させた後、新たに採用すべき制度については論議があった。行政訴訟事件を通常裁判所に付託するか、または、行政裁判所を設けて行政訴訟事件を審理させるか、あるいは、行政機関それ自体に行政裁判を委ねるか、という3つの案が提出されたが、立憲議会において討議された結果、前2案は諸々の事情で退けられ、[47]結局、行政機関自身に行政裁判をも委託するという最後の案が採択されることとなった。したがって、公土木に関するアンタンダンの権限は、アンタンダン廃止後は行政それ自身に引き継がれるに至ったものである。

2 アンタンダン廃止後の状況

1790年9月7-11日法律は、県執政部 (directoire de département) とディストリクト執政部 (directoire de district) との間の権限分配を明確に規定している。その4条は、「道路、運河、及びその他の公の工作物の建設のために取り上げ

---

45) 特許状に関する資料に直接あたることができなかったので、公土木の損害に関する責任の起源を明確にすることはできていない。
46) 渡辺・前掲注30) 320頁以下に詳しい。Dareste, op. cit., p. 151-153; Laferrière, op. cit., Tome I. p. 148-149 参照。
47) 第一の案については、権力分立の思想、及び過去において政治に干渉したパルルマンの再現を恐れる考え方に動かされ、通常裁判所は行政事項を審理しえないことが決議されるに至り、また、第二の案については、立憲議会は当時の委員の立案がすでに廃止されている (Cours des aides (補助税の割当て、収納その他に関する一切の訴訟を裁判する機関) を再興する憂あるものとして、これを退けたとされる (渡辺・前掲注30) 321-326頁等参照)。

られまたは掘り返された（pris ou fouillés）土地を理由に、私人に対しなすべき賠償金の支払い（règlement des indemnités）に関する要求及び不服（demandes et contestations）は、ディストリクト執政部に調停の方法により（par voie de conciliation）なされ、次いで、県執政部に対してなされうる。県執政部は、治安判事（juge de paix）とその陪席（assesseurs）によりなされた評価に従い（conformément à l'estination）、終審として決定を行う」と規定し、さらに5条において、「行政の所為ではなく、企業者の個人的所為より（du fait personnel des entrepreneurs et non du fait de l'administration）生じた損害（torts et dommages）について不服のある私人は、企業者を相手として、まず、損害の発生した場所の市町村機関（municipalité）に申し立て、次いでディストリクト執政部に申し立てるものとする。ディストリクト執政部は、市町村機関がその事件を調停しえなかった場合に、終審として決定する」と定められている。

　同法4条では、「取り上げられた土地（terrain pris）」と規定されていることから、一時的に占有された場合ばかりでなく、収用された土地の補償についても、行政の権限が及ぶことが明確化された[48]。これは、アンシャン・レジーム期の伝統を引き継いだものであるが、共和暦8年法律において維持された後、1810年まで存続した。しかしながら、占有（occupation）や収用のいかなる場合にも、賠償額の評価が治安判事とその陪席によりなされ、県執政部がそれに従うという点では、司法管轄が行政管轄とある程度組み合わされていたというべきであろう。また、1790年9月7-11日法律はその5条で、収用や占有以外の損害（torts et dommages）について規定しているが、「行政の所為でなく」と明記されており、行政に直接帰責されうる損害や施設の配置、技術者の役務命令より生じた損害に関しては何も触れられていないことが問題となる。この点については、後の共和暦8年雨月28日法律の中に挿入された同様の文言を論ずるところでみることとしたい。

III　共和暦8年雨月28日法律
1　県参事会の管轄の成立

　1790年9月7-11日法律に続いて制定された共和暦8年雨月（第5月）28日法

---

48) Laferrière, op. cit., Tome I. p. 192.

律（西暦1800年2月17日）は、公土木の損害に関する法制度の以後の発展の基礎を提供し、さらに、この事項に関する唯一の制定法であったという意味において重要な法律である。地方行政の再編成を行ったこの法律は、それぞれの県（département）にかつてのアンタンダンと同一の権限を有する知事（préfet）を置き、さらに、各郡（arrondissement）に政府が任命した副知事を配するとともに、3人〜5人で構成され、訴訟事件を裁判する権限を付与された県参事会（conseil de préfecture）を設置したのである。同法は、その4条で、「県参事会は、……行政の所為でなく、企業者の個人的所為より生じた損害（torts et dommages procédant du fait personnel des entrepreneurs, et non du fait de l'administration）について不服のある私人の請求（réclamations）につき、また、道路、運河、その他の公の工作物の建設のために取り上げられまたは掘返された土地（terrains pris ou fouillés）を理由に、私人に対して支払うべき賠償（indemnités）に関する要求及び不服（demandes et contestations）について判決を行う」と規定している。この共和暦8年雨月28日法律の4条は、前述した1790年法律の4条、5条に対応するものであり、企業者の個人的所為より生じた損害と、取り上げられまたは掘り返された土地に関する補償とを同一条文で規定し、県参事会という裁判権を与えられた機関に委ねたものであった。

2　共和暦8年雨月28日法律4条の解釈

ここで最も問題になるのは、1790年法律5条に関しても同様であるが、「行政の所為でなく、企業者の個人的所為より生じた損害」と記されている部分である。これは、1790年法律5条の文言を模倣したものとみられるが、この文言を文字どおり解すると、国が損害の原因行為者である場合には、県参事会の管轄が排されることになる。実際、この解釈をとる学者もあり、また、コンセイユ・デタの判決の中にも、県参事会は行政の所為により生じた損害の審理については無権限であり、この権限は行政自身のみに属する旨を判示するものもみられた。しかしながら、このような判例は孤立したものであり、その後の判例

---

49)　Dareste, op. cit., p. 163 et s.; Laferrière, op. cit., Tome Ⅰ. p. 193, 220.
50)　この問題に関しては、Laferrière, op. cit., Tome Ⅰ. p. 193; H. F. Koechlon, La responsabilité de l'Etat en dehors des contrats de l'an Ⅷ à 1873, 1957, p. 93参照。
51)　Laferrière, op. cit., Tome Ⅰ. p. 193 注(1)によるMacarelの見解。
52)　C. E. 22 juin 1825, Combe c. Ville d'Avignon, R. et L.IV. 608-609; Laferrière, op. cit., Tome Ⅰ. p. 193; Koechlin, op. cit., p. 93参照。

ではこの解釈はとられなかった。例えば、1832年のコンセイユ・デタ判決[53]は、「県参事会が、共和暦8年の雨月28日法律によって、企業者の個人的所為より生ずる損害について不服のある私人の請求について判決する権限を有するならば、より強い理由において（à plus forte raison）、同参事会は、行政により命令された土木ないし行政の監督の下で執行された土木の結果、第三者に対して支払われるべき賠償を定める権限を有する」と判示している[54]。また、県の土木についても、判例は、同様の行政管轄を認める判断を行った[55]。

　このように、条文の文言に関わらず、判例は、損害が行政の所為により生じたか、企業者の所為により生じたかを区別せずに、その損害についての賠償請求が同一の裁判所に帰属することを認めたのであった。共和暦8年法律4条の明文をどのように読むべきかについては、ほとんどの学者が、同条文の"non du fait de l'administration"という文言は不注意から（par inadvertance）挿入されたもので、本来は存在しない（non avenus）ものとみるべきであると論じている。このような見解は、共和暦8年法律4条が1790年法律を模倣したとみられることを前提とした上で、その状況が1790年の頃と同一ではなかったことを重要な論拠とするものである。すなわち、1790年法律では、裁判機関が市町村機関、ディストリクト執政部であったことが共和暦8年法律との重大な相違点としてとらえられ、1790年法律制定者は、国によって行われることも多い土木事業をこのような地方行政機関に審理させることを欲せず、むしろ、国家が債務者たることを宣告させる訴訟についての一般的権限を有する大臣、中央行政に、公土木の領域において国家の所為により生じた損害の賠償に関する訴えをも留保しようとしたと考えられる[56]。このような1790年法律制定の事情を考えれば、共和暦8年法律においては、県参事会という新たな裁判機関が定められているために、1790年法律のように行政の所為による損害を除く必然性はなかったものといわなければならないであろう。

---

53)　C. E. Confl. 16 novembre 1832, Préfet du Doubs, R. et L. V. 240; Koechlin, op. cit., p. 93 参照。
54)　このほかに同様の判例として、C. E. 12 avril 1832, Massip, R. et L. V. 142; C. E. confl. 3 février 1835, de Berthier, R. et L.VI. 26; C. E. confl. 27 août 1833, Préfet du Nord c. Questel, R. et L. V. 396 etc. Koechlin, op. cit., p. 93 注(18)参照。
55)　県の土木についての判例として、C. E. confl. 7 juin 1826, Diesséc. Romain-Lagarde, R. et L.IV. 50; C. E. confl. 1ᵉʳ juin 1828, Raynerie et Bauaereau, R. et L. IV. 346; C. E. 7 mai 1863, Monnin c. Mairey, Chevallier et département du Doubs, S. 1864 11 p. 56. etc.
56)　Laferrière, op. cit., Tome I. p. 193.

行政の所為による損害の賠償請求を県参事会の管轄に含ましめるための積極的解釈としては、以下の手法がとられた。まず、共和暦8年法律は、行政の所為でなく、企業者の個人的所為より生じた損害のみを県参事会に付託させると規定した際、不注意により、最後の文言を1790年9月7-11日法律から借用してしまったこと、したがって、その文言は無効なものとみなされるべきことが指摘された。次いで、1790年法律5条は、行政の所為より生じた損害を排除することによって、単にディストリクト執政部の管轄から免れさせることを欲したにすぎず、同法4条では、取り上げられまたは掘り返された土地についての賠償請求を県執政部に付託させていることから考えると、暗黙に、行政の所為より生じた損害をも、県執政部に服せしめようとするものであったと推察することができると解釈するものであった。

　以上の解釈については、行政の所為による損害に関する請求が条文に含まれていないだけでなく、明確に排除されていることを考えると、明文から大きく離れることはいうまでもないことであるが、その背景には、管轄の統一と私的所有権の利益の見地からの要請があったとみるべきであろう[57]。すなわち、新たな裁判機関として県参事会が設置された以上、行政の所為により生じた損害をも合わせてここに審理させるのが合理的であり、また、行政の所為による場合が除かれることは、私人の不動産所有権保護の見地からは問題が大きいと考えられたところである。さらに、当時は、国家の金銭上の賠償責任の問題は、大臣と議会（国家の債務者たることを宣告する権限を唯一に有する）のみに帰属していた状況であったことを考え合わせるならば、条文の文言に反してまで行政の有責原則の足がかりを作ったことは、いっそう意義深いものといわなければならないであろう。

3　収用補償との関係

　この時点で注意しておくべき事柄は、収用等によって生ずる土地の補償問題と、公土木の際の企業者や行政の所為により生ずる損害の賠償問題とが、ともに、共和暦8年法律4条で規定され、県参事会の管轄とされていたことである。すなわち、公土木の損害に関する賠償責任は、その制度の明確な確立の時点において、いわゆる収用と管轄の点で同様の扱いがなされていた。言い換えれば、

---

57) Laferrière, op. cit., Tome Ⅰ. p. 194 注(1)参照。

わが国でいう損失補償と損害賠償とが明確に区別されていなかったことが認められるところであり、フランスに特有な発展経過の出発点がここにあったことは銘記しておくべきであろう。

以上、公土木に関わる賠償問題について県参事会の管轄が定められた共和暦8年法律までを簡単に論じてきたが、次項では、その後の、収用と「公土木の損害」との分化についてみていくこととしたい。

第2項　公土木の損害とその隣接分野（行政管轄と司法管轄の区分）

Ⅰ　（狭義の）収用の司法管轄への移行[59]
1　1810年3月8日法律

公土木の執行に際してしばしば必要とされる所有権の強制譲渡は、公益が私的所有権に対し課すことのできる最も強い義務である。民法典545条は、明白に、正当かつ事前の補償を条件に、この譲渡を規定しているが、公益の優越性のために、司法裁判所は、長い間収用の作用に関与することから排除されていた。すなわち、アンシャン・レジーム期の法、過渡期の法、さらに、共和暦8年雨月28日及び1807年9月16日法律においても、所有権の強制譲渡と補償の決定は、行政・行政裁判所の排他的な権限とされていたのである[62]。このように、

---

[58]　わが国において、適法行為に基づく損失補償、違法行為に基づく損害賠償という類型化がなされていることは、序節で述べたとおりであるが、フランスにおいて、このような区別が存するかどうかには疑問がある。この点に関し、池田敏雄教授は、「フランスにおいては、……損失補償については、主として公用収用（expropriation pour cause d'utilité publique）や公用徴発（requisition）の制度の枠内においてその法理が構成されており、損害賠償及び無過失責任ないし結果責任については、行政上の賠償責任（responsabilité administrative）の制度の枠内においてその法理が構成されている」と論じており（「フランスにおける損失補償の法理」公法研究42号203頁）、フランス法についても、2つの法理に分けて整理している。これは、損失補償・損害賠償の観念をどのようにとらえるかという点に大きく関わる問題でもあるが、ここで、収用の場合にその補償を正当化するものを損失補償と解し、これについてフランス法的な観点からアプローチするならば、同法においては、収用・徴発以外の場面でも損失補償法理の適用がみられ、また、収用法理を特に損失補償法理として取り上げて損害賠償と対置せしめる構成はみられないと考えられることに注目すべきであろう。

[59]　収用の概念については、本項Ⅱ以下で述べることとする。

[60]　フランスにおける収用に関して、池田・前掲注58）203頁、同「フランス公用収用制度とその適用範囲について」関西法学24巻4号137頁、原田純孝「外国の公的土地取得法制・フランス」法時49巻12号22頁等の邦文献参照。

[61]　アンタンダン、後には県参事会を指す。

[62]　H. F. Koechlin, La responsabilité de l'Etat en dehors des contrats de l'an Ⅷ à 1873, 1957, p.

収用に対する補償と公土木の損害に対する賠償とが同一の管轄の下で扱われ、明確に区別されずに発展してきた点は、先にも述べたように、フランス公土木責任法制の大きな特色をなすものであったが、その後、収用に関しては、1810年3月8日法律により初めて司法管轄が認められるに至った。同法律は、収用を宣言し、補償を決定する権限を司法裁判所に与えたものであるが、次いで、1833年7月22日及び1841年5月3日法律により、裁判所と収用部（jury──司法権に属する──）とに機能を分かち、前者には所有権の強制移転を行う権限が付与され、後者には補償額を算定する権限が与えられた。

ところで、司法裁判所のこのような収用の判決（jugement）の結果、いわゆる収用、すなわち所有権の強制移転がなされるとしても、収用の判決に先立ちこれを正当化する行政行為、つまり公益性の宣言（déclaration d'utilité publique)、譲渡性決定（arrêtéde cessibilité）についても、同様に司法管轄が及ぶか否かは問題となろう。一方で、権力分立原則を厳格に適用するならば、司法裁判所は収用に先立つ行政行為の審査を何も行うことができず、収用の判決は形式（formalité）にすぎないこととなるが（ここでは裁判所は、単なる執行の職員の役割を果たすにすぎないといわれる）、他方、司法裁判所にこれら行政行為をも審理させ、執行権を司法裁判所の裁判権に服せしめようとする方法も存するところである。[63] この点については、司法裁判所に収用に先行すべき諸形式が満たされているかどうかを審査する権限は与えられたが、公益性宣言や譲渡性決定が適法性の点で問題があるかどうかを判断する権限は付与しないという中間的な解決がとられた（1841年5月3日法律2条、14条[64])。私的所有権に対し重

---

83 et s.; E. Laferrière, Traitéde la juridiction administrative et des recours contentieux, 2ᵉ éd, 1896, Tome I. p. 538 et s. Tome II. p. 172 et s. 参照。

63) Laferrière, op. cit., Tome II. p. 172 et s. に詳しい。

64) 行政から収用を宣言するよう申し立てられた司法裁判所は、公益性を宣言する行為の適法性を論ずることはできず、それが存在したことを審査するのみにとどまる。また、法律によってのみ収用されうると考えられる場合に、行政がデクレによる収用を申し立てたとき、司法裁判所が収用の宣言を拒絶することができるかという問題も存する。当該土木が明白に法律によってのみ執行されうる場合には、司法裁判所は、当該土木の性格と公益性宣言を行った行為とを単に比較することによって公益性宣言に法的な titre がない旨を確認すれば足り、したがって、収用の宣言を拒むことができるが、他方、それが明白でない場合、例えば、当該土木の性格などに関し重大な問題が提起されたような場合には、行政行為の解釈や有効性が裁判係属中に争われるときと同様の原則に従い、司法裁判所は、権限ある官庁や行政裁判権が結論を出すまでは、判決を延期しなければならないと

大な結果をもたらす行政行為についてその適法性を審理する任務は、司法権による介入が不可能であっても行政裁判所に委ねられる。すなわち、越権訴訟によって、公益性宣言や譲渡性決定が帯びる違法性を主張しこれら行為の取消を求めることは可能とされており、コンセイユ・デタは、これら行為が適法・有効であるか否かの問題が、司法裁判所の行う収用判決の先決問題として行政裁判所に移送されうることを認めた。[65]

2 収用の分化の意味

このように、収用に関しては、前段階の行政行為について依然行政裁判管轄が認められているが、特に補償については行政裁判管轄を排し司法裁判所の権限下に置くという展開が示された。これは、所有権の神聖・不可侵たることを規定した人権宣言17条、及び、司法権が私的所有権の擁護者（gardien de la propriété privée）であるとする思想が、所有権移転という強大な効果を有する収用について、所有権移転を最終的に宣言する行為と補償額の決定とを司法権限に委ねる結果を導いたものにほかならない。当初、公土木の損害といえば、もっぱら所有権に対する損害のみが考えられ、この点で、収用に対する補償と同レベルで扱うことが可能であったことを考慮するならば、1810年の時点で、収用に関する補償のみが行政管轄から外されたことは、興味深いところである。なお、ここでの司法管轄へ移行した収用の概念が、不法行為上の損害賠償と適法な行為の結果としての補償とを区別することには帰結しなかった点は後述するところであるが、その要因として、司法管轄に属するとされた収用の概念が大変狭いものであったことに注意すべきであろう。IIでは、フランス行政法でいうところの収用（expropriation）の概念について論ずることとしたい。

II （狭義の）収用の概念

1 収用の概念の制限的解釈

1810年3月8日法律により公土木に関する法律から外され、司法裁判所の管

　　される。また、譲渡性決定についても、司法裁判所の管轄は、同法2条及びII章に規定された審査に限定され——すなわち、地片に関する計画（plan parcellaire）の公表（publication）、公聴調査（enquête）等、譲渡性決定に先行する諸手続の存否についてのみ宣言が及ぶ——、決定の適法性に関する他の審査は禁じられることになる（Laferrière, op. cit., Tome I. p. 539 et s. 参照）。
65)　C. E. 27 mars 1856, ① de Pommereu ② Camusat-Busserolles, R. p. 224. の2つの判決。

轄へと移された「収用」の領域に関しては、この収用に関する規定を例外的なものと解し、とりわけ管轄について、それを限定的に狭く適用しようとする解釈がみられた。[66]

(1) まず、新法制定時、その新しい法律の適用に関して制限的な解釈が行われた。すなわち、県参事会の権限であった1810年法律制定以前の土木に関しては、新しい規定は適用されず、司法裁判所の管轄へは移らないものとされた。[67][68]

(2) 司法権限へ移されるものは、狭義の収用、すなわち直接的結果（conséquences directes）のみに制限され、間接的損害や、収用の前に行われた土木が生ぜしめた損害は、公土木に関する法律の管轄に属するものとされた。[69]この結果、行政裁判所は司法裁判所に比べて、広く柔軟な管轄領域を有しているということができよう。

(3) 収用は、土地所有権に関してのみ適用され、他の場合には行政管轄となる。[70]例えば、引き船道（chemins de halage）の設置に関しては、収用に関する法律が適用されない地役（servitude）の場合とされ、この領域は、1808年1月22日デクレによって、1807年9月16日法律の規定に従い、賠償額が評価されることとなった。[71]

(4) 狭義の収用であるためには、所有権剥奪が存する必要がある。すなわち、「国家の名で所有権資格を奪うことを要する」と明示する判例もみられ、[72]所有権剥奪に至らない一時的占有（occupation temporaire）などの場合には、公土木の管轄に属することとなる。この際、占拠された場所が後に収用されたような場合には、賠償の重複を生ずることになろう。[73]

2　限界事例の検討

司法管轄に属する「収用」に含まれるか、あるいは行政管轄の公土木の損害

---

66) Koechlin, op. cit., p. 83-84 に詳しい。
67) C. E. confl. 29 août 1834, Mayet-Genetry et Boulet, R. et L. 589. etc.
68) 法律制定後は司法管轄へ移された（C. E. confl. 18 avril 1835, Dietsch, R. et L.VI. 102 参照）。
69) C. E. confl. 20 mars 1828, Combault d'Auteuil, R. et L.IV. 308; Cass. civ. 23 juin 1862, Prefét de la Corse c. Péraldi, D. 1862 I 379, 5e esp., etc. Koechlin, op, cit., p. 84 注(5)参照。
70) C. E. confl. 19 octobre 1825, Goblet, R. et L.III. p. 650.
71) C. E. confl. 25 août 1835, Pierre, R. et L.VI. p. 182; C. E. 2 janvier 1838, Lerebours, chartier et cons., R. et L.VII. 2. etc.
72) Trib. confl. 2 juillet 1851, Fizes c. l'Etat, S. 1851 II p. 748.
73) C. E. 29 novembre 1851, Pélissier c. Chemin de fer de Marseille à Avignon, S. 1852 II p. 154.

であるかどうかが大きな問題となった2、3の事項をここで挙げておきたい。[74]

(1) 公土木の損害の概念自体の問題としても重要であるが、公の工作物から生ずる損害が収用に含まれうるかどうかが、まず問題となった。

前述したように、損害（dommages）の領域において、「公土木」という表現は、土木の執行（exécution du travail）に関わるすべての作用のみならず、完成された公の工作物（ouvrage public）についても用いられるようになり、この2つの事項の包含により、非常に広い意味を有するものとなった。[75] しかし、後者の公の工作物に関しては、収用との関係で、判例にある躊躇がみられた。すなわち、公の工作物はいったん完成すると、進行中の土木の場合と同様に損害を惹起する可能性があるが、これらの損害の中には、建築物の存在そのものや、隣接所有地との配置関係に起因しているため、その損害が恒久的とみなされるものが存する。司法裁判所は、これらに単なる損害（simples dommages）とは別の要素を認めようとし、このような損害が永久的に所有権からその価値の一部を奪うこととなるがゆえに、これを部分的収用（expropriations partielles）とみなした。[76]

これに対し、コンセイユ・デタは、これら損害の場合には、所有権の移転も、土地の全部または一部の所有権剥奪も存在しておらず、単に利益や価値の減少にすぎないことを理由に、収用とみなした司法裁判所の理論に反対した。さらに、1810年以前は、公土木に関わるあらゆる問題が法律によって完全に行政裁判権に委ねられており、収用自身すらもその例外ではなかったこと、そして、1810年3月8日法律が初めて公土木の訴訟から収用の補償の決定を奪い、これを司法裁判権に服せしめたこと等に鑑み、司法管轄となるのは、収用の場合、すなわち行政への所有権の強制移転の場合に限定されるべきであるとされ、行政裁判権は、この性格を有していないすべての損害や価値下落（dépréciation）については当然に権限を保っていると考えられた。[77] このように、コンセ

---

74) M. Hauriou, Précis de droit administratif et de droit public, 12ᵉ éd. 1933, p. 912; Laferrière, op. cit., Tome II. p. 160-162; E. Perriquet, Traité théoriqueet pratique des travaux publics, 1883. Tome II. nᵒ 873. etc. 参照。

75) 本節序款参照。

76) Laferrière, op. cit., Tome II. p. 160 et s.; Cass. 20 avril 1838, Commune des Moulins; 23 avril 1838, Préfet de l'Oise（Laferrière p. 160 注(1)による）。

77) Hauriou, op. cit., p. 91参照。オーリュウによれば、間接収用となるのは、所有権目的物の全部

イユ・デタは、恒久的損害（dommages permanents）と一時的損害（dommages temporaires）との間の区別を認めず、同一視してきたところ、1850年には権限争議裁判所がこれを認め、1852年以後破毀院によっても受け入れられるに至った。

(2) また、恒久的損害と一時的損害の区別による管轄分化を排する理論が確立した後にも、その恒久的損害が真の所有権剥奪に値するような場合や、私的所有権が単に損害を受けるのみでなく消滅させられた場合に、司法管轄となる収用とみなされるかどうかが問題となった。破毀院は司法裁判所の管轄を肯定したが、これに対して、コンセイユ・デタは所有権剥奪の2つの場合を区別した。第一に、行政がその所有権剥奪によって利益を得た場合（例えば、所有者から取り上げた土地の一部が公の工作物によって占拠された場合等）については、間接収用（expropriation indirecte）というカテゴリーで処理され、補償額を評価する権限を有するのは司法裁判所であるとし、第二に、行政が利益を得ていない場合、私人の不動産が、公の工作物により惹起された（または助長された）自然力のために消滅した場合には、損害はいかなる所有権譲渡も生ぜしめていないため、県参事会の管轄となるものとした。この点に関して、権限争議裁判所も、コンセイユ・デタの判例を承認するに至った。

の所有権剥奪があった場合で、かつ行政がこの所有権の対象物を自らのものとした場合のみであるとされる。したがって、公土木の作用の結果生じた部分的所有権剥奪は、収用ではなく恒久的損害とされる。間接収用については後述する。

78) Koechlin, op. cit., p. 85-86 参照。
79) Trib. confl. 29 mars 1850, Thomassin, R. p. 321; 30 avril 1850 Mallez, R. p. 329; 24 juillet 1851 Pamard, R. p. 521.
80) Civ. cass. 29 mars 1852, Préfet d'Alger, D. 1852 Ⅰ p. 91; 10 août 1854, préfet du Puy de Dôme――Laferrière, op. cit., Tome Ⅱ. p. 161 による。
81) Laferrière op. cit., Tome Ⅱ. p. 161.
82) 正規の収用手続を経ることなく、私人の不動産所有権が公法人に併合される場合（すなわち、公の工作物が誤って私人の土地上に建設されたり、通常の収用手続において公共性宣言が争訟の対象となり後に無効にされた場合等に生ずる）を、手続の尽くされた収用と区別して「間接収用（expropriation indirecte））」と呼ぶ。間接収用に関しては、Laferrière, op. cit., Tome Ⅰ. p. 542, 池田・前掲注60)「フランス公用収用制度とその適用範囲について」150頁注⒇等参照（このように、補償によって解決しようとする間接収用の法理については、私人保護の見地から問題があろう）。
83) Hauriou, op. cit., p. 912. オーリュウも、全部の所有権剥奪があったときでも、行政がそこから利益を得ていない場合には「収用を特徴づける所有権の譲渡は示されない」ので、恒久的損害とみなされるとして、行政管轄を肯定している。
84) Laferrière, op. cit., Tome Ⅱ. p. 161 (Trib. confl. 11 janvier 1873, Paris-Labrosse, R. p. 77)

(3) 次に微妙な問題となったのは、公の工作物によって生じた損害が、その執行や変更に起因するのではなく、許可された経営（exploitation）の特別の様式に起因する場合に、司法管轄となるかどうかという点である。鉄道を例にとってみると、鉄道の線路は列車の往来をその目的（but）・存在理由として設置されているが、この列車の往来は、線路の正常の（normal）利用であると同時に、特許事業者（concessionnaire）に任され司法管轄に属する商業的経営（exploitation commerciale）の結果（résultat）でもあるため、列車の振動（trépidation）によって損害が生じた場合、管轄権限の所在について問題が生ずる。判例は、若干の躊躇の後、県参事会の管轄を宣言した。すなわち、これらの損害は、実際に公の工作物によって惹起されたものであるということができ、その場合の公の工作物は、その用途（destination）と特許の基本的条件とに従って活動している工作物である（特許事業者は、列車を運転するかしないかの自由はなく、公土木大臣〔ministre des travaux publics〕によって課せられ承認された条件において、線路を利用する義務を負うものである）と考えられる。したがって、列車の通行によって生ずる振動の損害は、線路建設に必然的に結びつくものととらえられ、コンセイユ・デタ及び権限争議裁判所は、これら損害に共和暦8年法律が適用されることを認めて、県参事会の管轄に服せしめたのであった。[87]

以上のように、収用の概念の制限的解釈との関係において、公土木の損害の概念の広がり——共和暦8年法律適用による県参事会管轄の確立——を認めることができるのであって、行政裁判管轄に属する「公土木の損害」が結果的

参照。
85) Laferrière, op. cit., Tome II. p. 162 参照。
86) C. E. 26 décembre 1867, Chemin de fer de l'Est, R. p. 966; C. E. 9 mars 1888, Mayrargue, R. p. 251; Trib. confl. 16 janvier 1875, Colin, R. p. 59; Trib. confl. 30 mars 1878, Chemin de fer de Lyon, R. p. 361; Laferrière, op. cit., Tome II, p. 162, 注(1)参照（引用判例は、Trib. confl. 26 juillet 1894, Strachman c. Chemin de fer de l'Est, R. p. 530）。
87) また、列車から排出される煙による損害についても、この煙が必然的な結果といえるかどうかという問題も存した。コンセイユ・デタは、煙の排出を工作物の配置に結びつけることによってのみ、行政管轄を認めている。C. E. 16 mai 1879, Compagnie de chemins de fer de Paris-Lyon-Méditerranée c. Vitte, R. p. 401; C. E, 6 mai 1887, Compagnie de chemins de fer de Paris-Lyon-Méditerranée c. Ferréol, R. p. 372, S. 1889 III p. 16; Laferrière, op. cit., Tome I. p. 162, 注(1) 参照。

に広く残されたことは、「公土木の損害」の発展の確固たる基盤を構成するものとして、以後の展開に重要な意味を有したと考えることができよう。

III 公土木により生じた損害について司法権限に留保された問題

I・IIにおいては、司法管轄に属する収用が限定的に解されてきたことを中心に司法管轄と行政管轄との境界をみてきたが、IIIでは、公土木より生ずる損害の中でも司法裁判所の管轄となる場合を挙げて、境界領域を明らかにしていきたい。

1 収用に関わる問題

まず、司法権限が賠償額を決定する唯一の管轄となるのは、当該損害が間接収用に達した場合、すなわち、公の工作物に合体される（incorporé）等によって、行政がその保持者（détenteur）となった財産について所有権剥奪がなされた場合に認められる。また、公土木の執行のために所有権が収用された場合には、収用の問題に関する司法管轄と、損害（dommages）の問題に関する行政管轄との間で権限配分がなされることになる。すなわち、司法権とその収用部（jury）は、収用される土地や建物の取得価額のみならず、収用時に予想されうるところの価値下落（dépréciation）や所有権の剰余価値享受の障害等をも含めて補償額を決定するが、この補償に含まれないような、計画書に示されていない価値下落や、計画の変更及び工事の執行方法によって生じた損害等については、収用の補償以外に損害についての賠償として支払われることになり、ここで2つに分類される。

---

88) Laferrière, op. cit., Tome II. p. 175.
89) Laferrière, op. cit., Tome II. p. 176.
90) この場合、二重の賠償を防ぐため、損害についての賠償請求を申し立てられた県参事会は、収用委員会の行った決定を参照して、請求されている損害がそこに含まれていないかどうかを調べなければならないとされる。収用委員会の決定がいったん明白になれば、県参事会は、これを適用し結論を引き出すことができるが（C. E. 13 janvier 1882, Chemin de fer d'Orléans, R. p. 51）、少しでも疑問がある場合には、この解釈に関する先決問題が司法権限（この司法権限は、もはや収用委員会ではなく、この委員会が設置された所の司法裁判所〔Tribunal civil〕であるとされる）によって解決されるまで判決を延期すべきものとされる（C. E. 22 février 1866, Chemin de fer de Lyon, R. p. 129; C. E. 17 janvier 1879, Bizet-Dessaignes, R. p. 41; C. E. 26 décembre 1879, Radigney, R. p. 872)。Laferrière, op. cit., Tome II. p. 176参照。

2　適法でない公土木

次に管轄の問題を生ずるのは、公土木の作用が適法性を欠く場合である。ラフェリエール[91]は、県参事会の管轄が正当化されるのは「公権力機関の行為が、その土木に刻み込む（imprimer）行政的性格」のためであるとして、それゆえ公益性の宣言を与えられず、権限ある機関の許可を受けずに執行された土木により生じた損害は、第三者に対して、公土木による損害の性格を有せず、行政管轄から外れると述べている[92]。これに対して、オーリュウは、公の工作物が適法な公土木の作用において建てられなかった場合の管轄問題を、次の3つに分けて説明している[93]。第一に、当該土木がいかなる手続も踏まずになされた場合には、所有権に対する暴力行為（voie de fait）に該当し、異論なく司法管轄となる[94]。第二に、その作用が公益性の宣言のみを欠いている場合に、多くの重要な判例は、県参事会の管轄の障害とはならないことを認めるに至っている[95]。第三に、適法に許可されてはいない（公益性の宣言もない）が、暴力行為を構成しない場合が問題になる。コンセイユ・デタは、いったん許可された土木については、その許可を超えた場合にも行政管轄を認めるが[96]、仕様書（devis）に規定されたところに反して企業者が建てた工作物から生じた損害については、県参事会の管轄を否定した[97]。結局、コンセイユ・デタは当該土木が適法に許可されていない場合であっても暴力行為を構成しないときには、そこに公の工作物が存在しており、当該損害はその工作物の存在に結びついているという理由で、行政管轄を認めるに至ったのである[98]。

このように、適法性を欠く公土木が県参事会の管轄に含まれるかどうかは議論の多いところであり、暴力行為論や間接収用論とも通ずる司法管轄・行政管轄区分の大きな問題点としてとらえられるが、ここでは、公土木の領域への司

---

91) Laferrière, op. cit., Tome II. p. 177.
92) Trib. confl. 19 novembre 1881, Duru, R. p. 923; Trib. confl. 9 mai 1891, Lebel, R. p. 354; Trib. confl. 29 novembre 1879, Balas, R. p. 763.
93) Hauriou, op. cit., p. 910, 注⑳.
94) Cour de l'aris, 25 février 1893, Gazette-franco-belge, S. 1896 II p. 82; Trib. confl. 28 janvier 1899, Maire de Périgueux, R. p. 72.
95) C. E. 5 mai 1893, Sommelet, R. p. 370; C. E. 26 janvier 1894, Lebreton, R. p. 72; Trib. confl. 26 mai 1894, de Gasté, R. p. 371; Trib. confl. 3 avril 1897, Larinier, R. p. 291.
96) C. E. 13 mars 1885, Ville de Limoges, R. p. 331; C. E. 4 juillet 1890, Berlin, R. p. 639.
97) C. E. 23 janvier 1903, Syndicat du canal du Vernet, R. p. 58.
98) C. E. 3 février 1899, Bonnin, R. p. 97; Trib. confl. 2 mars 1901, Lacaille, R. p. 253.

法管轄の介入の1つとして指摘するにとどめておきたい。[99]

中間総括

　公土木の損害に関して、その管轄問題を中心として責任法制の成立過程を歴史的に追ってきたが、特徴的にとらえられる事柄として、以下が挙げられよう。すなわち、行政による公土木の発達とともに、公土木によって生じた損害についても、私人に対し賠償金を付与する等の行政側の対応が育ってきたこと、そして、それが大革命の時代を経ながらも存続し、共和暦8年雨月28日法律により明確に実定法化され、県参事会という行政裁判所の判例によるその後の自由な発展を基礎づける土台が形成されたこと、さらに、長い間、公土木の損害とともに行政管轄に委ねられていた「収用」が、私的所有権の擁護者たる司法裁判所の権限に移されたことにより、司法管轄・行政管轄をめぐる権限争議が数多く出現したことである。

　この行政管轄か否かの権限争議において、厳密な意味の（狭義の）「収用」概念が形作られるとともに、公土木の損害は、非常に広義の意味を含んで行政管轄に残されることとなった。この「収用」と「公土木の損害」との独特の関係が、その後の公土木の損害に関する責任法制の発達に大きな影響を与えたことは、十分推測されうるところであろう。

第2款　公土木の恒久的損害に関する責任法の考察

第1項　恒久的損害の概念

　「恒久的損害」の概念について論ずる前に、さしあたり、起源的に収用との関係で特別の意味をもちえた「損害（dommages）」[100]概念の意義を明確にしてお

---

99) 本章は、むしろ実体問題を主な関心事としているため、管轄争いの問題については、非常に複雑で興味深いものとは考えるが、最小限の説明にとどめることにした。
100) ここでの "dommage" は、司法裁判所の管轄に移行した収用と区別して、行政裁判所の管轄に服する公土木の恒久的損害を特に指すものとして用いられている。本章では、一般に "dommage" を「損害」と訳することとするが、これは、わが法での損失補償・損害賠償の区別において、「損失」と区別されうる「損害」の意味内容をもつものではなく、より広い意味で用いられるものである。

く必要があろう。「損害」とは、「公土木の執行の結果、私人の不動産に対し及ぼされた直接的な物質的侵害で、土地のいかなる部分の公物への合体（incorporation）をも除くもの[101]」であるとされる[102]。ここでは、直接収用・間接収用や一時的占有は除かれることとなる。「恒久的損害」としばしば呼ばれる概念は、このような「損害」概念をさらに精緻化したものと考えられるが、その定義について最も通説的な立場に立つとみられるオーリュウの説によれば[103]、恒久的損害は、「不動産について公の工作物が接近したことによって発生し、この不動産の永続的な価値下落（dépréciation）を導く、例外的性格の相隣妨害（inconvénient de voisinage）」であるとされる。

「恒久的損害」について、興味深いことは、多くの学者が、「恒久的損害」の定義に合致することが、すなわち、当該損害について責任を認めるための条件を満たすことになるという見方の下で、「恒久的損害」概念の定義づけを行っている点である。責任の実体的要件を探るためには判例の検討が必要であるが、多くのコンセイユ・デタの判決は、ある損害が存在することを認定した上で、他に別段の理由を示すことなく、責任の成立、賠償額の決定を判示している。例えば、1867年のドゥ・ニコレ事件は[104]、パリ市が行った当該道路の路面を下げる土木のために道路への出入りが不可能になったとして沿道の土地所有者が市に賠償を求めた事案であるが、コンセイユ・デタは、「エロー通りの路面を低く下げるためにパリ市によって行われた土木が、この通りの路面との高低差が1m66cmのところにドゥ・ニコレ氏の所有地を位置せしめることになり、前掲所有地のこの通りに対しての出入り（accès）を消滅させる結果をもたらしたことが認められる。その上、市によって執行された土木の全期間……、ドゥ・ニコレ氏は、この所有権の享有を奪われていた。……（したがって、）所有地のエロー通りへの出入りの消滅を理由とするとともに、この所有権享有の一

---

101) 本文で述べたところは仏語の日本語訳そのままであるが、要するに、当該土地が公物になる場合は除かれることになる。
102) A. Valat, Des dommages causés par les travaux publics, thèse Montpellier, 1915, p. 49.
103) M. Hauriou, Précis de droit administratif et de droit public, 12ᵉ éd. 1933, p. 907 et s.
　　「恒久的損害」という名称に関しては、必ずしも損害が永久的に続くことは要しないことや、また、そもそも相隣上の不都合に限定されたものであること等から考え、適当な用語であるか否か、やや疑問も存するところであるが、本章では、フランス行政法の主な論文の中で用いられているdommage permanent（恒久的損害）の名称を用いることとしたい。
104) C. E. 21 février 1867, De Nicolaï, S. 1867 II p. 365.

時的な奪取を理由として、ドゥ・ニコレ氏が請求権を有する賠償額は、35,000フランの総額に定められるべきである」と判示して、パリ市に支払いが命じられた。

ここでは、賠償責任の要件として、損害の存在自体に拠っており、学説が判例の整理として、どのような損害が恒久的損害の定義に合致するかを論じて責任要件とするのは、それ自体、このカテゴリーの責任理論の特異な性格を示すものとして理解することができよう。

次項では、このような「恒久的損害」概念に関する理解を前提として、責任の実体的要件が実際にどのようにとらえられるかという問題を検討していきたい。[105]

第2項　恒久的損害に関する責任の実体的要件の検討

I　判例の検討

最初に、恒久的損害のカテゴリーに含まれると考えられる公土木による被害の重要な形態を挙げ、それぞれの判例の判示内容を検討していきたい。第1項でも触れたように、恒久的損害のカテゴリーにおいて責任の認否を決定するのは損害それ自体であると考えられるので[106]、ここでは、賠償責任が認められた損害事案を例示する[107]ことが有意義となるであろう。

(1)　道路水準の変更のために所有地と道路との間に高低差が生じ、道路から家への出入りが恒久的に困難になる等の損害。──この種の損害に関する事案としては、先のドゥ・ニコレ事件でその判示内容を詳しく記しておいた。[108]

---

105)　公土木の損害に関する責任の実体的問題について正確な歴史的記述を行うためには、アンタンダンの下での解決法の探求、さらには、より以前の状況に遡っての検討が必要となるが、本章は必ずしも歴史的起源の探求を目的としていないため、ここでは、公土木の損害に関する責任の実体的要件がまがりなりにも1つの形を整えたと思われるものを論ずることとする。アンタンダンの下では公土木の紛争の解決は各々衡平原則によっていたといわれ、共和暦8年法律に基づく県参事会ならびに控訴審たるコンセイユ・デタの管轄の下で、1つの責任法として形成されていったものである（A. Mathiot, Les accidents causés par les travaux publics, thèse Paris, 1934, n° 77 参照）。
106)　この断定はやや結論の先取りになるが、後述の多くの判決の叙述によって明らかになるであろう。
107)　K. H. Vogt, Die Entwicklung der "Responsabilité sans faute" in der neueren französischen Lehre und Rechtsprechung, 1975, p. 52.
108)　C. E. 21 février 1867, De Nicolaï, précité. その他、C. E. 19 mars 1845, Tendret, S. 1845 II p. 447; C. E. 22 mai 1885, Deschaux, S. 1887 III p. 11 等。

(2)　道路に関してなされる土木工事のために、家や工場への出入りが一時的に困難になる損害。——例えば、1900年のコラロッシ事件で[109]、コンセイユ・デタは、「他方、ヴィクトル・ユゴー通りにおいて執行された道路工事は、とりわけその期間を考慮した時、コラロッシ氏の稼業に重大な迷惑をもたらしたもので、公道の沿道住民が賠償なしに受忍すべき限度を超える不都合（inconvénients excédant la mesure de ceux que les riverains des voies publiques sont tenues de supporter sans indémnité）を惹起したものである。歩行者や車に関し工事期間中及ぼされた出入りの困難は、請求人の仕事場を訪れる客の一部を遠ざけ、結果的にその稼業の収益を減ずることとなった。したがって、コラロッシ氏に対し、賠償を支払うべき被害が生ぜしめられたものである」と判示して、「パリ市は、コラロッシ氏に対して、土木執行中その稼業に生じた損害に関する賠償として（à titre d'indmnité pour le dommage）2,000フランの金額を支払う」ことを命じた[110]。

　(3)　鉄道の敷設に伴い鉱山や採石の営業が禁止されたことによる損害。——例えば、1875年のオジエル、ラルドゥレ事件で[111]、コンセイユ・デタは、「パリ・リヨン・地中海鉄道会社は、オジエル氏及びラルドゥレ氏に対し、テールヌワール・トンネルのそれぞれの端から100mの距離にある彼ら所有の地下深部に存する炭鉱の営業を禁止されたことにより生ぜしめられた被害の補填として、1m²当たり1フラン35の割合で、72,979m²の全面積について計算された賠償額を支払う」ことを命ずる判決を下している[112]。

---

109)　C. E. 16 novembre 1900, Colarossi, S. 1903 III p. 35. この事件では、先の(1)の場合も問題になっている。この点についてコンセイユ・デタは、「ヴィクトル・ユゴー通り43番に位置するコラロッシィ氏の施設が、車の出入り（accés）を可能にしていた盛土の車道が削除されたために陥ることになった新しい状況は、その稼業に被害を与えうるものではなく、歩行者に対してはヴィクトル・ユゴー通り及びローリストン道路、また車に対してはローリストン道路によりなされうる出入りは以前にあった出入りと同一の価値を有するものである。したがって、このことから、コラロッシィ氏は、彼が被ったと主張している恒久的損害（dommage permanent）を理由に賠償を求める根拠を有しない」と判示している。

110)　その他、C. E. 12 juillet 1864, Souchay, S. 1864 II p. 279; C. E. 18 juillet 1928, Commune de Corbières, R. p. 923 等。

111)　C. E. 5 février 1875, Ogier et Larderet c. Chemin de fer de Paris à la Méditerranée, S. 1876 II p. 309.

112)　その他、C. E. 16 février 1878, Chemin de fer de Paris à Lyon et à la Méditerranée c. Commune de Modane, S. 1880 II p. 29。この事案は、採石場の近くに鉄道線路が敷設されたため、

(4) 公土木の執行のために工作物の安定性が害された損害。——例えば、私人の住宅の塀の土台が掘り出された事例として、1868年のドゥグワ事件が挙げられる。コンセイユ・デタは、「トゥロワ市によって行われたマルシェ・リュプ通りの地ならしの土木が、結果的に、この塀（ドゥグワ氏の庭の塀——引用者注）の土台の一部を掘り出すことによって、当該塀の状態を変化させたことが認められる。それゆえ、この賠償額は400フランに定めるのが相当である」と判示している。

また、土木による振動のために建物の構造が破損された事例として、1868年のジュリアン事件を挙げておきたい。コンセイユ・デタは、「パリ市がプティ・エキュリ通りにおいて新しい下水渠の敷設のために執行した土木、とりわけ、行政が執行した水のくみ上げがジュリアン氏の家の基礎となっている地面に生ぜしめた浸食の結果、この建物が激しく揺さぶられ、家を支えるために住居の内部に仮の支柱を立てることが余儀なくされるような破損が生じた。したがって、家の所有者に対し生ぜしめられた損害及び当該建物の一部に住む賃借人であるカイエ氏やベルクン氏に対し生じうる損害について、県参事会がパリ市が責任を負うべきことを判決したことは正当である」と判示して、それぞれに対する賠償額の認定を行っている。

(5) トンネルや用水路・溝を作ったために、私人の井戸が涸渇した損害。——例えば、1902年のフランス南部鉄道事件で、コンセイユ・デタは、次のように判示している。まず事実関係について、「グラス・ニース間鉄道の建設中になされたトンネルの貫通、溝の開設は、ビイユワールの水源を消失させ、プレの水源の流量を減少させた。県参事会は、ビイユワールの水源の所有者たるサン・ジャンヌ村に1,840フランの賠償を付与し、また、灌漑のために用いていた水の全部または一部を奪われたアシャルディ、ローシェルらその他の所

この公の工作物（線路）の維持に対する危険を考慮して、採石の営業が禁止されたことに関し、賠償が認められたものである。

113) C. E. 20 février 1868, Degois c. Ville de Troyes, S. 1868 II p. 29.
114) この事案では、問題となっているドゥグワ氏の所有地の壁が道路の建築線内の撤去物に入っているという事情があったが、コンセイユ・デタは、改良のための修繕が禁止されていることを認めた上で、このような判示を行っている。
115) C. E. 24 juin 1868, Ville de Paris c. Jullien et autres, S. 1869 II p. 189.
116) C. E. 14 mars 1902, Chemins de fer du Sud de la France, R. p. 203.

有者に、総額で約20,000フランに及ぶ数個の賠償を認めた」と述べた上で、「一方で、フランス南部鉄道会社によって執行された土木は、その性質及び重大性のゆえに、民法典552条が適用され、また、所有権の通常の行使を構成するような土木にはあたらない。逆に、この土木が生ぜしめた損害は、共和暦8年雨月28日法律が、私人に行政裁判所に対する損害賠償訴訟提起の途を拓いている損害に該当する」と判示して、原審どおりの賠償請求を認めている。[117]

(6) 水力機械の引水によって、私人の水車が機能しなくなった損害。——例えば、1820年のアルビット事件[118]では、シャロン市の工芸学校が利用する水力機械を動かすためにマルヌ川においてなされた取水によって、アルビット氏所有の水車が動かなくなったとして賠償が求められたものであるが、コンセイユ・デタは、「結局、この水車の操業停止のために請求人に対し支払われるべき賠償額は、すでに経過した各年についても、この賠償の原因を終わらせるために必要な土木の執行がなされるまでの将来の各年についても1,200フランと定められる」と判示して、賠償請求を認めている。[119]

(7) 市電の電線設置のために私人の住宅の窓前に取り付けられた金網による損害。——1913年のリール市電会社事件[120]は、サーンス氏所有の建物の前に、その壁から1m33cmの距離に金属の網が取り付けられたために生じた賃料の損失に対して賠償を求めたものであるが、コンセイユ・デタは、「窓からわずかの距離に備え付けられた装置の存在から生じた迷惑や不便は、市電の線の空中電線への取付けが沿道住民に通常課す拘束（sujétions）を超えるものである。それらの迷惑は、結果的に、2階住居の居住条件を変更せしめるものであって、すでに、当該住居の少なくとも1件について家賃の喪失を所有者に及ぼしている。したがって、このような事情の下で、サーンス氏は賠償請求権を付与されうる性質の損害を被ったものである」と判示している。

---

117) その他、C. E. 22 mai 1886, Comp. des eaux c. Commune de la Roquette, S. 1887 III p. 13; C. E. 9 mars 1888, Chem. de fer de l'Ouest c. Ville de Pontorson, S. 1890 III p. 18 等。
118) C. E. 23 janvier 1820, Albitte, S. Bd. 6 (1819-1821) II p. 192.
119) その他、C. E. 30 juillet 1886, Devienne, S. 1888 III p. 29。この事案も、水車について生じた損害であるが、コンセイユ・デタは、運河になされた公土木の執行中に水車に生じた損害は、その公土木の結果たる水量及び水の落下の高度の増大のために得る増価（plus-value）によって償われると判示している。
120) C. E. 9 juillet 1913, Compagnie des tramways électriques de Lille et blanlieue, R. p. 817.

(8) 兵舎の便所により隣地の井戸が汚染された場合。──1855年のパマール事件で、コンセイユ・デタは、「1838年に、アヴィニョンの教皇庁の兵舎の中に設置された便所は、隣接所有地の井戸の水をいかなる利用にも適さないようにし、悪化させるような水の浸透を生ぜしめる理由となったことが認められる。このような浸透は、国が賠償をなすべき直接的かつ物質的な損害（un dommage direct et matériel dont l'Etat doit la réparation）を構成する。県参事会によってパマール氏やコローンブ氏らに付与された金額は、彼らに生じた被害の正当な賠償額である」と判示している。

(9) 鉄道の煙による損害。──例えば、1887年のフェレオ事件[122]で、コンセイユ・デタは、「ボーブリュン・トンネルが設置された位置の特別な状況及びタルディからセンテティエンヌへの道路に沿って切り通されたランプ・ウェイのために、前述のトンネル及び切通しを通る機関車は非常態的な量の煙を放ち、その煙は、タルディ道路、ヌワイエ道路、ボーブリュン道路にあるフェレオ氏ら所有の建物に広がったものである。このような状況の下では、当該建物の通常の居住条件は変更されないとしても、……この煙が、前述の建物の中にある仕事場で行われている明彩色のビロードやリボンの製造に対し、顕著な被害（gêne notable）をもたらすことは認められる。フェレオ氏らの施設は、このような事情のゆえに、賃貸価値及び換金価値に関する価値下落（dépréciation）を被った。フェレオ氏らが請求権を有するそれぞれの賠償額を2,500フランと定めたのは、その職業上の用途を考慮に入れるならば、前述施設に生じた損害の正当な評価をなしたものである」と判示している。

(10) 公土木から生ずる埃、塵、煙、臭気などによる商品の損傷の損害。──例えば、1904年のカエン事件[123]は、建物の取壊しや再建の土木から生ずる埃が、隣接するカエン氏の商品を損傷したと主張された事案であるが、コンセイユ・デタは、「カエン氏が訴えている問題の土木は、オルレアン市のために執行され、新しい道路の開設とアドルフ・クレスパン通りの拡張とを目的としたものであることが認められる。その重大性及び期間の長さによって、その土木は、

---

121) C. E. 20 décembre 1855, Min. de la guerre c. Pamard et autres, S. 1856 II p. 512.
122) C. E. 6 mai 1887, Chem. de fer Paris-Lyon-Méditerranée c. Férreol et autres, S. 1889 III p. 15.
123) C. E. 29 janvier 1904, Ville d'Orléans c. Cahen, S. 1906 III p. 68.

公道の沿道住民が賠償なしに受忍すべき限度を超えるものである。このような状況では、オルレアン市がその執行によってカエン氏に及ぼした損害について責任を負うことを県参事会が判決したのは正当である」と判決している。

　また、1911年のシャラボ事件で、コンセイユ・デタは、「1904年6月に、シャラボ氏が菓子屋を営業している店の右側にあるビュシ通りにおける舗装、修繕のためにパリ市が執行した土木の結果、当該店の商品の一部が、防腐液を施した木製の舗石から発する臭気のために害され、飲食に不適切なものになった。したがって、公道の沿道住民が、損害賠償なしに受忍すべき不都合の限度を超える（excède la mesure des inconvénients）直接的かつ物質的損害（préjudice direct et matériel）を請求人に生ぜしめたものである」と判示して、パリ市に、支払いを命じる判決を下している。

⑾　ゴミ捨て場や公衆便所が住居の近くに設置されたために被った損害。——例えば、1935年のルーバル事件で、コンセイユ・デタは、「前述の家庭ゴミの廃棄場及び排水場について村が行った拡張によって隣接の所有者らに及ぼされた不都合は、ブランシュ通り及びカピロン通りにある請求人の家の居住条件を重大に変更せしめ、ルーバル氏らに賠償を求める権利を与えうる性質の享有の迷惑（trouble de jouissance）を生ぜしめたものである」と判示して、賠償請求を認めている。

⑿　公道上の樹木の葉が沿道住居の屋根に落ちることによる損害（賠償否定）。——1931年のヴィク・フェゼンザク村事件で、コンセイユ・デタは、「本件で、ヴィク・フェゼンザク広場のプラタナスの葉がカゼ氏の家の屋根へ落下することによりカゼ氏に生じた不都合は、公道に隣接することから生ずる通常の拘束——当該隣接から生ずる利益によって埋め合わされる——を超えるものではない」と判示して、賠償請求を否定した。

---

124)　C. E. 5 août 1911, Charabot c. Ville de Paris, S. 1914 III p. 60.
125)　C. E. 25 janvier 1935, Loubal et autres, R. p. 110.
126)　この事案では、コデラン村が当該土地に家廃ゴミ捨て場設置を始めたのは、請求人の土地取得・建物建築より前であったことが認められているが、ここでは、同村が当該ゴミ捨て場を拡張したことが問題にされている。
127)　このほか、公衆便所に関するものとして、C. E. 23 novembre 1906, Bichambis c. Ville de Narbonne, R. p. 854, S. 1907 III p. 65; C. E. 24 décembre 1931, Commune d'Olonjac, R. p. 1482。
128)　C. E. 24 juillet 1931, Commune de Vic-Fézensac, D. 1931 III p. 51.

⒀　公の工作物から生ずる騒音のため、営業上被った損害。──例えば、1933年のデコー、ラファルジュ事件で、コンセイユ・デタは、「パリにおける電気照明の特許事業者であるパリ電気供給会社は、1924年に、請求人たる会社が経営するホテルの脇にあるベルジェール区域の変電所の中に換気システムを設置したが、このシステムは、それが発する騒音のために前述ホテルの経営に重大な不都合を生ぜしめうる性質のものであった」と判示し、1928年には同システムが変更されてそのような不都合が取り除かれたことを認めた上で、15,000フランの賠償額を決定した。

　以上、恒久的損害について判示しているとみられる事例を挙げてみたが、これらは数多くの判例が存する中でそのわずかな例にすぎない。先にも述べたように、ほとんどの判例が、単に損害の存在のみを理由に責任を肯定していることを認めることができ、このことは、恒久的損害のカテゴリーにおいては、どのような損害であるかという概念自体が責任成立のために重要であることを示すものであろう。以下では、学説上、恒久的損害の責任要件に関して論じられたところを検討していきたい。

II　学説による責任理論の形成

　このような判例の状況を前提として恒久的損害に関する責任法が形作られる際には、判例理論を整理・総括した学説の役割が大きかった。ここでは、それらのうちで通説的見解を著わしたオーリュウ（Hauriou）の所説を中心として考察していくこととしたい。

　オーリュウは、恒久的損害の概念の定義として次の3要素を挙げているが、これがそのまま、責任成立のための要件としてとらえられることは、第1項でみたとおりである。3要素とは、⑴対象が、永続的に価値が下落された不動産

---

129)　C. E. 17 novembre 1933, Société Decaux et Lafarge, R. p. 1068.
130)　その他、C. E. 28 novembre 1934, Compagnie parisienne de distribution d'électricité, R. p. 1124 等も同様。
131)　判例において、損害の存在のほかには明確な責任決定要素がほとんど示されなかったことは今みたとおりである。
132)　A. Mathiot, Les accidents causés par les travaux publics, thèse Paris, 1934, n° 68.
133)　M. Hauriou, Précis de droit administratif et de droit public, 12ᵉ éd. 1933, p. 908 et s.

であること、(2)この価値下落が、公の工作物に隣接していることに直接的に帰されるべき (imputable)[134] 物質的損害から生じたものであること、(3)この相隣迷惑 (inconvénient de voisinage) が例外的な (exceptionnel) ものであること、である。以下、この3要素を順次みていくことにしたい。

条件(1)　不動産の永続的な価値下落。――まず、不動産について生じた損害でなければならない。すなわち、私法上の所有権の対象、例えば、家 (maison)、畑 (champs)、長期賃貸借の目的で建てられた建造物等は、この条件を満たす。また、公土木の特許事業者が公産の上に建てた不動産工作物も、同様である。

次いで、永続的に (durable＝d'une façon permanente) その不動産の価値が下落したことが必要とされる。この価値下落は、公の工作物が存在する限り永久的に生ずるものである必要はなく、永久的とはいえない不動産に対する損害であっても、一時的な相隣迷惑 (inconvénient de voisinage temporaire) と呼ばれるもの、例えば、鉄道建設のために生じた一時的な浸水や土木の執行中に生[135]じた工場の操業中止等は、恒久的損害の中に含まれるとされている。[136]

ただし、この価値下落については、相当な期間 (pendent un temps appréciable)、その換金価値や賃貸価値に関して存在したものでなければならないとされる。例えば、道路工事の執行がある商店に一定の儲けの喪失を生ぜしめたとしても、その店の永続的な価値下落がもたらされていないときには、軽い一時的な被害 (gênes) として、恒久的損害から除かれる場合もありうる。[137]

条件(2)　公の工作物より直接的に生じた物質的損害。――これは、さらに3つの条件、すなわち、①損害が公の工作物に帰されること、②損害が公の工作物から直接的に生じたものであること、③損害が物質的損害であること、に分けて理解されうる。

①の公の工作物に帰すべき損害については、損害が当該工作物に関して (à l'occasion de l'ouvrage) 生ずるものであれば足りるとされており、その損害が

---

134)　ここで用いられている "imputable" は、「帰責される」とも訳しうる言葉であるが、ここでは、主観的な帰責性が問題にされているのではないことに注意すべきであろう。
135)　C. E. 12 janvier 1894, Dufourcq, R. p. 21.
136)　C. E. 13 juillet 1870, Foulon, R. p. 885.
137)　C. E. 12 janvier 1900, Société Parisienne d'entreprises et Bonnard, R. p. 15. この場合には、第三の要素の例外的な損害であるかどうかという点でも問題になりうる。

公の工作物の隣に位置するという事実のみより生じたものか[138]、公の工作物が必要とする経営や操作の不都合から生じたものであるかは問わない。また、損害が不可抗力（force majeure）の場合において発生したとみられる場合には[139]、コンセイユ・デタは、当該公の工作物が、不可抗力の事象がそれのみで発生させた損害を悪化せしめたか否かによって責任の成立を判断している[140]。

②の損害の直接性の条件に関しては、単に間接的または偶然の（indirect ou éventuel）損害の場合には、公の工作物の隣接に必然的に結びつくものではないため、損害賠償が認められないことになる。例えば、ある町の一地区で執行された道路工事がこの地区での移動の活発化及び商業を呼び起こし、他の地区の店の賃料を低下せしめたとしても、このような損害発生には無数の媒介事項が介在しているため、直接的損害とは認められない[141]。なお、収用に関する法律（1914年4月21日法律）に規定された「直接的」という要件は、それ以前から恒久的損害の領域においてコンセイユ・デタによって採用されていた直接性の条件と同義に理解されうることに注意しておく必要があろう。

最後に③の、物質的損害の条件に関しては、不動産の価値下落は、所有権の対象物が（公の工作物に隣接することによって）、その物理的な要素や経営等を害されたことから生じなければならないことを内容とするものである。この条件に関しては、判例が非常に広い解釈をとっていることが指摘されえよう。例えば、公の工作物の構築の結果、不動産が低所に位置せしめられ浸水にさらされた場合[142]や、下水渠から臭気が発する場合[143]、公衆便所が隣に建てられ悪臭のある場合[144]などにも、損害が物質的であることが認められている。判例のこのような広い解釈を示す最も適切な例としては、ある地域に吹く風を遮る鉄道の盛土によって機能しなくなった風車の事例が挙げられよう[145]。このように判例は、所

---

138) C. E. 16 février 1921, Cie du métropolitain, R. p. 177.
139) Trib. confl. 17 juin 1899, Préfet de Vaucluse, R. p. 452.
140) C. E. 26 décembre 1902, Ville de Pont-l'Evêque, R. p. 802.
141) C. E. 27 février 1862, Fröhlich, R. p. 167; C. E. 10 février 1905, Ministre des Travaux publics, R. p. 155; C. E. 25 juin 1913, Lassez, R. p. 756.
142) C. E. 8 août 1896, Commune de Noglnt-sur-Marne, R. p. 679.
143) C. E. 6 juillet 1906, Ville des Sables-d'Olonne, R. p. 640.
144) C. E. 6 juillet 1906, Mottant, R. p. 638; C. E. 23 novembre 1906, Bichambis, R. p. 854, S. 1907 III p. 65 précité.
145) C. E. 31 janvier 1890, Bom-point-Nicot, R. p. 112.

有権を狭く解することはせずに、地面の享有のみならず、太陽（日光）・雨・風等、その地域の通常の風土を構成する環境状態すべてに対する権利を含ましめている。これに対する限界としては、眺めを遮る公の工作物により所有権の魅力（agrément）が減じられたというだけでは、賠償請求は認められないとした判例が挙げられる。[146)]

オーリュウは、上述の条件において、恒久的損害が収用と非常に類似した様相を示すことを指摘している。このことは、前款でも述べたように、1810年3月8日法律までは、行政機関によって宣言される収用は一般に公土木の結果生じた損害とみなされていたこと、同法律以後も、司法裁判所の管轄に委ねられたのは狭義の収用に限られたこと、等の事情を考慮に入れることによって理解されうるであろう。[147)]

条件(3) 損害の例外的性格。——これは、私人の不動産における相隣関係の一般法に対する関係において、当該損害が例外的な相隣迷惑の性格を示すものでなければならないという条件である。すなわち、行政が公土木を執行する際、公の工作物が建造される土地の所有者は行政主体であり、行政主体は、この資格において所有権の普通法上の権利を用いることができる。したがって、通常の相隣迷惑（inconvénients de voisinage ordinaires）とみられる軽微な損害に関しては、賠償は義務づけられないことになる。[148)]例えば、トンネルを掘る公土木の作用の結果、相隣地の水源が断たれる事例などは、損害を惹起した公土木がその性質・大きさ・重要性等において所有権の通常の利用における限界を超える場合として、例外的と評価されうるものである。[149)][150)]

---

146) C. E. 10 février 1905, Ministre des Travaux publics, R. p. 155, précité; Christophle et Auger, Traité théorique et pratique des travaux publics, 1889, Tome II. n° 2274 et s.; E. Laferrière, Traité de la juridiction administrative et des recours contentieux, 2ᵉ éd. 1896, Tome II. p. 158 参照。

147) 本節第1款第2項Ⅰ参照。

148) この条件を満たす場合として、オーリュウは、第一に、損害を及ぼした行為自身は例外的ではないが、それを惹起した公土木が所有権の通常の利用における限界を超え、例外的とみなされる場合、第二に、公の工作物は例外的なジャンルに属さないが、損害を及ぼす行為自身が例外的な場合とがあるとしている（Hauriou, op. cit., p. 913 参照。第一の事例として、C. E. 4 août 1902, Commune Sillé-le-Guillaume, R. p. 636; C. E. 21 décembre 1906, Ville de Carpentras, R. p. 958 等、第二の事例として Trib. confl. 4 décembre 1897, Charreyron, R. p. 760 等が挙げられている）。

149) C. E. 11 mai 1883, Chamboredon, R. p. 479; C. E. 14 mars 1902, Chemins de fer du Sud, R. p. 203.

150) なお、特に、道路に隣接した不動産所有者が道路に関わる公土木により損害を被った場合の賠

III 恒久的損害に関する責任法の総括的検討
1 公土木の恒久的損害に関する責任法の成立

 I・IIで述べたことを前提として、公土木の恒久的損害に関する責任法をまとめてみると、以下のことが挙げられよう。

 歴史的には、19世紀に至り工業化時代に適応して、道路の建設や運河の構築、鉄道線路の敷設等、種々の事業が公共の利益において行われるようになり、これらのいわゆる公土木によって私人が所有する土地・建物につき迷惑を被る等広範囲に様々な損害が生じ、それに関する責任問題の発生がみられたことが、責任法発達の端初として認められる。

 この公土木の恒久的損害に関しては、一方に収用・徴用、他方にフォート責任をおいて、損害領域を考える必要があろう。[151] すなわち、不動産の収用及び動産・権利の徴用等はこの損害領域から外れるものではあるが、公土木の恒久的損害に関する判例は、収用に対する補償の観念（idée）に繋がり、これを完成化したものととらえることが可能である。[152] 公土木の損害に関して明確に規定し、唯一の成文の拠り所とみられる共和暦8年雨月28日法律は、管轄に関して定めたものと理解することもできるが、判例・学説は、実体的要件についても、同法4条が民法典1382条等とは異なり、フォートの要件について沈黙している点をとらえて、そこに定める責任が客観的責任であることを推測させるものと解した。[153] ここでは、行政の行態に瑕疵があるか否か等の問題には触れられることなく、単に国家活動の結果のみ、すなわち、公土木により惹起された所有権被害の事実のみが問題とされる。[154] この点については、収用の場合に、結果のみに着目して補償が決定されることと類似性がみられるが、公土木の損害による賠

償請求に関しては、古くは、「黙示契約に依る地役権説」がみられたとされる（柳瀬良幹「道路隣地者の求償権—併せて公法上の損失補償の観念に就て」『行政法の基礎理論第2』（弘文堂・1941）86頁参照。Proudhon, Traitédu domain public, II 1833 に始まったといわれる）。

151) K. H. Vogt, Die Entwicklung der "Responsabilité sans faute" in der neueren französischen Lehre und Rechtsprechung, 1975, p. 49.
152) P. Duez, La Responsabilitéde la puissance publique (en dehors du contrat), 1938, p. 66, 71.
153) Vogt, op. cit., p. 51; Auby/Ducos-Ader, Droit administratif, 3e éd. 1973, n° 381.
154) F. -P. Bénoit, Le droit administratif français, 1968, n° 1224; Duez, op. eit., p. 66, 71; P. Duez/G. Debeyre, Traité de droit administratif, 1952, p. 435; Vogt, op. cit., p. 51; W. Leisner, "Französisches Staatshaftungsrecht (II)" p. 252 (Verwaltungs Archiv. 1963, p. 1, p. 240, p. 369) 等参照。

償責任においては、そこで追求される目的が収用の場合とパラレルに所有権保護であったことに注意する必要があろう。

2　責任の実体的要件

恒久的損害に関する責任の実体的要件についての考察をまとめてみると、すでに述べたように、行政側の行態に関わる事由は責任要件の中に入っておらず、もっぱら、どのような損害であるかが責任を決定づけていることが認められる。

第一に、不動産に対し、多くの場合に永続的な、またはある程度継続的な価値下落を生ぜしめた物質的損害であることが必要とされる。前述のオーリュウの所論に表われているように、このような要件は、公土木責任（ここでは、公土木の恒久的損害を指す）の収用に対する補足的機能を明らかにするものであり、この責任法の、非常に限局された特異な性格を示すものである。この領域において責任が認められたのは、私的所有権の神聖・不可侵の思想に支えられ、収用法理とパラレルにとらえられたことによるものとも考えられ、このことは、一般の公権力責任との境界を示唆しているといえよう。[155]

第二に、賠償される損害は、公土木・公の工作物から直接的に生じた損害であることが必要とされる。[156] これは、因果関係の問題として考えられるが、無過失責任において通常いわれる因果関係の存在のみによって責任が認められるという原則を、限られた領域の中で示しているものととらえられる。さらに、収用に関する補償の範囲が同様の因果関係に従って決定されることは、収用との類似性をも示すものであろう。[157]

第三に、損害が例外的性格を示すことも責任成立のための要件としてとらえられる。この点について何も触れていない判例も多いが、いくつかの判例は、公土木や公の工作物の隣人が、通常賠償なしに受忍すべき不都合の限度を超える損害であることを判示理由の中で述べており、そうでない場合にも、事実上、受忍すべき限度を超えるような損害について賠償が認められているとみられる[158]

---

155) Vogt, op. cit., p. 54; Duez, op. cit., p. 68.
156) オーリュウは、恒久的損害の概念として、直接的かつ物質的損害であることを挙げているが、この"direct et matériel"は、収用において論じられるところと一致させるため、このような表現をとったものと思われる。ここでは、直接的と物質的とを分離して要件とした。
157) 収用の場合、補償の範囲に含まれるためには、直接的かつ物質的な（direct et matériel）損害であることが必要とされる。因果関係として損害の直接性が要求されていると考えることができよう。
158) オーリュウの前述の第三の条件を参照。

ため、要件の1つとしてとらえることができよう[159]。損害の例外的性格は、当該損害の継続性や強さによって形成されるもので[160]、例えば、ごく短期間の被害にすぎない場合など取るに足らない損害はこの要件にあたらないことになる[161]。また、道路水準が上昇したことによって修道院の庭が通行人の目にさらされることになった損害などは賠償請求権を認めうる性質の損害ではないとされた[162]。

以上の3点は、オーリュウが論じているものであり、通説のとるところでもあるが、このほかに、恒久的損害のカテゴリーに入る損害の共通の特質とみられる事由がいくつか存在し、これらも責任要件として考えることができよう。まず第一に、国家活動の不可避的な (inévitable) 結果ととらえられる損害であること[163]。——例えば、Ⅰで挙げた判例の(1)(2)(3)は、いわば志向された、意図された損害とみるべきで、不可避的に生じた損害であることは明らかであるが、その他、必ずしも意図されて生じたものとはいえない公土木の損害であっても、不可避的とみなされる可能性がある[164]。この場合には、他方で当該公土木が常態的な (normal) ものとみなされる——つまり、事故ではないこと、及び公の工作物が予定どおり営まれていることが要求され、これが、損害結果を不可避的たらしめることになろう[165]。

第二に、損害を及ぼした行政の活動の普通法外的性格が必要とされるとみられることも多い。判例の中には、損害を及ぼした行政の活動に関し言及し、私法上のものではない普通法外的性格を示すものであることを明示しているものも存する。例えば、1883年のシャンボレドン事件では、パリ・リヨン・地中海[166]

---

159) Vogt, op. cit., p. 57.
160) Duez, op. cit., p. 69; R. Chapus, Cours de droit administratif (Licence 3ᵉ année) Paris 1970-71, p. 328.
161) C. E. 11 novembre 1904, Lhoste, S. 1906 Ⅲ p. 142; C. E. 7 mars 1917, Boiffier c. Jeancard, R. p. 216; C. E. 15 novembre 1922, S. 1924 Ⅲ p. 33. この場合には、第一の「恒久的」の要件が問題になるともみられる。
162) C. E. 28 mars 1879, Chem. de fer de Paris-Lyon-Méditerranée c. Souteyran et Rogues, S. 1880 Ⅱ p. 308.
163) Mathiot, op. cit., nº 73 (p. 128).
164) Vogt, op. cit., p. 54.
165) 不可避的な損害という表現のあいまいさについては後述するが、特に、次節で述べる事故損害の領域との区別に関して、不可避的という要素が重要な意味を有したことは注意しておく必要があろう。
166) C. E. 11 mai 1883, Chamboredon et Brahic c. Compagnie de Paris-Lyon-Méditerranée, R. p. 479.

第1節　公土木の損害に関する責任法の成立　47

鉄道会社がサン・ポール・トンネルの貫通のために執行した土木が、シャンボレドン氏らの所有地の前を流れる灌漑用水の方向を変えるという直接的かつ物質的損害（dommage direct et matériel）を及ぼしたとして賠償請求がなされたものであるが、コンセイユ・デタは、「パリ・リヨン・地中海鉄道会社によって執行された土木は、単なる溝の開設ではなくして、その地下を当該会社が収用手続によって獲得した土地を通ったトンネルの開設であって、……この土木は、その性質及びその重要性の故に、民法典552条が適用される……土木ではない」と判示して、共和暦8年雨月28日法律の適用を認めて賠償を肯定した。同要件は、コンセイユ・デタの判示においては必ずしも明らかではないが、学説では、行政の権限の例外的性格（caractère exorbitant）や特権（prérogatives）の行使を重視するものが多い。例えば、デュエズ（Duez）は、公土木の損害の領域では、公の工作物の存在自体は受忍されねばならず、ただ金銭賠償を要求できるのみであって、私法で認められる当該工作物の除去はここでは認められないとし、このような考え方の背後には、相隣に関する民法の条文によっては規定されえない公産（domanialité publique）というものの存在があることを指摘している。また、そもそもこの領域では、優越した公共の利益と退けられる私的利益の衝突が強調されることが多いが、このことは、公土木の損害と収用との間の密接な関係が賠償請求の統一的な理由づけを要求するとの考え方にも合致するものである。すなわち、収用においては、権利の一方的な優先

---

167) 原告らは、この水が彼らの所有地内に噴出する水源から出るものであったとして、民法典641条の適用を主張している。
168) その他、本項Ⅰで挙げた判例の(5)や、C. E. 22 mai 1885, Cie des eaux, S. 1887 Ⅲ p. 13; C. E. 7 février 1890, Cie des Dombes et des chem. de fer du Sud-Est, S. 1892 Ⅲ p. 63; C. E. 16 mai 1902, Ville de Paris, S. 1905 Ⅲ p. 45 等も明確にこのように表現している。民法典552条は、土地所有権がその地上・地下の支配にも及ぶことを定めた規定であるが、これは通常の私人の土地所有を想定したものと考えられる。私法との違いについては、次項において触れる。
169) Vogt, op. cit., p. 56; Auby/Ducos-Ader, op. cit., n° 385; Duez, op. cit., p. 71; A. de Laubadère, Traité de droit administratif Tome Ⅲ. 7e éd. 1980, n° 687 (p. 364) 等参照。
なお、ヴォクトは、これに関して、損害を及ぼした国家活動の「高権的性格の要求（Das Erfordernis des hoheitlichen Charakters）として、恒久損害に関する責任条件の1つに位置づけて論じている（Vogt, op. cit., p. 55）。このようなとらえ方がドイツの学者によってなされていることは、注目されるべきであろう。
170) Duez, op. cit., p. 71.
171) Vogt, op. cit., p. 57.

のために妨害された均衡の回復を求める請求として補償請求がとらえられるが、これとパラレルに考えるならば、公土木の損害においても、損害を及ぼす側の特権、その例外的性格が前提となることは、当然導かれうる事柄であろう。[172][173]

以上のように、恒久的損害に関する責任の実体的要件をまとめてみたが、コンセイユ・デタの判例は、一般に短く、簡潔な文章で構成されているため、確定的な要件の抽出は困難であるといわねばならないであろう。しかしながら、ほとんどの判例が共和暦8年雨月28日法律の文言を拠り所としており、また、どのような損害が存在したか——ここで決め手となるのは、「直接的かつ物質的な損害（dommage direct et matériel）」である——という要件のみを問題とし、行政側のフォート等の帰責事由について言及していないことは明らかに認めることができる。多くの判例が、直接的かつ物質的な損害であるかどうかという判断要素に重点を置いた述べ方をしているのは、公土木の恒久的損害の領域の収用との類似性を示すものであり、恒久的損害の概念規定がそのまま責任[174][175]

---

172) しかしながら、公土木の損害でいう行政の権限の例外的性格とは、収用権限のみを指すものではないと考えるべきである。公土木法制において認められる様々な特権——一時的占有（occupation temporaire）、公の工作物の保護、増価分の返還等——を統合しているとみるべきであろう。

173) この点に関して、シャピュ（Chapus）とアンリオ（Henriot）らは、責任成立にとって決定的なのは、相隣関係上の受忍の限度を超えるという事由であり、損害を及ぼした活動の性格は必ずしも考慮する必要がないことを論じている（R. Chapus, Responsabilité publique et responsabilité privée, 1957, p. 337; G. -C. Henriot, Le dommage anormal, 1960, p. 31）。このような立場は、私法上の相隣妨害と公土木の損害との区別を不鮮明にするものであって、収用と公土木の損害との密接な関係を考えた場合に、その妥当性は疑問となろう。少なくともこの時代の段階では、公土木の損害に関する責任の法形態は、もっぱら公法において探求されていたと考えられる（Vogt, op. cit., p. 57）。

174) 例えば、鉄道線路の近隣住民が被る騒音・振動等の被害についても、直接的かつ物質的損害の要件が適用され、物質的損害であるかどうかが責任成立に決定的であるとされる。1899年のストラクマン事件では、「列車の通行によって生ずる騒音や振動は、不動産の被害が全く存在しない場合には、ストラクマン氏に賠償請求権を開きうる性質の損害を構成するものではない」（C. E. 8 décembre 1899, Stractmann, S. 1902 III p. 25）とされるが、他方、例えば、振動が不動産の価値等に対する被害を生ぜしめた場合には物質的損害として賠償される（C. E. 22 juillet 1887, Chemin de fer de Paris-Lyon-Méditerranée, R. p. 600 etc.）。

175) 収用に関しては、例えば、1790年9月7日法律4条において、「道路、運河、及びその他の公工作物の建設のために取り上げられ又は掘り下げられた土地を理由に、私人に対しなすべき賠償金の支払い（règlement des indemnités）」という文言がみられ（大革命以前の収用に関する問題については、R. Dareste, La justice administrative en France, 1898, p. 453 et s. 参照）、私人が賠償金（indemnité）を求める権利を有することは明らかであるが、どのような損害（préjudice）について補償が認められるかという問題について、簡単に触れておきたい。人権宣言及び民法典545条で明言されているように、補償は正当な（juste）ものでなければならないとされており、補償を受

要件ととらえられた事情をも説明するものであろう。

　さらに、実際の責任の決定においては、当該損害が受忍すべき限度を超えているかどうかの判断が何らかの形で入っており、重要な役割を果たしていることが推察できよう（明確に判示している判例もある）。このように受忍の限度を問題にする場合であっても、当該損害が当該被害者にとって賠償なしに受忍しなければならないものであるかどうかという判断がなされるのであって、損害発生以外の要件には関わりなく責任が認められることはこれまで論じてきたとおりである。

3　訴訟の性格

　最後に、公土木の損害に関する責任を求める訴訟の性格について、簡単に付言しておきたい。

　まず、賠償を求める相手については、行政と企業者との両方が可能である。この責任は連帯責任とされ、すべての場合に被害者は行政に対して支払いを求めることができる。また、被害者は原則として損害に対し金銭賠償を求めうるのみであり、裁判所は損害を生ぜしめた公の工作物の取壊しを行政に求めることはできないとされる。しかしながら、1900年代に入り、コンセイユ・デタは、行政に金銭の支払いまたは工作物の取壊しを選択させる判示も行うようになり、

けるためには、「収用によって惹起された物質的、直接的、確定的な (matériel, direct et certain causé par l'expropriation)」（後の1958年オルドナンス11条）損害であることが必要とされる。物質的という要件は財産価値の喪失を意味し、「確定的」とは間接的・偶発的な損害を排除する趣旨であるとされ、また、直接的損害の要件は収用との間の因果関係の存在を必要とするものである (Auby et Ducos-Ader, op. cit., p. 660 et s.)。このような要件を考えるならば、恒久的損害に関する責任の実体的要件との類似性を認めることは十分可能であろう（すでに述べたように、オーリュウによっても、この点は指摘されている）。

176)　本項Ⅱのオーリュウの見解参照（前掲注133））。

177)　コンセイユ・デタは、被害者の個人的状況を考慮に入れて責任を判断している。例えば、飲食店やガソリン・スタンド営業者が、土木執行中の道路遮断により被る出入り困難の被害は、顧客との関係で重大な損害とされる (C. E. 6 août 1887, Commune de Saint-Cloud, R. p. 668, etc.)。Vogt, op. cit., p. 58 参照。

178)　C. E. 18 janvier 1911, Ville de Denain, R. p. 45.

179)　C. E. 10 mars 1905, Berry et Chevallard, R. p. 255. この事案は、村の共同洗濯場に水を供給するために村が行った管の設置が、川沿いの所有地のための灌漑用水の一部を奪ったというものであるが、コンセイユ・デタは、「共和暦8月雨月28日法律第4条の文言から、県参事会は、そこに提起された賠償請求について判断する権限を有するが、公の工作物の廃止を命ずる権限はもたない」と判示しながら、「仮に、同村が、自ら執行した工作物を廃止する方を選ばないのならば、シュヴァラール氏に賠償額として82フラン30を、ベリー氏に225フラン50を支払う」と述べて、公の工作

さらに、判例の中には、損害を消失せしめるのが特別に容易な事例において、行政が損害を排除することを前提とした賠償の決定を行うものもみられた。[180]

また、この訴訟においては、例外的に、予先的決定（décision préalable）を経ることを要しない点に注意すべきであろう。すなわち、事前に行政に判断を求める必要なく、県参事会において直接に、損害賠償の有無とその額が決定されうることになる。これは、20世紀半ばに至り、県参事会の権限が地方行政裁判所に移された後にも存続する例外であって、公土木の訴訟の大きな特徴の1つということができる。[181]また、この恒久的損害についての賠償額は、公土木により当該不動産にもたらされた増価分との間で一部相殺されうることも指摘しておく必要があろう。[182]

第3項　恒久的損害に関する責任の根拠（fondement）

I　学説の展開

(1)　恒久的損害について公法人に責任を課する根拠としては、公負担の前の平等（L'égalité devant les charges publiques）の原則が挙げられる場合が多い。これは、恒久的損害がかつては（狭義の）収用と同様の扱いを受けており、また、このカテゴリーが偶然的・非常態的に発生した損害を含むものでないことから、公の負担とみなされやすかったことと深く関連していると考えられる。しかしながら、ここでは、恒久的損害に関する責任が他の国家責任一般に先立って認められたという事実、及び公負担の前の市民の平等原則を国家責任一般の根拠 "fondement" として位置づける見解の出現等をも視野に入れて、恒久的損害に関する責任の根拠を検討することにしよう。

(2)　まず、私法における責任理論との比較から考察を行う。この点に関して

物の廃止または金銭賠償の選択の途を示した。このような選択を殊更に判示するその背後には、公の工作物の不可侵性への考慮があったと考えられよう。

180)　C. E. 23 novembre 1906, Bichambis c. Ville de Narbonne, R. p. 854; S. 907 III p. 65 2ᵉ espèce, précité. この事案は、ビシャンビス氏の家の前に設置された公衆便所が、その管理が悪いために悪臭を放ったとされるものであるが、コンセイユ・デタは、将来の賠償について、「ナルボンヌ市がこの賠償を消失せしめる日まで年に200フランを支払うべき」ことを判示して、間接的ではあるが、市がその損害を排除することを求める趣旨を明らかにした。

181)　行政裁判所においては、出訴者はあらかじめ行政の決定を求めなければならないという原則がある（決定前置主義〔règle de la décision préalable〕）。

182)　C. E. 10 janvier 1906, Blanchot, R. p. 18.

は多くの学説が、公土木によって生ずる損害の領域に適用される原理は、全く特異 (particulier) なものであり、私法における原理は、その法的基盤をもちえないことを主張している。ラフェリエール (Laferrière) は、私法との差違についていくつかの理由を示している。すなわち、第一に、民法典は、所有権者が自らの土地に行使できる権利を確認し、所有権者が隣人に対し及ぼしうる被害を許容しているが、これが目指しているのは、己々が自らの財産になしうる通常の利用 (usage normal) と、相隣の土地について生じうる相互的な危険 (risque) に関する規定であり、公土木の大事業執行の例外的な力 (force exceptionnelle) によって隣接する所有地に生じうる遙かに重大な危険までも念頭に置くものではないことが挙げられる。第二の理由としては、行政は、その公土木に必要とされる土地すべてについて、固有の特権とりわけ収用を行う権利によって、変更を加える権力を有しており、それゆえ、所有権に基づき自ら所有するものを自由に支配しうることを根幹とする私有財産と同一に考えることは不可能である点が指摘されている。そして第三に、公共の利益に供すべき公の工作物においては、その負担も同様に、全員の間で分配されるのが相当であるとされ、また、鉄道や運河の道筋の採択は、ある所有者に他の利害関係人に比べて重い負担を課することのないようになされなければならないと考えられることから、公土木の損害の場合には、損害を受けた所有者は被収用者と同じように賠償を与えられるべきであるとする私法とは異なった考慮が働くことが挙げられている。ラフェリエールは、このように、公土木の損害の領域が私法とは異なる特徴を有していることを指摘し、公土木において行政に課せられる責任はより拡大された責任であるとしている。

ヴァラ (Valat) は、私人が隣人に対して及ぼす損害は、それぞれがもつ権利の限界の評価を前提にしており、したがって、公土木の結果生ずる意図的、適法な損害にたとえることはできないと述べている。例えば、私人の住居の前を通る道路の路面を交通の便宜のために高く上げることによって、私人の住居への出入りが困難になったり、建物の入り口の手直しが必要とされたような場

---

183) A. Valat, Des dommages causés par les travaux publics, thèse Montpellier, 1915, p. 79.
184) E. Laferrière, Traitéde la juridiction administrative et des recours contentieux, 2ᵉ éd. 1896, Tome II. p. 156.
185) Valat, op. cit., p. 79-80 参照。

合に、そもそもフォートが考えられるかという問題が呈示されている。一方で収用という手段によって、その所有権そのものを消滅せしめる権利を有する行政が、自らが管理する公役務を改良する権利はもちえないというのは考えにくい論理であり、ヴァラは、賠償を得るためにフォートの存在を証明しなければならないとする民法典1382条は、フォートが考えられないこのような場面では適用しえないとみるべきであろうと述べている。

　また、ペリケ（Perriquet）は、「私人とは逆に、行政は、私的所有権に対し損害を及ぼすとき、また所有権を奪取するときでさえ、法に従って行動しうる」と述べて、中心をなす原則が、民法典1382条のフォート原則を排除するものであることを指摘している。[186]

(3)　責任の根拠に関して、私法との根本的差違を認める大多数の学説を前提とした上で、次に、公土木の損害に関し考えられる責任根拠は何かという論題が検討されるべきであろう。オーリュウは、法的根拠に関して、「衡平（équité）も、配分的正義（justice distributive）も、また政策的便宜（opportunité politique）をも、裁判官に対し、義務（賠償請求を認める義務—引用者注）の原因を提供するものではない。条文の沈黙の中で、裁判官が考慮に入れることのできる義務的な事柄は、法的関係の慣習に従った実定的正義（justice commutative）の適用として認められる事由、例えば、不当利得（enrichissement sans cause）や不法行為上のフォートのようなものに限られる」[187]とした上で、恒久的損害に関する賠償責任を根拠づけるものとして、「出費を少なくしたことによる（en moins dépensant）不当利得」を呈示している。オーリュウの挙げた例は、深い谷を越えて鉄道を建設する際、行政が陸橋を建造するか、または盛土を行うかの選択において、より費用のかからない解決策として盛土を選んだ場合、その結果として、排水を著しく悪化せしめ、谷の所有者らに浸水の被害を及ぼしたという事例である。オーリュウによれば、この場合に賠償責任が認められるのは、「もし行政が陸橋を作ることによって、より一層の費用を費やしていたならば損害を及ぼすことはなかったことを理由とし、行政が谷の所有者を犠牲にして利得を得た、すなわち、出費を少なくしたことにより利得

---

186)　E. Perriquet, Traité théorique et pratique des travaux publics, 1883, Tome II. nº 883-892.
187)　M. Hauriou, Précis de droit administratif et de droit public, 1914, p. 483.

第1節　公土木の損害に関する責任法の成立　53

を得た」ゆえであるとされる。このような不当利得理論を責任根拠とするオーリュウの所説に対しては、いくつかの批判が寄せられた。デュエズは、まず、不当利得（原因を欠く利得）の「原因（cause）」の定義に関して、オーリュウの説を批判し、この「原因」は損害を惹起した作用に関わるべきものであって、行政の賠償義務に対応させるべきではないと主張した。また、伝統的な不当利得理論において「利得」とは財産価値の他人への移転を意味するものであるが、公土木の領域では、市民財産の価値の減少が生ずるのみである点に関して、オーリュウは「出費を少なくすることによって（en moins dépensant）」という概念を加えて説明しているが、デュエズはこれに対して、この不当利得理論が私的所有権に対する支配のみに限定される必然性に疑問を呈し、少なくとも危険（risque）理論に比べて拡張のおそれが強いことを指摘している。さらに、ヴァラは、実際問題として、線路敷設の計画をなす技術者は、公の工作物の建設において、自らが支払うものではない費用の点にどの程度注意を払っているかという疑問を呈示している。

　このような批判の存在をも考慮に入れてオーリュウの所説を検討したとき、より重要と思われる事柄は、この見解が、その根底において公負担の前の平等原則に基礎を置いているとみられることであろう。すなわち、オーリュウ自身、この利得が、「存在していた財産の均衡（équilibre des patrimoines）が特に厳格な態様で保持されるべき場合に」形成されることを認めており、ここでいわれる「財産の均衡」は「公負担の前の平等」とほぼ同一の意味を有すると考えられる。

　また、デュギー（Duguit）は、適法かつ公土木のフォートなしに行われた執行により私人の不動産に生じた損害について認められる金銭賠償は、フォートの存在を理由にするものではなく、公役務の運営——たとえ、それが適法で正常であるとしても——より生じた社会的危険（risque social）に対して、公共団体が市民に保障を与えるべきであるという理由によるものであるとして、国

---

188)　P. Duez, La responsabilité de la puissance publique（en dehors du contrat), 1re éd. 1927, p. 22-75.
189)　Valat, op. cit., p. 86-87.
190)　Valat, op. cit., p. 87 参照。
191)　Hauriou, op. cit., 8e éd. p. 489.

の賠償義務は発生した損害(préjudice)が存在することのみにより生ずると論じた[192]。そして、私人の場合には、自らの土地に家や工場を建設する際、その土木の執行が、結果的に相隣不動産の換金価値を減少せしめ、相隣所有者に恒久的損害を生ぜしめたとしても、単に、用途に従い自らの土地を有効に用いる意図を有したにすぎないとみられ、責任は問われないのに対し、国の場合には賠償責任が認められるとして、その理由に関して次のように述べている。すなわち、私人の場合のフォートの観念に基づく責任(主観的責任〔responsabilité subjective〕)とは異なり、「この公活動が正常かつ適法に行われた場合の行政責任は、公負担の前の平等原則に基づく客観的責任(responsabilité objective)の観念と、その原則が何人かを害して破られた場合にこの均衡を再構築する国庫に課せられる義務とによってのみ説明されうる」とする[193]。このようにデュギーは、公土木の恒久的損害に関する責任の根拠について、公負担の前の平等原則をとらえているとみることができよう[194]。

ルフェーヴル(Lefèvre)は、「公土木により惹起された損害の領域は、年代的にみて(chronogiquement)、公負担の前のすべての市民の平等及び危険の概念が用いられた最初のものであった」と述べており[195]、その実際的理由として、公土木は、行政が私人に対し及ぼしうる損害の最も重要な源(source)となっていること、また、フォートの観念から完全に離れた「危険」に基づく行政の有責判決は、当該行政の行為に対するいかなる非難(censure)をも含んでいないことから、結局、この公土木の損害の領域では他の領域と比べて、コンセイユ・デタが国家責任の原則を行き渡らせることが容易であると同時に、衡平(équitable)とも考えられたという事情が挙げられている[196]。

---

192) L. Duguit, Traité de droit constitutionnel, 3ᵉ éd. Tome III. p. 478.
193) Duguit, op. cit., p. 479.
194) なお、オーリュウ、デュギー、ラフェリエールらの学説の展開は、近藤昭三「公土木(Travaux publics)の損害について―無過失責任主義の成立」法政研究32巻2=6合併号156頁以下に詳しい。
195) C. Lefèvre, L'égalité devant les charges publiques en droit administratif, thèse Paris, 1948, p. 56.
196) また、ルフェーヴルは、公土木の損害の分野で国家有責原則が立てられた理由として、アンシャン・レジーム期に私的所有権に対して行われた不当な実務に対する反動として、裁判管轄に関する条文(共和暦8年法律)により間接的に金銭賠償原則が推進されたことを挙げている(C. Lefèvre, op. cit., p. 56)。

シュネールブ（Schnerb）は、恒久的損害の理論は、起源的には、直接的及び間接的収用理論の特別な場合の一種であったととらえており、この理論を構築する際、コンセイユ・デタは、私的所有権を保護することを欲するとともに、一般的利益を目指してなされた公土木の結果、図らずもある者に対して損害が降りかかってしまったような場合、その損害を公共団体において負担することを望んだものであると述べている。このことは、シュネールブによれば、まさに、「公負担の前の市民の平等という大革命期の原則（principe révolutionnaire）の適用」であるとされる。

ルワースト（Rouast）も、公土木の損害の特質を論じた後、同様に、公負担の前の平等原則をその根拠として呈示している。すなわち、国家は私人に損害を課するに関して、権力的手法によって介入する権利を有しているため、自らの権限の外に出ることなく、違法行為を犯すことなく行為するのであって、ここでの責任原則を探求するにあたっては、公法上の根本原理を前提にする必要があると主張する。そして、これこそが、公負担の前では市民は平等であるべきとする原則であり、この結果、国家が私法の領域を超えた場合、すなわち、相隣の通常の義務から生ずる損害を超える損害が公権力によって生ぜしめられる場合には、当該損害に関し利益を受けた人々の集団の代表として国家が、これら損害の金銭賠償を行うべきものとされると述べている。

II 公負担の前の平等原則

(1) 公土木の損害の分野において、一般的公権力責任と比べて早い時期に国責任が認められ[199]、さらに、その根本的基礎となった原則が公負担の前の市民の平等であったという事実の背景には、収用と公土木との歴史的関係、及び行政管轄に残された公土木の損害の特異な性格が存在していたことに留意しなければならないであろう。

前述したように、起源においては、収用と公土木の恒久的損害とは同一管轄

---

197) R. Schnerb, Une jurisprudence d'équité du Conseil d'Etat; le risque administratif, thèse Strasbourg, 1946, p. 81 et s.
198) A. Rouast, Du fondement de la responsabilité des dommages causés aux personnes par les travaux publics, 1910, p. 22.
199) F. -P. Bénoit, Dommages resultant des travaux publics, Jurrisclasseur administratif, Fascicule 725. n° 3.

で取り扱われており、1810年法律によって収用のみが司法管轄へ移行され、公土木の損害が広く行政管轄に残されることになった。かかる収用と公土木の損害との関係を前提としながら、それぞれの場合の補償・賠償を基礎づける法理についてみれば、以下のことがいえよう。

まず、収用に関していえば、収用の際になされる補償がフォートの観念を全く排斥していることは明らかである。むしろ、この補償を正当化するのは、私的所有権保護の要請であると考えられ[200]、ここには、行為者に対するいかなる非難の思惟も存在しておらず、行政は過ちを犯さないこと、ないし、非難の余地なく完璧であることという国家有責性を認めることへの妨げとなった考慮の働く余地はない。

これに対して、公土木の恒久的損害に関する責任を考えてみると、収用補償に関する説明が相当程度に妥当することが認められる。公土木の恒久的損害は、収用と同様に不動産に対する損害を対象としていることを考慮するならば、当然に、私的所有権保護の要請を正面から受けたことが推察されうるのであり、また、多くの場合、適法な公土木の執行から生ずる不可避的な損害であったことから、適法収用の場合と同様に、行政に対する非難を介在させる必要がなかったことが指摘されなければならないであろう。公土木の恒久的損害は、単純化していえば、収用の所有権全体の奪取の場合を除いたいわば広義の収用をも含む特異なカテゴリーとみることも可能であり、したがって、この領域で国家責任がスムーズに認められたのは当然の流れといえよう。

そして、この場面において、フォートに拠らず行政に賠償責任を課すための法的根拠として呈示されたのが、公負担の前の市民の平等原則であったと考えられる。同原則は、当然に収用補償においても根拠として妥当しうるものであり、狭義の収用によって私人が被る損失と、公土木によって私人が被る損害とは、ともに「公負担（charges publiques）」としてとらえることが容易でかつ適切な場合であったことを確認することができよう。

(2)　しかしながら、他方において、公土木の恒久的損害が収用との密接な関係を有しながらもこれと明確に区別され、行政裁判所がこの損害に関する行政

---

200)　H. F. Koechlin, La responsabilité de l'Etat en dehors des contrats de l'an VIII à 1873, 1957, p. 82.

の賠償責任を審理するという形で問題が設定されたことは、以後の公土木の損害に関する責任法の発展過程において重要な意義を有するものであったということができる。すなわち、後述するように、「公土木の損害」の中に、恒久的損害とは性質の異なる広い範囲の公土木によって生じた損害が含有される基盤が設定されたこと、さらに、収用との密接な関係において理解しえた公負担の前の市民の平等原則を根拠とする行政責任・フォートに拠らぬ責任が、恒久的損害以外の広い意味での損害賠償責任の領域にも浸透しうる[201]下地が作られたことを、その後の発展への展望としてとらえておくことができると思われる。

　次節以下では、このような問題設定の下で公土木の損害に関する責任法の発展を考察していくこととし、第2節では、恒久的損害と並んで公土木の損害の一方の大きな流れをなした事故損害の領域について検討を行う。

---

201)　この公負担の前の平等原則が、一般的な公権力責任の根拠となっていることを指摘する学説も数多くあるが、この点に関しては後に触れることにしたい。

第2節　公土木責任法の発達
——事故損害（dommage accidentel）に関する責任法の考察を中心として

第1款　事故損害の概念の成立

第1項　公土木の損害の領域全体の検討
I　恒久的損害と公土木の損害

　20世紀初頭まで、フランスにおける行政法の文献では、「公土木の損害」といえば、もっぱら恒久的損害について取り上げられる場合が多かった。しかし、公土木に関わって生ずる損害は、むしろ、その多くの部分が恒久的損害以外で占められていることは、恒久的損害の概念の限局性からみて明らかである。何より、恒久的損害が不動産のみを対象としていることから、人身・動物・動産等に加えられた損害はすべて、このカテゴリーを外れることとなる。また、不動産を対象とする損害の場合にも、恒久的損害に含まれないものも存在することは容易に推測されるであろう。

　第1節で検討した公土木の恒久的損害に関する責任法は、公土木がその相隣の所有地に関して損害を生ぜしめる場合を考えて形成された責任理論であるといえよう。例えば、公の工作物の建設によって、私人所有の建物が低所へ位置することとなり浸水の被害を受けた場合[1]、公の工作物の建設により私人所有の建物への出入りが困難になった場合[2]、また、下水渠から発する臭気により不動産の価値が下がった場合[3]、鉄道の盛土がある地域に吹く風を遮断したため、風車が機能しなくなった被害[4]、ある工場が公土木の執行の間、休業を余儀なくさ

---

1) C. E. 8 août 1896, Commune de Nogent-sur-Marne, R. p. 679.
2) C. E. 21 février 1867, De Nicolaï, S. 1867 II p. 365.
3) C. E. 6 juillet 1906, Ville des Sables d'Olonne, R. p. 640, précité.
4) C. E. 31 janvier 1890, Bompoint-Nicot, R. p. 111.

れた場合等、これらの例は、すべて、いわゆる「恒久的（permanent）」――す
なわち、永続的な（durable）――と呼ばれる損害である（ただし、この中に、
一時的な相隣妨害も含まれうることは、前述したとおりである）。

　しかし、公土木は、それ以外にも、非常に多様な被害を市民に生ぜしめる可
能性がある。公の工作物の建設において、また、完成後の公の工作物において、
その維持の欠缺、あるいは欠陥ある操作等によって発生する事故は、突発的に
所有権以外にも損害を与えることが認められる。例えば、通行中の自動車が十
分な照明がなされていないために道路上の放置物に衝突した場合、切断された
電話線が市電の電線に落下したために通行人が感電死した場合、学校の正門の
壁柱が崩れ児童を圧死させた場合、艀が運河の底に沈んでいた障害物に衝突し
て損傷を受けた場合、河川に隣接する所有地を防護する堤防が水の圧力で崩れ、
所有地が浸水した場合等、これらは皆、恒久的損害には含まれないものであり、
別途、論ずる必要のある事柄である。

II　非恒久的損害に関する責任理論に対する学問的研究の遅れ

　公土木の恒久的損害の問題は、早くから学説上盛んに議論され、その責任理
論が明らかにされてきたのに対し、公土木によって生ずる事故については、20
世紀前半に至るまで概説的研究の対象とされることはなかった。大多数の論者
は、公土木の非恒久的損害についても恒久的損害と同時に扱い、さもなければ、
非恒久的損害に触れることもなかったといわれる。ところが、1900年代に入る
と、人身や動産に対して生じた事故について、管轄をめぐる様々な問題が生じ、
これに関する学説が展開されるようになった。さらに、管轄問題についての解
決困難な状況が減じられるに従い、責任の実体的要件に関しても研究が進めら

---

5)　C. E. 13 juillet 1870, Foulon, R. p. 885.
6)　C. E. 17 juillet 1912, Ulmann et Preyfus, R. p. 831.
7)　C. E. 16 juillet 1914, Babouet, R. p. 882; D. P. 1920 III p. 3.
8)　Cass. civ. 21 janvier 1918, époux Carabelli, Gaz. Pal. 1918-1919 I p. 192, S. 1918-1919 I p. 55;
　　　C. E. 11 juillet 1924, R. p. 681.
9)　C. E. 23 décembre 1929, Ministre des travaux publics c. Lechantre, D. H. 1930. 89, S. 1930 III
　　　p. 76, 2e espèce.
10)　C. E. 17 novembre 1905, Syndicat de l'île de la Barthelasse, R. p. 845.
11)　Mathiot, op. cit., p. 12.

れるようになった。その代表的なものが、マティオ（Mathiot）の1934年のテーゼであり、公土木の領域の諸原則を発展させてきた流れが、非恒久的損害の領域にも浸透してきたということができよう。

　従来、非恒久的損害が、公土木の損害として重要な事項とされていなかったことに関しては、以下のような事情に注意しておく必要があろう。すなわち、公土木の恒久的損害は、収用と同様に、行政が公土木事業を行うにあたり不可避的に生ずるととらえられることから、その金銭的補填の必要性が、私的土地所有権保護の思想とも相まって古くから強く認識され、特有の公法理論の形成が盛んに試みられたのに対し、それ以外の公土木の損害に関しては、むしろ、他の国家責任一般の領域と同様に、その公法上の責任理論の発展が遅れたと考えられることである。これは、非恒久的損害の場合には、行政側のフォートの有無が問題にされることが多く、国家無責任の観念の介在、司法管轄と行政管轄の葛藤等、一般的な公権力責任の場合と同様の様相がみられることによるものと思われる。

　なお、それにもかかわらず、この公土木の損害（恒久的損害、非恒久的損害を含む）の責任法は、多くの論者によって、一般的な行政の賠償責任法の項目においてではなく公土木の項目で扱われており、一般的国家責任とは異なる何らかの特異性を有するものとみなされてきたことにも留意すべきであろう。以下では、公土木の損害全体の中で恒久的損害に対置、区別される他の損害概念について明らかにしていきたい。

第2項　公土木の損害の分類の試み

　(1)　マティオによれば、公土木の損害について、公土木ないし公の工作物を原因として私人が財産・身体に被るあらゆる種類の損害が、区別なく論じられる場合が少なからずあったとされる。例えばアプルトン（Appelton）は、そのノートの中で、公土木の領域においては、その責任はフォートとは全く無関係

---

12)　マティオの「公土木により生ずる事故（Les accidents causés par les travaux publics）」と題する1934年のテーゼは、従来議論されてきた恒久的損害に対し事故損害を対置せしめ、両者の明確な区別を行うとともに、後者に関する詳細な検討を初めて行ったものとして重要である。
13)　特に、1789年人権宣言（17条）で明言されている。
14)　雄川一郎「フランスにおける国家賠償責任法」比較法研究9＝10号49頁以下参照。
15)　A. Mathiot, Les accidents causés par les travaux publics, thèse Paris, 1934, p. 20 et s.

第2節　公土木責任法の発達　61

に存在し、危険の観念から生ずるものであると述べ、包括的なとらえ方をして
いる。しかしながら、このような把握では、単に公土木の損害の一部分がとら
えられたにすぎず、他にほとんど吟味されていない部分がなお多く残されてい
ると考えられるため、むしろ、公土木の損害全体をカヴァーし、適切な分類を
行うことが必要とされるところであった。

　ここでは、公土木から生ずる損害すべてに関し、どのように分類するのが合
理的であるか、言い換えれば、その責任を論ずるにあたって、同一の原則によ
って支配されるものをどのように括り、他と区別すればよいのか、という問題
が設定されることになる。

　公土木の損害領域を区分する手法としては、大まかにいえば、まず第一に、
損害の対象（objet）に基づく区別、すなわち、所有権に対する損害と人身に対
する損害とを区別する手法が考えられ、次いで、恒久的損害と事故損害とを区
別する理論が著された。オーリュウは、1907年の『行政法精解』〔第6版〕で、
所有権に対する損害と人身に対する損害との区別を採用し、1924年にもこれを
示唆しているが、後に、自らこの区別を放棄し、新たに恒久的損害と事故損害
との区別を認めるようになった。そして、マティオをはじめ多くの学説が、こ
の第二の区別を採用するようになったことが認められる。

---

16)　J. Appleton, note sous C. E. 16 juillet 1914, Babouet, D. P. 1920 III p. 3. ただし、アプルトンは、
　　その教科書においては異なった見解を表している（Traité élémentaire du contentieux adminis-
　　tratif 1927, §229, p. 420）。
17)　マティオは、そのテーズの中で恒久的損害を、「公土木の損害（dommage de travaux publics）」
　　という言葉に対応せしめ、これに対置する事故損害については、単に「事故（accident）」という
　　言葉をあてて論じている。「損害（dommage）」という語に特別な意味を含有せしめているものと
　　思われるが、本章では、通常用いられている恒久的損害と事故損害との区別を言葉として使ってい
　　きたい。マティオ自身も、同テーズの脚注の中でより詳しくは「公土木の事故によって生ぜしめら
　　れた損害（dommage causé par un accident de travaux publics）」というべきであると述べてい
　　る（Mathiot, op. cit., p. 122, 注(5)）。また、その後の著書、Cours de droit administratif では、
　　dommages permanents と dommages accidentels の区別を用いている。
　　　なお、神谷昭「フランス行政法における国の危険責任」『フランス行政法の研究』（有斐閣・
　　1965）358頁では、「奇禍によって惹起された損害（dommages causés par accident）」という言葉
　　が用いられている。
18)　M. Hauriou, Précis de droit administratif et de droit public, 6ᵉ éd. 1907, p. 673.
19)　Hauriou, note sous C. E. 15 novembre 1922, Chemin de fer d'Orléans, S. 1924 III p. 33.
20)　Hauriou, op. cit., 12ᵉ éd. 1933, p. 906.
21)　R. Bonnard, note sous C. E. 25 janvier 1929, Sous-secrétaire d'Etat aux P. T. T., S. 1929 III
　　p. 81. etc. ボナールは、そのノートの中で、「危険（risque）の原則は、ずっと以前から恒久的損害

(2) まず、第一に試みられた損害の対象（objet）に基づく区別についてみていきたい。これは、主に、所有権（不動産の）に対する損害と、人身に対して加えられた損害とを区別しようとするものであるが、このような区別は、もともと、後述する19世紀における裁判管轄をめぐる問題との関連から生まれてきたものである。すなわち、管轄に関しては、人身に対する損害だけを他の公土木の損害から区別し、県参事会の管轄から逃れさせようとする傾向（次節で詳説する）がみられ、これに対応する形で、人身に対する損害と所有権に対する損害との区別が主張されたことが認められる。しかしながら、19世紀末にはこのような管轄上の区別が消滅したため、実体問題について、損害の対象に基づく区別が意義を有しうるかどうかが大きな論点となった。[22]

多くの論者は、[23]この点に関して、所有権に対する損害――公土木作用の正常な（normal）結果であることが多い――では、フォートが存在しない場合にも賠償が認められるのに対し、人身に対する損害の場合には、フォートに基づく公権力責任の一般理論が適用されるとして、対象に基づく区別の実体法上の意義を認めようとした。この問題を詳しく論じているルワースト（Rouast）によると、人身に対する損害の場合には、行政の用心の欠缺（défaut de précautions）、懈怠（négligence）やフォート[24]などが責任の基本的な要素となっているが、不動産所有権に対する損害では、これと様相が大きく異なるとされる。[25]すなわち、不動産所有権に対する損害に関しては、収用や一時的占有、ま

の領域で適用されている。逆に、公の工作物による物や人身に対する事故は……」と述べ、恒久的損害と事故損害との区別を採用している。また、アプルトンも同様に、ノートの中で、この違いを認めている（J. Appleton, note sous Cass. civ. 8 et 24 janvier 1923, D. P. 1923 I p. 33）。

22) 実体問題については後に詳しく考察するが、恒久的損害との区別等、公土木の損害の中で分類を行う際、実体的要件の違いは重要な役割を果たすと思われるので、先取りの感はあるが、ここで一部論じておく。

23) A. Rouast, Du fondement de la responsabilité des dommages causés aux personnes par les travaux publics, 1910, nº 40 et s.; A. Mestre, note sous Cass. civ. 27 novembre 1918, Cie des Tramways de Nice contre Somerville, S. 1921 I p. 353; L. Duguit, Traité de droit constitutionel, 2e éd. 1923, Tome III p. 441; J. Appleton, Traité élémentaire du contentieux administratif, 1927, §229, p. 420（所有権に対する恒久的な、または一時的にせよ加えられた損害〈dommage〉と、人身に加えられた accidents とを区別）; H. Lalou, La responsabilité civile, 2e éd. 1932, §1575, p. 726（不動産に対する損害と人身・動産に対する損害とを区別）.

24) 例えば、C. E. 1 juin 1900, Hublot, R. p. 413; C. E. 2 août 1907, Ministre de la guerre, R. p. 769; C. E. 30 juin 1905, Diet, R. p. 585; C. E. 1 juin 1908, Moulines, R. p. 593 等多数の判例参照。

25) Rouast, op. cit., nº 40 et s.

第 2 節　公土木責任法の発達　63

た収用に匹敵する重大な損害の事例において、フォートの要素が欠けていることはいうまでもないが、他方、それほど重大な損害でない場合にも、同様にフォートの要素を欠いている場合が大部分であるとされ、結局、「不動産に対する損害は、一般に行政によって予想され（prévu）、意図された（voulu）ものである。したがって、この場合にフォートを探求することは、ばかげている（plaisanterie）」と述べている。

　上記の見解は大変明快な理論であるが、実質的にみると、その妥当性には疑問を禁じえない。この見解によると、公土木により被害を受けたものが不動産であるならば、危険に基づく責任、公負担の前の平等の原則の完全な適用を受けるが、他方、被害を被ったものがたまたま動産や人身である場合には、被害者は行政のフォートを証明することが要求されることになる。例えば、ある公の工作物が突然倒壊し、それが行政のいかなる維持の欠缺やフォートにも帰責されえない状況において、私人所有の建物が損傷を受けた場合と、人間が受傷したり、自動車が被害を受けた場合とを考えてみれば、この結論の不合理さが明らかになるであろう。住宅の所有者は賠償され、受傷した人や脇に駐車していた車の所有者は賠償を受けないという奇妙な結論は、不動産所有権保護の思想のみで正当化されうるとは考えられず、また、公負担の前の平等原則を適用するならば、両方の事例において同一の原則が働きうるはずである。

　他方で、逆に、公の工作物の倒壊が維持の欠缺（défaut d'entretien）などに

---

26)　鉄道に関して、C. E. 16 mai 1902, Chemin de fer d'Orléans, R. p. 394。その他、C. E. 17 janvier 1902, Com. De Chateanponsac, R. p. 28; C. E. 5 juillet 1902, Ville de Saint-Etienne, R. p. 510 等を挙げている。

27)　Rouast, op. cit., p. 74.

28)　ルワーストは、下水渠から生じた浸水のために隣家が倒壊した事例において、不動産に対する損害でありながら、実際には、人身に対する損害の場合のように事故（accident）が介在しており、判例も、公土木が悪しく執行されたことを判示している点について、これは、事故と当該土木との因果関係を立てるための手法にすぎないと述べて、やはり、不動産に対する損害のカテゴリーへ入れようとしている。

29)　Christophle et Auger, Traité théorique et pratique des travaux publics, 1889, Tome II. n° 2279 et s.; P. Duez, La responsabilité de la puissance publique (en dehors du contrat), 1re éd. 1927, p. 44; E. Laferrière, Traité de la juridiction administrative et des recours contentieux, 2e éd. 1896, Tome II. p. 157; G. Jèze, R. D. P. 1910, p. 72; Michoud et Trotabas, La théorie de la personnalité morale, 3e éd. 1932, Tome II. n° 290 (accident administratif と risque administratif を論じている).

30)　Rouast, op. cit., n° 44, p. 85.

起因する場合には、行政は、その責任を、動産や人身に対してばかりでなく、不動産に対しても当然負うことになる。不動産に対する損害の事例において、コンセイユ・デタは、いくつかの判決で明確に行政のフォートを呈示している。例えば、「地下室の浸水は、市が設置した配管組織に付属する消火栓の維持の欠缺を原因とするものである」と判示したり、「ボルドー市が塀の建設にあたって技術規定を守らなかったこと、及び、同市が南西の激しい風にさらされる当該建築物の安定性を保つために必要な予防（précautions）をとらなかったこと」を認めて「当該塀の倒壊について帰責されるべき（doit être imputée）は、このフォートであって、不可抗力事象ではない」と判示したケースなどが存する。不動産所有権に対する損害についても行政のフォートが明示されるということは、対象が不動産であるか、動産・人身であるかという事柄が、本質的差異を有しないことを示すものであろう。

　結局、損害の対象によって区別する理論は、19世紀における人身損害に関する管轄紛争の影響を受け、また、収用と接する恒久的損害が不動産に対するものであることにも起因する理論であったと考えられるが、論者も、実質的には、事故による損害かどうかを考慮の一端に置いていたことは否定しえないと思われる。例えば、ルワーストは、「ある種の人身に対する損害は事故としての性格（caractère accidentel）を示さず……所有権に対する損害と同様に、行政がそれを行う権限を有する土木事業の正常の結果であるようにみえる」と述べているが、これは、人身に対する損害が、その基礎において事故の性格を有することを認めているものと解される。また、動産に対する損害に関する説明においても、「わが法は、動産物件の収用を認めていない。したがって、公土木は動産に対する被害を生ぜしめることはない。……それゆえ、（動産について——引用者注）損害が発生したときは、これは常に事故（accident）である」と述べ、動産に対する損害も人身に対する損害と同様、事故の性格を示しているこ

---

31) C. E. 23 mai 1917, Kennerley Hall, R. p. 428, 1re espèce.
32) C. E. 8 juin 1921, Ville de Bordeaux, R. p. 551. その他、C. E. 17 mars 1913, Ville d'Alger c. Roussier et Gayte, R. p. 365, l^{re} espèce; C. E. 21 janvier 1925, Commune de Vivario, R. p. 65; C. E. 25 janvier 1928, Ville de Marseille, R. p. 119; C. E. 6 août 1928, consorts Debruyn-Dolez, R. p. 1082 等。
33) Rouast, op. cit., n° 43, p. 81.
34) Rouast, op. cit., p. 86.

第 2 節　公土木責任法の発達　65

とを論じている。

　(3)　上記のように、人身損害と所有権に対する損害との対比を中心とする対象に基づく区別がその妥当性を喪失した以上、次に検討されるべきものは、その性質に基づく区別であった。すでに19世紀末には、しばしば、人身や動産に対して公土木が及ぼす損害が、事故（accidents）——すなわち、被害者も行政も意図していなかった偶然の出来事（événements fortuits）——のカテゴリーに属することは示唆されていた。そして、オーリュウは、所有権についても人身と同様に事故損害が及びうることを初めて指摘し、『行政法精解』〔第12版〕の中で、損害（dommages）と事故（accidents）とに区別して論じている。また、アプルトンも、そのノートの中で、「公土木の領域において、事故（accident）は、いわゆる損害（dommage proprement dit）と容易に区別されうる。トンネルの貫通によって隣地で噴出していた水源の層が遮ぎられた場合、道路の建設によって隣接建物が下方に位置せしめられ公道への出入りが悪化した場合、汽車の通過に因る振動が隣接建築物をぐらつかせた場合、——これらはすべて、損害の範囲に属する」とし、これに対して、「通行人が足場から崩れた落石のために負傷した場合、歩行者が歩道の裂け目に足をとられて骨折した場合……、——これらはすべて、事故の範囲に属する」と述べている。さらに、ボナール（Bonnard）やラルー（Lalou）も同様に、この区別を認めている。

　(4)　かくして、コンセイユ・デタ等の数多くの判例に対する整理・解釈として、また、公土木の領域において妥当すべき区分けの探究としてなされた論者の様々な試みは、マティオのテーズ以後に、(恒久的)損害と事故の区別にほ

---

35)　Hauriou, note sous C. E. 9 mars 1894, Daubard, S. 1895 III p. 105; Mestre, note sous Cass. civ. 27 novembre 1918, Cie des Tramways de Nice, S. 1921 I p. 353; Rouast, op. cit., n° 22.
36)　Hauriou, note sous Trib. confl. 11 juillet 1891, Lagrave, S. 1893 III p. 81; note sous C. E. 13 mai 1907, Dép^t de la Dordogne, S. 1908 III p. 121. いずれも所有権に対する損害の事例ではないが、オーリュウは、そのノートの中で、人身に対する事故と同様に所有権に対する事故についても言及している。
37)　Hauriou, op. cit., 12e éd. p. 906.
38)　Appleton, note sous Cass. civ. 8 janvier 1923, Cie générale des Omnibus, D. P. 1923 I p. 33. しかしアプルトンは、このノートでは、裁判管轄の点で損害（dommage）と事故とを区別しようとしている。
39)　R. Bonnard, note sous C. E. 25 janvier 1929, Sous-secrétaire d'Etat aux P. T. T., S. 1929 III p. 81 précité.
40)　H. Lalou. op. cit., §1608, p. 735.

ぼ統一されたということができる。

恒久的損害と事故損害との区別が真に妥当性を有するか否かの検討には、この区別それ自体の明確化（主に「事故」の概念の明確化）を行うとともに、公土木の損害の領域全体における責任要件の詳細な分析をなすことが必要とされると思われる。次項では、事故の概念を考察すると同時に、恒久的損害との区別の本質的な要素を探ることとしたい。

第3項　事故損害の概念の検討

(1)　まず、損害の対象に関してみると、恒久的損害は、私人の土地と公の工作物との密接な関係に起因した相隣妨害であるため、その定義上、当然に、不動産に対するものとなる。しかし、このような損害は、不動産と同時に、その不動産が含有する動産にも及びうるものであり、この場合には、その動産は不動産の一部をなすととらえられ、不動産所有者に対し包括的に賠償金が付与されることとなる。他方、人身に関しては、例えば、公土木の執行により私人の建物に病原菌汚染の可能性が生じ、その住人が伝染病の危険にさらされたような事例を考える場合[41]にも、その者が主張しうる直接的損害は建物の汚染でしかなく、この点についてのみ、恒久的損害と認められることになる[42]。したがって、恒久的損害の対象は、主に不動産に限られ、人身損害は含まれないということができよう。

これに対して、事故損害の対象は非常に広いものである。すなわち、公土木・公の工作物の相隣不動産も対象となるばかりでなく、人身、生物、無生物（動産を含む）すべてが、公土木の機会に発生する事故のために被害を受ける可能性が存する。

(2)　次に、事故損害と恒久的損害との区別の本質を検討することによって、事故損害の概念を明らかにしていきたい。恒久的損害と事故損害の本質的差異の問題は、責任の実体問題と深く関連するため、事故損害に関する責任要件の検討が必要であるが、ここでは、事故損害のカテゴリーを明確にするために先

---

41)　C. E. 19 décembre 1873, Lambert, D. P. 1874 III p. 53. 鉄道建設のための工作物によって水がよどみ、そこからマラリアが広がったという事例。その他、C. E. 1 juin 1906, Ville de Paris, R. p. 526 等。

42)　A. Rouast, Du fondement de la responsabilité des dommages causés aux personnes par les travaux publics, 1910, p. 83.

に触れておくこととする。その際、恒久的損害と事故損害の区別については、先のテーズを著わしたマティオが、詳細な検討を行っているので、以下、マティオの論ずるところを基礎としてみていきたい。[43]

マティオによれば、恒久的損害は、しばしば、公の工作物の執行やその存在に不可分の公土木の相隣妨害であり、不動産の価値下落を導くものであるのに対し、事故は、物の完全な物理状態に対する突然の攻撃であり、怪我や破損をもたらすものであるとされる。まず第一に、恒久的損害が一定期間の存続を前提とする相隣妨害の結果であるのに対し、事故による損害は、突然、急激な思いがけない出来事（événement soudain, violent et imprévu）であることが、大きな相違点として挙げられる。恒久的損害においては、賠償されるべき相隣妨害は、これによる被害が永続的な（durable）ものでなければならないとされるため、[44]その損害は、常にある一定の期間によって形成されることになる。例えば、発電所の機械の騒音のために隣接するホテルに居住できなくなった場合、[45]運河の建設のため、土地所有者が水源を奪われた場合、[46]道路水準が高められたため店への出入りが困難になりショーウィンドーがみえにくくなった場合[47]等、これらは、一定期間、一定の被害が加えられ続けている事例といえる。これに対して、事故の場合は、常にその突然性が特徴とされており、ここでは、期間は問題にされず、当該１つの事故の損害結果が決定的なものとなる。例えば、道路の破損により通行中のトラックに損傷を与えた場合、[48]樹木が自動車の上に倒れてこれを破損させた場合、[49]通告を受けていない道路修繕工事中に車が舗装タール上でスリップし運転者が受傷した場合[50]等、これらは、ほぼ瞬時に生じ完了した損害行為とみることができよう。

---

43) A. Mathiot, Les accidents causés par les travaux publics, thèse Paris, 1934, n° 16 et s. (p. 30 et s.).
44) C. E. 9 avril 1913, Ville de Grenoble, R. p. 382. 単なる軽微・一時的な被害について賠償を認めなかった例として、C. E. 10 décembre 1930, Cie P. L. M., R. p. 1050（M. Hauriou, Précis de droit administratif et de droit public, 12e éd. 1933, p. 909 参照）。
45) C. E. 13 juillet 1926, Sté Gaz et Electricité de Nice, R. p. 742.
46) C. E. 9 juillet 1930, Ministre de la Guerre, R. p. 707.
47) C. E. 19 mars 1930, Deleval et Cie, R. p. 321.
48) C. E. 27 juin 1930, Ministre des Travaux publics c. Sénot, R. p. 670.
49) C. E. 16 mai 1930, Ministre des Travaux publics, R. p. 527, S. 1930 III p. 73.
50) C. E. 22 mai 1930, Radigois, R. p. 544, D. P. 1930 III p. 49.

第二の相違点として、恒久的損害と事故とで発生の際に異なった性質が認められることが挙げられよう。恒久的損害の場合は、本質的には相隣妨害の性質を有しているとみられ[51]、一般的利益によって必要とされた被害であるため、フォートの理論は間接的にも適用されえないと考えられるのに対し、事故の場合は、たとえ濫用としても権利行使の結果とはみることはできず、相隣関係上の問題は入りえない。さらに、事故損害においては、公土木に隣接することのみによって損害が発生したとはいえず、そこに、固有の原因を有する何らかの独立の出来事を見出すことができる。この点も、恒久的損害との大きな違いととらえることができよう。

　第三の相違点として、被害者が受けた被害（préjudice）が異なった性質を有するとみられることが挙げられよう。すなわち、事故の場合には、例えば、木の枝の落下、建物の崩壊、ガス管の切断等が、突然の激しい被害——人身の殺傷、爆発、火災等——をもたらし、単なる不快（gêne）や不動産の価値下落にとどまらず、人間の物理的完全性や物の本質に打撃を加え変更を及ぼす結果が生ずるのに対して、恒久的損害の場合の相隣妨害は、これとは異なった次元の結果を生ぜしめることが多い。そこでの被害は、所有権の一要素に対し加えられる物質的な（matériel）ものであって、たいていの場合、事故の際の激しい結果とは質的に異なっている。もっとも、相隣妨害であっても、非常に長い期間継続したり積み重ねられたりすることによって、事故同様の激しい被害にまで達することは考えられるため[52]、この相違点を、恒久的損害と事故とを根本的に区別するものとして解することはできないであろう。

　マティオは、恒久的損害と事故損害との区別について、このように述べた上で、両者を区別する根本的な相違点として、発生した損害の性質ではなくして、

---

51) 恒久的損害は、本質的には相隣妨害の性質を有すると考えられるが、第1節でみたように、公土木の重要性・例外的特権等のゆえに、私人による所有権行使との類似性は、通常否定される。すなわち、例えば、私人所有の工場から出る煙のために隣接不動産の価値が低下した場合には、隣人が受忍すべき限度を超え、所有権の濫用となる可能性があるのに対し、機関車から出る煙が同様の結果をもたらした場合には、その被害は、一般的利用によって必要とされるゆえに、フォート理論を間接的にも適用することはできないとされる。ただし、両者とも賠償請求の認否は私人間に通常課せられる義務との対比によって判断されるとマティオは述べている（Mathiot, op. cit., p. 32）。

52) 例えば、列車の通行による振動のために家が揺れ、ついには崩壊に至るような場合や、公土木事業の結果、隣接建物が浸水の被害を受け、地面が沈下し、建物が崩れた場合（C. E. 8 janvier 1919, Fournex, R. p. 9）等を、マティオは挙げている（Mathiot, op. cit., p. 33）。

損害を発生せしめた実質的原因の違いを挙げている。すなわち、恒久的損害においては、公土木または公の工作物の相隣に位置すること自体がその実質的原因をなし、損害はその直接的結果として現れるのに対して、事故損害においては、固有の原因を有する突発的な事件が介在していることが認められ、これが、恒久的損害と事故損害との本質的な区別を構成するとされている。[53]

　このようにあらかじめ抽象的に相違点を探っておくことは、恒久的損害と事故損害という区別自体、管轄や実体問題と結びついて初めて意味を有することを考えるならば、その議論の有益性にはやや疑問があるが、マティオが、事故損害と恒久的損害の相違を前述のようにとらえて事故損害の概念を提唱したことは、次項以下で事故損害の領域における責任法を論じていくにあたって、前提としておくべきであろう。[54]

　(3)　これまでみてきたように、公土木の事故損害の領域は、恒久的損害のカテゴリーとは異なった要素からなっており、区別して考察するのに適しているといえよう。事故損害の概念自体の明確な把握は、さらに、管轄・実体問題を事例に即して検討していくことによって可能になることと思われる。[55]

---

53)　このように、損害の原因が両者を隔てる要となっていることを明らかにするために、マティオは、次のような例を挙げている。すなわち、公土木の作業現場で爆発が起こったが、その爆発自体によってはいかなる被害をも生じなかった事例においては、事故による損害結果は存在していないのに対し、例えば、その爆発の後で、ある物体が隣接建物の出入り口を塞いでしまったような場合には、その建物の所有者は恒久的損害を被ったと主張することができる。マティオによれば、この損害は、爆発の直接的結果ではなくして、建物の前に物を放置したことによる相隣妨害であるとされる（Mathiot, op. cit., p. 33 注(11)。ただし、このようなとらえ方が自然であるかには、やや疑問がある）。

54)　公土木の事故損害と、公土木の機会に私人に及ぼされる公土木の損害以外の被害との関係について、簡単に触れておきたい。事故損害においては、恒久的損害の場合と異なり、公土木の機会に私人に対して及ぼされうる他の侵害との混同が問題となることは少ない。すなわち、まず、収用（expropriation）や間接収用（expropriation indirecte）に対する関係についていえば、事故の場合の単なる物理的な破損は、不動産所有権それ自身の侵奪には及ばないため、公土木の恒久的損害においてみられたような複雑な問題は、ここでは生じないと考えられる。

　また、一時的占有（occupation temporaire）に対する関係では、この一時的占有が、適法手続による私人の土地の徴用（réquisition）にほかならないため、その行為によって生ずる損害（1892年12月29日法律に規定されている）は、突然に思いがけず発生した公土木の事故損害とは区別されうるものである。なお、一時的占有の機会に発生する事故については、公土木の事故の場合と同様に扱われることになる。

55)　そもそも、事故損害の概念自体、責任の実体的要件の共通性によって形作られているとみることもできる。ただし、どのように損害が発生したかという外観から、直ちに事故損害のカテゴリーを導きうる場合も多いことに注意すべきであろう。

次款では、公土木の事故損害が恒久的損害から分離され、これと並んで公土木の損害の一大カテゴリーとなるまでに、重要な役割を果たしたと考えられる裁判管轄の問題について検討することにしたい。

第2款　公土木の事故損害に関する裁判管轄

第1項　19世紀後半までの事故損害に関する裁判管轄の動き

I　共和暦8年法律制定前後の裁判管轄の問題
1　共和暦8年法律制定前の状況

はじめに、共和暦8年（西暦1800年）法律制定前の裁判管轄の状況に簡単に触れておきたい。アンシャン・レジームの下においては、公土木について起因する紛争は、すべて第一審としてのアンタンダンに付託されていた（コンセイユ・デュ・ロワへの控訴が許される）といわれる。このような管轄権限は、公土木の執行をもたらし、または特許を与える行為の中に挿入される特別の条項により根拠づけられるものであり、一般的規定に基づくものではなかった。その後、大革命後の1789年12月22日法律は、アンタンダンを廃して新たな行政機関を設置し、さらに1790年9月7-11日法律によって、かつてアンタンダンに付与されていた訴訟に関する権限は、ディストリクト執政部及び県執政部に分配されることとなった。その結果、公土木の損害に関する私人の請求は、市町村（municipalité）が調停をなしえなかった場合に、ディストリクト執政部の裁判

---

56) A. Mathiot, Les accidents causés par les travaux publics, thèse Paris, 1934.
57) 古い時代の公土木の損害に関する法について論じた文献は、残念ながら数多く探ることはできなかった。とりわけ、恒久的損害以外の公土木損害に関しては、ほとんど資料を得ていない。17世紀初め以降、公土木の事業が盛んに行われるようになるに従い、特許状（édits de concession）の発行によって新しい法が形成され、ここに行政法の起源をみることができることは前述したとおりであるが、このような新たな法の形成は、主として、私的所有権と一般的利益の衝突という新事態に対応するためのものであり（R. Dareste, La justice administrative en France, 1898, p. 122）、したがって、収用に関する補償やそれと同様に扱われうる恒久的損害に対する賠償が中心となってきたことは、容易に推察される。

公土木の事故損害について、特許状でどのように扱われていたかを明らかにすることは、重要なテーマであるが、本章においては、比較的新しい時代（少なくとも共和暦8年法律以降）に視点を置いた検討を行っているので、ここでは取り上げていない。

管轄に服せしめられていた。

2　共和暦8年法律制定と事故損害

　その後、第1節でも述べたように、公土木の損害に関する責任法発展の基礎となる共和暦8年雨月28日法律が制定され、同法4条3項において、「県参事会は……行政の所為でなく、企業者の個人的所為により生じた損害（torts et dommages）について不服のある私人の請求について判決を行うものである」と規定された。この条文は、「行政の所為でなく」という文言が誤って書き写されたものであるとして、学説による修正を受け、結局、公土木より生ずる損害について（行政によるものも含めて）、広く県参事会の管轄を根拠づける規定として重要な意味を有することとなった。

　そこで、問題となったのは、県参事会の管轄とされる公土木の損害——条文の中の《torts et dommages》——に、どこまでが含まれるかということである。公土木の恒久的損害や収用に関しては、共和暦8年法律の条文が、これらを念頭に置いて規定されていることは明らかであるのに対し、これと性質を異にする損害である事故損害や不動産以外のものへの損害等が果たして含まれるか否かは、議論の分かれるところであった。

　この点に関して、不動産に対する事故損害については、問題とされることは比較的少なかった。これは、共和暦8年法律が制定された沿革とその時代の流れからみて、同法が、何より不動産所有権の保護を目指していると考えられ、したがって、公土木の機会に生ずる不動産に対する損害は、すべて同法により規律され、県参事会に帰属せしめられると解するのが、最も容易な解決であったといえるからであろう。この場合に注意すべきことは、不動産に対して生じた損害の事故的な（accidentel）性格や、その損害が公役務の瑕疵ある運営に帰責されうるという事情がほとんど重視されることなく、いわば、不動産に対する事故損害が恒久的損害と同一資格において、県参事会及びその控訴審としてのコンセイユ・デタに帰属すると考えられた点である。この段階では、"faute de service" 理論が引き出されることはなく、損害の対象が不動産である点をとらえて、管轄の決定がなされた。そして、むしろ "faute de service"

---

58)　しかしながら、C. E. 9 janvier 1874, Aubéry, R. p. 21 の判例中の政府委員 David の論告参照。これについては後述する。

理論の発達に伴って管轄をめぐる困難な問題が生じてくるという逆説的な展開がみられたのであった。

これに対して、人身や動産に対する事故の場合には、共和暦8年法律の条文に含まれうるものかどうかは明確ではなく、判例上も様々な解決方法がとられた。以下において、この点を中心に考察していきたい。

II 共和暦8年法律制定後のコンセイユ・デタの判例の動向
1 県参事会の管轄の動向（前段階）

共和暦8年雨月28日法律が制定された後、急速に、公土木の事故、とりわけ人身に対する事故について、管轄権を有する裁判所がいずれであるかという問題が浮かび上がってきた。同法4条に規定された《torts et dommages》という文言は、公土木により損害が及ぼされる結果すべてを包含するものであるか、特に《torts》という文言は、事故損害を示すものとして挿入されたのか、または、事故損害のような重要な問題について特に何も定めていないのは、これを県参事会の管轄から外す意図を示すものであるか等、漠然とした条文を前にして、様々な解釈が各判例によってとられた。

最終的には、コンセイユ・デタが、破毀院や権限争議裁判所に先んじて、県参事会の管轄の拡大を試みたということができると思われるが、ここでは、県参事会の管轄拡大の前段階として、19世紀における判例の変遷を追って分析していきたい。大きくは、県参事会の管轄を広く認めていた時期と、制限的に解した時期とに区分することができる。

2 初期の判例

1860年頃までは、共和暦8年法律4条の文言につき極めて広い解釈がなされ、公土木による損害ないし事故のすべてについて県参事会の管轄が認められていた。例えば、1839年のリュムレ事件は、行政の不注意から竪坑が開いていたため、通りがかりの行商人リュムレ氏が転落し重傷を負った事案であるが、リュムレ氏のムラン（Melun）司法裁判所への訴えに対し知事によって提出された権限争議に答えたコンセイユ・デタは、公土木の機会に私人が被った傷害に関

---

59) 公の工作物の経営上のフォートやその欠陥ある運営により生じた事故に関してなど、不動産について生ずる事故が重要な問題となってきたことがその誘因として挙げられる。

60) C. E. 19 décembre 1839, Lœmlé c. le ministre des travaux publics, R. p. 593.

して行政を相手に提起された賠償請求について管轄を有するのは行政裁判所であることを認め、さらに、原告の賠償請求を認容している。また、1847年のブリュネ事件[61]では、トゥール（Tours）の鉄道駅舎の屋根の鉄骨に存する構造の瑕疵、及び監督技術者の無思慮・用心の欠如のために発生した事故によって、ブリュネ氏が死亡した事案において、同様に、行政裁判所の管轄権限が認められている。さらに、1851年のルージエ事件[62]でも、マルセイユ市の運河建設事業において工事人の無思慮・懈怠によってルージエ氏が怪我をしたという事案において、権限争議裁判所は、「ルージエ氏は……公土木の性格を有する土木事業の執行において請求人が被った損害について、マルセイユ市を民事上の責任を負うべきものとして訴えている。按ずるに、共和暦8年雨月28日法律第4条の文言により、企業者の個人的所為より生ずる損害について不服のある私人の請求に関し判決する唯一の権限を有する行政裁判所は、より強い理由で、行政の所為より生じた請求についても判断するものである」と判示して、行政裁判所の権限を認めている。また、1856年のトネリエ事件[63]は、村道での工事中に起こった地崩れのため、トネリエ氏が怪我をした事案であるが、ここでも裁判所は、トネリエ氏の村に対する賠償請求に対して、村道での土木事業は公土木の性格を有していることを判示した上で、共和暦8年法律の文言により県参事会の管轄を認めている[64]。

この時期には、コンセイユ・デタは、公土木による損害について、動産・不動産所有権に対する損害であるか、人身に対する損害であるかを区別せずに行政管轄を認める場合が多かったが、例外として、その損害行為が暴力行為（voie de fait）を構成する場合には、司法管轄を認めていた。例えば、河川の浚渫を担当している企業者が、誤って、川沿いの私人所有の土地上の樹木を掘り取ってしまった事案においては[65]、当該損害行為は、その公土木が含みうる限界を超え、公土木の執行との結びつきは認められないとされ、司法管轄が肯定

---

61) C. E. 26 avril 1847, Brunet c. Morandière et l'Etat, R. p. 248, D. 1847 III p. 115 2ᵉ espèce. コンセイユ・デタは、ブリュネ夫人の国に対する賠償請求に対し、faute を犯した土木局の技術者の行為に関する民事上の責任の訴えについて、「審理は行政権のみに属する」と判決した。
62) Trib. confl. 17 avril 1851, Rougier c. Ville de Marseille, R. p. 286.
63) C. E. 19 juin 1856, Tonnelier c. com. de Vinneuf, R. p. 434.
64) その他、C. E. 29 mars 1855, Chaine, R. p. 258; C. E. 4 avril 1861, Ayme, R. p. 249 等。
65) C. E. 22 janvier 1857, Gilbert, R. p. 58.
66) David の論告（sous C. E. 9 janvier 1874, R. p. 21）参照。

されている。また、人身に対する損害で、それが企業者ないしその雇用者に帰責される不法行為による場合などには、司法管轄を認める例も存在していた。[67]

しかしながら、ブリュネ判決やトネリエ判決などに代表されるように、共和暦8年法律制定後から19世紀半ば過ぎまでは、コンセイユ・デタは、「共和暦8年雨月28日法律4条は、公土木の執行において私人に対し損害が発生した場合、その損害の原因が何であるか、性質がどうであるか、対象が何であるか、また、原因行為者の身分が何か、などにより区別することなく、そのすべてに適用されうる絶対的な管轄の原則を示したものである」と考えているとみられていた。[68] この点に関して、ダヴィド（David）は、例外的に司法管轄を認めている判例も併せて検討を行い、県参事会の管轄に服せしめられる唯一の条件として、「その損害が、公土木の結果として生ずるか、または公土木の執行に直接的に結びついた行為の結果生ずるものである」ことが必要とされると述べている。[69] このように判例を整理しきることができるかには疑問も存するところであり、また、純粋に事故的な行為の場合に、公土木との根本的な結びつきはないと考えるべきか、あるいは、公土木の執行に内在する行為とみることができるか等の判断困難な場合もありうると思われるが、ここでは、この時期の判例の大勢として、事故損害であるか、人身損害であるか等を区別することなく、共和暦8年法律の適用を広く認めていたとみられるとまとめておきたい。

3 判例変更（人身損害と司法管轄）

19世紀中頃までは、特に大きな問題とされることなく、公土木の損害の領域全体に県参事会の管轄がほぼ認められていたが、その後、異なる状況の出現がみられた。まず、1856年のマテレ事件[70]は、公土木の執行中に起こった事故により負傷した労働者が、企業者に対し賠償請求を提起した事例であるが、コンセイユ・デタは、共和暦8年法律の適用が及ばない旨判示して、県参事会の管轄を否定した。さらに、1858年のモジアン事件[71]においても、同様の事案（公土木の執行中に負傷した労働者が企業者を訴えた）について、コンセイユ・デタは、

---

67) C. E. 29 décembre 1858, Lacroix, R. p. 792.
68) C. E. 15 avril 1868, Ruysselberg, c. Ville de Paris, S. 1869 II p. 125 の note より抜粋。
69) C. E. 9 janvier 1874, Aubéry, R. p. 21, David の論告。
70) C. E. 11 décembre 1586, Matheret, S. 1857 II p. 650, R. p. 715.
71) C. E. 4 février 1858, Maugeant, S. 1859 II p. 124.

「公土木の企業者が労働者に対しいかなる義務を負うかの判断は、共和暦 8 年雨月28日法律第 4 条により行政権に与えられた権限（attributions conférées à autorité administrative）の中には入らない」と判示して、司法管轄を認めている。このように、公土木の企業者に対して労働者が訴えた場合には、司法裁判所の管轄権が認められるようになったが、例外的に、国が直接雇用している労働者が国に対し提起した訴えにおいては、やはり県参事会の管轄が認められていた。例えば、ブレイユ事件[72]では、トンネル掘削の際坑道の爆発により労働者[73]であるブレイユ氏が失明したという事案において、共和暦 8 年法律の適用が認められている。

次いで、労働者に対する損害でなく、一般の者に対する公土木の損害について、県参事会の管轄が否定されたのは、1863年のことであった。すなわち、ボワソー事件[74]は、鉄道軌道上に開いていた溝に転落し死亡したボワソー氏の未亡人が北部鉄道に損害賠償を求めた事案であるが、裁判所は、この件についてはすでに刑事的に訴えが起こされていることから、民事訴訟は刑事訴訟に結びつけられ、県参事会の管轄には属さない旨判示した。同判決は、特殊な理由に基づいているため、以後、公土木の執行による人身損害に関する県参事会の管轄を一般的かつ絶対的に排除する趣旨であるか否かは明らかでなかったが[75]、このような動きは、その後、コンセイユ・デタによって確定的に採用されるに至った。1863年のダリフォル事件[76]は、道路の維持管理用の材料が照明の不十分な公道上に置かれていたために通行中のダリフォル氏所有の車と馬が被った損害に関し（市に対する賠償請求について）、県参事会の管轄が認められた事例であるが、この事件の論告を担当したロベール（Robert）は、「共和暦 8 年雨月28日法律は、所有権——不動産にせよ動産にせよ——に対して生ぜしめられた損害についての審理権だけを県参事会に与えようとするものであり、かつ、同法が傷害・損傷・生命剥奪により人身に対し及ぼされた損害に関してはすべて普通法の支配下（sous l'empire du droit commune）、すなわち、司法権限に委ねて

---

72) Aucoc の論告（sous C. E. 15 avril 1868, Ruysselberg, c. Ville de Paris, S. 1869 II p. 125-126, précité）。
73) C. E. 9 décembre 1858, Breuil, S. 1859 II p. 462-463.
74) C. E. 22 novembre 1863, Boisseau, R. p. 771, D. 1864 III p. 5.
75) 刑事訴訟が司法権の前に提訴されていない場合に、どのように考えるべきかが問題となる。
76) C. E. 16 décembre 1863, Dalifol, R. p. 821, Robert の論告。

いることは確かである(もちろん、国に関しては、司法裁判所が国家の債務者たることを宣告するのを禁ずる判例の適用があることは別として)」と述べ、人身損害については、共和暦8年法律の適用を否定すべきことを主張した。

ロベールは同論告の中で、裁判管轄について検討すべき要素として、事故の原因(cause)とその対象 (objet)の2つを挙げ、それぞれについて検討を加えている。まず、事故の原因が管轄の違いをもたらすと考えるべきか否かに関しては、ボワソー事件では、企業者に課せられた注意事項を失念した点、すなわち公土木の規則違反が原因となっているのに対し、ダリフォル事件では、道路の舗装工事のために山積みされた砂や泥に照明を施すことは義務づけられておらず、当該役務の規則を遵守する中で事故が起こったという差異が存することを指摘し、後者の場合に県参事会の管轄が認められたのは、それが、公土木の正常な執行から生じた損害であるという理由に基づくものであるかどうかを考察している。結論としては、公土木の結果として生ずる行為であるか否かという問題の提起が実際上の困難をもたらしうること、損害の原因から導かれた区別に裁判管轄を基づかせることへの躊躇等から、むしろ、県参事会の管轄と司法管轄とを分けるものとして、事故の対象という第二の要素を考慮すべきであるとされた。すなわち、ダリフォル事件は車と馬に対する損害であったため、県参事会の管轄となったのに対し、ボワソー事件では人身損害が問題となっているゆえに、司法管轄に服せしめられたとする損害の対象による説明が、ロベールによって明確に示されたのである。

その後、1865年のブシ事件[77]においても、公道を通行中のブシ氏が道路に掘られた溝に転落し死亡した事案で、その溝の周囲に柵を施さなかった企業者の懈怠について市の賠償責任が求められたのに対し、司法管轄が認められた。さらに、県道の土木事業の執行中に土木局の職員のフォートにより怪我をしたとして労働者がローヌ県を訴えた事案[78]、同様に、道路の貫通工事中に担当職員の用心の欠缺と当該工事の作業の異常性から起きた地崩れのために負傷したと主張して労働者がパリ市を訴えた事案[79]、さらに、公道建設中に職員の懈怠のため発

---

77) C. E. 15 décembre 1865, Büchi c. Ville de Paris, R. p. 1003.
78) C. E. 13 décembre 1866, Auroux c. Millat et départ. du Rhône, S. 1867 III p. 336.
79) C. E. 15 avril 1868, Ruysseberg c. Ville de Paris, S. 1869 II p. 125, précité (Aucoc の論告が重要である)。

生した爆発事故により負傷したとして労働者が関係市町村を訴えた事案等[80]、これらはすべて共和暦8年法律の適用を否定し、司法管轄を認めたものである。

4　判例の動向の考察

コンセイユ・デタは、19世紀半ば頃までの県参事会の管轄を認めていた状況に対して、この段階で急激な変更を行ったものであるが、司法管轄を認めるという統一的な扱いがなされた事例をまとめてみると、企業者やその雇用者、行政の職員の懈怠や無思慮に帰責される事故の結果、個人が被った死傷の損害についての賠償請求であるとみることができよう[81]。

このようなフォーミュラーが判例によって形作られたことに関しては、司法管轄への帰属は、その損害の原因によるよりも、むしろ、損害の対象のみによっているとする見方が強いことが認められる[82]。人身が損害の対象である場合に司法管轄となる理由としては、共和暦8年雨月28日法律の歴史的経緯が主張された。先にも述べたように、同法4条の文言は、公土木の執行の結果生ずる損害についていかなる区別も行っていないが、この点に関しては、この時期の立法者が、1790年9月7-11日法律3条ないし5条の文言をわずかばかり修正するにとどまり、ほとんど模倣したとみられることが重視されている。すなわち、1790年法律についてみると、同法は、公土木の執行のために取り上げられまたは掘り返された土地に関する請求について判断する権限を、県執政部（directoire de département）への控訴を留保しつつ、ディストリクト執政部（directoire de district）に与えており、他方、行政の所為でなく企業者の個人的所為より生じた損害（torts et dommages）については、終審としてのディストリクト執政部への控訴を留保して、市町村機関（municipalité）に審理権限を与えている。後者の審理機関が、前者の審理機関と比べて低いものに設定されたことは、同法における大きな特徴であろう。この点については、1790年法律の立法者が、人身に対する打撃よりも所有権に対する損害を主に念頭に置いていたこと、そして、人身に対する損害についてはフォートや懈怠（négligence）を含む場合を想定して、このフォートが導く刑事訴訟（action criminelle）に付

---

80) C. E. 12 mai 1869, Gillens, S. 1870 II p. 200.
81) ただし、このような司法管轄の例外として、国の職員のフォートによって生じた人身に対する損害について、国の民事上の責任を訴求する場合には、権力分立原則により、行政裁判所の管轄に留保されていた。この点に関しては後に論ずる。
82) 前述の判例で挙げたコンセイユ・デタの判決文、及び多数の政府委員の論告による。

帯し、司法裁判所が唯一の管轄を有することになると考えられていたことが推測されえた。[83]

したがって、1790年法律の「損害（torts et dommages）」の文言が、動産・不動産所有権を主に対象とする制限的意味に解されうることを前提とするならば、同法の文言をほぼ文字どおり再生したとみられる共和暦8年法律の下において[84]、人身損害を除外するという制限的解釈がとられたことにも、一応の理由があると考えるべきであろう。ただし、共和暦8年法律の文言自体にいかなる制限もない以上、公土木の損害すべてに同法の適用を認める解釈を行うことも、十分可能なことは明らかである。結局、この時期の判例・学説によってとられた解釈は、次に迎える県参事会の管轄拡大の前段階としてとらえることができよう。

5　一般公権力責任法との関係

最後に、行政権限内部での配分の問題として、共和暦8年法律に基づく県参事会の管轄を狭める他の要素となる一般公権力責任法の適用としての大臣の審理権限について触れておく必要があろう。

以前から、公土木の人身損害に関し認められた司法管轄の例外として、国の職員のフォートにより生じた損害の賠償について国の責任を訴求する場合には、行政権に留保されるという原則が立てられていた[85]。しかし、これについては、共和暦8年法律の適用というよりも、むしろ、一般的な権力分立原則によるものと解される余地があった[86]。すなわち、職員の懈怠や無思慮を原因として生じた事故に関しては、もはや公土木の損害についての賠償問題ではなく、大臣が審理すべき国家責任の問題であるとして、県参事会の管轄が否定された事例が、この時期にはみられたのである[87]。例えば、1861年のボドゥリー事件では、軍の[88]

---

83) Aucocの論告（sous C. E. 15 avril 1868, Ruysseberg c. Ville de Paris, S. 1869 II p. 125)、Davidの論告（sous C. E. 9 janvier 1874, Aubéry, R. p. 21）による。
84) 共和暦8年法律4条が1790年法律の規定の文言を模倣したとみられることに関しては、第1款で検討した、「行政の所為でなく、企業者の個人的行為」という文言の挿入をみても明らかである。すなわち、共和暦8年法律の時点では、従前の2つの裁判権に代わって県参事会という統一的な裁判所が置かれたため、企業者の個人的所為と行政の所為とを区別する必要がなくなったにもかかわらず、1790年法律の文言が立案者の不注意からそのまま模倣されたという解釈がなされた。
85) 前掲注81）を参照。
86) Davidの論告（sous C. E. 9 janvier 1874, R. p. 25）。
87) Mathiot, op. cit., p. 57.
88) C. E. 1 juin 1861, Baudry c. Min. de la guerre, S. 1861 II p. 519.

輜重隊の車両によって公道を通行中の馬が負傷するという被害を受けた事案に関し、国家が債務者たることを宣告できるのは行政権のみであるとする判示がなされ、また、1867年のリュオー事件[89]でも、輜重隊を率いる伍長の無思慮から発生した車両の落下のために及ぼされた傷害について、本件の賠償問題は行政権のみの審理権限に属すると判示された。この両者の場合とも、コンセイユ・デタは、共和暦8年法律を参照しておらず、ただ、私人間の関係を規律するナポレオン法典1384条ないし1386条は適用されず、特別の原則によるべきであるとのみ判示している。ここから、国家責任の一般法を適用していることをうかがうことができよう。[90][91]

公土木の損害に関する一般公権力責任法の適用の有無の問題は、公土木の損害が恒久的損害のみによるカテゴリー形成に終わるか、あるいは、それ以外の損害をも含めた広いカテゴリーとして一般の公権力責任法に対し自律性を有するものとなりうるかという重要な論点に関係しており、管轄・実体問題の両方の視点から考察すべき問題であろうと思われる。そこで、まず管轄問題に関し、次項において、県参事会の管轄拡大を考察する中で詳しく検討していきたい。

第2項　コンセイユ・デタによる県参事会の管轄の拡大

I　コンセイユ・デタによる判例変更
1　新たな判例変更

前項で述べたように、コンセイユ・デタは、1863年頃までは、公土木による損害の領域においていかなる区別も立てずに共和暦8年雨月28日法律4条を適用して、県参事会の管轄を広く認めていたが、1863年のボワソー判決[92]において、従前の広い解釈を捨て、公土木の執行により人身に対し生じた損害については司法管轄に支配されるという、新しい解釈を打ち立てるに至った。そして、こ[93]

---

89) C. E. 22 novembre 1867, Ruault, R. p. 860.
90) 同趣旨の判決として、C. E. 7 mai 1862, Vincent, R. p. 377 がある。
91) 国家を債務者とすることを求める訴訟について、審理する権限は、相反する法律がない限り行政権のみに属するという原則は、以下のようなコンセイユ・デタ判例によって認められている。例えば、C. E. 8 août 1844, Dupart, S. 1845 II p. 58; C. E. 9 décembre 1845, Mouton et Naissant, S. 1846 II p. 156; C. E. 9 février 1847, Bernard, S. 1847 II p. 378; C. E. 20 août 1847, Beauzemont, S. 1848 II p. 172 等。
92) C. E. 22 novembre 1863, Boisseau, R. p. 771, précité.
93) Trib. confl. 29 décembre 1877, Leclercq, R. p. 1084 におけるノートを参照。

の共和暦8年法律の規定を狭く解釈する理論が、その後しばらくの間、多くの判決によって支持されたのであった。

　しかしながら、県参事会の管轄を狭める判例の傾向は、長くは続かず、コンセイユ・デタは、すでに1870年代には、新たな判例変更の下準備を行い、その後、徐々にこれが確認されていったのである[94]。まず、1873年のランベール判決[95]と1874年のオベリー判決[96]、及びこの判決において政府委員ダヴィド（David）が述べた論告が、その発端である。両判決とも、鉄道の盛土を行ったために生じた深い土取場の中に水が流れ込み、そのよどんだ水のために付近の住民が数年間伝染病発生の被害を受け続けた事案に関し、排水のための土木工事の執行を鉄道の特許会社が怠ったことに起因する損害であると認定されたものである。コンセイユ・デタは、被害者の鉄道会社に対する賠償請求に対して、共和暦8年法律を参照して自らの管轄を認め、当該請求を認容したが、両事案の論告を担当したダヴィドは、人身損害について司法管轄を認めていた従来の判例を批判し、この区別の撤廃を主張したのであった。

　すなわち、ダヴィドは、1863年の判例変更において、共和暦8年法律の「損害（torts et dommages）」の文言が、1790年法律と同じ意味に理解され、人身を除き所有権のみに関するものであると解釈されたことについて再検討を加え、共和暦8年法律の"torts et dommages"の"torts"の文言は人身に対する損害（préjudice）を指し、"dommages"の文言は物に対する損害を指すとする解釈が可能であることを指摘した。ダヴィドによれば、同法の制定経緯からして、公土木の直接的結果であることが少ない人身損害には特に注意が払われなかったと推測することも可能ではあるが、しかしながら、明文の規定がない以上、人身に対する損害を排除する意図を有していたとみることはできないとされた。さらに、公土木の損害の領域において行政管轄が認められる実質的理由について言及し、「公土木の迅速かつ良き執行を保障するために、それを妨げる可能性があり、また、これら土木に関する行政の作用を司法権に審査させることにより重大な不都合を生ずる司法権への提訴を避けること」がその理由として挙げられるならば、同様のことは、公土木から生じうる損害結果すべてに

---

94) A. Mathiot, Les accidents causés par les travaux publics, thèse Paris, 1934, p. 57.
95) C. E. 19 décembre 1873, Lambert, D. P. 1874 III p. 53.
96) C. E. 9 janvier 1874, Aubéry, R. p. 21, Davidの論告。

ついて——すなわち、物に対する場合だけでなく人身に対する場合にも——存在するはずであると指摘している。このように、ダヴィドは、共和暦8年法律が人身損害を排除しているという解釈が必ずしも妥当しないことを明らかにした上で、さらに、人身に対する損害と物に対する損害とで管轄を区別することによって生じうる不合理を問題にしている。例えば、行政や企業者によって行われた土の掘り返し作業で突然地崩れが発生したような事例において、住宅が倒壊し、同時に住人が負傷をした場合や、道路通行中の馬が倒れ、同時にその乗者も負傷した場合などを考えてみると、住宅や馬に関する損害賠償については行政管轄となり、住人や乗馬者の身体上の被害については司法管轄となるのは、これが同一の事故である以上、奇妙なシステムというべきであろう。[97]

ダヴィドは、1873年と1874年の論告の中で、損害の対象に基づく従来の区別を批判し、仮に行政管轄と司法管轄とに区分けを行うとするならば、少なくとも、損害の原因によるべき——すなわち、この原因が公土木それ自体に基本的に存するかどうか、公土木との直接的結びつきを有しているかどうかという判断——であろうと主張している。この立場からは、彼の担当した事案において、相隣住民に損害を及ぼした土取場は、鉄道建設に非常に緊密かつ直接的に結びついているがゆえに、その賠償事件は行政管轄に属することになる。ダヴィドは、さらに進んで、公土木を原因とする損害の賠償請求は、その損害の性質や対象如何に関わらず、共和暦8年雨月28日法律に含まれると解すべきであることを提唱し、同時に、法律の曖昧な文言に問題が存することを指摘している。[98]

この後、コンセイユ・デタは、1863年より以前の判例に戻っていく傾向を示すようになった。この新たな判例変更の背景としては、ダヴィドが述べたように、損害の対象如何に関わらず県参事会の管轄を広げることが共和暦8年法律の文言に反するものではなかったこと、及び公土木の損害すべてにわたって裁判管轄の統一を図ることに実際的必要性が強く認められたことが、[99]重視される

---

97) しかしながら、コンセイユ・デタも、人身損害か否かで管轄を区別するシステムを採用したのは1860年頃から1870年代にかけての短い期間であった。したがって、奇妙とも思われるこのシステムは、一時的な傾向にすぎなかったと考えるべきであろう。
98) C. E. 29 mars 1855, Chaine, R. p. 258; C. E. 4 avril 1861, Ayme, R. p. 249 の判例は、すでに、鉄道会社の懈怠のために被った損害につき、鉄道会社への賠償の訴えに対する管轄裁判所を行政裁判所としていた。
99) Mathiot, op. cit., p. 57.

べきであろう。

具体的には、コンセイユ・デタは、1877年の判決において、1863年より前の判例に完全に立ち戻り、人身損害であるか物に対する損害であるかに関わらず、県参事会の管轄を広く認めるようになった。すなわち、1877年のルフォール事件[100]は、建築中の兵舎の壁が崩壊したために生じた人身損害について国に対し賠償を求めた事案であるが、コンセイユ・デタは、「当該請求は、共和暦8年雨月28日法律の規定によって、その審理が県参事会に委ねられたものである」と判示している。また、同じく1877年のレクレルク事件[101]でも、危険を警告しなかった工兵や企業者の怠慢のために通行人が溝に転落して死亡した事案において、被害者の妻が国を訴えたのに対して、権限争議裁判所は、共和暦8年法律によって行政管轄を認めた。さらに、1878年のドゥマ事件[102]でも、先のルフォール判決と同様の事実関係において、同じく、共和暦8年法律の適用が認められている。

2　大臣裁判制との関わり

以上のように、人身損害については司法管轄に属せしめられるという従来の判例は、1877年の段階で完全に覆され、これより、新たな段階が画されることとなった。ここでは、もう一方の行政権内部における問題である大臣裁判制との関わりについてみておきたい。前款でも触れたように、従前より、国を相手どる損害賠償請求訴訟については、人身損害であっても司法管轄は認められていなかった。そして判例の中には、共和暦8年法律による県参事会の権限には含まれず、むしろ、一般国家責任と同様に大臣の権限に属すると判示するものもあった[103]。例えば、1860年のルサージュ=ゴーツ事件[104]では、ローヌ・ライン間運河の水門を通過する際に船に損害を被った船主が国を訴えたのに対し、コンセイユ・デタは、この損害が、海運局職員である水門番の誤った操作により生じたものであることを認定した後、「当該請求は、共和暦8年雨月28日法律の適用により、公土木の執行の結果生じた損害を県参事会によって審理させる対

---

100)　C. E. 30 novembre 1877, Lefort, R. p. 952, précité.
101)　Trib. confl. 29 décembre 1877, Leclercq, R. p. 1084.
102)　C. E. 22 mars 1878, Dumas, R. p. 314.
103)　この点に関しては後述する。
104)　C. E. 19 juillet 1860, Lesage-Goetz, R. p. 560.

象にはあたらない。いかなる法律の規定も、このような請求を審理する権限を県参事会に与えていない。したがって、これについて判断する権限は、コンセイユ・デタへの控訴を留保しつつ、公土木大臣（Ministre des travaux publics）にのみ属する」と判示している。また、1869年のペルラン事件においても、壊された古い堤防の杭の列をヨンヌ川の流路に放置していたという行政のフォートのため、船が破損するという被害を受けたとして国を訴えたのに対し、コンセイユ・デタは、県参事会の管轄を否定し、大臣の権限を認める判決を下した。

　国家を債務者として宣告しうるのは行政権のみであり、それは、当時残存していた大臣裁判によるという原則は、公土木の際の行政のフォートに起因する事故について訴訟提起されることが多くなった時期に存在していたものであるが、同原則がここで適用されたことは一応理解されうる事柄であろう。なぜならば、共和暦8年法律により県参事会に権限が与えられるについて根本をなす事項は、収用に類似した恒久的損害であり、それがフォートの観念を含み入れないものであることを考慮するならば、公土木に関連するという要素のみによって共和暦8年法律を適用することには、疑いの入る余地も存したからである。

　確かに、共和暦8年法律制定当初には、1839年のリュムレ判決のように、公土木の機会に行政の不注意から傷害を負ったとして国（公土木大臣）が訴えられた事案において、共和暦8年法律に基づき県参事会の管轄を認めた例も存したが、その後、とりわけ、国の行政に対してそのフォートに起因する事故損害について賠償請求がなされた場合に、共和暦8年法律による県参事会の管轄がどこまで及ぶかという問題が次第に顕在化してきた。そして、コンセイユ・デタが、司法管轄との争いの中で、権力分立原則を定めた革命期の法律・1790年

---

105)　C. E. 3 juin 1869, Pellerin, R. p. 581.
106)　コンセイユ・デタは、この事案の実体問題については、当該船の破損は川床の杭の存在に帰せしめることはできないとして国の責任を否定している。
107)　その他、C. E. 1 mai 1874, Rossignol et Dreyfus, R. p. 408 等参照。
108)　C. E. 19 décembre 1839, Lœmlé, R. p. 593, précité.
109)　行政権の司法権に対する独立を規定した諸法律──1790年8月16-24日法律（裁判所の組織に関する法律）第2編第13条「司法作用は行政作用と異なり、また、常にそこから区別される。裁判官は、いかなる方法によるにせよ、行政体の活動を妨害することを得ず、行政官をその職務を理由として召喚するをえないものであり、これに違反すれば瀆職罪となる」、1791年9月3日憲法第3編第5章第3条「裁判所は……行政作用に介入し得ず、行政官をその職務を理由として召喚することをえない」、共和暦3年果月16日法律（行政権の行為を審理することを裁判所に禁じ、これにより禁じられるすべての訴訟及び判決を取り消す法律）「裁判所に対して、行政権の行為をいかなる

7月17日法律[110]・1793年9月26日法律[111]等に基づき、国家を債務者として宣告しようとする訴訟に関し司法裁判所の権限を否定する原則を打ち立て、さらに1848年以降[112]は、もっぱら権力分立論によってこれを行政権の専属とするという一般的な国の賠償責任についてみられた一連の動向は、この中に、公土木の損害をも取り込む形で展開を遂げたのである[113]。

　この間、1863年以降の判例変更によって、人身損害について国以外を訴える場合は司法管轄に属することとなったが、これが再び県参事会の管轄に統一される第二の判例変更の時期になると、公土木の損害に関する大臣の審理権限にも変化が生じた。すなわち、1874年11月20日のツァイグ事件[114]では、城砦の掩蔽工事中、足場の倒壊により労働者が死亡した事案について、コンセイユ・デタは、「(当該)土木の企業者を監督し指示を与える任務を担う工兵士官のフォート及び懈怠（négligence）に関して、国家が民事上の責任を負うことを宣告させる目的でツァイグ夫人によって県参事会に提訴された訴えについて判断する。本請求は、共和暦8年雨月28日法律4条が県参事会に審理権限を留保した請求の中には入らず、本請求について判断する権限は、コンセイユ・デタへの控訴を留保した上で、軍大臣（Ministre de la guerre）に属するものである」と判示して、県参事会の権限を否定したが、その直後、1874年12月11日のクルゼ判決[115]でこれを覆した。クルゼ事件は、シュティフの堰のトンネル工事で発生した地崩れのために負傷した労働者が国に対し賠償を求めた事案であるが、コンセイユ・デタは、「この請求は、公土木の執行に結びついた行為に基づいており、共和暦8年雨月28日法律4条が県参事会に審理権限を付与した損害（torts et dommages）に含まれる」と判示して、人身損害に関する国を相手とする賠償請求について県参事会の管轄を認めたのであった。ただし、このクルゼ判決では、ツァイグ判決とは異なり、損害発生についていかなる行政のフォートにも

　　　種類のものであっても審理することは、法の咎を受け、重ねて禁止される」。雄川一郎「フランスにおける国家賠償責任法」比較研究9＝10号50頁参照。
110) 国民議会は「国庫に対するいかなる債権も、国民議会のデクレによらなければ、国の債務として認められないことを憲法上の原則として定める」旨規定される。
111) 「国家に対するすべての債権は、行政的に規律されるべきである」旨規定される。
112) 1848年に、第一権限裁判所が設立された。
113) この頃の判例の動きは、雄川一郎教授の論文に詳しい（前掲注109）50頁以下参照）。
114) C. E. 20 novembre 1874, Zeig, R. p. 908.
115) C. E. 11 décembre 1874, Ministre de l'intérieur c. Clouzet, R. p. 965.

言及されていないことに注意すべきであろう。また、判決文中に、「この請求は、公土木の執行に結びついた行為に基づいており」という文言が挿入されているところから、行政のフォートに起因する損害の場合には、公土木との結びつきが断ち切られると解する余地も存することは否めない。そして、このような公土木との直接的な結びつきの存在の必要性は、かつてダヴィドが、その論告の中で、司法管轄・県参事会管轄の区別を問題とする際に、県参事会の管轄となる条件として提唱したものでもある[116]。しかしながら、どのような場合に公土木との結びつきが切断されるかという問題は明らかにされないまま、判例は次の段階を迎えた。

この場面においても、人身損害についての司法管轄を否定し、明確に従前の判例を変更した1877年の判例（前述）が重要となる。1877年11月のルフォール判決[117]は、人身損害に関する賠償請求が国に対してなされた事案に関するものであるが、コンセイユ・デタは、いかなる行政のフォートにも言及しておらず、公土木との結びつきにも全く触れることなく、県参事会の管轄を肯定している。次いで同年12月のレクレルク事件[118]は、同様に、人身損害に関する賠償を国に求めたものであるが、コンセイユ・デタは、ここでは、行政の懈怠に起因する損害であることを認めた上で、共和暦8年法律による県参事会の管轄を認めた。これらの判例は、県参事会の管轄権が大臣権限に対して、より広く認められるようになったことを示すものといえよう[119]。

こうした段階を経て、その後、大臣裁判に対する関係においても、県参事会の管轄下に入るために必要とされる公土木との結びつきの評価が徐々にゆるめられ、県参事会の権限が広げられていったことは、後述するところである。ここでは、19世紀後半に、大きな判例の揺れがあったものの、県参事会の管轄の下への一応の統一が成ったことを確認しつつ、次の、19世紀末以降の動きに視点を移していきたい。

---

116) David の論告（sous C. E. 9 janvier 1874, R. p. 21, précité）。
117) C. E. 30 novembre 1877, Lefort, R. p. 953, précité.
118) Trib. confl. 29 décembre 1877, Leclercq, R. p. 1084, précité.
119) 1877年のルフォール判決のノートでは、行政職員のフォートや懈怠のために行政裁判所の管轄が否定されるのは、それが délit を構成する場合に限られるとされる。すなわち、「県参事会の管轄は、その訴えが行政職員の délit に基礎づけられた場合にしか例外を受けない」と述べられている（R. p. 953）。

II 19世紀末以降のコンセイユ・デタによる県参事会の管轄の拡大
1 県参事会の管轄拡大

　Iでみたように、コンセイユ・デタは1877年には公土木の人身損害について県参事会の管轄を確立したが、その後も、県参事会の権限拡大をさらに進めていった。そして、1890年頃までには、公土木の建設、公の工作物の修繕・維持の結果生じた事故や、維持の欠缺（défaut d'entretien）に起因する事故などについて、県参事会の管轄が認められるようになっていた。例えば、1884年のボンファント、フェルクシ事件[120]は、国道に付属する歩道橋の建築上の瑕疵（vice de construction）及び維持の悪しき状態（mauvais état d'entretien）を理由として、通行中の馬車が被った事故による損害の賠償を国に求めた事案であるが、コンセイユ・デタは、共和暦8年法律を参照して、県参事会の管轄を認めている[121]。また、県参事会の権限が、執行行為に起因する損害ばかりでなく、公土木の不執行により生じた損害についても認められることは、前述の1873年ランベール判決[122]をみても明らかである。すなわち、この事件では、溜まった水を排出するための適切な土木を行わなかったことが問題とされている。そして、維持の欠缺の多くは、公土木の不執行の場合にあたるとみられる。

　これらの事故においては、行政のフォート等が存在しないわけではなかったが（例えば、維持の欠缺による事故の場合等）、コンセイユ・デタは、その事故が公の工作物より発生したものであるという理由づけによって、県参事会の支配に服せしめたのであった。この点に関して、1891年7月11日のラグラーヴ判決[123]に関するオーリュウのノートが興味深いと思われるので、簡単にみておきたい。

　ラグラーヴ判決の事案は、ダンヴィレ（Damville）村を横切っている県道上に穴が開いていたために起きた事故について、県と村の両方に損害賠償が請求されたものであるが、権限争議裁判所は、損害の原因として、県による維持の欠缺（défaut d'entretien）及び道路状態の監視の不十分、また、村長によりとられるべき予防措置の不存在が主張されているこの請求は、「公土木の執行ま

---

120) C. E. 22 février 1884, Bonfante et Ferrucci, S. 1885 III p. 79.
121) 公土木の欠陥ある執行（exécution défectueuse）ないし維持の欠陥（défaut d'entretien）による損害について県参事会の管轄を認めた他の例として、C. E. 2 décembre 1881, Joullié, R. p. 971, S. 1883.III p. 40; Trib. confl. 22 avril 1882, Boulery, R. p. 382, S. 1884 III p. 25 等。
122) C. E. 19 décembre 1873, Lambert, D. P. 1874 III p. 53, précité（前掲注95））.
123) Trib. confl. 11 juillet 1891, Lagrave, S. 1893 III p. 81, note M. Hauriou.

たは不執行と不可分の関係で結びついており、したがって、共和暦 8 年雨月28日法律第 4 条の適用により、これを審理する権限は行政権に存する」と判示して、県参事会の管轄を認めた。そして、オーリュウは、この判決に関するノートの中で、公の工作物の物質的個性（individualité materielle）の理論と、不可分の結びつき（lien indivisible）の理論とを定立した。

　まず、前者の理論は、公の工作物は、1 つの個性、つまり特別の資格を有しているとみなされるべきで、それは、建設期間のみならず、当該公の工作物が存続している期間すべて（結局、公用廃止まで）にわたるというものである。このような特別の資格は、建設・修繕・維持等、公の工作物を一定の物理状態に保つために必要なものに与えられる。そして、公の工作物の周りで発生した事故に関する管轄裁判所の決定には、紛争を生ぜしめた行為の法的性格を考慮に入れる必要はなく、唯一、その行為が公の工作物によって生じたという事情を考慮すれば足りることになる。このことは、恒久的損害に関しても同様にあてはまり、これら損害は公土木の執行それ自体の結果生じたものであるがゆえに、県参事会の管轄に属すると説明されうる。さらに、これは、公土木の事故が物や人身に被害を及ぼす場合にまで広げることができるが、そこでは、フォート理論の適用可能な場面が出現するため、フォート理論が公の工作物の理論によって吸収されるか否かという新たな問題が生まれることになる。この点に関して、オーリュウは、公の工作物が有する個性は建設期間後も残存しているため、その維持行為は公土木の作用の結果、さらにいえば、その公の工作物の存在そのものの結果としてとらえるべきことを主張している。オーリュウによれば、現実に執行された維持行為が公土木の作用を構成するのみならず、公の工作物を維持管理する真の義務が行政の負担として発生するがゆえに、この義務に違反すること、すなわち「維持の欠缺」は、基本的な公土木の作用と結びつくものとみなされる。[124] 当該事案では、県が犯したフォートを主張するためには県道の維持の欠缺に言及しなければならないが、たとえ、その維持の欠缺が何よりまず行政のフォートであるとしても、ここでは、公土木の作用と密接に結びついた「維持の欠缺」としてのみ存在するとされる。オーリュウは、公の

124）　Trib. confl. 22 avril 1882, Martin et Marlin, S. 1884 Ⅲ p. 25, R. p. 384; C. E. 22 février 1884, Bonfante, S. 1885 Ⅲ p. 79, précité 等参照。

工作物が堅固で、利用可能であるなど、常に一定の状態に保たれるべきことを強調し、「公の工作物に関し何年にもわたって必要とされること、すなわち、一定の様式を保持すること、維持・修繕等のすべてが、この個性（individualité）の中に吸収される」と述べている。

次に第二の理論である不可分の給びつきは、当該判決の中で述べられている事項でもあり、オーリュウによっても、公土木の執行ないし不執行に不可分の関係で結びついている請求であることが、行政裁判所の管轄を基礎づけるために必要であるとされている。そして、県道の維持の欠缺が請求人によって主張されている本件では、その公土木との結びつきは当然肯定され、行政管轄となるが、さらに、この場合、交通の安全を確保して事故を防止する役務を担う村長の警察義務に関するフォートを主張し村の責任を求める請求についても、県に対する請求と併せて県参事会の管轄が認められるとオーリュウは述べている。

したがって、オーリュウは、公土木において犯されたフォートに関して、そのフォートが公土木との結びつきを断ち切るとみるのではなく、むしろ、フォートが公土木の損害の大枠の中に吸収されて、県参事会の管轄に統一されると解している。このような考え方が、その後、さらに進められた県参事会への管轄統一作業の基礎となったことは、後にみるとおりである。

また、県参事会の管轄は、行政を相手とする訴えと同様に、特許事業者を相手に訴えた場合にも認められること[125]、さらに、1898年4月9日法律までは、公土木に関し雇われている労働者が被害を受けた事故についても、この原則が適用されていたことを指摘しておきたい[126]。

2 公土木の領域での管轄統一化

公土木の執行[127]、不執行[128]、公の工作物の維持の欠缺[129]によって生じた損害につい

---

125) C. E. 9 mars 1894, Cie parisienne du Gaz, R. p. 190, S. 1895 III p. 105, note Hauriou.
126) C. E. 11 mai 1894, Ferrenq et Pacaud, D. P. 1895 III p. 46, S. 1896 III p. 1, note Hauriou 等。
127) C. E. 30 juin 1893, Cauvin-Yvose, R. p. 548; C. E. 19 février 1913, Préfet de la Creuse, R. p. 239; C. E. 5 janvier 1924, Sr Rivoiret, R. p. 26; C. E. 11 décembre 1929, Hotchkiss, S. 1930 III p. 76 等。また、コンセイユ・デタは、公土木の執行に付随する行為（例えば材料の運搬等）の間に生じた事故についても、公土木の執行それ自体の結果生じた事故と同視して県参事会の管轄を認めた（C. E. 14 décembre 1923, Ministre de la Guerre, R. p. 860; C. E. 12 juillet 1927, Compagnie 《La Prévoyance》, R. p. 791）。
128) C. E. 1 juin 1900, Choulet, R. p. 410; C. E. 13 mai 1907, Département de la Dordogne, R. p. 438, S. 1908 III p. 121; C. E. 22 novembre 1911, Ville de Perpignan, R. p. 1074; C. E. 1 août 1914, Malleville, R. p. 1009; C. E. 30 janvier 1929, Ville de Marseille, G. P. 1929 I p. 488 等。

て、県参事会の管轄を認めた後も、コンセイユ・デタは、「慎重に、しかし執拗に」、公土木の領域での管轄統一の作業を続けていった。従前、県参事会の管轄からしばしば外されてきた事例は、次のようなものにまとめられる。すなわち、❶完成した公の工作物の欠陥ある運営（fonctionnement défectueux）による事故、❷完成した公の工作物の経営のフォート（faute d'exploitation）による事故（この場合には、当該公の工作物を経営する任務を負う役務のフォートが存在していることになる）、❸公土木の不執行による事故で、その不執行がすでに存在している公の工作物と無関係の場合の3つである。コンセイユ・デタは、これらの場合のように、事故と公の工作物との関係が薄いと考えられるものについても、県参事会の管轄を認める方向へ移行する動きをみせたのであるが、以下、順を追って、判例の展開をみていきたい。

　❶　公の工作物の欠陥ある運営による事故は、最も早く県参事会の管轄に吸収された。1892年のシヴォ判決は、これを認めた最初のものである。堰が建造されたために運河の水位が限度を超えて著しく上昇した結果、シヴォ氏の工場の動力が減少した損害に関し、国が訴えられた事案において、コンセイユ・デタは、その原因となった堰の動力施設が、当該施設が供用されている航行の役務の目的で操作されたものであることを認定した上で、県参事会の管轄を肯定する判決を下した。また、例えば、旋回橋が動き出した際に、その端にいた人が橋台と桟板の間に足を挟まれたような事案において、コンセイユ・デタは、「本損害賠償請求は公の工作物の欠陥ある設置ないし悪しき運営に基づいた（était fondée）ものである。したがって、県参事会がその審理についての管轄を宣言したのは適法である」旨、共和暦8年法律を参照して判示している。これらの場合は、公の工作物の供用目的の役務の瑕疵、すなわち、公の工作物の運営自体の欠陥が問題となっているため、公の工作物と事故との間の関係は明

---

129) C. E. 14 décembre 1906, Préfet de l'Hérault, R. p. 918; C. E. 11 juin 1913, Nicolas, R. p. 653; C. E. 9 juillet 1924, Prin-Clary, R. p. 663; C. E. 7 juin 1929, Ministre des Travaux publics, R. p. 565; C. E. 16 juillet 1931, Magnier, G. P. 1931 II p. 901 等。

130) A. Mathiot, Les accidents causés par les travaux publics, thèse Paris, 1934, n° 36（p. 59）.

131) 例えば、航行河川上の船が、行政がいかなる公土木も行っていない場所にあった自然の障害物に衝突した場合など。C. E. 5 juillet 1918, Cailleaux et Delaporte c. l'Etat, R. p. 673 では、国に対する損害賠償請求について、県参事会の管轄は否定されている。

132) C. E. 8 août 1892, Ministre des travaux publics c. Chivot, S. 1894 III p. 73.

133) C. E. 28 janvier 1914, Ministre des travaux publics c. Bouille, R. p. 96.

白であるといえよう。

　他方、これらの事故の場合、多くは、十分な予防措置がとられなかったこと、すなわち、役務のフォートの存在が認められるため、国家賠償の普通法上の管轄との関係が問題になる。役務のフォートがある場合、通常は、コンセイユ・デタへの控訴を留保した大臣の管轄、及び、大臣裁判制放棄後はコンセイユ・デタの第一審かつ終審の管轄が導かれるべきである。しかしながら、役務のフォートが公土木の執行ないし維持行為の際に犯された場合に、そのフォートを公土木の方に吸収させて考え、県参事会の管轄を認めていたのと同様に、当該フォートが積極的な意味での公土木には結びつかず、完成した公の工作物に関係するにすぎない場合にも、やはり県参事会の管轄権が認められたのであった。すなわち、コンセイユ・デタは、市の設置した汲み上げポンプが動かなかったために私人の住宅が浸水の被害を被ったという1929年のシャイーヤンビエール村事件に関し、「当該請求はこの公の工作物の運営状態に結びついているため、県参事会の管轄に含まれる。悪しき運営が市の職員のフォートに起因する（dû à la faute）という事情は、工作物の執行の直接的ないし間接的な結果すべてに広がっているこの管轄を変更しうるものではない」と判示している。同判決は、公の工作物の執行の間接的な結果を含むと明確に述べることによって、「公土木の訴訟の本質的に包括的な性格（caractère essentiellement compréhensif）」を明らかにしており、具体的に、「悪しき運営（mauvais fonctionnement）」が、

---

134) 大臣裁判制は、1899年のカドー判決（C. E. 13 décembre 1899, Cadot c. Ville de Marseille, S. 1892 III p. 17; Hauriou, La jurisprudence administrative, Tome II. p. 424）によって決定的に放棄されたが、それ以前は、大臣が普通法上の第一審裁判権を有するとされていた（神谷昭『フランス行政法の研究』（有斐閣・1965）69頁以下、雄川一郎「フランス行政法」田中二郎＝原龍之助＝柳瀬良幹編『行政法講座第1巻』（有斐閣・1964）160頁、兼子仁『行政行為の公定力の理論』〔改訂版〕（東京大学出版会・1960）230-234頁、阿部泰隆『フランス行政訴訟論』（神戸大学研究双書刊行会・1971）4頁参照）。

135) 大臣裁判制放棄後は、コンセイユ・デタは、自らの負担軽減のために管轄の分散を図ったとも考えることができよう。したがって、公土木の損害に関する県参事会の管轄拡大においても、このようなコンセイユ・デタの意図が入っていたことが推測される。

136) C. E. 26 juillet 1929, Commune de Chailly-en-Bière, D. P. 1930 III p. 1, note Appleton, R. p. 888.

137) さらに、C. E. 24 janvier 1930, Legg, D. H. 1930 p. 152, R. p. 110 を参照。港の水門操作を誤ったために船が座礁した事案で、県参事会の管轄が認められた。

138) Appleton, note, D. P. 1930 III p. 1, précité; Hauriou, note sous Trib. confl. 11 juillet 1891, Lagrave, S. 1893 III p. 81, précité.

公の工作物の建設ないし存在の事実に起因するのではなく、この役務の運営を確保すべき任務を負った公務員のフォートに起因する場合にも、普通法上の管轄とせず、県参事会の管轄が認められることを明示するものである。以上のように、県参事会の管轄はフォートに起因する事故についても広く認められるようになっていった。[139]

❷　次に、公の工作物の経営（exploitation）上のフォートにより生じた事故の場合には、公の工作物自身は完成して正常に運営されているが、公役務によってなされている当該公の工作物の経営から生じたフォートが事故を惹起したという事例であるため、公の工作物と事故との間の結びつきは、❶より薄いとみるべきであろう。例えば、前述のシャイーヤンビエール村事件において、ポンプが動かされたか否かという事情は、当該公の工作物自身の供用目的である役務に関わっており、いわゆる「経営（exploitation）」——それは、継続的な商業上の管理を意味する——の語にはあたらないといえる。

このような経営上のフォートに起因する事故についての管轄問題に関しては議論の多いところであったが、20世紀初めまでは、概して、県参事会の管轄は認められていなかったといえよう。しかしながら、具体的に各事例において、果たして経営上のフォートによる損害であるか、公土木の執行のフォートによるものであるかを区別することは困難であるため、混乱が生じていたことは否めない。例えば、古くは、1859年のトゥルノン事件において、汽車の通行による建物の振動の被害に関し鉄道会社が賠償を求められたのに対し、コンセイユ・デタは、「当該損害は、経営上の行為による結果ではなく、鉄道の設置それ自身及び鉄道が供用される公役務による結果である」と判示して、県参事会の管轄を認めている。[141] さらに、1887年のフェレオル事件では、[142] 線路沿いに住む

---

139)　県参事会の管轄が正当化されるためには、犯されたフォートと公土木との間に何らかの関係が存することが必要であると思われる。この点について、シャイーヤンビエール村事件の判決ノートの中で、アプルトンは、不可分の関係（lien indivisible）理論（Hauriou, note, S. 1893 III p. 81, précité参照）を呈示し、そのフォートが、公の工作物の存在と不可分の関係で結びついていることが必要であると述べている（Appleton, note, D. P. 1930 III p. 1, précité）。
140)　C. E. 8 décembre 1859, Compagnie du Midi c. Tournon, R. p. 718.
141)　この事案では、実体問題についても、トゥルノン氏の住宅に生じたひびや破損は、列車の通過により惹起される振動のために生じたものであるとして賠償が認められている。
142)　C. E. 6 mai 1887, Chemin de fer Paris-Lyon-Méditerranée c. Ferréol et autres, S. 1889 III p. 15, R. p. 372（本章第1節第2款第2項Ⅰ❾参照）.

土地所有者が鉄道会社を訴えたのに対し、コンセイユ・デタは、トンネル及びその手前の勾配の建設により線路付近に非常態的な量の煙が広がることを認定した上で、県参事会の管轄を認めているが、しかしながら、これも、鉄道の設置それ自身に結びつく損害であり、公土木の執行より生じたとみることが可能な事案であった[143]。このように、経営上のフォートによる損害ともみられる事例について、公土木の執行による損害であるとして県参事会の管轄を認める判例が存する一方で、経営上の行為であることを理由に、県参事会の管轄を否定する判決がみられた[144]。公土木との結びつきの強さを考慮すれば、公土木の執行による損害であるか、公の工作物の経営による損害であるかによって管轄を区別することにも妥当性はあるが、そもそも、経営上の行為であるか否かの判断が困難であるため[145]、その実際上の効果は必ずしも明確でなかった[146]といえよう。ただ、大摑みにいえば、1931年以前は、経営のフォートに起因する事故であると判断された場合に、そのフォートが役務の公務員の個人的フォートであるか[147]、または、特許事業者が経営する公の工作物で、その事業者のフォートのみにより事故が生じたときには司法管轄となるが[148]、他方、そのフォートが役務のフォートである場合には、普通法上の行政管轄としてのコンセイユ・デタに帰属

---

143) 鉄道に関する経営活動による損害は、線路に隣接する住民に対するものであり、むしろ恒久的損害のカテゴリーの中で論じられるべきであるとも思われるが、公の工作物について行われる経営上の行為が県参事会の管轄に含まれるかという問題に関わるため、ここで併せて検討の対象としておく。なお、経営上の行為による損害が、恒久的損害の中に含まれるか否か自体も問題点となりうる。ここに、事故損害・恒久的損害の区別のあいまいな性格が現れているともいえよう。
144) Cass. req. 3 janvier 1887, Chemin de fer d'Orléans c. Desforges et châlon, S. 1887 I p. 263.
145) C. E. 6 mai 1887, Chemin de fer Paris-Lyon-Méditerranée c. Ferréol et autres, S. 1889 III p. 15, précité. そのノートの中で指摘されている。
146) マティオは、これに関し、ある事故が経営のフォートのほかに、公土木と結びつく原因を有するときには県参事会の管轄となる（その経営のフォートは不可分の関係で公土木の執行ないし維持に結びついていると理由づけられる）が、経営のフォートが唯一の原因であるときは、県参事会の管轄は認められていなかったと述べている。
147) 個人的フォート（faute personnelle）と役務のフォートとを区別して、前者を司法裁判所の管轄とするのは、行政賠償責任について一般的に認められている（J. Rivero, Droit administratif 9e éd. 1980, p. 293; D. Rasy, Les frontières de la faute personnelle et de la faute de service, 1963等）。
148) Rouen 3 décembre 1898, Chemin de fer de l'Ouest c. Huvey, S. 1900 II p. 57, note Esmein; Cass. req. 27 mars 1906, Comp. des tramways d'Eure-et-Loir, S. 1907 I p. 137, G. P. 1906 I p. 489 等。

するという傾向にあった。例えば、フォンシエール事件では、船がルワン(Loing)運河の漂流物に衝突した事故について国に損害賠償が求められたのに対し、コンセイユ・デタは、「当該事故は、……ルワン運河の建築上の瑕疵や維持の欠缺によって生じたのではなく、運河の中ほどにあった漂流物との衝突のみによるものである。この場合の国家に帰責されうる責任は、土木局(ponts et chaussées)の役務のフォートから発生しており、それは当該漂流物の排除を行わなかったこと、ないし航行者に対し十分な方法で警告しなかったことに存する。この理由により、県参事会は損害賠償請求を審理する権限をもたない」と判示して、普通法上の行政管轄を肯定している。また、司法管轄との関係では、権限争議裁判所が1913年のリビ事件において、停車中の電車が急に動いたために生じた死亡事故に関し、「当該事故は、……いかなる態様においても、公土木の執行や維持と結びつくものではなく、経営上の行為の結果生じたものである」ことを理由として、会社への損害賠償請求が県参事会の管轄には属さず、司法裁判所が審理権限をもつことを明確に判示している。

したがって、当時の状況としては、公の工作物の経営上の行為による損害の場合には、県参事会の管轄を正当化するのに十分な公土木との結びつきが認められないがゆえに、司法管轄の側から、さらに、行政管轄内部においても普通法上の行政管轄との関係で、県参事会の権限が狭められていたということができよう。

しかしながら、経営上の行為による損害であるか否かの判断が実際上困難であることから、これによって管轄を区別することには常に問題が生じていた。すでに1894年には、オーリュウが、判決ノートの中で、経営のフォートに関する訴訟は公土木の訴訟によって吸収されるべきことを論じている。また、1929年のシャイーヤンビエール村事件(前述)でも、市の職員がポンプ設備の作動

---

149) C. E. 11 février 1921, Ministre des Travaux publics c. Chasserand, R. p. 164 等。
150) C. E. 28 juillet 1911, La Foncière, R. p. 917, D. P. 1913 III p. 125.
151) Trib. confl. 31 mai 1913, Riby c. Compagnie générale française des tramways, R. p. 606.
152) 学説の中にもこれを認めるものがあった。例えば、J. Appleton, Traité élémentaire du contentieux administratif, 1927, p. 421 等参照。
153) Hauriou, note sous C. E. 8 août 1892, Ministre des Travaux publics c. Chivot, S. 1894 III p. 73, précité.
154) C. E. 26 juillet 1929, Commune de Chailly-en-Bière, R. p. 888, D. P. 1930 III p. 1, précité (前掲注136))。

を怠り生じた事故であるため、公の工作物の運営がなされなかったことによる損害であるといえるとしても、この場合のフォートは、経営のフォートとかなり近いものと考えられる。このような、微妙な管轄の区別が、専門の法律家には理解しえても、被害者たる請求人には判断し難いものであることは重要な問題となろう。

　このような流れの中で、コンセイユ・デタは、現実の問題に対応して、管轄の統一化及び単純化の作業を進めるようになり[155]、1931年には、ルメール判決[156]において、経営のフォートに起因する損害の場合にも県参事会の管轄が認められるに至った。当該事案は、船を接岸させるためにルアン港の航海士に命ぜられた操作を行っていた国の引き船に衝突され損害を被った船の持ち主が、国に対し賠償を求めたものであるが、接岸行為については港の施設のその用途に従った利用といえるが、公の工作物自身は働いていないため、経営のフォートが存するとみなすことが可能な事例である。県参事会が自ら無権限を宣言したのに対し[157]、コンセイユ・デタは、「当該損害は公の工作物の運営に結びついている。したがって、県参事会が無権限を宣告したのは誤りである」と判示した。ボナール (Bonnard) は、同判決のノートにおいて、「公土木より生ずる損害 (dommage résultant des travaux publics) の概念を、公の工作物がそれ自身は損害の原因とならず、公の工作物を利用する公役務の純粋に経営上の行為 (pur fait d'exploitation) によって惹起された損害にまで広げたのが、このルメール判決である」と述べている。当該事案では、港における船の接岸操作から損害が生じており、港という公の工作物（の存在）自体、及びその公の工作物自身の運営には損害の原因は存しないといえる。ここでの損害の原因は、公の工作物の利用の機会における役務の経営にほかならず、この場合にまで県参事会の管轄を認めたことは、従来の判例を改めたと理解することができよう。経営上の行為 (fait d'exploitation) 理論の克服は、県参事会の権限を導く公土木との結びつきの解釈がゆるめられた点で意義が大きいとともに、複雑な管轄分化がある程度改められたことによる実益は大きいと思われる。

---

155) Mathiot, op. cit., p. 63.
156) C. E. 27 novembre 1931, Lemaire, D. H. 1932, p. 88, S. 1932 III p. 41, note R. Bonnard.
157) Mathiot, op. cit., nº 39, p. 64. 第一審である県参事会は、経営上のフォートのみが存在するにすぎないとして自らの管轄を否定している。

第2節　公土木責任法の発達　95

❸ 次いで、第三の、公土木の不執行に起因する事故で、この不執行がすでに存在している公の工作物と関わりのない場合に関する管轄問題を検討しよう。

コンセイユ・デタは、従来から、公土木の不執行による事故について県参事会の管轄を認めていたが、これは、すでに公の工作物が存在している場合に発生した事象についてであった。例えば、公道沿いの溝に手すりが設置されていなかったために通行人がそこに転落した事例[158]、運河上の橋に欄干がなかったため人が落ちて溺死した事例[159]、堀に沿って柵が設置されておらず、かつ、橋の入り口に照明がなされていなかったことにより夜間に発生した転落事故[160]、必要な予防措置が講じられなかったために国道端の樹木が倒れて被害を及ぼした事例[161]など、これらは皆、現存の公の工作物の有する欠陥または不完全な状態に起因するものである（公土木の不執行による損害では、公の工作物の維持の欠缺〔défaut d'entretien〕として問題にされる場合が多い）[162]。

他方、いかなる公の工作物も建造されていない場所での公土木の不執行による事故の場合には、従前、県参事会の管轄は認められていなかった。例えば、カユオー、ドゥラポルト事件において、コンセイユ・デタは、「ドゥラポルト氏所有の船に突発した当該事故は、行政がいかなる公土木も行っていない地点での、航行可能河川の底に存した自然障害物と当該船との衝突から生じたものである。したがって、県参事会が、共和暦8年雨月28日法律第4条によって、本事案について判断する管轄権限を認めたのは誤りである」と判示している[163]。この場合には、公土木が存在していないため、単に行政の怠慢、すなわち現存の公の工作物と遠い関係にすらない役務のフォートの問題となり、コンセイユ・デタが普通法上の裁判官として直接管轄権限を有するものとみられた[164]。

しかしながら、管轄の統一作業を進めていたコンセイユ・デタは、さらに新

---

158) C. E. 1 août 1914, Malleville, R. p. 1008.
159) C. E. 30 janvier 1929, Ville de Marseille c. Laget, G. P. 1929 I p. 488.
160) C. E. 27 mai 1898, Blot, R. p. 442.
161) C. E. 16 mai 1930, Ministre des Travaux publics c. Lussagnet, S. 1930 III p. 73, note Ch. Rousseau; その他、C. E. 25 juillet 1930, Ministre des Travaux publics, S. 1932 III p. 50; C. E. 24 juin 1931, Régie departementale des voies ferrées des Bouches-du-Rhône, R. p. 684 等。
162) S. 1930 III p. 73-74, précité.
163) C. E. 5 juillet 1918, Cailleaux et Delaporte c. l'Etat, R. p. 673, précité.
164) ほかに、C. E. 11 février 1921, Ministre des Travaux publics, R. p. 164; C. E. 25 juin 1924, Glen Line, R. p. 603 等。

たな局面を開くに至る。すなわち、1931年のロバン事件[165]において、コンセイユ・デタは、公の工作物が存在していない所での公土木の不執行により生じた事故に関して、県参事会の管轄を認めたものである。この事案は、セーヌ川を下っていた船が水面下に隠れていた大岩に衝突し沈没した事故について、船の持ち主であるロバン氏が当該障害物をブイで警告しなかった土木局のフォートを主張し、大臣に損害賠償を請求したものである。大臣の4ヶ月間の沈黙による暗黙の拒否決定に対して、ロバン氏はコンセイユ・デタに訴えを提起したが、ここでは、政府委員エトリ（Ettori）の論告が重要である。この論告では、「航行可能河川の川底に存した岩について警告がなされていなかったことが、県参事会の管轄を導く公の工作物の不執行と同視されうるか」という問題が論じられた。エトリの述べるところによれば、従来まで、このような事案についてはコンセイユ・デタに第一審管轄権限が属するものとして解決されてきたが、これは、自然の航行可能河川で起こった事故であり、いかなる公の工作物とも結びつきをもたないことを理由とするものである。エトリは、警告の不存在ないし不十分が公の工作物の運営の欠缺とみなされることはすでに判例によって認められていたこと[166]、また、1929年には[167]、艀が運河化された川（rivière canalisée）を航行中、公の工作物による整備がなされていない川の一地点にあった岩に衝突したという本件類似の事案について県参事会の管轄が肯定されたことを重要な事実として挙げている。1929年の判例では、運河化された川が問題となっており、広く解釈すれば公の工作物に結びついた損害とみることもできるため、自然の川の流れで起きた事故である本事例とは異なる点も存するが、エトリは管轄統一の必要性を指摘した上で、「国は岩に標識を設置する義務を有する」こと、及び、「標識設置の作用が公土木を構成する」ことを理由として、標識の未設置が損害の原因として主張されている当該請求は、公の工作物の不執行の結果生じた損害を主張するものとみることができると結論づけている。

---

165) C. E. 18 décembre 1931, Robin, R. D. P. 1932, p. 94, S. 1932 III p. 41, note R. Bonnard, D. P. 1932 III p. 33, note J. Appleton.
166) C. E. 26 juillet 1929, Commune de Chailly-en-Bière, R. p. 888, D. P. 1930 III p. 1; C. E. 22 novembre 1929, Fortier, R. p. 1024; C. E. 24 janvier 1930, Legg, R. p. 110, D. H. 1930, p. 152, précité.
167) C. E. 14 décembre 1929, Neyt（エトリの論告による）。

この論告を受けて、コンセイユ・デタは、「航行可能河川の利用者に対し危険となる自然障害物のすべてについて標識設置を行うという国に課せられた義務に基づく原告の訴えは、セーヌ川における航行の安全に関しこの河川の整備を確保するため（原告の請求によれば）必要とされる公の工作物の行政による不執行に、ロバン氏の被った損害が結びついているか否かという問題の審理を呈示するものである。したがって、原告の請求は、共和暦8年雨月28日法律4条により県参事会に与えられた管轄に含まれる」と判示している。この判例によって、県参事会の管轄はさらに拡大されたということができよう。

3　公土木の概念の広がり

これまでみてきたように、コンセイユ・デタは、公土木ないし公の工作物と損害との間に何らかの結びつきが認められる場合に、広く県参事会の管轄拡大を進めてきたが、この管轄統一は、共和暦8年雨月28日法律4条の広く包含されうる文言を利用することによってなされたものであった。[168] ここでは、司法裁判所との間での管轄争いが中心となっているが、それと並んで、行政管轄内部での配分の問題も存したことに注意すべきであろう。公土木、とりわけ事故損害の領域は、一般の公権力責任問題の中の特別な、しかしながらかなり重要性を有する一側面であるとも考えられるが、この県参事会の管轄拡大は、コンセイユ・デタが行政が関わる紛争の審理権を司法裁判所から取り上げようと争っている時期に進められ、当初は、公権力の無責任（irresponsabilité de la puissance publique）原則を避け、被害者に賠償を与えうる唯一の手段として、進んで取り入れられたものであった。[169] そして、その結果として、公土木概念の異常とも思われる発展が現われたということができよう。

その後、ブランコ判決[170]、フートゥリー判決[171]、テリエ判決[172]、テロン判決[173]などによって、行政裁判所のみが国・県・市町村に対し判決を行う権限を有することが認められた後には、事故損害を公土木と技巧的に結びつけることなく、普通

---

168) Mathiot, op. cit., n° 41参照。
169) Mathiot, op. cit., n° 41, p. 67.
170) Trib. confl. 8 février 1873, Blanco, R. p. 61, S. 1873 III p. 153, D. 1873 III p. 20.
171) Trib. confl. 29 février 1908, Feutry, S. 1908 III p. 97.
172) C. E. 6 février 1903, Terrier, S. 1903 III p. 25.
173) C. E. 4 mars 1910, Thérond, S. 1911 III p. 17.

法上の行政管轄を認めるべきではないかという議論もなされるようになった[174]。しかしながら、結局、コンセイユ・デタが選択したのは、請求人に対して困惑を与える源となる微妙な管轄の区別は設けずにシステムの統一を図るという解決策であったことは、これまでみてきたとおりである。Ⅲ以下では、このような県参事会への管轄統一をもたらした要因、根拠等について検討していきたい[175][176]。

Ⅲ　県参事会の管轄拡大の理由とその意義

Ⅱでみたように、コンセイユ・デタは、公土木に関わる県参事会の管轄を漸次拡大するという約1世紀にわたり継続した作業の結果、非常に単純化したシステムを作り上げることに成功した。

フランス行政法においては、法文が欠如しているか否かあいまいな場合に、コンセイユ・デタの判例によって実際の必要に対応する自由な発展がなされてきたといわれるが[177]、公土木責任法に関しても、共和暦8年法律の条文をコンセイユ・デタが広く解釈することによって、県参事会の管轄拡大が進められてきたということができよう。コンセイユ・デタの判決文はいずれも短い文章でまとめられているため、判決の背景となった考え方を知ることはかなり困難であるが、これまでみてきたいくつかの論告やノートなどで補完することによって、このような県参事会の管轄拡大をもたらした要因、根拠と考えられる事柄を挙げていきたい。

---

174) いくつかの判例はこれを認めている。C. E. 15 novembre 1901, Leborgne, D. P. 1903 Ⅲ p. 17; C. E. 12 juillet 1907, Veuve Com., D. P. 1909 Ⅲ p. 32; C. E. 28 juillet 1911, La Foncière, R. p. 917, précité 等。

175) ほかに、C. E. 31 mars 1928, Rauch, R. p. 522; C. E. 8 février 1930, Kieffer, R. p. 165; C. E. 12 mars 1930, Abelé, R. p. 288 等、数多くの判例参照。

176) ただし、公土木の事故損害を惹起した行為が刑事犯罪を構成するなど、事故の原因が職員の個人的フォート（faute personnelle）である場合には、再び困難な管轄問題を生ずる。大きな筋としては、被害者が職員の個人的フォートについてのみ訴えを起こした場合にはそれが公土木の機会に発生したものであっても司法管轄となるが、他方、被害者が公土木ないし公の工作物の執行・維持・運営について訴えた場合には共和暦8年法律が適用されるということができよう（Mathiot, op. cit. 参照―― C. E. 22 mai 1912, Augé-Chiquet, R. p. 600, S. 1916 Ⅲ p. 14; C. E. 16 juillet 1914, Babouet, R. p. 882, D. P. 1920 Ⅲ p. 3; C. E. 12 mai 1911, Dorville, D. P. 1913 Ⅲ p. 79; C. E. 30 mars 1906, Sté Métallurgique d'Onnaing, D. P. 1907 Ⅲ p. 118）。

177) A. Mathiot, Les accidents causés par les travaux publics, thèse Paris, 1934, n° 42, p. 70. ――一般的に、Laferrière, Traitéde la juridiction administrative, et des recours contentieux, 2ᵉ éd. 1896, p. Ⅻ-Ⅻ. 神谷・前掲注134)「フランス行政法における法の一般原理」299頁参照。

1　県参事会の管轄拡大の要因の検討

　約1世紀にわたって県参事会の管轄拡大が進められた要因については、時代を区切って考える必要があろう[178]。まず、行政の賠償責任を求める訴えに関し行政管轄が確立される以前、及び一般的な公権力責任が未発達な時代においては、公土木の機会に発生した損害に関する紛争を公土木ないし公の工作物と結びつけることによって、共和暦8年法律を適用し県参事会の管轄に服せしめることには、大きな利益が存したということができる。すなわち、県参事会の管轄に帰属せしめることは、司法裁判所の権限を奪い、かつ、行政裁判所の判断によって被害者の賠償請求を認めることを可能にする最も確実な方法であったと考えられるためである。司法管轄に対する関係によるこの第一の理由は、1873年のブランコ判決[179]で国に対する訴えについて行政管轄が認められて以降も、県や市町村については、なお長い間存続していた[180]。ここでは、県や市町村の公土木の領域において司法管轄が支配することは国の公土木の場合との差異を生じ、好ましくないと考えられたのである。他方、ブランコ判決以後においても、一般的な公権力責任のシステムは未発達であったため、賠償が与えられることなく放置される場合も多かったのに対し、共和暦8年法律の適用により県参事会の管轄とされた公土木の損害に関しては、賠償の付与が比較的容易であったという実体問題に関わる理由も重要なものとなろう[181]。また、損害の対象の点でいえば、従来より不動産に対する事故については県参事会の管轄が異論なく認められていたため、同一の事故が同時に不動産や動産、人身をも侵害しうることを考慮し、動産や人身に対する事故にまで県参事会の管轄を拡大することが、より自然な方向として是認されていったことが指摘されねばならないであろう。

　次いで、一般的な公権力責任法が発達し、前述した管轄統一の当初の理由が消滅ないし軽減された後も存続し続けた理由としては、管轄問題の単純化の必要性が挙げられる。当初から、原告の利益を考慮し複雑な管轄問題を解消する

---

178)　Mathiot, op. cit., nº 43.
179)　Trib. confl. 8 février 1873, Blanco（前掲注170））.
180)　県については、1903年の Terrier 判決（C. E. 6 février 1903, S. 1903 III p. 25)、市町村については、1910年の Thérond（C. E. 4 mars 1910, S. 1911 III p. 17）を待たなければならなかった（前述）。
181)　Mathiot, op. cit., p. 71-72.

ために県参事会の管轄への統一作業を進めてきたコンセイユ・デタは、役務のフォートを公土木の訴訟へ吸収しようと試み、ロバン判決では、役務のフォートの結果としてのみとらえられる事故についても、県参事会の管轄を拡大している。この背景に、管轄の単純化の要請が存することは、同判決のエトリの論告によっても明確にされているが、県参事会への管轄統一についてこれが一般的利益のために実現されるべきであることは、たびたび指摘されるところであった。

2 県参事会の管轄拡大による利益・意義

続いて、県参事会の管轄拡大の結果としてもたらされた利益・意義について検討することとしたい。県参事会の管轄を認めたことによって生ずる利益は、裏返せば、同管轄の拡大を進める上での目的を表すものでもあろう。まず、管轄問題が完全に単純化されたことによって、請求人の訴え提起が容易になったことが重要な結果として挙げられる。このシステムの単純化は、コンセイユ・デタが県参事会の管轄拡大、管轄の統一の判例政策を行った最も大きな狙いというべきものであろう。次に、公土木ないし公の工作物に関する役務のフォートにより惹起された事故について、コンセイユ・デタが第一審の裁判所とはならず、県参事会の判決に対する控訴裁判所となるという結果は、3つの利点をもたらしうる。すなわち、第一に、県参事会、コンセイユ・デタという二段階の裁判権が立てられ、請求人にとって二重の審査を得る可能性が開けることである。第二には、第一審裁判所となる県参事会が、地方の、公土木の問題の処理に慣れた機関であるため、手続が要領よく進み、迅速に結論が出ることが多いという利点が挙げられよう。第三には、コンセイユ・デタが公土木に関する訴訟の第一審裁判所となることを免れ、その負担が軽減された結果、コンセイユ・デタの第一審かつ終審の裁判権に服する他の訴訟についての審理も円滑化されることになるという利益も考えられよう。

これらの県参事会への管轄統一がもたらした利益は、県参事会の管轄拡大を

---

182) Mathiot, op. cit., p. 72 参照。
183) C. E. 18 décembre 1931, Robin, R. D. P. 1932, p. 94, S. 1932 III p. 41, D. P. 1932 III p. 33, précité.
184) Romieu の論告（sous C. E. 8 août 1892, Ministre des Travaux publics c. Chivot, S. 1894 III p. 73, précité）参照（Mathiot, op. cit., p. 72）。
185) Mathiot, op. cit., p. 72.
186) Mathiot, op. cit., p. 100.

推進した要因の一部をなすと考えられるとともに、共和暦8年法律の広く包含されうる文言を軸としたやや技巧的ともいえる県参事会の管轄への取り込みを正当化する意味でも重要であると思われる。

　コンセイユ・デタは、共和暦8年法律が主として想定していたと思われる公土木の恒久的損害だけにとどまることなく、同法の広義な文言を利用し、公土木の損害のほぼすべてに県参事会の管轄を広げていった。19世紀から20世紀初めにかけての裁判管轄の動向は、そのまま、コンセイユ・デタの判例政策の現れとみられ、興味深く観察されるところである。管轄上の問題が県参事会への統一として一応の解決をみたことを前提として、次款では、実体的要件の問題について検討していくこととしたい。

第3款　公土木の事故損害に関する責任法の考察

第1項　事故損害の領域における責任の根拠
　　　　——恒久的損害との比較において

I　学説の状況
1　マティオによる分析

　公土木の事故損害については、学説上、マティオのテーズ以前にこれを深く論じたものはなかった。すなわち、フランスにおいては、アンシャン・レジーム期にすでに、公土木によって生ずる損害について責任を認める事例が存在していたとされるが、この時代には未だ、そのような責任原則が恣意なく適用されてはいなかったといわれる[187]。続いて、フランス革命はこの有責の原則を確認し、さらに共和暦8年雨月28日法律は、公土木の企業者の個人的所為及び行政の所為から発生する損害について不服のある私人からの請求の審理権限を県参事会に与えることによって[188]、間接的にではあるものの（実体問題には触れていない管轄に関する規定であるとみられるため）、有責原則を正式に認めたが、ここでまず主眼とされたのが所有権であったことは前に述べたとおりである。人権

---

187)　A. Mathiot, Les accidents causés par les travaux publics, thèse Paris, 1934, p. 112.
188)　この点について、同法の文言とは異なった読み方がなされたことは、第1節第1款でみたとおりである。

宣言、ナポレオン法典の中で明確にされた所有権の絶対的尊重は、公権力に対しても課せられるべきものであるとされ、共和暦8年法律制定後は、所有権に対し及ぼされた損害の問題が、収用に関する特別法[189]の制定などと相まって注目を集め、その法理論が徐々に明らかにされていった。しかしながら、その責任の基礎となる法原理を探求する際にもっぱら念頭に置かれたのは恒久的損害であり、事故損害については特別に検討されることはなかったということができる。[190]

マティオによれば、「公法上の責任の問題が注意を引かなかった時代においては、学説は、もっぱら管轄裁判所の問題に心を奪われて」[191]おり、賠償を求める権利を認める原則を立て、賠償を受けるために必要な損害の条件を一応定めてはいるものの[192]、それは事故損害をも含めた公土木の損害すべてをカヴァーするものではなく、また、責任を成立させる根拠をなす法原理について深く検討されることもなかったといわれる。その責任の根拠に関しては、民法典の原則が適用されないこと、及び、行政は私的所有権に侵害を加える権利（droit）を有しているため、賠償は、フォートとは全く無関係に、公負担が市民すべての間で平等に分配されるべきであるとする理論によって理由づけられるべきであることが論じられるにすぎなかった[193]。

この考え方は、いかなるフォートも指摘されえない場合であっても賠償が付与されうることを認めるものであるが、これは、公土木の建設という事実から相隣不動産の価値下落が不可避的に惹起される場合、すなわち、恒久的損害に関する考察であるとみられ、フォートが存在する場合について、深く考慮されることがなかったというべきであろう。この時代の学説は、たとえフォートが存在しているとしても、それは賠償責任成立とは無関係であるという論じ方はしているが、さらに、賠償責任がフォートが存在しない場合に認められるなら

---

189) 1810年3月8日法律等。
190) Mathiot, op. cit., p. 112.
191) Mathiot, op. cit., p. 114.
192) A. Christophle et P. Auger, Traité théorique et pratique des travaux publics, 1889, Tome II. n° 2279; E. Laferrière, Traité de la juridiction administrative et des recours contentieux, 2ᵉ éd. 1896, Tome II. p. 156; E. Perriquet, Traité théorique et pratique des travaux publics, 1883, Tome II. n° 883等。
193) Mathiot, op. cit., p. 114.

ば、フォートが存在する場合にはどうかという問題には正面から取り組んでいない。実際の判例の中に、フォートに起因するとみられるような損害について賠償を認めた例が存在していても、論者は、そのフォートが損害の原因となっていることを明確にしようとしなかった。これは、第一に、私法上のフォートはこの領域では適用外とみなければならなかったこと——民法典1382条等を適用することは司法管轄を導き、共和暦8年法律とコンセイユ・デタの判例の大勢に反することとなる——、第二に、公法上の役務のフォート理論は未だ萌芽的なものでしかなかったことという理由によるものである。[194)]

それゆえ、非常に現実的ともいえる理由から、学説は、フォートを問題にしようとせずに、もっぱらフォートについての検討が不要と考えられる公土木の恒久的損害に関して議論を展開していったのであったが、恒久的損害は、本来、より公法に独特な領域であったといえよう。すなわち、恒久的損害の場合には、公権力が一般的利益のために強制的に土地を取り上げるという、一般の私人間では考えられない公法上の制度（収用）に近似・接近した局面で現れるのに対し、事故損害の場合には、社会生活上どこにおいても起こりうる事故が問題となる。後者においては、フォート、過ちを犯す行政という像——この点が、伝統的に、国家有責原則を妨げる1つの理由になったことはいうまでもない——が、行政を公権力の立場から単なる一私人の立場に引き降ろす可能性を孕むものでもあったと理解することができよう。

2　マティオに基づく責任理論との関係

以上述べた学説は、恒久的損害を念頭に置きながらも事故損害を特に分離することなく公土木の損害について論じ、その責任の根拠を公負担の前の平等原則に求めていたものであったが、その後、公権力責任の発達に伴って、徐々に変化が生じてきた。すなわち、行政が公土木を執行するに関し、私人の所有権についてある種の権利を有しているとしても、人を傷つけたり死に至らしめたりする権利まで有するものではないことが、当然の事柄ではあるが、明確に意識され始めた。そして、この段階でようやく、行政裁判所がフォートの存在しない場合に賠償を認めているからといって、フォートの存在が常に責任と無関係であるといえるのかという問題が注目されるに至ったのである。

---

194)　Mathiot, op. cit., p. 115.

オーリュウは、1891年のラグラーヴ判決のノート[195]の中で、公土木の機会に物や人身に被害を生ぜしめた事故について、「ここでは、フォート理論の適用可能な場面に直面している」と述べているが、これが学説上役務のフォート理論の導入に言及した最初のものとみられる[196]。さらに、オーリュウは、その後のいくつかのノート[197]において、公の工作物の存在そのものから生ずる損害——いわゆる恒久的損害——と、役務のフォートから発生した事故とを区別すべきことを主張し、また『行政法精解』〔第12版〕の中でも、「公土木の結果生じた事故は、大概、その損害賠償がフォートの観念に根拠づけられる役務のフォート（fautes de service）のカテゴリーに属するものである」と述べている[198]。

また、アプルトンも、その教科書[199]の中で、公の工作物の執行の結果生ずる所有権に対する単なる損害——すなわち、しばしば、当該執行と分離することができず、いかなるフォートも前提としない損害——と、人間の生命を奪い、また傷害を与える事故とを区別し、後者については、理論的に、公権力責任の一般的理念、すなわちフォートの理論が適用されるべきである旨を論じている。さらに、ボナールは、1929年の判決ノート[200]の中で、「ずっと以前から、恒久的損害の領域では、危険原則（principe du risque）が適用されていたが、これに反して、公の工作物の行為により物や人身に対して生じた事故は、行政責任の一般原則に服していた。すなわち、役務のフォートという特別の責任原則が適用されていたのである」と述べており[201]、またメストゥル（Mestre）も、1918年の判決ノート[202]において、「フォートの要素は、所有権に対する損害の領域では重要性をもたず、いかなる役割も果たさないが、人身に対する損害の領域では、

---

195) M. Hauriou, note sous Trib. confl. 11 juillet 1891, Lagrave, S. 1893 III p. 81.
196) Mathiot, op. cit., p. 116.
197) Hauriou, note sous C. E. 13 mai 1907, Département de la Dordogne c. Malléville, S. 1908 III p. 121; note sous C. E. 8 mars 1907, Commune de Félix-Faure, S. 1909 III p. 49.
198) Hauriou, Précis de droit administratif et de droit public, 12ᵉ éd. 1933, p. 907.
199) J. Appleton, Traité élémentaire du contentieux administratif, 1927, p. 421.
200) R. Bonnard, note sous C. E. 1 janvier 1929, Sous-secretaire d'Etat des postes et télégraphes c. Soc. du gaz de Beauvais, S. 1929 III p. 81.
201) しかし、ボナールは、この事案において危険原則の適用という新たな局面が開かれたとしている。
202) A. Mestre, note sous Cass. civ. 27 novembre 1918, Cᵗᵉ des Tramways de Nice, S. 1921 I p. 353.

多くの場合フォートの要素が介入している」と論じている。このほか、ラルー (Lalou) も、動産や人身に対する損害についてはフォート理論の適用を認めており、ルワースト (Rouast) も同様である。

このように、特に20世紀に入ってから、多くの学者が公土木の損害の領域にフォート理論の導入を認めるようになったが、所有権に対する損害と人身に対する損害とで対象によって区別して論じている学説も多くみられ、概して、1930年代までは、その根本的な検討はなされてこなかったということができよう。ただ、一括して公土木の損害ととらえ、フォートの要素を介入させなかった時代から脱却して、公土木の損害の中にもフォートが重要な意味をもつ場合が数多く存することが認識され、一般の公権力責任と並行して、研究がなされるようになったことは明記しておかなければならないと思われる。

これに対して、何人かの学者はなお、公土木の損害の領域において、フォートに基づく責任理論が介入しないことを主張していた。例えば、ジェーズ (Jèze) は、1931年のロバン事件の判決ノートの中で、「当判決は、必要的な公の工作物に関する行政の不執行から生じた損害の被害者が、国を相手に責任を求めた訴えにおいて下されたものである。この場合、国の責任は、狭いフォートの観念に基づくのではなく、より広い、特別な損害 (préjudice spécial) の概念 (しばしば、危険理論〔théorie du risque〕と呼ばれる) に基礎づけられている」と述べている。

以上、学説の状況を概観してきたが、Ⅱでは、これを前提に、判例の検討を行っていきたい。

---

203) ただし、職業的危険 (risque professionnel) の理論が適用されない限りにおいて、という留保が付されている。
204) H. Lalou, La responsabilité civile, 2ᵉ éd. 1932, nº 1575.
205) A. Rouast, Du fondement de la responsabilité des dommages causés aux personnes par les travaux publics, 1910.
206) Mathiot, op. cit., nº 66, p. 118.
207) Jèze, note sous C. E. 18 décembre 1931, Robin, R. D. P. 1932, p. 95.
208) しかしながら、グリモー判決のノートの中のジェーズの見解 (note sous C. E. 20 mars 1926, Grimaud, R. D. P. 1928, p. 258) をみると、ジェーズが、フォートの要素の介入を否定していると解するのは、必ずしも正確でないようにも思われる。

II 判例の検討
1 恒久的損害に関する判例

　はじめに、恒久的損害と事故損害との対比を明らかにするために、恒久的損害に関する判例を２、３挙げておきたい。例えば、1902年のサン＝テチエンヌ市事件[209]で、コンセイユ・デタは、「平和通り沿いの地域は、サン＝テチエンヌ市によって執行された土木事業の結果、新しい道路から３ｍ以上も低地に位置するようになった。したがってデスジュワイオらは、この工事執行以前に享受していた出入りの容易さを奪われ、確定的かつ現実的な損害（dommage certain et actuel）を被ったものであり、それについて賠償がなされるべきである」と判示している。また、1911年のコンベ事件でコンセイユ・デタは[210]、「1895年２月15日以降、クレテユ平野のコンベ氏所有建物の付近で、汚水処理場がセーヌ県によって稼動されるようになったが、当該汚水処理場は、そこから発する臭気のため、1895年から1908年（クレテユの館を請求人が売却した日）までの当該建物の賃貸価値の減少を惹起したものである」と判決して県の賠償責任を認め、具体的には数年間の賃料喪失等を認定して損害賠償額を決定している。また、1929年のデュプイ事件においても[211]、コンセイユ・デタは、「市電軌道の移設、及び原告の自動車修理工場の前になされた牽引車の駐車と市電の操作のために充てられる第二の軌道の建設は、この自動車修理工場への出入りを困難にし、この施設の営業条件を、特に通行車へのガソリンやオイルの販売取引条件について変更させたものである。したがって、デュプイ氏は、……その損害を補塡する賠償を請求することに十分な根拠がある」と判示している。

　これらの判決においては、行政の所為の是非の問題、フォートの有無などには全く触れられていない[212]。そして、第１節でもみたように、これら恒久的損害といえるものについては、行政のフォートが存するか否かを詮索することは無

---

209)　C. E. 7 juillet 1902, Ville de Saint-Etienne, R. p. 510.
210)　C. E. 3 mai 1911, Combès, R. p. 504.
211)　C. E. 19 juillet 1929, Dupouy, R. p. 769.
212)　なお、第１節第２款でみた多くの判例も同様である。その他、C. E. 26 avril 1901, Seyve, R. p. 408; C. E. 17 janvier 1902, Commune de Châteauponsac, R. p. 28, 2e esp.; C. E. 4 août 1902, Lassalle, R. p. 639, 1re esp.; C. E. 17 juillet 1903, Commune de Villiers, R. p. 521, 2e esp.; C. E. 23 novembre 1906, Bichambis, R. p. 854, S. 1907 III p. 65; C. E. 18 juillet 1928, Commune de Corbières, R. p. 923 等も挙げられる。

意味なことと思われるが、そもそも人民に被害を与えること自体が行政の悪しき所為であると解することも可能ではあろう。この点については、コンセイユ・デタは、むしろ、金銭的に補償を与えることで正当化される収用による土地の奪取の場合に近づけてとらえ、一定の条件の損害の存在が認められるならば、それのみで金銭賠償請求が認容されるという立場をとっていると考えられる。

2 事故損害に関する判例の検討

続いて、「事故損害」として概念づけることができると思われる公土木の機会に突発的に発生した事故からもたらされた損害について、判例をみていきたい。なお、ここでは、賠償の付与を理由づける根本的事由、責任の根拠について検討することとし、被害者のフォート等の免責事由、因果関係などその他の責任要件を含む総合的な検討は後に行うこととする。

特徴的にとらえられるのは、非常に多くの判例が、フォート（faute）、懈怠（négligence）、無思慮（imprudence）などの言葉を用いて、犯されたフォートを判決の中で指摘していることである。例えば、端的にフォートを言明しているものとしては、1924年のシャピュイ事件において、コンセイユ・デタは、[213]「土木局（ponts et chaussées）の行政が国道のローラー作業を行うために実施した……バラス敷きのために国道6号線上に存在していた障害物について、明白な標識によって自動車運転手に警告が与えられなかったことは誤り（tort）である。（したがって、）このフォート（faute）は、国の責任を導くものである」と判示して、フォートに基づく国の責任を認めている。また、1930年のヴァサル事件[214]は、学校の休み時間中に、口が塞がれていない3ｍの深さの通気竪坑に学童が落ちた事故に関するものであるが、県参事会は、「学校に関する建築物とその付属物の建設及び維持に関する土木は、その執行が市の責務となる公土木である。そして、問題の通気竪坑の上や周りに格子を取り付けたり、何らかの防護装置を設置することを怠ったことによって、メズィエール市はその責任を導くフォートを犯したものである」と判示して、責任の根拠をなすのがフ

---

213) C. E. 11 avril 1924, Ministre des Travaux publics c. Chapuis, R. p. 400, Gaz. Pal. 1924 II p. 363.
214) Conseil de prefecture de Chalons-Sur-Marne, 12 novembre 1930, Vassal, Gaz. Pal. 1931 I p. 100.

ォートであることを認めている。[215]

　また、1921年のグルドン村事件では[216]、コンセイユ・デタは、「ウセット氏は地ならしのローラーに衝突したが、このローラーは、そのための特別な照明装置を備えておらず、かつ、公道の照明装置では十分に照らされていなかった道路上に放置されていたものであった。したがって、この事故が、グルドン村の懈怠（négligence）に帰責される（imputable）ものであることは明らかである」と判示して、同村の責任を認めた県参事会の判決を支持し、責任の基礎となるものとして「懈怠」を明示している。さらに、行政の無思慮を指摘した例として[217]、1907年のフェリックス＝フォール村事件が挙げられる[218]。これは、村道維持に用いる砂利を採掘するために課せられた夫役工事の際に採石場で起こった地崩れにより村民が死亡したという事案であるが、コンセイユ・デタは、この土木が村の公役務たる性格を有するとした上で、「フェリックス＝フォール村のために（pour le compte de）行われる土木の監督を任ぜられた工夫は、危険な作業である採石場での砂利の採掘に不慣れな青年を見張りもせずに放っておくという無思慮（imprudence）を犯した。このような事故発生の状況下では、県参事会が、村の責任を宣告し、共和暦8年雨月28日法律第4条の適用により、それに応じた賠償金の支払いを村に命じたことは適法である」と判示して、行政の責任を認めた。

　一方で、フォート、懈怠、無思慮などを明示した上で、行政の責任を認める判例も多数あるのに対し、行政の行動に何の評価を与えずに、客観的事実だけを述べて行政の責任を認める判例も存した。例えば、1912年のカイロル＝ゴデリク事件は[219]、4mの高さに盛土されていた道路が崩れ落ち、通行中の荷馬車が転落した事故であるが、コンセイユ・デタは、「車の交通を禁止するためのいかなる布告もなされず、また、少なくとも積荷の重量を制限する布告さえも出されなかった。したがって、……28号線の維持に関わっている市町村は、当

---

215) その他、C. E. 2 juin 1920, Compagnie générate de navigation Havre-Paris-Lyon-Marseille, R. p. 547 等もフォートを明示している。
216) C. E. 19 janvier 1921, Commune de Gourdon, R. p. 61.
217) その他、C. E. 12 mai 1911, Dorville c. Ville de Paris, D. P. 1913 III p. 79; C. E. 17 juillet 1918, Boë, R. p. 724, 1re esp 等も、懈怠を責任成立の根拠としている。
218) C. E. 8 mars 1907, Commune de Félix-Faure, R. p. 228, S. 1909 III p. 49.
219) C. E. 5 juin 1912, Cayrol-Gaudérique, S. 1916 III p. 31.

該道路の崩壊について責任があり、原告に対し生ぜしめられた損害を補塡する義務がある旨のカイロル氏の主張には十分な根拠がある」と判示している。これは、フォート等に言及せずに、なすべきことを行わなかったという客観的事実を指摘するにとどまっているが、その背後には、行政が何らかの行為をなすべきであったという規範が存在しているとみることができよう。同様に、フォートを言明せずに、行政がある行為をなさなかった事実だけを述べて責任を認めている例としては、1930年のセノ事件[220]が挙げられる。公道の地下に戦時中に掘られた壕が存したため、道路が瓦解し、セノ氏のトラックが損害を被った事案について、コンセイユ・デタは、「壕を埋め立てる土木は、……国に課せられる公土木の中の1つである。したがって、前述の土木の不執行により生じた損害は、国の負担するところとなる」と判示して、特にフォートに言及することなく、国の責任を認めている。また、ラディグワ事件[221]でも、村道におけるタール塗りの公土木の執行中発生した自動車事故について、コンセイユ・デタは、「当該事故は、行政が道路の状態を明白な信号によって示さなかったという事実に帰責されるべき (doit être imputé)」であると判示している。

また、客観的な事実を責任を生ぜしめる唯一の要素として挙げている判例のほかにも、行政のフォート、懈怠、無思慮などに言及することなく、責任を認める例は数多く存在した。例えば、1897年のルーベー市事件[222]で、コンセイユ・デタは、「請求人の馬を死に至らしめた1891年11月27日の事故は、ルーベー市の一道路の通行状況の悪しき状態 (mauvais état) によって生じたものである」と判示して、市の責任を認めており、1910年のフォール、ブルノン＝ショヴェ事件[223]でも、「原告らが被った事故は自動車の交通に供されている交差点の通過に際して生じたものである。そして、当該事故は、国道82号線の維持のために用意されていた2本の石列についての照明の不十分 (insuffisance d'éclairage) を原因とする (a eu pour cause) ものである」と判示して、国の責任を認めている。さらに、1928年のリエヴァン村事件[224]は、公共広場において、行商人用に

---

220) C. E. 27 juin 1930, Ministre des Travaux publics c. Sénot, R. p. 670.
221) C. E. 22 mai 1930, Radigois, R. p. 544, D. P. 1930 III p. 49, 1re esp.
222) C. E. 24 décembre 1897, Ville de Roubaix, S. 1899 III p. 118.
223) C. E. 6 juillet 1910, Faure et Brunon-Chauvet c. l'Etat, S. 1913 III p. 13.
224) C. E. 4 janvier 1928, Commune de Liévin c. Pécourt-Quénot, G. P. 1928 I p. 286.

確保した用地を区切るために村の命令で設置された木の杭が、行商人出発後も引き抜かれていなかったために生じた衝突事故に関するものであるが、コンセイユ・デタは、「この事故は、唯一、リエヴァン村による広場の悪しき維持（mauvais entretien）に起因する（est dû）のである」と述べて、同村の責任を認めており、また、1929年のフィルズ事件でも、「旋回橋の信号の重大なる不十分（grave insuffisance）のために」フィルズ氏の自動車が被った事故について、国の責任を認めている。[227]

このほかにも、例えば、保護施設を欠く盛土上で起こった事故に関する1907年のマルヴィル事件[228]において、コンセイユ・デタは、「公共の安全の利益が、……30号線上の事故……が発生した地点において、交通安全の保障に供される工作物の建設を必要とすることが明らかである場合には、この工作物の執行の欠缺（défaut d'exécution）は、行政の責任を義務づけうる性質のものである」と判示して、県の責任を認めており、1917年のヴェイ事件[229]でも、ル・アーヴル市役所の広場の中央安全地帯に自動車が衝突した事故について、「当該事故は、まさにその衝突場所を覆っていた暗闇を原因として生じたものであり、この市役所広場の照明の欠缺（défaut d'éclairage）は、その照明を確保するために採用された装置の欠陥の結果である。そこから、当該事故がル・アーヴル市の責任に帰せしめられることが結論される」と判示している。

以上述べたように、コンセイユ・デタは、「悪しき状態」「……の不十分」「悪しき維持」「……の欠缺」など様々な文言を用いて行政の責任を根拠づけているが、その大部分が、「行政がなすべきことを行わなかった」ことを判断の根底に置いているようである。また、このことは、フォート・懈怠・無思慮などの、より価値評価的な文言を用いている判例の場合にも同様である。

3　「維持の欠缺」理論

このような事故損害に関する判例の基礎にある考え方として、「維持の欠缺

---

225)　その他、C. E. 11 juin 1913, Nicolas, R. p. 653 も、「悪しき維持」を判示している。
226)　C. E. 15 février 1929, Philouse et Dlle Nédellec, S. 1929 III p. 47, 1ʳᵉ esp.
227)　その他、C. E. 20 février 1914, Grouvelle, R. p. 218 は、「有益な予防措置をとらなかった」と判示している。
228)　C. E. 13 mai 1907, Département de la Dordogne c. Malleville, S. 1908 III p. 121, R. p. 438.
229)　C. E. 18 juillet 1917, Weil c. Ville du Havre, R. p. 575.

(défaut d'entretien)[230]」理論を呈示することができよう。従来から、「維持の欠缺」という文言を用いて行政の責任を肯定した判例は数多く存在していた[231]。例えば、1926年のポンティヴィ市事件で[232]、コンセイユ・デタは、「その事故が発生した道路はポンティヴィの都市道路であり、かつ、支えの塀はこの道路に不可欠な部分を成すものである。したがって、その保存のために必要な土木を執行し、措置を講ずる責任は、ポンティヴィ市に課せられている。市の行政によって犯された懈怠（négligences）により、また、当該道路並びに塀の『維持の欠缺』のために、第三者に生じた損害は、共和暦8年雨月28日法律第4条の適用により、全面的に市の負担に課せられるべきである」と判示している。

そして「維持の欠缺」についてコンセイユ・デタが明快な論旨を展開したのは、1930年のリュサグネ判決[233]においてであった。すなわち、コンセイユ・デタは、はじめに、「公法人は、自らが行う公土木の執行それ自体による損害のみならず、その不執行──すなわち、とりわけ、いったん建設され終わった工作物及びその付属物に関する『維持の欠缺』を含む──による損害についても責任を負うものである。この点については、（公の）工作物のその用途に従った利用を公衆に保障する（assurer au public un usage de l'ouvrage conforme à sa destination）ために注意がなされるべきであるような『通常の維持（entretien normal）』が重要な問題となる」と判示して、「維持の欠缺」の一般理論を明らかにした上で、当該事案については、「リュサグネ氏の車の上に倒れた楡は、その倒木を予測させうる非常に際立った傾向を示していた。国道57号線沿いの当該樹木の存在によって交通に及ぼされうる侵害結果を防ぐために必要な措置をとらなかったという行政の所為は、上記に性格づけられた『維持の欠缺』を

---

230) "défaut d'entretien" の日本語訳については、défaut を「瑕疵」と訳することも考えられるが、民法典1386条に規定された "défaut d'entretien" と "vice de sa construction" について、通常 "défaut" は「欠缺」、"vice" は「瑕疵」と訳されているのを参照し、本章では、ひとまず、「維持の欠缺」と訳することとした（アンドレ・タンク〔星野英一訳〕「不法行為責任におけるフォート（faute）の地位」法協82巻6号1頁）。

231) A. Mathiot, Cours de droit administratif, 1962-63, Licence 3me année, Paris, p. 552; F. Moderne, "La distinction du tiers et de l'usager dans le contentieux des dommages de travaux publics", C. J. E. G. 1964, n° 174 (p. 687); K. H. Vogt, Die Entwicklung der "Responsabilité sans faute" in der neueren französischen Lehre und Rechtsprechung, 1975, p. 128 等参照。

232) C. E. 3 mars 1926, Ville de Pontivy, R. p. 244.

233) C. E. 16 mai 1930, Ministre des Travaux publics c. Lussagnet, S. 1930 III p. 73.

構成するものである」と述べて、国の責任を認めている。
　これと同様の論旨は、その後のブレル判決でも明確にみられた。コンセイユ・デタは、まず、「維持の欠缺」について、「公の工作物のその用途に従った利用を公衆に保障する」ことが「通常の維持」であるとするリュサグネ判決と全く同一の一般論を述べた後に、具体的事案にこれを適用している。すなわち、「(ブレル氏所有の) 船『ヴォルガ』が遭遇した障害物は、この地点においてその時行われていたリス川の沿岸建築物の取り壊しから生じたレンガ塊や大きな鉄片——しばらく前から、同河川の中に落とされ、放置されてあった——からなるものである。行政は、水路における船の自由な通行を確保するために必要な措置をとらなかったものであり、自らがこれらの残骸を取り除くことが不可能な状態に置かれていたことを証明していない。この事実は、上記に性格づけられた『維持の欠缺』を構成するものである」と判示し、国の責任が認められたのである。
　このように、公の工作物から発生した事故の場合には、行政には公の工作物のその用途に従った利用を公衆に保障すべき義務が課せられ、それを怠った場合、すなわち「維持の欠缺」が存在するときに、行政の責任が肯定されるという構成が一般的に認められるということができよう。これは、判決の中で、フォート、懈怠、無思慮などに言及している場合でも、「維持の欠缺」と端的に述べている場合でも、また、様々な状況に応じた言葉を用いている場合でも、基本的には異ならないと思われる。行政の責任を成立せしめる根本的な要素として、「維持の欠缺」、すなわち、行政がなすべきことをなさなかったという事由が存在していることは、先にみた恒久的損害に関する責任との大きな違いを表すものであろう。
　さらに、恒久的損害と事故損害との区別を明確にするために、前者と実体法上異なった責任法が適用されうる事故損害の範囲を、不動産に対する損害についてみていきたい。先にみたように、学説においては、不動産に対する損害の場合には事故によるものでも、恒久的損害の場合と同様、責任成立のためには損害に一定の性質 (因果関係などを含め) が要求されるにとどまるとする見解も主張されていた。これは、管轄に関し、損害の対象——不動産であるか否

---

234) C. E. 25 juillet 1930, Bourell, D. P. 1930 Ⅲ p. 51.
235) ルワーストは、そのテーズにおいて、賠償を得るためには、事故とその公土木との間の因果関

か——によって県参事会の権限が及ぶ範囲を区切るべきであると主張する学説[236]が、それに実体法上の効果を結びつけようとしたものとみられる。しかしながら、コンセイユ・デタの判決の中に、不動産に対する事故損害の場合にも、人身に対する損害の場合と同様に、その事故が行政側の「維持の欠缺」や「フォート」等、何らかの帰責事由に起因することを判示している例を示しうることは、前述の学説に対する有力な批判となりうるであろう。

例えば、古くは1898年のルヴェ市事件[237]において、この点が明確にされている。すなわち、コンセイユ・デタは、工場の地下室に及ぼされた浸水の被害に関し、その日の降雨が不可抗力（force majeure）事象の性格を有するとみることができないことを指摘した上で、当該浸水は「ルヴェ市によって、1889年及び1890年に建設されたガンベタ城砦の大下水渠の排水口の不十分に起因するものである」と述べ、さらに、「……下水渠の水の排出を確保するために必要な措置をとることは当市のなすべき責務である」と判示して、市の責任を肯定している。また、同じく1898年のリヴァリエ事件[238]においても、コンセイユ・デタは、「1889年5月26日の事故は、シャティヨン大通りの公共下水渠の不十分（insuffisance）に帰責されうる。実際、この下水渠は、鉄道環状線の鉄橋をサイフォン式に越える部分において、排水を常に確保するには非常にもろい節となっており、雷雨の際の雨水は下水渠の仕切り壁に著しく大きな圧力をかけたものである。……リヴァリエ氏の要求のような支管の設計図を作製し、その執行を監督し、また、損害を生ぜしめる結果を予防するために不可欠で、このような例外的状況に必要とされる特別の措置を遂行することは、担当の技師の責任に課せられる。これらの措置は、技師が作製した設計図においては備えられておらず、また、執行の途中でこのような措置が命ぜられることもなかった。この二重の観点からみて、パリ市の責任が義務づけられる」と判示している。同判決では、行政のなすべき義務をまず指摘し、それがなされなかったという義務違反から行政の責任を導くという明快な図式が示されているということができよう。

　係が必要とされるのみであると述べている（A. Rouast, Du fondement de la responsabilité des dommages causés aux personnes par les travaux publics, 1910, p. 74-75）。
236)　この点については、すでに前款で検討したところである。
237)　C. E. 2 avril 1898, Ville de Rouvaix, R. p. 312.
238)　C. E. 11 novembre 1898, Rivalier, R. p. 695.

また、行政のなすべき義務が明示されていない場合にも、行政の責任を基礎づける客観的事実や状態を示すことによってその責任を肯定する判例が存することは、先にみた不動産以外の損害の場合と同様である。例えば、1902年のアミアン市事件では、アミアン市の水道管の破裂によって私人の家の地下室に損害が及ぼされた事案について、コンセイユ・デタは、「この破裂は、市が用いた導管の悪しき品質、及び市がその管を設置させた深さの不十分に起因するものである」と認定して、市の責任を認めている。また、1921年のボルドー市事件[240]は、学校の塀が倒壊して隣接所有地に損害を生ぜしめた事案であるが、コンセイユ・デタは、「ボルドー市は技術規定（règles de l'art）に従っておらず、また、激しい南西風にさらされる当該工作物の安定性を確保するために不可欠な予防措置をとらなかったものである。（したがって、）請求人らが賠償を求めている損害を惹起した当該塀の倒壊について、帰責されるべき（doit être imputée）ものは、このフォートであり、不可抗力の事象ではない」と判示して、明確にフォートを指摘した上で市の責任を認めており、さらに、1928年のマルセイユ市事件[241]でも、「（工場の段丘の）地崩れは、村道46号線が建設された場所における欠陥ある状態（conditions défectueuses）、特に、地面の堅固を確保するためにとられる措置の不十分（insuffisance）に、唯一帰責されるものである」と判示して、市の責任を認めた県参事会の判決を支持している。

　それゆえ、コンセイユ・デタは、不動産に対する損害の場合にも、人身・動産に対する損害と同じように、フォートや「……の不十分」、「十分な予防措置をとらなかった」などの様々な文言を用いて行政の責任を根拠づけているとみられ、また、行政の行為に対し価値評価的文言を使っていない場合にも、具体的に損害発生の原因を求め、その原因の内容を審理した後にのみ責任を決定しているということができる。[243]そして、1933年にはレヴィ判決[244]において、不動産

---

239) C. E. 27 juin 1902, Ville d'Amiens, R. p. 487, 1re esp.
240) C. E. 8 juin 1921, Ville de Bordeaux, R. p. 551, précité.
241) C. E. 25 janvier 1928, Ville de Marseille, R. p. 119.
242) C. E. 19 mars 1909, Ville de Lyon et Compagnie du gaz de Lyon, R. p. 316; C. E. 8 juillet 1914, Société anonyme《Gaz et eaux》, R. p. 848.
243) その他、多くの判例がみられる。C. E. 26 décembre 1923, Ville de Perpignan, R. p. 892; C. E. 21 janvier 1927, Compagnie générale des Eaux, D. P. 1928 III p. 57; C. E. 6 août 1928, Consorts Debruyn-Dolez, R. p. 1082 等参照。
244) C. E. 5 mai 1933, Lévy, D. H. 1933, p. 354.

に対する損害についても、「維持の欠缺」理論が明確に打ち出された。公道沿いの樹木が倒れ私人所有の建物に損害を与えた事案について、コンセイユ・デタは、一般論として、「公法人は、……いったん建設され終わった工作物及びその付属物に関する『維持の欠缺』……によって生ずる損害について責任を負うものである。この点では、（公の）工作物のその用途に従った利用を公衆に保障するために注意がなされるべきであるような通常の維持が重要な問題となる」と述べた後、当該事案については、「レヴィ氏の住宅の上に倒れた木は、数年前の道路工事の際行われた根の切断の結果、この倒木を予測させうる耐久性の欠缺（défaut de résistance）を示していたものであり、市の行政が、当該樹木の存在により沿道住民の所有地に生ずる可能性のある損害を及ぼす結果を防止するため、必要とされる措置をとらなかったという事実は、その責任を課しうる性質を有する『維持の欠缺』を構成する」と判示して、市の責任を認める判決を下している。

　以上のように、不動産に対する損害の場合にも、恒久的損害に関する責任とは異なった基礎を有する責任が成立する別のカテゴリーが存することは明確である。そして、一部の学説によって主張された損害の対象による責任の実体的要件の区別は、全く同一の事象により人身と不動産の両方に損害が及ぼされた場合等を考えたとき不合理を生ずることは明らかであり、むしろ、この見解は、不動産に対する公土木の損害についてのみ県参事会の管轄を認めようとする管轄上の議論に引きずられる形で展開されたものではないかとも思われる。次項では、公土木の損害に関する責任の実体法上、恒久的損害に関する責任と区別されうるカテゴリーの検討、及び、そのカテゴリーの基本的要素の探求を行っていきたい。[245]

第2項　恒久的損害と事故損害の区別

I　恒久的損害と事故損害の責任論の根本的差異

　ここで改めて事故損害と恒久的損害との区別について明らかにしておきたい。20世紀初頭以前は公土木との関連で発生する損害については、もっぱら恒久的損害に関してその責任法の発達が認められた。そこでは、恒久的損害は収用に

---

245)　本節第1款第2項(2)、ルワーストらの見解参照。

隣接し、不法行為による損害とは異なる独特のカテゴリーを形成していたものであり、突発的に意図されずに生じた結果である事故損害とは、損害発生の外観上、明確に区別されうることが多かった。両者の外観上の相違については本節第1款で触れたところであるが、このような区別が可能であるにもかかわらず、徐々に進められたのが、第2款で検討した管轄裁判所の統一――県参事会の権限拡大による簡潔なシステムの達成――であった。この結果、公土木の損害であるという唯一の事実によって、異なった性質をもつ様々な損害が共和暦8年雨月28日法律を根拠として県参事会の管轄に委ねられることとなるが、前款の判例でみたように、恒久的損害と事故損害とではその責任を成立せしめる根拠が大きく異なっているとみられる。すなわち、恒久的損害の場合には、惹起された損害が一定の性質を有していることによって行政の責任が認められる（したがって、損害そのものの検討で足りる）のに対して、事故損害の場合には、その損害をもたらした原因を探求し、そこに帰責事由を見出している。このような相違は、恒久的損害と事故損害とを区別する上で根本的なものであるとも思われる。

　この両者の責任の実体的要件の相違を導く根本的差異に関し、マティオが1つの見解を提示している[246]。マティオによれば、この相違は結局、損害の原因（cause）それ自身に帰するものであるとされ、さらに、その原因は、実質的（matériel）見地からみたものと法的（juridique）見地からみたものとに分けられる。実質的原因とは、当該損害を物理的に惹起したものであり、法的原因とは、その損害に対する法的責任を考える場合に当該損害の原因としてとらえるべき事由である。

　具体的に、マティオは、鉄道の盛土の建設により風が遮蔽されたため風車が機能しなくなったという恒久的損害の事例と、夜間走行中の自動車が照明が施されていなかった足場に衝突し損害を被った事故損害の事例を取り上げて[247]、実質的原因・法的原因の検討を行っている。まず、前者の実質的原因は、公の工作物の隣接、すなわち盛土の存在そのものであると考えられる。恒久的損害の場合には、その損害は公土木の自然な（本来の）結果としてとらえられ、公の

246）　A. Mathiot, Les accidents causés par les travaux publics, thèse Paris, 1934, p. 35.
247）　前者の風車の事例については、因果関係が弱いという理解も可能であるが、ここではマティオの述べるところに従って、説明していきたい。

工作物の建設・設置と損害との間にはいかなる事実上または法的な事象も介在しないことから、公の工作物の相隣の存在のみによって損害が生じたとみなされるためである。これに対して、後者の事故損害の事例では、当該事故それ自体、すなわち自動車の足場への衝突が実質的原因であるとされる。この場合には、その被害は建設中ないし完成後の公の工作物から自然に及ぼされたものではなく、公土木の付近で発生した突然の、しかしながらしばしば予測しうる出来事、すなわち事故によって生じたものである。恒久的損害と事故損害との区別において、このように実質的原因の相違を説くことは、整理の仕方として簡明であり、理解を容易にするものといえよう。

次に、法的原因についてみると、マティオによれば、前者の鉄道の盛土によって風車に及ぼされた恒久的損害の事例においては、鉄道線路の建設により充足される一般的利益が法的原因としてとらえられ、後者の自動車が足場に衝突した事故損害の事例では、足場に照明を行わなかった企業者のフォートが法的原因であると説明されている。すなわち、事故損害の場合には、一般的に、行政が公土木を執行し、または執行を行わせる際、その執行について十分な用心がなされ、また、完成した公の工作物が、要求される注意すべてをもって維持されるならば、公土木に帰責されるような事故は起こりえないと考えられる。したがって、事故が発生するためには何らかの原因が必要となり、この原因である行政側の落ち度が事故損害の法的原因としてとらえられる。これに対して、恒久的損害の場合には、マティオによれば、「公土木に近接する所有地は、しばしば、相隣妨害を超える永続的な損害を被るが、これら損害は土木の執行ないし工作物の存在によって必然的にもたらされるものであるがゆえに、これを避けることは行政の権限（pouvoir）には含まれず、さらに、公益（l'intérêt public）が、この損害と分かつことのできない公土木・公の工作物の執行、維持を要求する以上は、行政はこれを妨げる権利（droit）すらもたないものである」とされる。[248]この局面では、事故損害の法的原因と考えられた行政側の落ち度は意味を失うため、他の要素が恒久的損害における法的原因として求められ[249]

---

248) Mathiot, op. cit., p. 36. マティオは、ここでは、行政は公益に従わなければならないという抽象的レベルの命題を考えているようであり、具体的事例を想定するものではないと思われる。

249) マティオは、そのテーゼの中で、恒久的損害の場合にも行政のフォートその他の落ち度に遭遇することはありうるが、このフォートは損害発生に全く無関係であるとは言い切れないまでも、必然的なものでないことは明らかであると述べて、事故損害の場合との対照を際立たせている。

なければならないが、マティオは、ここで一般的利益を呈示している。一般的利益は、必ずしも直接的な因子とは考えにくく、また、公土木の作用がすべて一般的利益のために行われることを前提とするならば、事故損害の場合にもこれを法的原因ととらえる余地があることは認められなければならないであろう[250]。しかしながら、少なくとも事故損害との比較において、恒久的損害の場合には、適法手続により行われた公土木の執行、適法に設置された公の工作物の存在のほかに、損害との間に介入している事由（行政のフォートなど）が認められないため、それらの公土木・公の工作物を生み出した根本的原因である一般的利益の充足要求を、ストレートに法的原因として打ち出す必要があり、また、それが自然なとらえ方であったと考えられよう。

II 恒久的損害と事故損害の責任の根拠

マティオが呈示した損害の法的原因は、容易に想像しうるように、恒久的損害・事故損害に関する行政の責任を成立せしめる根拠事由に結びつくものである。すなわち、恒久的損害の法的原因として考えられる一般的利益から、その責任の根拠としての公負担の前の市民の平等原則を導くことができる。一般的利益の充足は市民の平等の負担においてなされるべきであるとの前提から出発するならば、一般的利益のために、一部の私人のみが損害を被った場合には、公負担の前の市民の平等原則が破壊され、行政の賠償責任が発生することになろう。また、事故損害の場合にも、やはり、法的原因としてとらえられる行政側の落ち度がそのまま、責任の根拠を構成しているということができる。

このように、恒久的損害の場合と事故損害の場合とでは、責任の根拠が異なると考えられるが、他方で、公土木の執行が一般的利益によって要求され、それを原因として行われるものである以上、前述したように、事故損害に関しても、その法的原因を一般的利益とみることは可能であり、さらに、一般的利益のために一部の私人のみが損害を被ったという図式にも一応あてはまるがゆえに、その責任の根拠を公負担の前の平等ととらえることも可能である[251]。しかし

---

250) このような考え方は、さらに行政による一般の公活動すべてに広げられる可能性があることに注意する必要があろう。
251)「公負担」の概念としてどのようなものを含みうるかという問題に関わってくると思われるが、この点については、第3節において論ずることにしたい。

ながら、公負担の前の市民の平等原則が、非常に抽象的で、拡張されやすい概念であることを考慮するならば、事故損害に関する責任についてもこれを根拠とすることには問題があろう。恒久的損害においては、被害者が受けた損害を、収用と同様に、公の負担ととらえることが自然に受け入れられたこと、及び責任の根拠としてより直截な事由が他に存在しなかったこと等から、公負担の前の市民の平等原則が、そのまま行政の責任を成立せしめる根拠事由と考えられたが[252]、他方、事故損害の場合についてみれば、確かに、行政は一般的利益のために適法なる公土木を行っていたものではあるが、その際、なす権利を有しない行動をとり、防止しなければならないはずの結果を生ぜしめたものである。何らかの行政の落ち度が認められ、その結果、私人の財産や身体に損害が及ぼされた場合には、まさに、私法において発達をみた不法行為的局面と類似した状況が現出されており、ここでは、直接的要因である行政の落ち度を責任の根拠としてとらえる方が、自然で、かつ説得力があると考えるべきであろう。

いずれにせよ、20世紀になって、恒久的損害とは異なる性質・原因をもった損害領域——すなわち、事故損害のカテゴリー——が分離・区別されるようになり、後者に関する責任法は、一般的な公権力責任法の発達と軌を一にして発展していった[253]ことを認めることができよう。

第3項　事故損害に関する責任の実体的要件の考察

I　「損害」の存在

事故損害に関する行政の責任を根拠づけるものとみられる行政側の帰責事由（維持の欠缺等）については、第1項で、その概略を述べたが、以下では、公土木の事故損害について行政責任が認められるための要件を全般的に考察し、行政の帰責事由たる要素についても詳しい検討を試みたい。

まず、第一の要件として考えられるのは、「損害」の存在であり、これが要[254]

---

252)　この点に関しては、第1節第2款ですでに述べている。
253)　公土木の事故損害に関する責任法の特質としてとらえられるのは、「維持の欠缺」であった。
254)　A. Mathiot, Les accidents causés par les travaux publics, thèse Paris, 1934, nº 100 (p. 172) 参照。マティオは、第一の要件として「損害（préjudice）」を挙げている。なお、"dommage"と"préjudice"が、日本語訳としてともに「損害」となることには問題もあろうが、"préjudice"を「被侵害利益」と訳するのは、大部分の文脈上やや疑問があったため、本章では、「損害」または「被害」と訳すことにした（"préjudice"を「損害」と訳すときには原語を付す）。"dommage"と

件として必要とされることは学説上も争いがない。しかしながら、この「損害」の要件は、公土木の恒久的損害の場合と比較すると、ここでは、その比重は減ぜられている。すなわち、恒久的損害においては、その損害は、直接的（direct）、物質的（matériel）、確定的（certain）なもので、相隣関係上の通常の不都合を超えるものであること等、損害自身の中に多くの事柄が要求され、また、それだけで足りるが、これに対して、事故損害の場合には、損害それ自体が問題となることは少ないとされる。

II 「維持の欠缺」等行政側の帰責事由

　第二の要件として、行政側の帰責事由が必要とされる。これは、コンセイユ・デタが、第1項でみたように、様々な文言——フォート、懈怠、無思慮、……の不十分、用心の欠缺、維持の欠缺等——を用いて、何らかの公役務の欠陥ある運営（fonctionnement défectueux）を示している場合が多いことから結論されたものである。行政側の帰責事由についてまず問題になるのは、民法典の条文との関係であろう。先にも述べたように、この公土木の事故損害の領域は、私法上の不法行為の図式に合致してとらえられやすいため、古くは、行政裁判所の判例の中にも、民法典の条文に拠っているものがみられた。例えば、1893年のサン＝テュスタッシュ事件では、教会で石の落下により人が受傷した事案について、コンセイユ・デタは、「原則として、建物の所有者は、その維

"préjudice" との相違が論じられる場合には、一般に、"dommage" は、客観的意味での損害を示し、それにより実際に個人に何らかの被害が生じたか否かは問わないのに対し、"préjudice" は、主観的にある個人についてのみとらえうる損害であるとされる（"dommage" と "préjudice" との差異に関しては、M. Paillet, La faute du service public en droit administratif française, 1980, p. 180 参照）。

255) これは、「恒久的損害」というカテゴリーが、非常に限局的な概念によっていることに由来する当然の結果であろう。

256) Mathiot, op. cit., n° 100（p. 172）参照。しかし、勿論、事故損害においても、確定的、直接的、物質的な損害であることは要求されている。損害が直接的でなければならないという要求は、因果関係の問題としても考えられるが、ここでは損害の要件の中に入れておきたい。すなわち、間接的損害（dommages indirects）については賠償されず、直接的損害——事故の必然的結果（suite nécessaire de l'accident）——のみに賠償が認められる（Conseil de Préfecture de La Seine, 8 juin 1917, Dutilloy, G. P. 1916-17, p. 736）ということになる。また、物質的損害に関しては、精神的損害（dommage moral）などをめぐって問題がある（Mathiot, op. cit., p. 173 参照）。

257) A. Mathiot, op. cit., p. 180.

258) C. E. 9 août 1893, Fabrique de la paroisse Saint-Eustache, R. p. 700.

持の欠缺（défaut d'entretien）によって生じた損害について責任を負う」と述べて、当該教会の所有者である市の責任を認めている（民法典1386条に基づいているとみられる）。しかしながら、これに対しては、「民法典において、私人の私人に対する関係（les rapports de particulier à particulier）について立てられた原則」は、行政の私人に対する関係について適用するには不十分で、排除されるべきであるとする見解が、公土木の事故損害の領域においても急速に支配的となった[260]。コンセイユ・デタは、時に、フォート、懈怠、無思慮などの言葉を用いているが、これらは必ずしも、私法上のフォート[261]が責任を根拠づけるものとして必要とされることを意味するものではないと解されるようになったためである[262]。この点については、行政賠償責任の一般的領域において、役務のフォート理論が展開され、私法上のフォートとは異なることが指摘されるに至ったこととパラレルに考えることができよう[263]。

　行政の帰責事由の明確な内容については、コンセイユ・デタが様々な表現を用いているため、一義的に確定するのは困難であるが、1930年代の判例で展開された「維持の欠缺（défaut d'entretien）」理論——公衆に、その工作物の用途に従った工作物の利用を保障することが「通常の維持（entretien normal）」であるとする——が、その主流をなしているということができよう[264]（「維持の

---

259) 民法典1386条は、「建物の所有者は、その崩壊が維持の欠缺または構造の瑕疵の結果（par une suite du défaut d'entretien ou par le vice de sa construction）生じたときは、崩壊によって生じた損害について責任を負う」と規定している。

260) Mathiot, op. cit., n° 103 (p. 178); P. Duez, La responsabilité de la puissance publique (en dehors du contrat), 1re éd. 1927, p. 41 et s.

261) マティオは、「主観的なフォート（faute subjective）」と述べている（Mathiot, op. cit., n° 103 (p. 179)）。

262) コンセイユ・デタの判例は、文章が非常に簡潔で理由づけが明確でないものも多いため、整理が困難であるが、数多くの判例の中でその大勢とみられたのは、主観的なフォートからは離れた、何らかの公役務の欠陥ある運営を賠償要件とするものであった。

263) なお、この私法上のフォート理論が適用されない旨のコンセイユ・デタの判示は、管轄についての判示の箇所でなされることが多い。例えば、ブランコ判決（Trib. confl. 8 février 1873, Blanco c. l'Elat, D. P. 1873 III p. 17, S. 1873 II p. 153）では、「国家が公役務において使用する人の行為によって私人に及ぼされた損害に関して、国家に帰責されうるような責任は、私人の私人に対する関係について民法典に立てられている原則によって規律されうるものではない」と判示されている（雄川一郎「行政上の無過失責任」川島武宜編集代表『我妻先生還暦記念　損害賠償責任の研究(下)』（有斐閣・1965）195頁、同「フランスにおける国家賠償責任法」比較法研究9＝10号53頁参照）。

264) マルヴィル事件（C. E. 13 mai 1907, Malleville, S. 1908 III p. 121, précité）、リュサグネ事件（C. E. 16 mai 1930, Lussagnet, S. 1930 III p. 73, précité）、ブレル事件（C. E. 25 juillet 1930,

欠缺」という文言は用いていないにせよ)。概略については、すでに第1項で述べているが、以下、「維持の欠缺」の内容を具体的に明らかにするために、まず、責任否定例について考察していきたい。

例えば、1929年のボワイエ事件は、砂を積んだトラックが、公道の土にはまり込んで埋もれた事故に関するものであるが、県参事会は、「原告らは、コロンブにおける西通りの路面に十分な堅固さを確保するために必要とされる土木の不執行ないし欠陥ある執行に、当該損害を帰責させる……ことを主張するものである。……しかしながら原告らは、当該事故が起こった日に、西通りの路面が、大多数の車の正常な通行を保障するのに不適切で欠陥ある状態(conditions défectueuses et impropres à assurer la circulation normale)に置かれていたことの証明を呈示していない」と判示して、被害者の車の重量超過を指摘した上で、コロンブ村に対する原告らの賠償請求を棄却している。また、1930年のル・パプ事件は、通行人が道路上にあった鉄線に足をとられて倒れたところを車に轢かれて死亡した事故について、国の責任が問われた事案であるが、コンセイユ・デタは、「行政が、その用途に従った利用を公衆に保障すべく、道路を維持することを義務づけられているとしても、しかしながら、あらゆる瞬間に、行政自らの行為以外によって置き捨てられる可能性のある様々な物体を除去させることをも義務づけることはできない。……ル・パプ夫人は、当該道路の維持の欠缺を理由として、夫の死亡を惹起した事故に対する賠償金を請求す

Bourell, D. P. 1930 III p. 51, précité)、レヴィ事件(C. E. 5 mai 1933, Lévy, D. H. 1933, p. 354, précité)。その他、C. E. 25 juillet 1930, Ministre des Travaux publics c. Wattiau, R. p. 820, 2e esp.; C. E. 3 janvier 1934, Ministre des Travaux publics c. Michenot, R. p. 18; C. E. 25 avril 1934, Ville de Rennes, R. p. 479; C. E. 26 février 1936, Ministre des Travaux publics c. Knock, R. p. 257; C. E. 8 février 1939, Ministre des Travaux publics, R. p. 72 等の判決参照。マティオも、リュサグネ判決などを主に引用している。また、アプルトンのノート参照(J. Appleton, note sous C. E. 22 mai 1930, Radigois, D. P. 1930 III p. 49)。

265) C. E. 23 janvier 1930, Commune d'Espaly-Saint-Marcel, R. p. 97; C. E. 16 décembre 1931, Lloubès, R. p. 1123 etc.

266) Conseil de préfecture de La Seine, 18 novembre 1929, Boyer et Petitpied c. Commune de Colombes, Gaz. Pal. 1929 II p. 1001.

267) この事案は、被害者のフォートによる行政の免責(当該損害と「維持の欠缺」との間の因果関係が切断される)の問題であるとも思われる。「維持の欠缺」理論自体、行政に認められる免責事由如何の問題と深く関わっていると考えられることについては、後に述べる。

268) C. E. 27 juin 1930, Le Pape, S. 1930 III p. 93, R. p. 671, D. P. 1930 III p. 49 2e esp.

る十分な根拠をもっていない」として、原告の請求を棄却する判決を下した。[269]
また、1931年のナゼ事件[270]では、公道に凹凸があったために発生したオートバイの事故について、県参事会は、一般論として、「公土木の不執行によって私人に生じた損害について、共和暦8年雨月28日法律第4条の適用により市町村に課せられる責任は、市町村道の欠陥ある状態（état défectueux）に起因する事故の場合、公の工作物をその用途に対して不適切な状態になさしめた『維持の欠缺』に関する証明がなされた場合にのみ発生する」と判示した後、当該事案については、「たとえ、舗装された車道の表面が完璧に平担ではなく、当該事故が発生した箇所においてかなりの範囲に凹みを呈していたとしても、……その凹凸は、それほど重大なものではなく、通常に監視され維持されている公道上に、不可避的に（inévitablement）生ずる性質のものである」と述べ、さらに、「ナゼ氏は、以下のことの証明——すなわち、当該事故が、この公道をその用途に不適切な状態になさしめたジャン＝ジョレス大通りの道路に関する『維持の欠缺』に帰責され、完全に平担でない道路上をオートバイのような自動車が通行することによって導かれうる重大な結果を考慮して運転者に特別の用心を要求するオートバイの往来に内在する危険性（risques）に帰責されるものでないこと——を行ったものとはみなされえない」と判示して、ナゼ氏の請求を棄却した。また、1944年のストライシェンベルガー社判決[271]は、運河水路を支えている盛土の一部が、徐々に進行していた水の浸透のために突然崩れ、航行中の船が損害を被った1933年の事故に関するものであるが、コンセイユ・デタは、「この浸透は当該工作物の最初の建築様式や、1895年から1904年にかけて施された改良に帰責されうるものではなく、また、このような水の浸透は、その存在を知らしめることを可能にするいかなる外部徴候によっても示されることはなかった。他方、行政は、とりわけ、1919年には防水性の上塗りを行い、また、毎年冬期に氷の砕破を確保するなどの行動によって、当該工作物の通常

---

269) この事件では、第一審の県参事会は、管轄の無権限を判示していたが、コンセイユ・デタは、「当該鉄線の存在が、公の工作物の維持の欠缺を構成するか否かを審理し、実体問題について、訴えられた請求を棄却すべきであった」として、県参事会の判決を取り消し、原告の請求を棄却する判決を行った。
270) Conseil de préfecture de La Seine, 10 juillet 1931, Nazet c. Ville de Paris, Gaz. Pal. 1931 II p. 749.
271) C. E. 6 octobre 1944, Sté. Streichenberger, D. 1945 p. 20, R. D. P. 1946 p. 325.

の維持作業をすべて適法に行使したものである」として、国に対する損害賠償請求を棄却している。

これに対し、責任肯定事例では、公の工作物の用途に従った利用を保障するために必要な措置をとらなかったことが「維持の欠缺」を構成するとされることが多いが、例えば、「行政が当該障害物を取除くことが不可能な状態に置かれていたこと」が証明されていないことを判断の前提としたり、また、公道沿いの樹木が倒れる可能性を行政が予測しえたことを認定している判例なども存する。[272][273]

このような判例の解釈として、マティオは、行政の責任を根拠づける帰責事由を構成する2つの要素——第一に、役務について欠陥ある運営（fonctionnement défectueux）がなされたこと、第二に、その役務の欠陥ある運営が一定の重大性（une certaine gravité）を有すること——を呈示し、さらに、前者については、被害者の証明すべき事由として、(1)役務が一定の態様で行動する義務を課せられていたこと、(2)役務がこの義務を怠ったことの2点を挙げている。[274][275]

これに対して、ある論者らは、事故損害の領域においても、「特別の損害（préjudice spécial）」の理念による責任法の構成を主張した。それは、国の責任は、ある共同体の構成員に他の市民が受ける負担と不均衡な特別の犠牲を課する場合に生じた不正義に根拠を置くとする考え方に基づき、さらに、所有権に関する相隣妨害がフォートによらず補塡されるのならば、一層貴重な市民生活[276]

---

272) ブレル判決（C. E. 25 juillet 1930, Bourell, D. P. 1930 III p. 51, précité）の判示による。
273) リュサグネ判決（C. E. 16 mai 1930, Lussagnet, S. 1930 III p. 73, précité）等。
274) Mathiot, op. cit., n° 104 (p. 180).
275) マティオは、公の工作物との関連で事故が発生したならば、それだけで公役務の欠缺ある運営が推定されるとし、責任を左右するのは、その役務の欠缺ある運営が賠償を生ぜしめるのに十分な重大性を有しているか否かという第二の要素であるとしている。マティオは、基本的には、この「維持の欠缺」を公権力責任一般法での「役務のフォート」と同一のものとしてとらえている（Mathiot, op. cit., n° 94 (p. 162))。
276) なお、このような見解も、判例を前提とした上で、その解釈・整理を行うものとして理解することができよう。また、公権力責任全般を「特別な損害」の理念に基礎づけようとする学説として、以下のものを参照。G. Tessier, La responsabilité de la puissance public, 1906; P. Tirard, Responsabilité de la puissance public, 1906; L. Couzinet, Étude sur la responsabilité des groupements administratifs, thèse Toulouse, 1911; G. Jèze, note, R. D. P. 1924, p. 77, 1926, p. 258, 1932, p. 94（ジェースは、「損害（préjudice）が非常態的（anormal）であるとき」という表現を使っている), etc.

が同一の保護を受けるのは当然であるとする思考に支えられるものである。仮に、この理論が、行政の公土木執行中ないし公の工作物の存在に関わって発生した事故のすべてに対し、ある一部の者にのみ及ぼされた損害であるとの理由によって行政の責任を肯定しようとするものであるならば、事故損害の領域において、維持の欠缺等何らかの行政の帰責事由を判示している判例の大勢とそぐわないことは明らかであろう。しかしながら、この「特別の損害」理論においても、損害が、その性質・重大性により、社会生活が要求する通常の苦痛・犠牲を超えたときに責任が認められるという趣旨が認められるならば、相反するかのようにみえる行政の帰責事由を必要とする責任理論とも接近する可能性が生じよう。行政は「通常の維持」を義務づけられており、その義務を行政が怠ったこと自体が、ノーマルな行政活動を前提とする以上、非常態（anormal）性を構成するといえるからである。ただし、この点は、背後にある原理の問題として留意すべき事柄であり、事故損害の領域における具体的な判例の文言を前提とするならば、責任要件として「維持の欠缺」が必要とされているとみる方が妥当であろう。「特別の損害」は、抽象的で必ずしも明確でない概念であって、「維持の欠缺」等、より直截的・具体的な要件が存するときには、責任決定要件としては適切でないものというべきである。また、「維持の欠缺」を責任要件としてとらえることによって、恒久的損害と事故損害との責任の違いが明確になるであろう。

「維持の欠缺」に関しては、この時期（20世紀前半）の判例が未だ確固たるものに統一されていたとはいえないため、理論としての十分な明確化はできないが、多くの場合に、公の工作物のその用途に従った利用を公衆に保障することが「通常の維持」であるとされたこと、及び、事故が発生した場合、その事故に対する行政の責任を惹起する性質を帯有するものが「維持の欠缺」とされたことは認めることができよう。したがって、事故が発生することのみにより、直ちに「通常の維持がなされていない」ことが導かれ、責任が課せられるとい

---

277) 本章第3節において、より整備された形での「維持の欠缺」理論について詳しく検討を行う。20世紀前半においては、「維持の欠缺」を明示している典型例は別として、ほかに様々な判示がみられたため、事故損害の領域全体について、「維持の欠缺」理論の構成で一貫することには困難があろう。より正確には、事故損害の領域においては、行政の「維持の欠缺」等何らかの帰責事由が責任要件として求められるというべきであろう。

う結果責任的な図式とはなっていないと考えるべきであろう。[278] そして、この場合、コンセイユ・デタは、場所・時間の事情、公役務に負わされた任務と与えられた手段・能力の問題、役務の性質・難易度など様々な事由を考慮して、具体的な責任決定を行っていたということができる。[279] ただし、判例の文言上は、[280] 事故の発生は行政がなすべきことをなさなかったことに帰責されるとして、客観的事実のみを述べ、または、単に、公の工作物の客観的状態のみを示して行政の責任を認めている例も多いことに注意しておく必要があろう。[281]

III 因果関係の存在

続いて、第三の要件として、損害と「維持の欠缺」との間の因果関係（lien de causalité）の存在が必要とされる。[282][283] これは、帰責可能性（imputabilité）の問題であるが、被害者のフォート（faute de la victime）、不可抗力（force majeure）

---

278) 前述のリュサグネ事件（C. E. 16 mai 1930, S. 1930 III p. 73, précité）、ル・パプ事件（C. E. 27 juin 1930, S. 1930 III p. 93, précité）、ブレル事件（C. E. 25 juillet 1930, D. P. 1930 III p. 51, précité）等の判決を参照。
279) Mathiot, op. cit., n° 94（p. 163）参照。このような解釈の柔軟性が、行政裁判所による行政責任の判断の特徴であるともいわれる。
280) 前述したカイロル・ゴデリク事件（C. E. 5 juin 1912, Cayrol-Gaudérique, S. 1916 III p. 31, précité）、セノ事件（C. E. 27 juin 1930, Sénot, R. p. 670, précité）、ラディグワ事件（C. E. 22 mai 1930, Radigois, R. p. 544, D. P. 1930 III p. 49, précité）の各判決をはじめとして、多数存する。
281) コンセイユ・デタが、このような判示の中で、実際にどのような考慮を行っているのかは知りえないが、具体的事案において、行政に責任を帰せしめることが妥当であるかという総合的で柔軟な判断を行っている可能性は十分にある。
282) マティオは、事故の原因について様々な活動（行政の役務の活動、被害者の行動、不可抗力等）が関わっている「それぞれの関与（part）の決定は、賠償額の評価（évaluation de l'indemnité）に関し重要である。しかし、この問題の前に責任決定の問題が呈示される」と述べている（Mathiot, op. cit., n° 114）。
283) 責任要件としての因果関係の問題を考察する前に注意しておく必要があるのは、公土木の事故損害という概念自体の問題である。すなわち、ある事故が公土木の事故（accidents de travaux publics）としての性格をまとい、その請求について県参事会の管轄が認められるについては、公土木の作用と損害との間に、多かれ少なかれ緊密（étroit）、明白な（apparent）結びつき（lien）が存在していることとなるが、そのことと、ここでいう因果関係との関係が問題になろう。この点、管轄問題においては（県参事会の権限を認めるためには）、事故が公土木の機会に（à l'occasion de travaux publics）発生したことのみで足り、責任の実体問題には何らの解決も与えることができないとされる（Mathiot, op. cit., n° 114（p. 197））。したがって、管轄問題では、公土木の執行または不執行、公の工作物が稼動状態にあったことなどがいわれるにすぎず、責任問題で必要とされる因果関係はこれとは異なるものである。

等の事由が帰責性を消滅させ、または減ずる事由として重要である。[284]

　まず、被害者の事情について考えていきたい。[285]第一に、公土木の事故の発生が完全に被害者のフォートのみに基づくと認められる場合には、公土木の執行や公の工作物の維持と当該事故との間には全く因果関係がないとされる。例えば、1920年のリオタール事件[286]では、コンセイユ・デタは、「当該事故は、リオタール氏が、通り抜けることができない工事現場を横切ろうとし、かつ、公衆に近づくことを禁ずるために用意されたロープを越えたことによって犯された同氏の無思慮（imprudence）に帰責されうるものである」と判示して、リオタール氏の死亡に関し国に賠償を求めた請求を棄却した県参事会の判決を支持した。[287]また、コンセイユ・デタは、例えば、「原告は、自らが被害者である当該事故の唯一の原因である無思慮を犯したものである」[288]が、請求人は、「本件において、実際に生じた事故の結果の全部を彼に負担させる効果を有すべき無思慮を犯したものである」[289]などと判示して、行政の責任を求める請求を棄却している。このような場合には、たとえ、公土木の瑕疵ある執行や公の工作物の瑕疵ある維持が存在していたとしても、それらは当該事故の発生とは無関係であると考えられた。[290][291][292]第二に、行政の帰責事由（維持の欠缺等）のほかに、被害

---

284)　被害者のフォートや不可抗力の事由を因果関係として論ずること自体にも問題はあろうが、ここでは、マティオのテーズにおける要件分類に従った。この点に関しては、それそれの事由のところで問題点に触れることにしたい（なお、リヴェロの教科書においても、"le dommage" と "l'imputabilité" と "le fait dommageable" を責任要件として挙げ、"imputabilité" のところで被害者のフォートや不可抗力について論ずる記述がみられる。また、リヴェロは、間接的損害についても、因果関係の直接性の要求として第三者の関与を含めて、ここで述べている。J. Rivero, Droit administratif 9ᵉ éd, 1980）。

285)　被害者のフォートは、ここでは、責任成立要件である因果関係の問題として扱われることになる（フランス民法には、いわゆる「過失相殺」の規定はないが、被害者のフォートによる責任の減免は認められている。この点に関し独特の問題が生ずることについて、野田良之「自動車事故に関するフランスの民事責任法(2)」法協57巻3号465頁以下参照）。なお、ヴォクトは、この問題を「寄与過失（Mitverschulden des Opfers）」として扱っている（K. H. Vogt, Die Entwicklung der "Responsabilité sans faute" in der neueren französischen Lehre und Rechtsprechung, 1975, p. 132 参照）。

286)　C. E. 3 mars 1920, Liotard, R. p. 237, 3ᵉ esp.

287)　同事案で原告（リオタール氏の娘）は、工事現場への接近を禁止するために十分な措置を施さなかった国に責任があると主張したが、コンセイユ・デタはこれを認めなかった。

288)　C. E. 3 août 1900, Delorme, R. p. 534.

289)　C. E. 18 février 1927, Régie départementale des voies ferrées, R. p. 226.

290)　Mathiot, op. cit., p. 199.

者のフォートが同時に事故の原因となっている場合には、被害者の負担分について行政は免責される。例えば、1917年のヴェイ事件では、ヴェイ氏の車がル・アーヴル市役所の広場の中央安全地帯に衝突した事故について、コンセイユ・デタは、広場の照明の欠缺を理由としてル・アーヴル市の責任を認めつつも、被害者が事故の際、制限速度を超えて走っていたことを認定し、「当該事故によって原告にもたらされた損害の一部を原告の負担とする十分な理由がある」と判示して、割合に応じた損害の帰責を決定した[294]。

次に、因果関係に関する第二の重要な問題である不可抗力 (la force majeure) の事由についてみていきたい[295]。一般的には、「当該被害 (préjudice) が不可抗力 (la force majeure) に実際に帰責されうる場合には、我が法においては、もはや責任はない」といわれる[296]。また、戦争や洪水等の特に重大な災いに関しては、衡平 (équité) がその結果の補塡を要求するようにみえる場合であっても、その任務は立法者に属し、法令上明文がない場合には、行政に法的な責任は生じないなどとされた。

例えば、例外的に大きな増水や特別激しい嵐等の場合には、不可抗力が認め

---

291) その他、C. E. 4 août 1882, Comp. d'assurances maritimes fluviales l'Equateur et l'Atlantique, D. P. 1884 III p. 29, 2ᵉ esp.; C. E. 8 août 1899, Nancel, R. p. 607; C. E. 9 février 1900, Michon, R. p. 120; C. E. 3 décembre 1913, Laforge, R. p. 1196; C. E. 24 octobre 1917, Turquois, R. p. 681; C. E. 16 novembre 1921, Pouquet, R. p. 946; C. E. 17 mars 1926, Walbrecq, R. p. 295 等参照。

292) このように、被害者のフォートが責任を減免する事由となることは、行政の責任を認めた判決がその理由中で、被害者のフォートが存在しないことを示している事例からも明らかである（例えば、C. E. 15 février 1929, Nédellec, S. 1929 III p. 47, 1ʳᵉ esp. etc.)。

293) C. E. 18 juillet 1917, Weil c. Ville du Haver, R. p. 575, précité.

294) その他、C. E. 22 novembre 1907, Jacquelin, R. p. 860; C. E. 6 juillet 1910, Faure et Brunon-Chauvet c. l'Etat, S. 1913 III p. 13; C. E. 23 octobre 1912, Ville d'Alger c. Dorez. R. p. 1000 2ᵉ esp. 等。

295) 不可抗力の事由を因果関係の問題として扱うことにもやや問題があるが、「維持の欠缺」の有無に関係なく損害が発生したとし、損害と「維持の欠缺」との因果関係を遮断する事由としてとらえる（このことは、被害者のフォートについても同様である）マティオの要件分類に従っておく（この点の困難な問題に関し、野田・前掲注285) 443頁、特に463頁「不可抗力の効果」の項参照)。しかしながら、「維持の欠缺」の審理を「不可抗力」の問題とどこまで切り離しうるかには疑問がある。

296) Mathiot, op. cit., n° 119 (p. 205); M. Hauriou, note sous C. E. 10 mai 1912, Ambrosini, S. 1912 III p. 161, Latournerie, conclusions, et Bonnard, note sous C. E. 25 janvier 1929, Sous-secrétaire d'Etat des postes et Soc. du gaz de Beauvais, S. 1929 III p. 81 参照。

297) 例えば、C. E. 16 décembre 1904, Ville de Montluçon c. Georges, R. p. 837; C. E. 16 novembre 1921, Rouquet, R. p. 946; C. E. 28 novembre 1923, Ministre des Travaux publics, R. p. 779; C. E.

られ、「維持の欠缺」と当該被害との間の因果関係は消滅するとされる場合が多いが、このような判断においては、不可抗力の概念の相対性に注意する必要があろう。例えば、人口の多い地域では、洪水の被害に対し、再植林・貯水池の整備・川岸の拡大・堤防等の手段を講ずることによって水という自然力から生ずる災厄を避けることが行政に強く要求され、費用のかかる長期間の努力が必要とされる場合もあり、不可抗力の認められる余地は小さくなる。また、さらに進んで、人間が支配に成功しえないような自然力の存在は認められないと考えることも不可能ではない。ただし、実際には、それぞれの時代の状況において、例外的な自然力によって被害が生じたときには、一定規模の土木は通常の活動（activité normale）を構成しない——したがって、必要な公土木を執行しなかったことについての行政の責任は問いえない——とされる場合があることは認められている。この点は、不可抗力の事由が、行政の維持の欠缺等の帰責事由と完全に切り離しては考えられないことを示すものでもあろう。すなわち、不可抗力事象は因果関係を消滅せしめるものとしてとらえられているが、不可抗力の判断が行政の「維持の欠缺」の審理との関連で理解される可能性——行政が自然力に対してどの程度の公土木を要求されているかという問題——が存在すると考えられる。

なお、不可抗力によって生じた事故とみられる場合であっても、不可抗力事象の結果が行政の欠陥ある活動や不作為によって悪化せしめられた場合などには、その限度において行政の責任が認められることになる。不可抗力を因果関係の問題ととらえる場合には、行政は「維持の欠缺」等自らの帰責事由と結びついた部分についてのみ責任を負うと考えることができよう。

---

27 novembre 1929, Ville de Nevers, R. p. 1037 等の事例。
298) 例えば、C. E. 31 janvier 1930, Ministre des Travaux publics, R. p. 135 が挙げられる。
299) Mathiot, op. cit., nº 119 (p. 206).
300) 例えば、河川の洪水による不動産の被害の事例において、当該河川の例外的な増水が不可抗力の性格を有するとされた上で、その損害が川床にあった道路工事の際の残土により悪化せしめられたと認定された場合（C. E. 26 février 1909, Préfet des Pyrénées-Orientales et qualités, R. p. 220）等が挙げられよう（その他、C. E. 10 mars 1899, Cⁱᵉ du Midi c. Astier, R. p. 206; C. E. 26 décembre 1923, Ville de Perpignan, R. p. 892 等参照）。
301) なお、マティオは、被害者のフォート・不可抗力と並んで、第三者のフォート（faute d'un tiers）を因果関係を遮断するもの、すなわち、行政の「維持の欠缺」の損害に対する帰責性を減免するものとして挙げている（Mathiot, op. cit., nº 118 (p. 204)）。この第三者の関与の問題は、因果関係が直接的なものでなければならないとする直接性の概念によって説明されることもあるが

第4項 危険物に関する判例

I 危険性を有する公土木の特例

これまでみてきたように、公土木の事故損害の領域においては、行政の責任は、維持の欠缺等何らかの帰責事由に基づいて認められてきた。しかしながら、当該公土木がそれ自体危険性を有する場合については、通常の事故損害に関するものとは異なった責任法が判例によって形成されてきたことに注意しておく必要がある。これは、主に、電線やガス管、水道管による事故から生じた損害に関して展開されたものであった。

第一に挙げられるのは、電線の落下に関する1929年のボーヴェ・ガス会社事件である[302]。これは、切断された電線が電話線上に落下したために漏電による火災が発生し、隣接建物の屋根が焼失した事案であるが、ラトゥールヌリー (Latournerie) は、その論告において、フォートによらぬ責任理論 (la théorie de la responsabilité sans faute)、いわゆる危険理論 (théorie du risque) の公土木の領域への新たな適用を提唱している。これを受けて、コンセイユ・デタは、「ガス会社に帰責されうる設置または維持上のフォートは何も呈示されていないとしても、当該電線の切断を惹き起こしうる不可抗力 (force majeure) の結果たる、ガス会社とは無関係の事実もまた挙げられていない。(すなわち) こ

(J. Rivero, Droit administratif, 1980, p. 279. なお、本章では、「直接的損害」の要求として第一の要件(「損害」)において直接性を論じたが、それは事故と損害との間の直接性である)、比較的ゆるやかに解されており、被害者に対しそれほど重大な影響を与えるものではないと考えられる(後に、モデルンは、「維持の欠缺」理論の特徴として、「第三者の行為 (fait du tiers)」による免責が認められないことを挙げている。F. Moderne, "La distinction du tiers et de l'usager dans le contentieux des dommages de travaux publics", C. J. E. G. 1964, n° 174, p. 689参照)。例えば、他の公法人が関与している場合として、1903年のアルジェ市事件において、コンセイユ・デタは、下水渠からの浸水によりグワイ゠ラクルワ氏が被った損害に関して、公道上の泥・ゴミ除去作業(同市に課せられる)の欠缺による下水渠口の閉塞を唯一の原因と認定し、市に全部の責任を課し、下水渠を建設した国の責任は否定(構造の瑕疵は存しないとされた)している (C. E. 29 mai 1903, Ville d'Alger, R. p. 442)。また、1909年のリヨン市事件においては、水道管の破裂事故に関しリヨン市が賠償金を支払ったことに関し、当該水道管破裂は第三者たるガス会社のフォートに帰責されるものであるとされ、ガス会社の同市への損害額の支払いが命ぜられている (C. E. 19 mars 1909, Ville de Lyon et Compagnie du gaz de Lyon, R. p. 316)。その他、C. E. 17 mars 1905, P^t de la Seine, R. p. 288; C. E. 7 avril 1905, Ministre du Commerce, R. p. 356; C. E. 23 juin 1911, Ministre des P. T. T. R. p. 731 等の判例を参照 (Mathiot, op. cit., p. 204)。

[302] C. E. 25 janvier 1929, Sous-secrétaire d'Etat des postes et télégraphes c. Soc. du gaz de Beauvais, S. 1929 III p. 81, note Bonnard.

の切断は、不知の事由（cause inconnue）による結果である。このような事情の下では、たとえその責に負わされるフォートが全く存在しない場合であっても（même en l'absence de toute faute relevée à sa charge）、ガス会社は、自らが特許事業者である公の工作物の存在自体またはその運営から生じた損害について責任を負う」と判示して、フォートが存在しない場合であっても責任が生ずることを言明した。この判決に関するノートの中で、ボナールは、レニョル・デロジェ事件やコラ事件などの近隣の非常態的な危険（risque anormal de voisinage）に関する判例を挙げ、客観的責任の新たな発展を指摘した上で、当該判例については、公の工作物により物に生じた事故という新たな領域へこれを拡大したものであると評している。すなわち、従前より、恒久的損害の領域では、すでに危険原則が適用されていたのに対し、公の工作物による物や人身に対する事故は、行政責任の一般原則に服せしめられていたとされ、後者の領域への、恒久的損害を支配していた危険の原則の導入という形で当該判例をとらえている。この危険理論が公の工作物から生ずる事故の領域すべてに適用されるものではなかったことは、これまでみてきたとおりであり、当該公の工作物自体が危険性を有する場合、電気・ガス等に関する事故について、特に採用されたと考えられることは、以下に述べるところで明らかになろう。

1933年には、同じく電線の事故に関する事案について、コンセイユ・デタは、「たとえその責に負わされるフォートが全く存在しない場合であっても、当該会社は、高圧電線の特許事業者の資格において、工作物の存在自体から生じた

---

303) 不可抗力（force majeure）と偶発事象（cas fortuit）については、ラトゥールヌリーの論告の中で述べられており、危険責任説によれば、偶発事象による損害は免責されえないが、不可抗力による場合には免責されることになる。この区別の下では、不可抗力とは、行為者の外部的事象、自然力等を指し、偶発事象は、行為者の外部に存在するものではないが原因不明の事象、不知の事象を指すとされる（野田・前掲注285）452頁参照）。

304) R. Bonnard, note sous C. E. 25 janvier 1929, précité, S, 1929 III p. 81.

305) C. E. 28 mars 1919, Regnault-Desroziers, S. 1919 III p. 25, D. 1920 III p. 1, R. D. P. 1919, p. 239.

306) C. E. 21 mai 1920, Colas, R. p. 532.

307) 神谷・前掲注134)「フランス行政法における国の危険責任」366頁、杉村章三郎「国家の損害賠償責任と無過失主義の原則」同編『筧教授還暦祝賀論文集』（有斐閣・1934）676頁等参照。

308) A. Mathiot, Les accidents causés par les travaux publics, 1934, p. 151; K. H. Vogt, Die Entwicklung der "Responsabilitésans faute" in der neueren französischen Lehre und Rechtsprechung, 1975, p. 64; F. Moderne, "La distinction du tiers et de l'usager dans le contentieux des dommages de travaux publics", C. J. E. G. 1964, n° 174, p. 695 等参照。

第三者に対する損害について責任を負うことが宣告されるべきである」と判示し、さらに、1934年の2つの事案において、コンセイユ・デタは、当該公の工作物が危険（danger）を示していることを判決理由の中で述べ、危険の要素が重要な決定要因となっていることを明らかにした。すなわち、ル・オーラン動力会社事件では、市の電気供給の特許事業者であるル・オーラン動力会社所有の電線に馬車が衝突し、原告所有の馬が感電死した事案について、コンセイユ・デタは、「たとえ、電線の切断が激しい雷雨の間に道路沿いの所有地内に植えられた木が電線上に倒れたために生じたものであっても、この状況は、……ラムステン氏についての責任を排除させうる性質を有するものではない。当該電線の設置または維持に関して、たとえその責に負わされるフォートが全く存在しない場合であっても、当該会社は、自らが特許事業者である工作物の存在と、それが呈示する危険（dangers）によって、工作物が惹起した損害について責任を負う」と判示しており、同じく1934年の南ルミエール会社事件でも同様の判示がなされている。この2つの判決についてのマティオのノートには、公土木の責任法全体を整理した見解が述べられている。すなわち、「1．公土木または公の工作物の接近（proximité）により不可避的にもたらされた恒久的損害（dommages permanents）は、それが相隣の通常の不都合を超える場合には、いかなるフォートとも関係なく損害賠償を理由づける。結局、この負担は、これら土木から引き出される利益の引替えとして、共同体の構成員全員の間で平等に分配されるべきである。2．逆に、人身や動産・不動産に対する事故（accidents）は、原則として、役務のフォート（faute de service）に関する責任の普通法に服せしめられたままである。3．例外的に、危険な公土木ないし公の工作物に起因する事故は、創設された危険性（risque créé）のゆえに、フォートが存在しない場合にも賠償される」とあるが、ここでは、公の工作物が危険性を有するがゆえにフォートによらぬ責任が肯定されるという、文字どおりの「危険責任」適用が明らかにされている。

また、同じく電線の事故について国の責任を求めた1936年の事案において、

---

309) C. E. 10 février 1933, Compagnie d'énergie électrique suburbaine de Nancy, R. p. 196.
310) C. E. 12 janvier 1934, Soc. des Forces motrices du Haut-Rhin, S. 1934 III p. 81, 1re esp.
311) C. E. 15 mai 1934, Soc. Sud-Lumiere, S. 1934 III p. 83, 2e esp.
312) C. E. 13 mars 1936, Ministre de la guerre c. Soulier, S. 1936 III p. 49.

コンセイユ・デタは、「スリエ氏が被害者である事故は、国所有の、公の工作物たる性質を有する電線の落下に起因している。そして、いかなる不可抗力 (force majeure) もスリエ氏のフォート[313)]も主張されていない。したがって、国は、当該事故によりスリエ氏が被った損害について全部の賠償をなすべきである」と判示して、フォート等の国の帰責事由に基づかずして責任を認めている。また、1947年のルセル事件[314)]においても、コンセイユ・デタは、「『ナンシィ近郊電力』会社は、原則として、フォートが存在しない場合であっても、当該公の工作物の存在やそれが示す危険を理由として、自らが特許事業者である公の工作物が惹起しうる損害について責任を負うものである」と判示し、さらに、1949年には、地域電気供給網への落雷のため惹起された近隣住民の死傷事故について、「この点（責任の原則——引用者注）に関しては、当該工作物の管理主体は、不可抗力 (force majeure) の事象や被害者に帰責されるフォートを構成する状況が存在しない限り、たとえ、その設置についていかなる欠缺 (défaut) も主張されえない場合であっても、配電網が呈示する危険 (dangers) を理由に——たとえそれが事故発生時に電圧がかけられていなかったといえ——、この工作物の存在から生じた損害について責任を負うことを宣告されるべきである」と判示している[315)]。これらの判例によって、行政の帰責事由を必要とせずに責任を認める判断を導いている論拠は、当該工作物の帯有する危険性であることが明確にされたといえよう[316)]。

II 危険責任原則の適用判例

コンセイユ・デタは、電気供給に関する事故損害において前述のように認めてきた危険責任を、ガスや水道管に関する事故にも広げていった。例えば、1940年のガス・ヨーロッパ会社事件[317)]は、公道下に設置されたガス管が破裂した

---

313) 危険責任においても、不可抗力と被害者のフォートは免責事由として認められている。
314) C. E. 28 mars 1947, Rousselle, R. p. 143.
315) C. E. 21 janvier 1949, Société Grand Combienne d'éclairage et d'énergie R. p. 32.
316) その他、電気供給に関わる事案で同様に危険責任を採用した例として、C. E. 3 mars 1937, Société pyrénéenne d'énergie électrique, R. p. 273; C. E. 21 juin 1944, Société des anciens Etablissements Grimal et Cie, R. p. 177; C. E. 16 mai 1952, Electricité de France et Compagnie d'assurances l'Urbaine et la Seine, R. p. 263 等が挙げられる。
317) C. E. 9 février 1940, Compagnie européenne du gaz, R. p. 57.

ため、ガスが私人所有の建物に広がり、住人が身体に被害を受けた事案であるが、コンセイユ・デタは、「当該ガス管の破裂を不可抗力の事象（un cas de force majeure）に帰せしめうるいかなる事情も存在せず、かつ、被害者の責に負わされるいかなるフォートも立証されていないため、当該公の工作物の特許事業者たるヨーロッパ会社は、請求人に、彼が被った損害全部を賠償することを義務づけられる」と判示して、特許事業者のフォートによらぬ責任を認めており、また、1942年のマルセイユ・ガス・電力会社事件では、同じくガス管の破裂事故について、「マルセイユ・ガス・電力会社は、たとえその責に負わされるフォートが全く存在していない場合であっても、ガス供給の特許事業者の資格において、ガス管の存在によって生ずる損害について責任を負うものである」とし、より明確な判示を行っている。さらに、水道管に関する事故においても、同様に危険責任が採用された例がみられるようになった。例えば、1947年のマルセイユ市事件は、水道管の破裂により隣接する私人所有の建物が損害を被った事案であるが、コンセイユ・デタは、「マルセイユ市は、たとえその責に負わされるフォートが全く存在しない場合であっても、当該不動産に隣接する水道管の存在によって不動産に生じた損害、とりわけ、これらの管の破裂から生じた事故の結果について責任を負う」と判示している。

　公土木の事故損害の領域においては、一般的に、行政の責任の根拠は維持の欠缺等の帰責事由に求められるのに対し、このように、例外的なカテゴリーとして、危険責任原則の適用を認める判例が存在することを認めることができる。後者の判例の中には、当該公の工作物の危険性について明言していないものもあるが、判決理由が明確に述べられている他の事例と併せて検討することにより、損害の原因となった公土木・公の工作物それ自体の危険物としての性格に

---

318) C. E. 1 mai 1942, Société du gaz et de l'électricité de Marseille, R. p. 142.
319) その他、ガス管に関する危険責任を認めた事例として、C. E. 10 août 1945, Compagnie d'assurances《La Préservatrice》et sieur Bourdot, R. p. 179; C. E. 21 juin 1946, Société lyonnaise des Eaux et de l'Eclairage, R. p. 175, C. E. 29 mars 1950, Consorts Deur, R. D. P. 1950, p. 988 等が挙げられる。
320) C. E. 21 mars 1947, Ville de Marseille, R. p. 123.
321) ここで適用される危険責任原則は、行政のフォートが存在しない場合にも責任が成立するとされるものであるが、免責事由として、被害者のフォートと不可抗力とが認められることには注意する必要があろう。このフォートによらぬ責任における免責事由に関する問題については、本章第3節で論ずる。

基づいて判断がなされていることを推察することができ[322]、また、学説において
も、同様に解されているといえよう[323]。

　以上、公土木の事故損害と呼ばれるものに焦点を当て、その責任法の考察を
行ってきた。「公土木の損害」は、そもそも、公土木の相隣所有者に及ぼされ
る損害である恒久的損害——収用に近接——を起源としてその責任法が発達
したものであり、行政の欠陥ある作用により惹起された不測の事態である事故
損害については、20世紀に入り、恒久的損害から分離・区別されたものであっ
た。マティオらの所説によって、公土木の事故損害は1つの独立したカテゴリ
ーとして認められるに至ったが、この領域における責任法の位置を決定づけた
のは、管轄問題において県参事会の管轄が認められたことであり、この段階で、
事故損害の領域は、広げられた「公土木の損害」の枠組の中でとらえられるこ
ととなった。

　ただし、恒久的損害と事故損害とでは、同じ「公土木の損害」であっても、
責任の実体問題について明確な差異がみられた。恒久的損害に関する責任法は、
一定の損害の存在、因果関係の存在にその大部分を支配され、行政の帰責事由
は何ら問題とされることなく責任が認められるものであったが[324]、他方、事故損
害に関する責任法は、行政側に維持の欠缺等何らかの事情が存在することによ
って責任を成立せしめようとするもの——すなわち、責任を認めるために行
政の帰責事由を必要とするもの——であった[325]。このような管轄の一致、実体
的要件の分離という状況を前提として、次節では、20世紀後半以降の展開を追
っていくこととしたい。

---

322)　この場合には、危険物であるか否かをどのように決定するかが大きな問題となろう。危険物か
　　否かの判断の困難性については、後に触れる。
323)　Vogt, op. cit., p. 66; Mathiot, op. cit., p. 151, Moderne, op. cit., p. 171 等参照。
324)　したがって、この責任を根拠づけるものとしては、公負担の前の市民の平等原則が挙げられて
　　いた（本章第1節第2款第3項）。
325)　ただし、危険物とみなされる公の工作物が例外とされたことは、今論じたとおりである。

第3節　公土木責任法における新たな展開
　　　──第三者（tiers）と利用者（usager）の区別に
　　　　基づく責任システム

第1款　公土木の事故損害の領域における第三者と利用者の区別に基づく責任システム

第1項　第三者と利用者の区別による法制の成立まで
Ⅰ　20世紀前半の政府委員による修正提案
1　リヴェの論告

　公土木の損害に関する責任法が恒久的損害・事故損害の区別により構成されていた20世紀前半においても、すでに何人かの論告担当の政府委員は、新たなシステム──被害者が利用者（usager）であるか第三者（tiers）であるかによる責任理論の区別[1]──を提唱していた。
　まず、1926年のグリモー判決に関するリヴェ（Rivet）の論告が挙げられよう[2]。この事案は、国道沿いに植えられた楡の木の先端が激しい風のために折れて、走行中の車に衝突した事故に関し、国に責任が求められたものであるが、リヴェはその論告において、国に対する賠償請求を否認する見解を著わしている。一般論として、「公の工作物の設置または運営によって害されたものが第三者（tiers）である場合には、全員の利益において一個人のみに課せられる対

1）　第三者・利用者の区別については、公土木の損害の領域全体にこれが妥当しうるのか、恒久的損害・事故損害の区別といかなる関係にあるか等、様々な問題が生じうるが、新たな責任システムの検討のために、ここでは便宜上、損害発生態様の差異──恒久的損害・事故損害の区別──に基づいて、2つの領域に分けて考察していきたい。このような手法は、仮に、恒久的損害・事故損害の区別に代わって、第三者・利用者の区別が支配するとされる場合には、逆説的（paradoxalement）とも思われるが、判例の分析には適することが指摘されている（P. Delvolvé, Le principe d'égalite devant les charges publiques, 1969, p. 289 による）。
2）　C. E. 20 mars 1926, Grimaud, R. D. P. 1926, p. 258, conclu. Rivet, précité.

価のない犠牲の理念（l 'idée du sacrifice, sans contre-partie, imposé à l'individu isolé dans l'intérêt de tous）は、被った損害の実質的な（matérielle）存在の証明のみに基づき、損害賠償請求権の認容を導きうる。これに反して、公の工作物の利用者（usager）が被害者である場合には、当事者が当該工作物から引き出す利益（le bénéfice que l'intéressé retire de celui-ci）は、より大きな要求（exigence）を正当化する。（すなわち）事故の場合に損害賠償請求権が認められるためには、真の（veritable）構造または維持の瑕疵（vice de construction ou d'entretien）について証明がなされるか、当該工作物が利用者が正当にそれに期待しうるように（tel que l'usager pouvait légitimement s'attendre à le trouver）存在していなかったことの証明がなされることが必要とされる」と述べ、第三者と利用者という被害者の地位の違いによって、損害賠償の要件に差異を認める見解を示した。さらに、具体的に被害者が道路の利用者である本事案に関しては、楡の倒木の様子について詳しく検討した上で、「激しい風による木の枝の倒下は、道路の利用者がその道路上に入ったときに心得ておかなければならない危険性（risques）の1つである。当該工作物に責任を負わせうるためには、予見できる危険性（le risque prévisible）を悪化させた真に非常態的な（anormale）状況の存在が必要である。本事案では、このような状況が示されるとは思われない」と述べて、国の責任を否定する論告を行った。これを受けて、コンセイユ・デタは、「国道上で発生し、その被害者が道路の利用者である事故について国が責任を負うのは、当該事故が非常態的性格（caractère anormal）を有し、明確に特徴づけられた維持の不十分（insuffisance d'entretien）に起因することが認められた場合のみである。……グリモー氏が被害者である当該事故は上記で示したような性質の維持の不十分とは結びつけられえないものである。それゆえ、国の責任は生じない」と判示して、リヴェの論告に沿った結論を出している[3]。しかしながら、前節で挙げた多くの判例から明らかなように、リヴェの論告は、この時期の他の判例においては、特に意識して受け入れられることはなかったというべきであろう。

---

3) 本件は、具体的解決としては、被害者が利用者の場合であるため、「維持の欠缺」によって責任判断がなされている。したがって、この時代の他の判例と異なった責任理論を導くものではなかった。

2 デトンの論告

1944年には、ストライシェンベルガー社判決についてのデトン（Detton）の論告が、リヴェと同様に、第三者と利用者の差異に基づく責任理論の区別を提案しているが、ここでは、リヴェの論告に比べて、より詳細・明快な論旨が展開されている。この事案は、運河水路を支えている盛土の一部が、徐々に進行していた水の浸透のために突然崩れ、航行中の船が損害を被った事故（前出）に関するものであるが、第一審の県参事会は、このような損害に関する国の責任は、当該工作物の構造の瑕疵または維持の欠缺の証明を当事者が行った場合にのみ生ずるとした上で、本事案では、構造の瑕疵も維持の欠缺の存在も認められないと判示して、請求棄却の判決を下した。

これに対し、論告を担当したデトンは、通常なされている恒久的損害・事故損害の区別について批判を加え、危険（risque）の概念のみによって公土木の損害の領域全てをカヴァーすると考えるべきであるとした上で、公の工作物に対する被害者の地位（situation de la victime au regard de l'ouvrage public）によって、多くの判例を説明しようと試みている。すなわち、「1．工作物の設置または運営によって害された被害者が第三者である場合には、『対価なしに要求された犠牲の理念』（l'idée d'un sacrifice demandé à celui-ci sans contre-partie）は、その第三者に対し、単なる損害の証明に基づき、賠償請求権の認容

4） C. E. 6 octobre 1944, Sté. Streichenberger, R. D. P. 1946, p. 325, D. 1945, p. 20, conclu. Detton, précité（前掲第2節注271））．

5） デトンは、恒久的損害・事故損害の区別について通常いわれている説明を明確に示しているので、ここで挙げておきたい。すなわち、彼によれば、公の工作物の建設または存在の避けられない結果である恒久的損害の場合には、行政のフォートを証明する必要はなく、当該工作物と損害との間の因果関係の立証のみで足りる——危険理論（théorie du risque）が行政責任の根拠となる——のに対し、他方、公の工作物の存在そのものに帰責されるのでなく、偶発事象（un cas fortuit）、不可抗力（force majeure）、被害者のフォート、行政のフォート〔構造の瑕疵・維持の欠缺（absence d'entretien）・誤った操作（fausse manœuvre）〕などに帰責される事故損害の場合には、危険理論は妥当しないとされる。これは、一般的利益のためになされる工作物の建設が適法とみなされるとしても、行政が事故を惹起する権利を有するとは考えられないことに理由づけられており、後者の責任の根拠は、フォート——被害者が証明すべきものとされる——にほかならないと述べられている。デトンは、このような恒久的損害・事故損害の区別について、「理論的に欠けるものではないこの理論は、公土木の事故について下された行政の懈怠・用心の欠缺・維持の欠如を認めている多くの判決が拠っていると主張するものである」とした上で、「しかしながら、この見方は適切とは思われず、また、判例の一般的精神に合致しているとも思われない」と述べて、批判を加えている。

を導く。2．被害者が工作物の利用者——当該工作物から利益（avantage）を得る者——である場合には、その者が通常の危険（risques normaux）を受忍することが衡平（équitable）である。……損害が、通常の危険から生じた損害か否かを判断するために、フォートの概念に拠るように導かれる。すなわち、利用者は、行政の職員により執行された構造の瑕疵・非常態的な維持（entretien anormal）・警告の欠缺（défaut de signalisation）・誤った操作の場合にのみ賠償される。したがって、事故の場合には、利用者が正当にそれに期待しうるような状態を当該工作物が示していなかったこと、この工作物が正常に運営されなかったことを利用者は証明する必要があろう」と述べている。デトンの見解は、被害者が第三者であるか利用者であるかによる責任法の区別というよりも、利用者には危険を負担させるという形において、被害者の地位が重要な役割を果たしていることを指摘したものであり、この点で、リヴェの見解との違いはあるが、結局、両者とも、被害者が第三者であるか利用者であるかという視点を、賠償請求の認否に大きな影響をもつものとして正面に出していることは明確であろう。なお、このデトンの論告を受けて、コンセイユ・デタは、「行政は、当該工作物の通常の維持（entretien normal）作業すべてを適法に行使したものである」と判示して、国に対する賠償請求を棄却する判決を下したが、判決文の中では、被害者の利用者としての地位を特に挙げることなく、公土木の事故損害に関する「維持の欠缺」理論をそのまま適用するにとどまっている。[6]

II 学説の中での萌芽

20世紀前半の判例において、恒久的損害と事故損害とで異なった責任理論が適用されてきたことは、多くの学説によっても認められていたが、中には、従

---

[6] リヴェの論告もデトンの論告もともに、被害者が利用者である事案に関してなされたものであったため、結論としては、他の判例との相違をみなかったが、論告の中で述べられた一般論が、当該事案の解決を超えて重要な意義を有したものである。この第三者・利用者（被害者の地位）の区別に基づく責任システムの提唱においては、それぞれに適用される責任原則として、第三者についてはフォートによらぬ責任、利用者については「維持の欠缺」に基づく責任（リヴェの論告）、またはフォート責任（デトンの論告）が指摘されている。「維持の欠缺」と「フォート」との関係については様々な見解が著わされている（マティオは「維持の欠缺」を「役務のフォート」の一類型としてとらえていた。A. Mathiot, Les accidents causés par les travaux publics, 1934, n° 81 (p. 143) et s. 参照）。

来の区別を批判し、新しい責任システムへの萌芽的意味を含むとみられる見解も現れていた。これまでの法形態に対する批判として、まず、危険物か否かの判断に関する困難の問題が取り上げられた。判例は、主に電気・ガス・水道等の供給に関し、当該公の工作物の危険な性格を理由に危険責任を適用しているが、どのような工作物が危険な性格を有するとみなされうるかという判断——いかなる時、いかなる状況下においても危険とされる公の工作物は実際にはありえず、他方、具体的な事故発生時の状況下においては、すべての工作物が危険とみなされる可能性があろう——は、画一的にはなしえないことが指摘された。このような危険物の判断の困難から生ずるシステムの問題点は、それだけにとどまらず、そもそも、事故損害・恒久的損害という損害を及ぼした原因行為の性格に基づく区別により、異なった責任原則が導かれること自体に対する疑問に繋がる可能性を含有していた。

例えば、ピエール・ラロック（Pierre Laroque）は、1936年のコンセイユ・デタ判決に関するノートにおいて、公土木または公の工作物の相隣関係より生じた「損害（dommage）」と、公の工作物によって生じた「事故（accident）」とを区別する理論を批判し、「この区別は、……複雑さと混乱の源（la source de complications et de confusions）である」と述べ、さらに、この理論が、危険原則を適用している多くの事故に関する判例を説明するために、危険物とい

---

7) P. Duez, La responsabilité de la puissance publique (en dehors du contrat), 2ᵣₑ éd. 1938, p. 64, 65; Mathiot, note sous C. E. 12 janvier 1934, Forces motrices du Haut-Rhin, S. 1934 III p. 81; Lagrange, conclu. sous C. E. 22 décembre 1944, l'Abeille, D. 1945 J p. 20, R. D. P. 1946, p. 325; K. H. Vogt, Die Entwicklung der "Responsabilité sans faute" in neueren französischen Lehre und Rechtsprechung, 1975, p. 102-103; Ch. Blaevoet, "L'anormal devant les hautes juridictions civiles et administratives", J. C. P. 1946, I p. 560 等参照。

8) 政府委員デトンは、先の論告において、事故損害の領域における判例で危険物については危険責任が認められていることから、従来の恒久的損害・事故損害の区別の問題点を指摘している。

9) Pierre Laroque, note sous C. E. 13 mars 1936, Ministre de la guerre c. Soulier, S. 1936 III p. 49, précité. この事案は、切断された電線の落下のために道路上をトラックで走行していたスリエ氏が重傷を負った事故に関するものであるが、コンセイユ・デタは、不可抗力や被害者のフォートが存在しないことを理由に、国の責任を認めている（前述したように、危険物に関して危険責任を適用したものとみられる）。

10) ラロックによれば、伝統的には、公土木による損害に関する責任は、危険の観念に基づいていたものであるが、その後、フォートの概念によっているとみられる判例が現われ、恒久的損害・事故損害の区別というフォートの概念と危険の概念との組合せ（combination）の理論が展開されるようになったととらえられている。

うあいまいな理論を持ち出したことに関し、「新たな複雑と混乱の源が作られている」と評している。彼は、被害者が当該事故を惹起した公の工作物の利用者であったという状況こそが、フォートの概念の介入を導くものであるとして、デトンと同様に、公土木による損害に関する責任の根拠となる１つの一般原則の異なった適用の側面として、被害者の地位を重視するものである。[11][12]

また、事故損害のカテゴリーを確立し、その領域の責任法を詳細に研究した最初のものであるマティオのテーズにおいても、被害者が利用者であるか第三者であるかという視点が、責任の認否に重要な役割を果たしていることが述べられており、ここにも、新しい第三者・利用者の区別による責任システムの萌芽を読み取ることができよう。[13]

第２項　判例による第三者と利用者の区別に基づく責任システムの採用

Ⅰ　1952年の判例変更

(1)　被害者が第三者であるか利用者であるかの区別を明確に判決の中で取り入れたのは、1952年のアラス市判決であると考えられる。[14][15] この事案は、私人の所有地に掘られた地下道が、アラス市の下水渠により浸水の被害を受けた事故について、市に対し損害賠償が求められたものであるが、コンセイユ・デタは、「当該地下道の崩壊がアラス市の下水渠から出た水の浸透に帰責されうる限りにおいては、訴訟記録より、当事者がこの公の工作物の利用者たる資格を有しているとはいえないため、当該浸水が下水渠の通常の維持の欠如（absence d'entretien normal）に原因を有するか否かを審理する必要なく、被害者はこの事実から被った損害の賠償を請求する十分な根拠を有するものである」と判示

---

11) ラロックは、この根拠を危険の理念（idée de risque）としている。すなわち、工作物より利益を得ている地方公共団体は、そこから生じうる危険性（risque）を負担すべき（doit en supporter）であることを内容とするものである。
12) さらに、ラロックは、1944年の判決ノートにおいても、第三者と利用者の区別に基づくシステムをより明確な形で提唱している（P. Laroque, note sous C. E. 6 octobre et 22 décembre 1944, précité, D. 1945 J. p. 21)。
13) Mathiot, op. cit., n° 91 (p. 158)。
14) C. E. 17 octobre 1952, Ville d'Arras, R. p. 453, R. D. P. 1953, p. 742.
15) K. H. Vogt, Die Entwicklung der "Responsabilité sans faute" in der neueren französischen Lehre und Rechtsprechung, 1975, p. 104 参照。

している。コンセイユ・デタは、この判決において、被害者が公の工作物の利用者でないゆえに、行政が当該公の工作物の通常の維持を果たさなかったこと——行政の「維持の欠缺」——が責任要件として要求されないことを正面から認めている。この事案は、いわゆる恒久的損害のカテゴリーには含まれない典型的な事故損害の事例であり、かつ、判例が従来危険物とみなしてこなかった公土木に関するものであったため、これまで行政の帰責事由・「維持の欠缺」に基づく責任理論を適用していた領域への新たなフォートによらぬ責任の導入を、ここにみることができ、その鍵となったものが、被害者の地位——すなわち、当該公の工作物の利用者ではないこと——であろうと思われる[17]。

このアラス市判決以後、同様に、第三者と利用者の区別に基づき責任の判断を行っているとみられる判例が、相次いで出されるようになった。例えば、1952年のグロー判決[18]でも、コンセイユ・デタは、「グロー氏は、第三者として現われているため、公の工作物の管理主体（maître de l'ouvrage）のフォートを証明する必要はない」と理由づけて、行政の責任を認める判示を行っており、また、水道管破裂に関するゲン判決[19]や、ガス管破裂に関するフランス電力判決[20]も、同様である。

(2)　これに対して、利用者が被害者である場合には、異なった判示がみられる。例えば、1964年のピケ事件[21]で、コンセイユ・デタは、被害者であるピケ氏の状況が、「彼が通行していた公の工作物の利用者たる資格を失わせうるような性質のものではない」と判示した上で、「そこから、国の責任は、当該工作

---

16)　これまで、事故損害については「維持の欠缺」理論が適用されてきたが、ここでみられた新たなシステムは、被害者が利用者の場合には同理論を残し、第三者の場合について「維持の欠缺」の要件を不要とするものであった。これは、第三者についてフォートによらぬ責任を採用したものとして通常とらえられるが、「維持の欠缺」理論が具体的に意味するところ——特にそのフォートとの関係に関して——は、後に利用者に対する責任法を検討する際に詳しく論ずることとしたい。

17)　このような新しいシステム——フォートによらぬ責任の拡張——を導いた理念としては、被害者が当該公の工作物に対して第三者の立場にあること、対価なしの犠牲の理念がとらえられる。別の考え方として、20世紀前半に事故損害の領域で危険の性格を有する公の工作物に危険原則が適用されていたことから、この危険物理念の拡張としてとらえる見方もありえないものではないが、この点については後述する。

18)　C. E. 7 novembre 1952, Grau, R. p. 503, R. D. P. 1953, p. 748, J. C. P. 1953 II 7448, 4e esp.

19)　C. E. 18 décembre 1953, Gain, D. 1954 J p. 719, A. J. D. A. 1954 II p. 153, R. P. D. A. 1954, n° 44.

20)　C. E. 25 juin 1954, Electricité de France, R. p. 390.

21)　C. E. 30 octobre 1964, Piquet, R. p. 505, A. J. D. A. 1965, p. 694, conclu. Fournier.

物が正常に維持され (normalement entretenu) ていなかった場合にしか生じえないという結果が導かれる」と判示し、被害者が利用者である場合の一般論を明らかにし、さらに、当該事故の原因となった道路上の突起物について、「このような障害物の存在は、当該工作物の通常の維持の欠缺を構成しえない」として、国の責任を否定した。この判決に関する論告の中で、政府委員フルニエ (Fournier) は、当該事案の解決 (国の責任の認否) が、「損害の源である公の工作物に対する関係でピケ氏の資格は何であるかという問題に完全にかかっている」とみられることをまず指摘し、仮に、被害者 (ピケ氏) が第三者とみなされるならば、国の責任は危険の領域 (le terrain du risque) において課せられ、工作物の存在と損害との因果関係が立証されれば足りるが、他方、利用者とみなされるならば、国の責任は、当該工作物の通常の維持の欠缺の場合にしか生じないと述べて、被害者の地位による責任要件の相違を明確にしている。[22]

このように、20世紀前半、リヴェラによって提唱された第三者・利用者の区別による責任システムは、コンセイユ・デタによって、20世紀後半期になって採用されるに至ったということができよう。

II　学説による承認

20世紀半ばにおけるコンセイユ・デタの判例の変化は、様々な学説によって認められるようになった。例えば、モデルン (Moderne) は、1964年に「公土木の損害に関する訴訟における第三者と利用者の区別」と題する論文を著わし、[23] コンセイユ・デタが新しい責任システムを採用したことを明確に認めている。また、モロー (Moreau) は、『行政責任に対する被害者の地位、行動の影響』と題するテーゼの中で、[24] 公土木の損害の領域において異なった責任理論の適用範囲を決定づける基準としての恒久的損害・事故損害の区別は、もはや実定法 (droit positif) に相応するものではないと指摘しており、ベノワも、[25] この被害

---

22) C. E. 12 janvier 1962, Electricité de France c. consorts Allamargot, R. p. 29. この判決も、利用者の資格を有する者に対しては「維持の欠缺」理論が適用されることを明示している。
23) F. Moderne, "La distinction du tiers et de l'usager dans le contentieux des dommages de travaux publics (I)(II)", C. J. E. G. 1964, nº 174, p. 677; nº 175, p. 755.
24) J. Moreau, L'influence de la situation et du comportement de la victime sur la responsabilité administrative, 1956, p. 45.
25) F.-P. Bénoit, "Le régime et le fondement de la responsabilité de la puissance publique", J.

者の資格から導かれた基準は、1920年頃に起源を有する長期にわたる判例の慎重な発展の結果とみるべきであると述べている。そして、1934年のテーズで、恒久的損害と事故損害の区別を明確に打ち出したマティオも、1962-63年の『行政法講義録』では、「現在の判例は、もはやこの区別（恒久的-事故損害）に従っておらず」、被害者の資格による区別に基づく責任システムを採用していることを認めている。

以上のように、多くの学者は、被害者が第三者であるか利用者であるかに言及する判例の新たな流れを確定的なものととらえ、第三者・利用者の区別による責任システムの採用として理解したといえるであろう。

20世紀半ば以降に出現したこの新しい流れは、結局、恒久的損害・事故損害の区別による従前の責任システムに代えて、被害者の地位——第三者・利用者の区別——を最前面に押し出した判例理論の登場、及びこれを支持する諸学説に集約されるものである。ただし、それ以前から、被害者の地位・状況が責任の認否決定において重要な役割を果たしていたことは、リヴェ、デトンらの論告のみならず、コンセイユ・デタの判例・学説によっても認められていたことに留意すべきであり、ここでの新たな展開は、それらを下地としつつ、被害者の地位が責任要件を決定する要素それ自体として解されたことに、大きく特徴づけられるであろう。

III以降では、第三者・利用者それぞれについて、適用される責任要件を検討していきたい。

C. P. 1954 I 1178; "Dommages resultant des travaux et ouvrages publics", Jurisclasseur administratif, Fascicule 726, n° 2.

26) A. Mathiot, Cours de Droit administratis 1962-63, Licence 3me Année, Paris, p. 549.
27) これに対し、より慎重な見解として、Blaevoet, note sous C. E. 25 avril 1958, Barbaza, D. 1960 J. p. 62 等 (Moderne, op. cit., n° 174, p. 692 参照)。
28) 以前から、事故損害の領域において例外的に危険責任を適用していた危険物に関する一連の判例についても、被害者が第三者であることを重視した整理の仕方も可能であることが論じられている (Moderne, op. cit., n° 174, p. 697; Latournerie, conclu. sous C. E. 25 janvier 1929, Sous-secrétaire d'Etat des postes et télégraphes c. Soc. du gaz de Beauvais, précité, S. 1929 III p. 81 等)。
29) ボケルによれば、この第三者・利用者の区別は、それぞれの制度を説明するというレベルでの「根拠 (fondements)」——これは、いわゆる厳格な意味での fondements ではないが、責任の個々の原則を説明することを目的とする fondements immédiats を指す——としてとらえうるとされる (A. Bockel, "Sur le rôle de la distinction du tiers et de l'usager dans le droit de la responsabilité publique", A. J. D. A. 1968, p. 439)。

III　第三者に対する公土木責任法

(1)　事故損害の領域においては、これまで「維持の欠缺」理論が適用されていたが、新しい責任システムは、被害者が第三者の場合に、行政の「維持の欠缺」等帰責事由を必要とせずに責任を課することにより、被害者にとって有利な責任理論への移行をもたらすものであった[30]。第三者が被害者である事例として、I(1)に挙げたアラス市判決や[31]、グロー判決[32]、ゲン判決[33]等の判例が、被害者が第三者とみなされることを重要な理由として、行政側に維持の欠缺があるか、あるいはフォートが存するかの検討が不要であることを明確に判示している[34]。しかしながら、これらの判例の大部分が、電線・ガス管・水道管等の従来から危険物とみなされ、危険責任が適用されてきた公土木の事故に関するものであったため[35]、果たして、「創設された危険 (risque créé)」理論の延長であるか否かが1つの問題となりえた。

この点に関しては、第一に、同種の事案についての判決理由の変化が挙げられよう。すなわち、電線の接触事故による火災や感電死の事案について、1930年代のコンセイユ・デタの判決は、「……の設置や維持においてその責に負わされるフォートが全く存在しない場合であっても、……当該工作物の存在と、それが示す危険とを理由に、惹起された損害について責任が課せられる」と判示して[36]、公の工作物が危険物であることを判決理由の中で強調しているのに対し、1952年のグロー判決で[37]、コンセイユ・デタは、被害者が「第三者として現われているため、公の工作物の管理主体のフォートを証明する必要はない」と

---

30)　この第三者に対する新たな責任理論は、一般的には、フォートによらぬ責任 (responsabilité sans faute) で、被害者に有利な原則であるといわれる。しかしながら、利用者に対する責任理論との対比においては、「維持の欠缺」によらない責任として考える方が正確と思われる。この点については後述する。

31)　C. E. 17 octobre 1952, Ville d'Arras, R. p. 453, R. D. P. 1953, p. 742, précité.

32)　C. E. 7 novembre 1952, Grau, R. p. 503, R. D. P. 1953, p. 748, J. C. P. 1953 II 7448, 4e esp. précité.

33)　C. E. 18 décembre 1953, Gain, D. 1954 J p. 719, A. J. D. A. 1954 II p. 153, précité.

34)　アラス市判決では、「維持の欠缺」が存するかどうかの審理が不要であることが明示されているが、他の判例では、「フォートが存在しない場合であっても」等、フォートが不要であることが判示される場合も多い。「維持の欠缺」とフォートとの関係については後述するが、ここでは一応、維持の欠缺・フォートも含めて行政の帰責事由が不要とされると解しておきたい。

35)　K. H. Vogt, Die Entwicklung der "Responsabilité sans faute" in der neueren französischen Lehre und Rechtsprechung, 1975, p. 105.

36)　C. E. 12 janvier 1934, Soc. des Forces motrices du Haut-Rhin, S. 1934 III p. 81, précité.

37)　C. E. 7 novembre 1952, Grau, précité.

して、被害者が第三者であることを判決理由の中心に据えている。このような変化は、判例の理論構成の変化としてとらえることが可能であろう。

　また、第二に、危険物とみることが困難な公の工作物に関する事例が存在する。例えば、1965年のアルベ゠ジアンドゥル事件[38]は、学校のボイラーから出火した火災が、激しい風のため学校の敷地を越えて付近の建物に広がった事案であるが、被害を受けた建物所有者の村に対する損害賠償請求に関して、コンセイユ・デタは、「行政は、フォートが存在しない場合であっても、その損害が被害者のフォートや不可抗力（force majeure）の事象に帰責されえない限り、公の工作物の存在や運営によって第三者に生じた損害について責任を負うものである」[39]と判示し、当該小学校が村の公の工作物であることを認容した上で、同村の責任を認めている。また、1968年のアラール事件[40]では、公立病院建設のための盛土及び基礎工事の結果、隣接する私人所有の建物に、亀裂など重大な被害が及ぼされた事案について、コンセイユ・デタは[41]、「フォートが存在しない場合であっても、当該工作物の管理主体たる地方公共団体……は、これら損害が不可抗力の事象や被害者のフォートに帰責されない限り、公土木の執行によって第三者に生じた損害に関し、その第三者に対し責任を負うものである」との一般論を述べた後、具体的に被害を被った所有者らが、当該公土木との関係で第三者の資格を有することを明確に判示した上で結論を出している。さらに、1972年のトゥリファロ事件[42]は、郵便局の屋根から落下した氷塊のために駐車中の自動車が損害を受けた事案であるが、コンセイユ・デタは、当該郵便局が国の公の工作物であることを前提として、「国の責任は、その時、当該郵便局の利用者ではなく、この公の工作物に対し第三者の資格を有していたトゥリファロ氏に対しては、当該工作物の存在という事実のみによって（du seul fait de l'existence de cet ouvrage）、課せられる」と判示している。

---

38)　C. E. 13 juillet 1965, Arbez-Gindre c. Commune du Bois-d'Amont, D. S. 1966 J p. 88.
39)　被害者のフォートと不可抗力の事由の問題については、後述する。ここでは、責任要件として、フォートが不要とされることに注目しておきたい。
40)　C. E. 11 octobre 1968, Sieur Allard, D. S. 1969, p. 142, J. C. P. 1969 J 15702.
41)　この事案は、恒久的損害ともみなされうる事例であるが、判決文の内容に従って、一応、ここで論じておく。後に述べるように、恒久的損害と事故損害の区別のあいまいな性格が示されているといえよう。
42)　C. E. 4 février 1972, Ministre des Postes et Télécommunications c. Trifaro, R. p. 117.

このように危険物とは通常みなされえない公の工作物から生じた事故損害についても、被害者が第三者であるとの理由に基づき、行政のフォートによらぬ責任理論が肯定され、かつ、以前に危険物とみなされ危険責任が適用されていたような事例においても、その理由の重点が、危険物であることから被害者が第三者であることに置き換えられたことは、取りも直さず、危険物理論の延長ではなく被害者が第三の資格を有することによるカテゴリー形成が可能であることを結論づけるものであろう。

⑵　被害者が事故の原因となった公土木・公の工作物に対し第三者の資格を有することから導かれる責任理論は、何より、行政側の「維持の欠缺」等帰責事由を必要としないとされたところに特徴づけられる。ここでは、行政の責任は、因果関係の立証のみにより認められることになる[43]。例えば、1956年のグリムアル判決[44]で、コンセイユ・デタは、被害者が係争公土木との関係で第三者の資格を有することを明示した上で、「当該公土木と主張されている損害（préjudice）との間の因果関係（relation de cause à effet）の証明以外の立証を行う必要なしに、彼らに対する国の責任は成立する」と明確に判示している。また、ここで必要とされる因果関係の内容については、例えば、1969年のギヨームの論告[45]によれば、当該公土木と被害者の被った損害との間に、「直接的因果関係（un lien direct de cause d'éffet）」の存在が必要であるとされ、この関係とは、現実の状況が、そのような「損害（dommage）を通常（normalement）もたらす（impliquaient）という、通常の自然な結びつき（lien normal, naturel）を意味するもの」と説明されている[46][47]。

---

43) モデルンは、これをもって、「危険の古典的理論（théorie classique du risque）の適用」であるとしている（F. Moderne, "La distinction du tiers et de l'usager dans le contentieux des dommages de travaux publics", C. J. E. G. 1964, n° 174, p. 687）。

44) C. E. 20 avril 1956, Ministre de l'Agriculture c. Consorts Grimauard et autres, R. p. 168, D. 1956 J p. 429, R. D. P. 1956, p. 1058（近藤昭三「公土木の損害とその責任法理」『フランス判例百選（別冊ジュリスト）』（有斐閣・1969）57頁）。この判決については後に詳しく検討を行う。

45) G. Guillaume, conclu. sous C. E. 7 mars 1969, Société des Etablissements Lassailly et Bichebois, R. D. P. 1969, p. 962.

46) ギヨームは、損害の原因とみられる出来事がその発生時において、通常（normalement）その損害をもたらすものでなければならないとするガルモの論告（Galmot, conclu. sous C. E. 14 octobre 1966, Marais, D. S. 1966 J p. 636）を引用し、さらに、「責任が免ぜられるためには、当該事件の原因行為者がその損害を予想していなかったということでは足りない。さらに、それ自身、人間

⑶　しかしながら、多くの判例が、責任を減免する要素として被害者のフォート及び不可抗力の事象を挙げていることは注意しておくべきであろう。すなわち、前述のアルベ゠ジアンドゥル判決やアラール判決ですでに述べられているところであるが、被害者が第三者であればフォートが存在しない場合にも責任が課せられるとする判決においても、「その損害が被害者のフォートや不可抗力の事象に帰責されえない限り」という留保が付されている例が多くみられる。例えば、1974年のバルジョル村事件は、バルジョル村の公共塵芥置場から発生した火災が強風で広がり、コラン村所有の森林が損害を受けた事案であるが、コンセイユ・デタは、強風等の状況について、「当該塵芥置場について責任ある団体としての資格で引き受けるべき同村の責任を免除する性質の不可抗力の事象という性格をもつものではなく、塵芥置場は、その運営にフォートが存在しない場合にも、この土木に対し第三者の資格を有するコラン村に対して、その責任を生ぜしめる公の工作物を構成するものである」と判示している。本判決は、不可抗力の性格が認められないことを判示した後にバルジョル村の責

の通常の行動に基礎づけられた事柄の通常の連鎖の枠内で（dans le cadre d'un enchaînement normal des faits）、当該損害がその行動の、いわば自然の結果（conséquence en quelque sorte naturelle）として現われていないことが必要である」と述べている。

47)　ギヨームが当論告を行った事案は、具体的には、土曜日に劇場へ向かう人々が歩く道筋にあたる広場においてタール塗りが執行された結果、塗りたてのタールと砂の混ざった地面を歩いた観劇客によって劇場ホールの絨毯が汚されたというものである。この事案自体は、恒久的損害か事故損害かあいまいな事例であるが、ここでは、因果関係に関するギヨームの論告を取り上げた。劇場所有者の損害賠償請求に対し、コンセイユ・デタは、「被害者が被った損害が、上記の公土木の執行の直接的結果（la conséquence directe）であるものとみなされるべき」ことを判示して、責任を認容している（C. E. 7 mars 1969, précité, R. D. P. p. 964）。ただし、ここで要求されている因果関係は、当該公土木または公の工作物と損害との間の因果関係であり、第2節でみられた「維持の欠缺」と損害との間の因果関係、あるいは「維持の欠缺」への帰責可能性（imputabilité）ではないことに注意する必要があろう。因果関係の存在自体が問題となることは、典型的な事故損害の場合には少ないと思われるが、このギヨームの論告の事例は、タール塗りたての場所を多くの第三者が歩いたことによる損害という特殊な事案であったため、人間の通常の行動の枠内等の "lien normal" が重要な問題となりえたものと思われる。

48)　F. -P. Bénoit, "Dommages resultant des travaux et ouvrages publics", Jurisclasseur administratif, Fascicule 726, n° 28, 118, 158 等参照。
49)　C. E. 13 juillet 1965, Arbez-Gindre c. Commune du Bois-d'Amont, précité.
50)　C. E. 11 octobre 1968, Allard, précité.
51)　C. E. 20 décembre 1974, Commune de Barjols c. Commune de Cornens, R. D. P. 1957, p. 537. この判決に関しては、広岡隆「フランスにおける行政上の無過失責任の最近の動向」同編『杉村敏正先生還暦記念　現代行政と法の支配』（有斐閣・1978）308頁に詳しい説明がある。

任を認めたもので、不可抗力による免責の可能性を示すものであろう。また、1975年のドール市事件[52]は、ドール市の塵芥置場から発生した煙と霧のために国道上で生じた追突事故に関する事案[53]であるが、コンセイユ・デタは、次のように判示している。すなわち、「フォートが存在しない場合にも、ドール市に属する公共塵芥置場の運営は、第三者に対して、所有者である市の責任を惹起する。……ドール市は、トラックの運転手のフォートまたは不可抗力を立証しない限り、その責任を免れえない。公共塵芥置場からの煙の発生及び風の影響によるその国道上への降下は、たとえドール市の主張するように極めて稀にしか生じないとしても、不可抗力の事象という性格を示すとは考えられない。霧に混じった煙の存在は、衝突の起きた場所における交通の状況を、突然に一層困難なものとする効果をもち、事故の発生を促進したものである」として、不可抗力の事象とは認めない旨を判示し、次に、被害者のフォートに関しては、「事故は、主としてボアスノ氏の無思慮に起因する」と述べ、トラック運転手(ボアスノ氏)が視界悪化の状況下としては速度過剰で走っていたことを認定して、損害の4分の1のみをドール市の負担とする判決を下した。

　また、被害者のフォートによる免責を認めた例として、1973年のシャモニー市判決[54]が挙げられる。この事案で、コンセイユ・デタは、「ヌヴュ氏の車が、市の建物の前に駐車していたところ、同車に生ぜしめられた1967年2月21日の損害は、公の工作物を構成する当該建物の屋根に降り固まった雪の塊が落下したことに起因するものである。シャモニー市の責任は、当該工作物の存在という事実のみによって、この工作物に対し第三者の資格を有するヌヴュ氏に対し課せられうる」と判示した後に、「しかしながら、……たとえ当該場所に駐車することが示す危険(dangers)に関し、自動車運転手の注意を引くいかなる標識もなされていなかったにせよ、ヌヴュ氏は、この屋根の上の『雪止め棒(barres à neige)』の存在にもかかわらず、その落下の危険性(risques)が非常に明白である雪塊が一杯に積もった屋根の真下に、自らの車を置いたことによ

---

52) C. E. 7 janvier 1976, Compagnie d'assurances 《La Providence》 c. Yille de Dôle, R. D. P. 1976, p. 934. この判決に関しては、広岡・前掲注51) 309頁参照。
53) この事案は、事故を起こしたトラックに追突されたバスやセミ・トレーラーの所有者に賠償金を支払ったトラック会社の保険会社が、ドール市に対し自らが支払った損害賠償の償還を求めたものである。
54) C. E. 23 février 1973, Ville de Chamonix, R. p. 170, A. J. D. A. 1973, p. 159, chron p. 132.

って、重大な無思慮を犯したものである。ヌヴュ氏の請求に係る損害は、唯一、この無思慮に帰責されうる」と述べて、シャモニー市の責任を全面的に否定した。[55]

(4) このように、被害者が第三者である場合に因果関係の立証のみによって責任が課せられるという新しい理論においても、被害者のフォート・不可抗力の事由による免責の途が認められることは、第2節で検討した事故損害に関する責任理論、さらに、後述する利用者に対する責任理論と同様である[56]。しかしながら、被害者のフォートによる免責は別として、特に不可抗力に関しては、実際に免責を認めた例はほとんどなく[57]、また、利用者に対する責任理論と比べ

---

55) その他、被害者のフォートによる責任の負担の減免が認められた例として、C. E. 24 janvier 1975, Constantin et autres, R. D. P. 1975, p. 535; C. E. 19 novembre 1975, Ville de Laval, R. D. P. 1976, p. 935（広岡・前掲注51）308頁参照）等が挙げられる。

56) 20世紀前半、事故損害の領域において公の工作物が危険物たる性格を有する場合に適用されるフォートによらぬ責任（本章第2節第3款第4項）についても、同様に、被害者のフォート・不可抗力の事由による免責の途が認められていた。

57) コンセイユ・デタは、判決文の中では、「被害者のフォートや不可抗力の事象に帰責されえない限り」という留保を付しているが、特に不可抗力については、実際に免責を認めた例にはほとんど遭遇しなかった。ベノワは、「不可抗力の事由が申し立てられうる場合にも、工作物の管理主体の責任は、その工作物が不可抗力の事由の結果を悪化させたものとみなすことができ、または結果的に損害の原因の役割を果たしうる限りにおいて、なおとどめられる」（F. -P. Bénoit, op. cit., J. C. A. Fascicule 726, n° 30）と述べている。例えば、水道管の破裂に関して、氷の張る冷たい気象状態であったことが、不可抗力の事象とは認められなかった事例（C. E. 21 mars 1951, Ville de Strasbourg, R. p. 178）、また、ガス管破裂に関して、その原因の落雷・火災が不可抗力の事象とみなされなかった事例（C. E. 8 juillet 1953, E. D. F. c. Cabanès, R. p. 363）など、不可抗力の免責には厳しい判断を行っている。

ここで、不可抗力の事象について詳細な検討を行っている、1971年のヴァール県事件（C. E. 28 mai 1971, Département du Var c. Entreprise Bee Brères, R. p. 419）を挙げておきたい。事案は、マルパセ堰が決壊したために損害を被った一地区の所有者が、当該堰の管理主体たるヴァール県に損害賠償を求めたものであるが、コンセイユ・デタは、まず、「工作物の管理主体（maître de l'ouvrage）は、自らが管理者（garde）となっている公の工作物が、その存在や運営を理由に第三者に対し惹起しうる損害については、フォートが存在しない場合であっても責任を負う。同管理主体は、これら損害が、被害者のフォートや不可抗力事象（un cas de force majeure）によって生じたことを立証しない限りこの責任を免れない。（ところで）第一に、ヴァール県は、マルパセ堰との関係で第三者の資格を有するベック同族会社のいかなるフォートも主張していない」と判示した上で、不可抗力事象に該当するか否かの判断を行っている。すなわち、「第二に、マルパセ堰の決壊は、当該工作物によって堰き止められた水の圧力のために、工作物のすぐ下流に岩が『排泄（l'expulsion）』されたことに起因することが認められる。このような状況においては、その決壊の原因は、堰と無関係な（extérieure）ものとはみなされえない。したがって、不可抗力の事象の性格を示すものではない。この不可抗力の事象としての性格は、……後に災害を発生させうる当該地域を襲う降雨に対して供されたものにほかならない当該工作物の用途（destination）を考慮す

て、「維持の欠缺」の要件が必要とされない点において、一般的にはより被害者保護に厚い制度であるということができよう。[58]

第3項　利用者に対する公土木責任法

I　「維持の欠缺（défaut d'entretien）」に基づく責任

(1)　被害者が第三者である場合と異なり、利用者である場合には、行政の責任が認められるためには、因果関係の立証に加えて、その損害が公の工作物に関する「維持の欠缺」に帰責されうるものであることが必要とされるといわれ[59]

るならば、一層認められえないものである」と判示して、県の責任を認めている。なお、コンセイユ・デタは、さらに続けて、「当該堰の下の土壌に存在していた2箇所のひび割れが、水の浸透で満たされ、増大した水の圧力を伝播し、土台における岩の分解を生ぜしめた事情が予見されなかったこと、第二に、たとえ予見されたとしても、事故発生への憂慮は示されえなかったことを地方行政裁判所が示しているにせよ」、このことは、「堰の決壊がこの場合に不可抗力事象を構成しない」という今回の結論と矛盾するものではないと判示している。これは、「不可抗力の事象としてみなされること」と、行政の「維持の欠缺」が認められないこととが、別の次元の問題としてとらえられることを明らかにしており、「不可抗力」が容易には認められないことを示しているといえよう。

[58]　フォートによらぬ責任であっても、例外的に、被害者のフォート・不可抗力による免責の途が許されている以上、主観的責任に対比した意味での客観的責任ということはできるにせよ、真の意味での結果責任（生じた結果すべてについて、責任を負う——しかしながら、この場合にも、何らかの形で原因を特定し因果関係の存在を考える作業が入ることは必至であろう。したがって、概念の区別に困難が伴うことは避けられない——）ではないとみるべきであろう。しかしながら、第三者に対するフォートによらぬ責任と利用者に対する維持の欠缺に基づく責任とを比べた場合、後者は、維持の欠缺が否定されれば責任が免ぜられる（維持の欠缺の存在が認められた場合にも、さらに不可抗力による免責の途はある）ため、前者の方が、責任が認められやすく被害者保護に厚いということができよう。

　なお、本章第2節で検討した事故損害の領域（行政の帰責事由が必要とされる）においては、被害者のフォート・不可抗力等の事由は、行政の「維持の欠缺」と損害との間の因果関係を遮断するもの、「維持の欠缺」への帰責性を減免するものとしてとらえられたが、この第三者に対する事故損害に関する新たな責任法においては異なった形で現れている。すなわち、因果関係として要求されているのは、原因たる公土木・公の工作物と損害との間の因果関係であり、行政の「維持の欠缺」への帰責可能性は要求されていない（このことは、「維持の欠缺」が責任要件として要求されていないがゆえに当然である）。したがって、被害者のフォート・不可抗力を、「維持の欠缺」への損害の帰責性を消滅・減少させるものとしてとらえることはできず、ここでは、行政は、「維持の欠缺」の存否に関わらず第三者に対し責任を負うが、例外として、被害者のフォートまたは不可抗力が存在する場合には免責されうるという形になろう。ただし、コンセイユ・デタの判決は、「その損害が被害者のフォートや不可抗力の事象に帰責されえない限り」という文言を用い、帰責可能性（imputabilité）の問題としているようにみえるが、ここでの帰責可能性は、「その責を問う」といった非難の意味を含むものではないと考えられる。

[59]　F. Moderne, "La distinction des tiers et de l'usager dans le contentieux des dommages de travaux publics", C. J. E. G. 1964, n° 174, p. 682; A. Mathiot, Cours de droit administratif 1962-

る。このような原則は、未だ、事故損害・恒久的損害の区別による責任理論が支配していた20世紀前半の時期に、政府委員リヴェの論告を受けたグリモー判決において、すでに顕在化されていた。すなわち、コンセイユ・デタは、「国道上で発生し、その被害者が道路の利用者である事故について国が責任を負うのは、当該事故が非常態的性格を有し、明確に特徴づけられた維持の不十分に起因することが認められた場合のみである」という原則論を展開している。さらに、20世紀半ばに至り、被害者が利用者でなく第三者とみなされうることを理由に、行政の「維持の欠缺」やフォートを不要とする判例が多数出現するようになり、他方で、行政の責任が生ずるためには「維持の欠缺」が必要であると判示する多くの判例は、被害者が利用者としての立場にあることに基づいていることが認められた。

　例えば、1959年のブランク判決は、公道上の標識板が強風で倒れたために、付近を歩行中に受傷したブランク氏が、パリ市に損害賠償を求めた事案であるが、コンセイユ・デタは、「その安定性が十分に確保されていない標識柱の公道上への設置は、問題の柱の倒壊によって生じた事故の被害者、すなわち、この道路の利用者（usager）に対するパリ市の責任を導きうる性質の当該道路の

　63, Licence 3me année, Paris, p. 552; K. H. Vogt, Die Entwicklung der "Responsabilité sans faute" in der neueren französischen Lehre und Rechtsprechung, 1975, p. 126 等、その他多くの文献による。「維持の欠缺」の具体的内容については後述するが、ここでは、被害者が第三者である場合との比較において「維持の欠缺」が要件とされている概略について論ずる。

　判例は、常に"défaut d'entretien"という言葉自体を用いているわけではなかったが、この領域において特徴的にとらえられる判例理論として「維持の欠缺」理論が認められ、この言葉の下で他の様々な用語を統一的に理解することができよう（民法典1386条においても、土地工作物に関する責任について"défaut d'entretien"の文言が現れている）。

　なお、この20世紀前半の恒久的損害・事故損害の区別による責任法においても、事故損害の領域では「維持の欠缺」等の帰責事由が必要とされているが（本章第2節第3款参照）、この「維持の欠缺」と、被害者が利用者である場合に適用される、「維持の欠缺」理論との関係が問題となりえよう。事故損害の領域において、典型的な道路・河川の通行利用者が被った損害に用いられた「維持の欠缺」は、利用者について適用される、ここでの「維持の欠缺」理論とほぼ同一と考えられる。しかしながら、20世紀前半においては、事故損害の領域すべてに、このような典型的な「維持の欠缺」理論が適用されていたわけではなく、仮に「維持の欠缺」と呼ぶにしても、非常に広い意味合いを含むものであった。したがって、事故損害の領域でみられた「維持の欠缺」は、この段階では未だ理論的に整備されたものとはいえず、その一部に適用された典型的「維持の欠缺」が、20世紀後半の「維持の欠缺」理論に引き継がれ、洗練されたということができよう。

60）　C. E. 20 mars 1926, Grimaud, R. D. P. 1926, p. 258, conclu. Rivet, précité.
61）　C. E. 18 décembre 1959, Epoux Blanc, R. p. 699.

欠陥ある整備（aménagement défectueux）を構成するものである」と判示し、被害者が利用者の資格を有することを明らかにした上で、公の工作物の維持の欠缺を肯定して市の責任を認めている。また、1961年のパルミエ判決[62]では、排水溝からの浸水の被害を受けた建物の所有者がナルボンヌ（Narbonne）市に損害賠償を求めたのに対し、コンセイユ・デタは、「問題となっている溝の部分は、市町村の公の工作物（ouvrage public communal）たる性格を有し、約700m にわたり、当該市が導管を敷設しているものである。パルミエ氏は……当該管の利用者である。当該管が構造上の瑕疵（vice de conception）を有することも、また当該管の維持（son entretien）が浸水時に正常に確保されていなかった（n'ait pas été normalement assuré）ことも、いずれも認められていない。したがって、当該市はこの工作物の所為によりパルミエ氏に対し責任を負わされることはない」と判示している。ここでも、同様に、被害者が利用者としてみなされることを明示した後に、市の公の工作物に関する構造上の瑕疵または維持の欠缺の存否を審理し、その不存在の認定から市の責任を否定する結論を導いている。さらに、1961年のブシュ゠デュ゠ローヌ県事件[63]では、マルセイユ地方行政裁判所が、ブランク氏所有の羊の死亡による損害に関し、牧場へ向かう羊群が通る県道15号線の側道に土木局（service des Ponts et Chaussées）が散布した除草剤を羊が摂取したことに帰責される損害であることを理由に、県の責任を認めたのに対し、上訴審たるコンセイユ・デタは、次のように判示して第一審判決を覆した。すなわち、「公道の付属地上の前述の薬剤の存在から生じうる危険（le danger）は、当該道路の利用者が、通常予想しうるものであり（pouvaient normalement s'attendre）、彼ら自身がそれに対する用心をなすべき（contre lesquels il leur appartenait de se prémunir）危険性（risques）を超えるものではない。この薬剤の存在も、前述の危険（dudit danger）についての特別な警告を欠いていることも、当該道路の利用者に対し、唯一、県の責任を導きうるものである公道の通常の維持の欠缺を構成するものとしてはみなされえない」と判示した上で、「したがって、羊の死亡が、散布した薬剤の摂取に帰責されるべきことは認められるが、ブランク氏は、いずれにせよ（en tout cas）、

---

62) C. E. 4 janvier 1961, Palmier, R. p. 1.
63) C. E. 29 novembre 1961, Département des Bouches-du-Rhône c. Blanc, R. p. 672.

被った損害の賠償を県に請求する根拠をもたない」と結論づけて、原告の請求を棄却している。この判決においては、被害者が公の工作物の利用者である場合に、利用者として通常予測しうる程度の危険は受忍せねばならず、それを超える損害が生じた場合に初めて、当該公の工作物に関し行政の「維持の欠缺」が存在したものとされ、行政の責任が生ずるという構造が明確に現れている。

このように、被害者が利用者である場合には、第三者である場合と異なり、因果関係の立証のほかに、その損害が公土木の「維持の欠缺」に帰責されるものであることが、責任要件に加重されることになる。この点は、被害者が第三者ととらえられる場合の1956年のグリムアル判決（前出）と対比すれば明らかになろう。これは、植林作業実施のため、トラクターを植林予定地に通ずる村道で運転していたところ、排気管からの炎で道端の草が燃え、植林予定地以外の私人の地所も火災の被害を受けたという事案であるが、コンセイユ・デタは、植林予定地以外の被害を受けた土地所有者らが、「係争公土木との関係で第三者の資格を有する」ことを明示した上で、これら所有者に関しては、「当該公土木と主張されている損害との間の因果関係の証明以外の立証を行う必要なしに、彼らに対する国の責任は成立する」と判示している。これは、被害者が第三者であるか否かによる責任原則の明確な差異を表すものであり、20世紀半ば以前には公土木の事故損害として1つのカテゴリーでとらえられていたものが2つに分化したと考えられよう。

(2)　また、被害者が利用者である場合に適用される責任原則においても、不可抗力（force majeure）や被害者のフォートが行政の責任を減免する事由として挙げられることは、被害者が第三者の場合と同様である。例えば、被害者の

---

64)　その他、多くの判例が挙げられる。C. E. 8 octobre 1954, Société Citerna, R. p. 523; C. E. 17 février 1960, Ministre des Travaux publics c. époux Moussiegt, R. p. 119; C. E. 16 mars 1960, Compagnie maritime des Transports de goudron et Compagnie d'assurances maritimes, aériennes et terrestres, R. p. 199; C. E. 7 octobre 1960, S. A. R. L. Etablissements Jullien, Olive, et Fils et sieur Chienno, R. p. 525; C. E. 12 janvier 1962, Electricité de France c. consorts Allamargot, R. p. 29; C. E. 21 février 1962, Commune de Neuves-Malsons, R. p. 117 等。
65)　C. E. 20 avril 1956, Ministre de l'Agriculture c. Consorts Grimouard et autres, R. p. 168, D. 1956 J p. 429, R. D. P. 1956, p. 1058, précité（前掲注44））．近藤・前掲注4) 57頁において詳しく説明されている。
66)　利用者に対しては、第2節で検討した事故損害の責任要件の枠組み（「維持の欠缺」の必要、被害者のフォート・不可抗力による責任減免を認める）が維持されたということができよう。被害者

フォートにより行政の責任が減じられた事例として、1962年のイメン判決を挙げておきたい。同事案は、国道上に存した深さ10cm・面積約1m²の穴のために、走行中のオートバイに生じた死亡事故について、国に損害賠償が求められたものであるが、コンセイユ・デタは、「当該穴の大きさを考慮するならば、国は当該道路の通常の維持を立証していないものと認められる」と判示した上で、「しかしながら、イメン氏は事故の瞬間、速度超過で走っていたことが認められ、したがって、国の責任を縮減させうる性質の無思慮（imprudence）を犯したといえる」と述べて、被害者のフォートによる責任の減少を認めている。

次に、不可抗力（force majeure）について判断している判例を2、3挙げておきたい。1961年のトゥーロン市判決は、道路上に張り出していた高木の枝にトラックが衝突し、積荷が路面に落下したため、自転車で走行していたカネパ氏が受傷した事故に関するものであるが、コンセイユ・デタは、当該枝の存在は、それのみでは公道の付属物の通常の維持の欠缺を構成するものとはみなされえないものの、「当該道路を危険なく通行しうるために超えてはならない自動車の高さを利用者らに警告することは市の行政に課せられている。事故発生の日に、このような性格の警告が全く欠けていたことは、その道路の通常の維持の欠缺と同一視されうることであり、トゥーロン市の責任を成立させるものである」と判示して、「維持の欠缺」を認めた後で、不可抗力の問題に関し、「事故の時、夜間照明が全市停電のために働いておらず、また、雨が多量に降っていたにしても、このような状況は、市にその責任を免れさせうる不可抗力の事象としての性格を示すものではない」と述べて、市の全面的な責任を認めている。

のフォート・不可抗力の事由の処理の仕方（因果関係の事項として扱うのが妥当であるか等の問題）については、すでに第2節第3款第3項で検討したところであるが、因果関係を「維持の欠缺」と損害との間のものとみるか（第2節）、公土木と損害との間の因果関係とみるか（本節第2項IIで検討した第三者に対する損害においての因果関係がこれである）の違いが存することに注意する必要があろう。

67) C. E. 11 mai 1962, Dame Ymain, D. p. 556.
68) その他、被害者のフォートによる行政の責任の減免を認めた事例として、C. E. 15 mars 1957, Cᵗᵉ générale des Eaux, R. p. 1046, A. J. D. A. 1957 II p. 16; C. E. 23 juin 1967, Sté Dieppedale-Leprévost, A. J. D. A. 1967, p. 616 等。
69) C. E. 13 octobre 1961, Ville de Toulon, R. p. 569.

また、1962年のシェ・ダルマニャック会社判決[70]では、ベース河の増水のために浸水の被害を受けたシェ・ダルマニャック会社が、堤防を建設した国に賠償を求めたのに対し、コンセイユ・デタは、まずはじめに、「当該増水が、……例外的に多大な量及び特別な様相を示したものであるとはいえ、不可抗力の事象たる性格を有していない」と判示した上で、維持の欠缺に関する判断を行っているが、この不可抗力の判断については、当該事案の論告を担当したブレバン（Braibant）が詳細な検討を行っている。すなわち、国側が、1952年の増水が常ならぬ規模・速さ・形状のため、抗し難い性格（caractère majeure）を示すものであることを主張したのに対し、ブレバンは、まず増水の規模に関し、「この増水が、1世紀にわたってコンドーンに記録された中で最も激しいものであったことは確かである——水の最高水位は、1897年に3m、1905年に3m40cmであったのに対し、1952年には4m40cmに達した。しかしながら、1855年の増水は、……4m50cmから5m33cmに達するものであり、さらに激しいものであった」と認定し、「1862年に決定された土木は、1855年の増水と同程度に大きな洪水に対し町を守ることを目的としており、それは、1855年の洪水に対し、20cmの安全の余裕（une marge de sécurité）を備えている」ものであることを理由に、当該1952年の増水の規模が不可抗力にあたらないことを論告している。さらに、当該増水の伝播速度が例外的であったことについても、「この増水の速さは、予見不能（imprévisible）でも抵抗不能（irrésistible）でもなかった」[71]ことを認定して、不可抗力の主張を退け、また、当該増水が常ならぬ形状であったことに関しても、「このような状況は、確かに、この洪水の前兆に対する当局の予測の裏をかいた（déjouer les calculs）のである」が、「このことは、公共団体に対し非難される（reprochés）維持や運営の欠缺（défauts d'entretien et de fonctionnement）にいかなる影響を与えるものでもない——当該増水の形状がどうであれ、下水渠の弁及び堤防の扉が機能してい[72]

---

70) C. E. 4 avril 1962, Société《Chais d'Armagnac》, A. J. D. A. 1962, p. 592, conclu. Braibant.
71) この判断も、1855年の洪水との比較において、1855年は8時間に2m10cmから4m83cmへの水位遷移であったのに対し、1952年は、16時間に2m10cmから4m40cmへの上昇であったことを理由にしている。
72) この下水渠の弁については、堤防に関する国の責任と同時に訴求されていた市の下水渠に関わる責任について判断したものである。

る状態にあったならば、ブケリー地区は浸水しなかったものであるゆえに——」として、「それゆえ、公共団体に課せられる（incombant）責任を消滅させたり減じたりするために、いかなる不可抗力の事象も援用されえない」と結論づけている。

このように、「不可抗力」と責任要件としての「維持の欠缺」とは、分離して判断され[73]、前者は、被害者のフォートとともに、行政の責任を減免させる要素としてとらえられる。この一般論は、利用者・第三者の区別に関わらず認められているため[74]、結局、先にも述べたように、利用者に対しては、行政の「維持の欠缺」が責任要件として要求されるところに、第三者に対する責任との大きな違いがあると考えることができよう。

II 特別に危険な公土木に関する例外

(1) Iで述べたように、利用者に対して生じた損害に関しては、「維持の欠缺」理論に基づいて責任が認められていたが、被害者が利用者である場合にも、例外的に、「維持の欠缺」の要件を必要としない判例が現れていた。すなわち、裁判所が、その公土木または公の工作物を特別に危険なものとみなす場合の例

---

73) 前述のトゥーロン市判決（C. E. 13 octobre 1961, précité）では、コンセイユ・デタは、「維持の欠缺」の存在を認定した後に不可抗力の存否の審理を行い、結局、不可抗力の性格を認めずに市の責任を肯定している。このことは、「維持の欠缺」の審理と「不可抗力」の審理とが分離されていることを明確に示すものであろう。例えば、前述のブランク判決（C. E. 18 décembre 1959, précité）では、標識板が強風で倒れたことに関し、「維持の欠缺」としてのみ取り上げており、「不可抗力」としては、さらに、当該工作物に無関係な事情を想定しているようである。ただし、損害が「維持の欠缺」の有無に関係なく発生した場合として不可抗力の事由を考えるとしても、その「維持の欠缺」の有無の判断については、自然力等の外的事情に対し、どこまで備えれば「通常の維持」を尽くしたと認められるか（全く備えなくてよい場合もありうるであろう）という形で、不可抗力の問題が入る可能性があると思われる。例えば、前述のシェ・ダルマニャック会社事件（C. E. 4 avril 1962, précité）において、ブレバンは、「維持の欠缺」に関して、「私人が通常そこから期待しうる（peuvent normalement en attendre）利益を提供する（offre les avantages）ために」通常の維持がなされるべきであるととらえているが、自然力による増水のために起きた堤防決壊で、不可抗力の事象が認められるか否かという問題を論ずる場合にも、どの程度の増水まで堤防に期待しうるかという考慮が入ることは否めないであろう。したがって、維持の欠缺の存否の判断と不可抗力の判断とが、どれほど厳格に区別されるかには疑問がある。ただし、理論上は、通常の維持を尽くしていないと認められる場合にも、なお不可抗力による免責の途は残されていることになろう。

74) 実際には、第三者に対する責任においては、不可抗力による免責について非常に厳しい判断がなされていたことは、前述のとおりである。

外的な責任制度である。この趣旨を明確に判示している1966年のリヴィエール判決(それ自体は例外とみなされたものではない)を挙げておくこととする。この事案は、市の公園内に設置された滑り台から10歳の少女が転落した事故に関し、市に損害賠償が求められたものであるが、コンセイユ・デタは、はじめに、当該滑り台は、「たとえ、通常の維持や整備の欠缺が存在しない場合であっても、その運営が所有者である公共団体の利用者に対する責任を成立せしめうるような特別に危険な工作物の性格 (le caractère d'un ouvrage particulièrement dangereux) を、それ自身は示していなかった」ことを判示した上で、「維持の欠缺」の存否の審理に移行している。同判決は、当該公の工作物が特別な危険を示すことが、それだけで(その工作物についての「維持の欠缺」を必要とせずに)、行政の責任を生ぜしめることを示唆するものであろう。

1973年のダロー判決は、特別に危険とみなされる公の工作物から生じた損害に関し、「維持の欠缺」の不存在を判示しながら責任を認容したもので、この理論を明確に適用したものと思われる。事案は、通称「海岸道路 (route littorale)」と呼ばれる国道を通行中の車が、絶壁から落下した岩や土に押しつぶされ、運転していたダロー氏が傷害を受けた事故に関するものであるが、第一審の地方行政裁判所判決(1970年)は、「事故は道路の状態そのものには起因しておらず、岩や物体の落下の危険 (danger) は適切に警告されていたものである。この危険 (péril) を考慮して、土木局の行政は、あらゆる駐車を禁止し、車の速度制限を命ずるばかりでなく、さらに、国道1号線の通常の利用を利用

---

75) この詳細については、K. H. Vogt, Die Entwicklung der "Responsabilité sans faute" in der neueren französischen Lehre und Rechtsprechung, 1975, p. 108; A. de Laubadère, Traité de droit administratif, Tome II, 7ᵉ éd. 1980, nᵒ 694 (p. 371) 等参照。日本における紹介として、小幡「フランスにおける道路の設置・管理の瑕疵をめぐる判例の一考察—落石事故に関する責任理論を中心として」法時57巻3号101頁以下。
76) C. E. 20 avril 1966, Rivière, R. p. 270.
77) この事案では、結局、「当該工作物の利用者に対する市の責任を成立させる性質の整備の欠缺 (défaut d'aménagement)」は示されないとして責任が否定されている。
78) C. E. 25 octobre 1967, Ville d'Antipes, R. p. 950, R. D. P. 1968, p. 685 も同旨。
79) C. E. 6 juillet 1973, Ministre de l'Equipement et du Logement c. sieur Dalleau, A. J. D. A. 1973, p. 606, chron p. 588, R. p. 482, D. S. 1973 p. 740, note F. Moderne, J. C. P. 1974 II 17625, note P. Tedeschi.
80) Tribunal Administratif de La Réunion, 9 décembre 1970, Dalleau, R. p. 875, A. J. D. A. 1971, p. 558, note F. Moderne.

者に保障し（assurer aux usagers une utilisation normale）、また特に、沿道の絶壁から落ちたあらゆる物体を道路から除去することを目的とする監視パトロールを日夜組織するという配慮を行っていた。これらすべての用心や注意を考慮するならば、ダロー氏に起きた事故は、道路またはその付属物の通常の維持の欠缺には帰責されえない」として、「維持の欠缺」を否定する判示を行った。さらに、交通の需要増大に相応した直線的で便利な新道としての当該「海岸道路」の建設が、一般的利益に属する高度な目的（fins supérieures d'intérêt public）により必要とされた経緯を示した上で、その建設計画において、利用者への安全は保障されるがより費用のかかる地下道路建設か、山崩れの危険のある絶壁の突出部への道路建設かが検討された際、より費用のかからない後者の解決策が選ばれたことを指摘し、このことが、すなわち、「新しい海岸道路の利用者に対し、『計算された』危険性（un risque《calculé》）を作り出した」ものであると判示し、「このような危険性（risque）は、行政のいかなるフォートも存在しない場合にも、事故が起こった際、国の責任を成立せしめる性質を有するものである」と結論づけている。これを受けて、上訴審たるコンセイユ・デタも、この理論を認める判決を下した。すなわち、「行政によってとられた監視や維持の措置にもかかわらず、これら地崩れは、1963年の道路開設以来、多くの事故を生ぜしめた。このような状況の下では、……国道１号線の当該区間は、構造の瑕疵（vice de conception）や通常の維持または整備の欠缺（défaut d'aménagement ou d'entretien normal）が存在しない場合であっても、それ自身、利用者に対して、事業主体（maître de l'oeuvre）たる国の責任を成立させる性質を有する例外的に危険な工作物（ouvrage exceptionnellement dangereux）の性格を示すものとみなされるべきである」と判示されている。

⑵　特別に（例外的に）危険な性質を有する公の工作物について、「維持の欠缺」の存否に関わらず責任を認める理論は、過去にみられた危険物（chose dangereuse）理論や創設された危険（risque créé）理論の名残であるとも考えられる[81]。一般原則において、公土木・公の工作物の利用者が無関係の第三者に比べて厳しい判断を受けるのは、利用者が当該土木・工作物から利得を得てい[82]

---

81) Vogt, op. cit., p. 108; F. Moderne, note sous Tribunal Administratif de La Réunion, 9 décembre 1970, précité, A. J. D. A. 1971, p. 559, 561.
82) すなわち、「維持の欠缺」の要件が求められることを指す。

るため、その通常の執行や運営に内在する危険をある程度引き受けなければならないゆえであるとするならば、その危険が例外的に大きなものである場合には、そもそも利用者がその利得と引換えに引き受けるべき危険にはあたらないと解することも可能であろう。したがって、一種の危険物理論の延長であるということもできようが、工作物の示す危険については、特別なまたは例外的なものであることが要求されており、具体的状況としては、被害者が利用者である場合に通常適用される「維持の欠缺」の定式に合致しえないような例外的な局面が問題にされているとみるべきであろう。したがって、この特別に危険な性格を有する工作物に関する理論も、「維持の欠缺」の定式が機能しえない場合に、これを補完する理論としてとらえられ、被害者の地位——第三者・利用者の区別——に基づく責任システムの枠組の中に位置づけることができよう。

III 「維持の欠缺」理論の意味内容の分析
1 「維持の欠缺」理論の判例

被害者が利用者である場合に適用される責任理論が「維持の欠缺」理論であること、さらに、この理論が被害者が第三者である場合のフォートによらぬ責任とは異なった責任原則を構成するものとして解されてきたことはすでに述べてきたところであるが、ここで改めて、同理論が具体的に意味する内容を検討していきたい。概略的にいえば、「維持の欠缺」は、行政が公の工作物の「通

---

83) Vogt, op. cit., p. 108.
84) ベノワは、「例外的に危険 (exceptionnellement dangereux)」の理論を、「時代遅れともみえる『危険物 (chose dangereuse)』概念」による新しい判例傾向であるととらえている (F. -P. Bénoit, "Dommages resultant des travaux et ouvrages publics", Jurisclasseur administratif, Fascicule 726, n° 5)。
85) 工作物の特別に危険な性格は、簡単には認められていないことに注意すべきであろう。例えば、1975年のオート・サヴォア県事件 (C. E. 11 avril 1975, Département de la Haute-Savoie, R. p. 230, A. J. D. A. 1975, p. 528, D. S. 1976 p. 176, note C. Horrut, J. C. P. 1976 II 16844, note Moderne) において、コンセイユ・デタは、「たとえ、エトゥルフ峡谷がその事故発生の地点において、1年のうちの一定期間雪崩の危険にさらされているとしても、この状況は、構造の瑕疵や通常の維持または整備の欠缺が存在しない場合であっても、利用者に対し県の責任を成立せしめる性質の例外的に危険な工作物の性格を当該県道に付与するものではない」と判示して、さらに、整備の欠缺も構造の瑕疵も存在しなかったことを認定して、県の責任を否定する判決を下している。
86) F. Moderne, "La distinction du tiers et de l'usager dans le contentieux des dommages de travaux publics", C. J. E. G. 1964, n° 174, p. 686 等参照。

第 3 節　公土木責任法における新たな展開　　*161*

常の維持」を確保しなかった場合、すなわち、公の工作物が危険なく利用されるように行政が当該工作物を維持しなかった場合に成立するとされる。この[87]「通常の維持」の内容は、それぞれの公土木・公の工作物によって異なる。例[88]えば、すべての人に利用されうる工作物に比べて、一定の場合にのみ利用される工作物では、通常の維持はそれに応じて小さなもので足りることとなり、そ[89]れぞれの状況下によっても、損害予防の範囲は変わってくるとされている。[90]

ここで、「維持の欠缺」理論を典型的に適用していると思われる判例を挙げておきたい。1965年のアリエ県判決は、憲兵のための宿営に供されている屯所[91]を訪問した民間人が、通路付近に存在していた穴に落ちて負傷した事故につい[92]て、県に賠償を求めた事案であるが、コンセイユ・デタは、「当該事故が、通常公衆の受入れに供されていない（n'est pas normalement affectée à recevoir du public）場所の一部分で起きたものであること」を認定した上で、「前述場所の用途（destination）を考慮するならば、穴が、通路付近に存在しており、60 cm の高さの石塀によってしか防護されていなかったという状況は、通常の維持の欠缺を構成しない」と判示し、県に賠償義務は存しないとの判決を行った。

また、1962年のシェ・ダルマニャック会社判決（前出）は、コンドーンのベ[93]ース川が増水し、その左岸のブケリー地区が浸水・破壊の被害を受けたことに関し、国とコンドーン市に損害賠償が求められた事案であるが、コンセイユ・デタは、国に対する訴えについて次のように判示している。すなわち、まず、当該増水が不可抗力によるものとはみなされえないことを判断した後、「1858[94]

---

87) K. H. Vogt, Die Entwicklung der "Responsabilité sans faute" in der neueren französischen Lehre und Rechtsprechung, 1975, p. 127; Auby/Ducos-Ader, Droit administratif 3ᵉ éd. 1973, nº 393 (p. 512) ; Gand, conclu. sous C. E. 12 octobre 1962, Dame Sidore-Trotta, R. p. 539.

88) Bertrand, conclu. sous C. E. 23 juin 1967, Sté Dieppedale=Leprévost, A. J. D. A. 1967, p. 616.

89) C. E. 19 mai 1965, Département de l'Allier, A. J. D. A. 1965, p. 539, note Laporte. この判決については後述するが、例えば、公道などに比べて「通常の維持」はゆるく解される。

90) Vogt, op. cit., p. 127; Tribunal administratif 31 mai 1972, Mameaux c. Ministre de l'Equipement, D. S. 1973 J p. 431, note Robert; F. Moderne, note sous C. E. 2 décembre 1970, Société des Eaux de Marville c. sieur Del Corso, A. J. D. A. 1971, p. 245 等。

91) C. E. 19 mai 1965, Département de l'Allier c. Sylvaire, A. J. D. A. 1965, p. 539, précité.

92) 判決では "une visite d'ordre privé à un gendarme" となっている。

93) C. E. 4 avril 1962, Société《Chais d'Armagnac》, A. J. D. A. 1962, p. 592, conclu. Braibant, précité（前掲注70））。

94) この事案は、本節第1款第3項Iで取り上げ、不可抗力の判断に関してすでに詳しい検討を行っている。

年5月28日法律による1862年7月10日デクレの適用において、国が建設したコンドーンの堤防は、国が所有者である公の工作物を構成し」、「有効な防護を保障する状態にこの工作物を維持するために当該工作物の監視及び維持を確保することは国に課せられた義務である」ことを明示し、具体的に、「増水時に堤防の扉を閉じることは、当該工作物をその用途（destination）に相応させ、その効率を完全なものとする目的を有する。……扉の閉鎖のための防水堰を配置するために必要な措置を講ずることは、堤防の所有者で、その維持に責任を有する国のなすべき責務である」とした上で、結論的には、「発生した氾濫が、ベース川に沿って建設された防護堤防の扉が前述増水時に閉じられなかったことにその原因を見出す限りにおいて、この状況が、工作物の通常の維持または運営の欠缺（défaut d'entretien ou de fonctionnement normal）を構成するがゆえに、国は、1952年2月にコンドーンで起こった増水の被害者が受けた損害について責任を負うことを義務づけられる」と判示した。また、コンドーン市に対する訴えに関しても、「シェ・ダルマニャック会社が被った損害の一部は、下水渠の浸透（infiltrations des égouts）にその原因があ」り、当該下水渠は「その維持がコンドーン市の負担に課せられている工作物を構成している」ことを前提とした上で、「このような浸透は、下水渠の中に川の水が入り込むのを防ぐために設けられた弁の悪しき運営に起因することが認められる。この悪しき運営は、当該工作物の通常の維持の欠缺を示すものである。ベース川の増水は、不可抗力の性格を示していないため、ポー地方行政裁判所が、当該工作物の利用者たるシェ・ダルマニャック会社に対して前述の浸透の結果生じた損害（préjudice）を、コンドーン市の負担としたことに関し不服のあるコンドーン市の請求は根拠がない」と判示している。この判決は、堤防に関する維持の欠缺（国が管理主体）と、下水渠に関する維持の欠缺（市が管理主体）との両方について判断し、ともに肯定している事例である。

---

95) 1807年9月16日法律30条ないし35条や、1935年10月30日デクレ・ロワ8条の規定をここで参照している。

96) なお、損害のうちの10％については、他の小川等からの出水によるものであり、堤防の通常の維持または運営の欠缺や、下水渠の悪しき運営に起因するものではないとされ、国とコンドーン市の責任は否定された。国が損害の70％、市が5％の割合で負担するとした、ポー地方行政裁判所の結論は維持された（残りの15％は、警察の公役務のフォートの問題であり、当判決では扱われていない）。

道路通行中の利用者に生じた事故に関する判例は数多い。例えば、1967年のリヴォー判決[97]は、道路を通行中の自動車が、前方路面上で急に発生した道路の陥没のために被害を受けた事故（1962年3月）に関して、マルセイユ市に損害賠償が求められた事案であるが、コンセイユ・デタは、「利用者に対する危険を予想させうる（pouvant faire présager un danger pour les usagers）いかなるひび割れや沈下も、1960年の全体にわたる修繕の対象であった当該都市道路の外装に事前には現れていなかった。市は、修理工事が執行されるまでの間、警告装置を配置させるために必要な実質的な時間（temps matériel）をもたなかったものである。このような状況の下では、マルセイユ市は、事故が発生した公道の通常の維持の状態について市に課せられた証明（la preuve qui lui incombe）を行ったものとみなされるべきである。したがって、前述事故による損害を生ぜしめた結果は、被害者に対するマルセイユ市の責任を成立させえないものである」と判示して、市の責任を認めたマルセイユ地方行政裁判所の判決を覆した。このコンセイユ・デタ判決は、「維持の欠缺」に関して立証責任が転換され、行政側に、維持の欠缺がないこと、通常の維持がなされたことの立証責任が負わされていることを明らかにしており、さらに、その証明がなされたことを理由に責任を否定した事例である。

また、同じく道路の利用者が被った事故に関するロク判決[98]は、ロク氏のモーターバイクが交差点でトロリーバスと衝突した事故について、マルセイユ市が訴えられた事例であるが、コンセイユ・デタは、「当該衝突は、この交差点に設置された自動信号装置の変調——その信号灯は、互いに垂直に交わる2本の道路上で、風のために同時に動かなくなったものである——と、直接的な因果関係（relation directe de causé à effet）に立つものである。この変調が生じた状況の下では、マルセイユ市は、前記装置が付属物を構成する公道の通常の維持について市に課せられた証明を行ったものとはみなされえない」と判示して、市の責任を全面的に認めたマルセイユ地方行政裁判所の判決を支持した。この判決は、「通常の維持」の証明がなされなかったことを理由に、「維持の欠缺」の存在を認めて、行政の責任を成立させたものである。

---

97) C. E. 8 février 1967, Ville de Marseille c. sieur Rivaux, R. p. 61, A. J. D. A. 1967, p. 567.
98) C. E. 22 avril 1966, Ville de Marseille c. sieur Roques, A. J. D. A. 1967, p. 115.

2 「維持の欠缺」とフォート責任

判例上展開された、この「維持の欠缺」理論に関しては、学説においてその性格や具体的意味内容の明確化が試みられた。すなわち、「維持の欠缺」がフォートの観念と同一であるか、あるいは、フォートとは異なる独特のものか、または、フォートの観念と隔絶し、危険（risque）の観念と同一であるかという法的性格をめぐる議論がその中心となった。

多くの論者は、「維持の欠缺」が行政の普通法上の責任（la responsabilité de droit commun de l'administration）と大体において軌を一にするフォート責任であるとする見解をとった。例えば、ベノワは、「利用者の場合には、……公法上のフォートに基づく責任（responsabilité pour faute du droit public）システムが適用される」と述べており、また、モロー（Moreau）も、「利用者に関しては、責任システムの選択は疑義がない。すなわち、フォートが適用される」と論じ、フルニエも、「逆に、利用者に関しては、責任の根拠（fondement）、フォートの観念に着想を得ている（est inspiré）」と述べている。これらの見解は、利用者に対する損害において特徴的に適用される「維持の欠缺」理論を「公役務のフォート」の一類型として考えるものであり、かつてマティオが、公土木の損害を恒久的損害と事故損害とに分かち、後者については、公権力責任の一般法と類似したものととらえ、役務のフォート理論の適用を認めた立場と繋がるものである。

---

99) Vogt, op. cit., p. 128 et s.
100) すでに述べてきたように、被害者が第三者である場合には「フォートによらぬ責任」が適用されるのに対し、利用者である場合には「維持の欠缺」理論が適用されていることは、判例上明らかであり、主にここで議論となったのは、「維持の欠缺」を責任要件としている被害者が利用者の場合に特徴的に認められる原則を前提としつつ、その意味内容を探ろうとするものであった。したがって、仮に、「維持の欠缺」理論を危険の観念ととらえ、「フォートによらぬ責任」を結論するとしても、この点に、第三者に対する責任（「フォートによらぬ責任」であるが、「維持の欠缺」に基づく責任ではない）との相違をみることになろう。
101) F. Moderne, op. cit., n° 174, p. 687.
102) F. -P. Bénoit, "Dommages resultant des travaux et ouvrages publics", Jurisclasseur administratif, Fascicule 726, n° 4 et 168.
103) J. Moreau, L'influence de la situation et du comportement de la victime sur la responsabilité administrative, 1956, p. 50.
104) Fournier, conclu. sous C. E. 13 février 1961, Département du Bas-Rhin, A. J. D. A. 1961 II p. 235.
105) マティオの見解については、本章第2節第3款第3項で論じている。

これに対して、特にコンセイユ・デタの構成員の中に、「維持の欠缺」を、危険（risque）の観念に結びつけようとする見解がみられた。すなわち、公土木の損害（dommages de travaux publics）の領域では、責任の一般的な根拠（fondement général）は、被害者が利用者の資格であれ、第三者の資格であれ、危険（risque）しかありえないとされ、例えば、ジョス（Josse）は、「公土木の領域においては、行政法人の責任は、フォートの観念に基づくものではなく、創設された危険（risque créé）の観念に基づいている。……それでも、公土木の損害すべての領域における責任の唯一の根拠としてとどまっているのは、危険（risque）である」と述べている。このような見解は、公土木の損害の領域全体に共通な責任原則として、危険の観念を呈示し、「維持の欠缺」理論を適用している場合もそうでない場合も含めて、公土木の損害としての性格から、統一的な責任原則の支配を導こうとするものである。

　　ところで、「維持の欠缺」理論をフォート責任としてとらえる場合にも、一般的な行政賠償責任に適用される「役務のフォート」と、民法上のフォートとでは異なると解すべきであろう。一応、前者は客観化されたフォートであり、後者は主観的なフォートであるとみなすことができ、ここでは、フォート責任として前者が考えられていると思われる。

106) Moderne, op. cit., nº 174, p. 687 参照。例えば、ラロックは、フォートの概念は、公土木または公の工作物から利益を得ている利用者に対する場合には、一貫した賠償（réparation systématique）の行き過ぎを避けるために用意された矯正（correctif）として現れているにすぎないと述べている（P. Laroque, note sous C. E. 13 mars 1936, Ministre de la Guerre c. Soulier, S. 1936 III p. 49, précité）。その他、Letourneur, concl. sous C. E. 21 mai 1954, S. N. C. F., R. p. 293; Gand, concl. sous C. E. 12 octobre 1962, Dame Sidore-Trotta, R. p. 537 等。ただし、被害者が participants（参加者）である場合には、例外的に、フォートの条件をコンセイユ・デタが明確に表明しているとされる。例えば、C. E. 8 mai 1961, Seguin et Cte d'assurances 《La Prévoyance》, R. p. 307; C. E. 6 juillet 1962, Epoux Di Marco, R. p. 458; C. E. 15 février 1963, Minotto, R. p. 95 等。

107) P. L. Josse, Les travaux publics et l'expropriation, 1958, nº 361 (p. 356).

108) Josse, op. cit., nº 383 (p. 379).

109) ここで主張されている危険責任は、フォートによらぬ責任を意味すると考えることができるが（フランスにおいて、危険責任とフォートによらぬ責任との間に特別の差異は認められないことに関し、神谷昭「フランス行政法における国の危険責任」『フランス行政法の研究』（有斐閣・1965）377頁参照）、被害者が利用者である場合にもフォートによらぬ責任を広げる統一的原則として、危険の観念が呈示されているといえよう。ただし、このような見解は、主に、責任原則を支配する抽象的原理・理念のレベルの議論であり、「維持の欠缺」の具体的内容に即した議論ではないと思われることに注意すべきである。

110) ラトゥルヌリーは、公土木の領域における責任を、被害者が誰であっても、非常態性（anormalité）の概念の上に基礎づけようとしている。彼によれば、この非常態性の概念は、フォートと危険という2つの根拠を混同することなく含むもので、すなわち「一定の規範への合致（la conformité à un certaine canon）」及び「常態的な（normal）」行為が、その結果によって一定の限

3 「維持の欠缺」の挙証責任の転換

　学説上、フォート責任・危険責任をめぐるこのような議論がみられるが、「維持の欠缺」理論の法的性格を考える上で、はじめに、「維持の欠缺」の存在に関する挙証責任の問題に触れておく必要があろう。すでに、1945年にジョースのノート[111]において、挙証責任の転換は語られている。すなわち、ジョースは、「工作物がその用途に従った状態にないことが役務の所為（fait du service）によるものである」ことから、通常の維持の欠缺の中にフォートの観念が現われていることを一応認めつつも、「利用者に対する事故の場合には、……通常の維持の欠缺に基づく責任（responsabilité pour défaut d'entretien normal）とフォートに基づく責任（responsabilité pout faute）との間に存する基本的差異」がみられるとして、「実際、賠償を得るためには、利用者は、役務のフォート（faute du service）を証明する必要はなく、単に、工作物と被った損害（préjudice）との間の因果関係のみの証明で足りる。したがって、時と場所の状況を考慮に入れ、行政が通常の維持を遂行したこと、及び、客観的に、そこに現われている工作物が、公共団体が負担を引き受けねばならないような危険を創設するものでないことを立証するのは、行政である」と述べ、挙証責任の転換を明確に示唆して、「維持の欠缺」をフォート責任と区別しようとしている。さらに、「維持の欠缺」に関する挙証責任の転換は、1960年頃から、コンセイユ・デタの判決文の中で明確に現れるようになった。このことは、先に挙げた2、3の判例[112]でも示されているが、ここでは、1963年のタマタヴ判決[113]を挙げて

界を超えてはならないという理念に基づき分析されうる概念であるとされる（R. Latournerie, "De la faute et du risque à propos des dommages causés par les travaux publics", R. D. P. 1945, p. 5, p. 133, p. 292 et s. (p. 321)）。同じように、"anormalité" の概念に根拠を求めるものとして、Ch. Blaevoet, "L'anormal devant les hautes juridictions civiles et administratives", J. C. P. 1946 Ⅰ p. 60; "De la notion d'anormalité en matière de travaux publics et de ses conséquences", C. J. E. G. 1957, Doct. p. 469 等がある。このように、「維持の欠缺」理論を、より抽象的に "anormalité" の概念に含めようとする試みは、後述するところの、被害者が第三者の場合に適用される「非常態的かつ特別な損害（dommage anormal et spécial）」理論と考え合わせると、公土木の損害領域全体の統一的把握を可能にするものとも考えられよう。なお、"anormalité" に関して、G.-C. Henriot, Le dommage anormal, 1960 参照。

111) P. L. Josse, note sous C. E. 6 octobre 1944, Soc. Streichenberger et autres et C. E. 22 décembre 1944, Cie d'assurances contre l'incendie《L'Abeille》, précité, D. 1945 p. 22.

112) 前述のリヴォー判決（C. E. 8 février 1967, précité）、ロク判決（C. E. 22 avril 1966, précité）等参照。

おきたい。この事案は、河川上の渡し船を利用したトラックが、渡し船の繋留のための杭が抜けたことにより被害を受けた事故に関するものであるが、コンセイユ・デタは、「主張される損害（préjudice）と工作物の所為（un fait de l'ouvrage）との間の因果関係の証明をなすことは、当該工作物に帰責されるべきことが主張されている損害について賠償を請求する公の工作物の利用者がなすべきことであるが、当該工作物の管理主体たる公共団体は、工作物が通常の維持の状態にあること、または、損害が被害者のフォートないし不可抗力（force majeure）の事象に帰責されうることの証明を、今度は自ら（à son tour）行わない限り、被害者に賠償する義務を免除されることはありえない」と判示している。

このような挙証責任の転換が認められることを前提としつつ、多くの学者は、[114]「維持の欠缺」を役務のフォートの一種としてとらえようとしたが、これは、[115]具体的事案において「維持の欠缺」が認められる際、古典的な役務のフォートの諸要素を見出すことが容易な何らかの義務に対する違背（manquement à des obligations）が示されることが多いゆえであろうとされる[116]。すなわち、判例は、公の工作物の用途に従った利用を当該工作物の利用者に対し保障すべきことをその管理主体に要求しており、そのような利用が保障されなかったことにより「維持の欠缺」が構成されるとしているが、具体的には、それぞれの場合に、

---

113) C. E. 29 avril 1963, Province de Tamatave c. Société d'Assurances et de reassurances reunies, A. J. D. A. 1963, p. 570.

114) この挙証責任の転換に関しては、行政訴訟における職権的性格（caractère inquisitoire）を考慮したとき、挙証責任の問題はその重要性を減ずると考えるべきであることがしばしば指摘される（Mathiot, note sous C. E. 12 janvier 1934 et C. E. 17 mai 1934, précité, S. 1934 III p. 81; Moderne, op. cit., n° 174, p. 689 等）。これは、たとえ被害者に挙証責任が負わされているとしても、それほど厳しい結果をもたらさないであろうという趣旨と思われるが、実際の判決において、行政が自らの通常の維持を証明していないことを明確な判決理由として、行政に責任が課されている（例えば、ロク判決（C. E. 22 avril 1966, précité）等）ことを考えるならば、この挙証責任転換には、無視できないものがあるというべきであろう。

115) このような挙証責任転換は、フォート責任説にあっても特別な考慮を必要とするものであったが、多くの学説は、フォート責任の内部における修正であり、フォートの観念に基づく責任の原則を変えるものではないと考え、「フォートの推定理論（théorie de la présomption de faute）」として理解しようとした（Vogt, op. cit., p. 129; A. de Laubadère, "Le problème de la responsabilité publique du fait des choses en droit administrative", E. D. C. E. 1959, p. 36; Traité de droit administratif, Tome II, 7 éd. 1980, n° 694 (p. 370); Moreau, op. cit., n° 183-186 (p. 165 et s.) 参照)。

116) Moderne, op. cit., n° 174, p. 688.

事故発生を回避するために行政がなすべきであったと考えられる事由を指摘し、それが「通常の維持」に含まれるか否かを審理し、実際に行政が行った事実と照らし合わせて判断しているということができるであろう。例えば、リシェール（Richer）によれば、行政は、公の工作物の利用に関し、非常態的な状態を作った自らのフォートについて責任を負うとされる。すなわち、「実際、裁判官は、異常（anomalie）の存在を認めることで満足するのではなく」、フォートの概念を考慮に入れているとされ、「このことこそが、フォートを表明している判例が稀であるにもかかわらず、学説の多数が普通法上の行政責任（responsabilité administrative du droit commun）と類似したフォートに基づく責任（responsabilité pour faute）であることを認めているのを説明するものであろう」とされている。

これに対して、「維持の欠缺」をフォートの一種としては解しえないとする論者たちは、維持の欠缺を決定する要素が、権限ある行政機関または職員の行為自身よりも、むしろ、その行為の結果に存することを主張するものである。例えば、1966年のボルドー市判決は、道路上にあった凹凸のために起きた事故に関するものであるが、コンセイユ・デタは、「当該事故は、舗装の沈下によって生じた約10cmの深さの凹凸に起因するものである。この凹凸は、公道の通常の維持の欠缺を構成する」として、「公道の所有者たるボルドー市は、この資格において、道路の状態の結果利用者に生じた損害について、利用者に対し責任を負う」と判示している。また、1967年のワカーン判決は、道路（歩道）を通行中のワカーン氏が歩道上の突起に衝突し転倒した事故に関し、パリ市に損害賠償が求められた事案であるが、コンセイユ・デタは、「この転倒を

---

117) L. Richer, La faute du service public dans la jurisprudence du Conseil d'Etat, 1978, p. XⅢ.
118) リシェールは、このフォートの概念を、「行政の努力（effort）を構成する主観的概念」（F.-P. Bénoit, "La réparation des accidents causés par la chute des arbres situés sur l'accotement des voies publiques", R. P. D. A. 1956, p. 163 より引用）としているが、ここでの「主観的」は、人間の主観的な心理状態の懈怠を意味するものではないと思われる。
119) しかしながら、C. E. 22 octobre 1956, Bollecker, R. p. 769; C. E. 7 mars 1958, Piel, p. 154 等は、"faute" を言明しているとされる。
120) Vogt, op. cit., p. 129; A. Bockel, "Sur le rôle de la distinction du tiers et de l'usager dans le droit de la responsabilité publique", A. J. D. A. 1968, p. 448.
121) C. E. 7 octobre 1966, Ville de Bordeaux c. dame Van der Voort, R. p. 526.
122) C. E. 10 mars 1967, Dame Waquant, R. D. P. 1967, p. 1041.

惹起した突起は、15mm の高さにすぎないものであった。それは、公道の利用者が通常その歩行において衝突することを予想すべき（doivent normalement s'attendre）限度を超える障害物ではない。したがって、ワカーン氏が被害者である事故が起こった場所では、公道は、通常の維持（entratien normal）の状態にあったことが認められる」と判示して、請求を棄却している。

　これらの事例においては、コンセイユ・デタは、当該公土木または公の工作物が、通常の利用者に対し非常態的な危険を示したか否かを審理し、それが肯認されるときに「維持の欠缺」が認められるとしているのであり、そのような状況を作り出した行政側の懈怠や無思慮を指摘するものでないことは明らかである。この点をとらえて、「維持の欠缺」理論をフォートによらぬ責任と考える学説は、行政が行う「維持の欠缺」の不存在の証明は、フォートが存在しないことの証明ではなく、因果関係不存在の証明とみるべきであり、責任成立に決定的なものは、公土木と損害との間の適切な因果関係のみであると解している。また、「維持の欠缺」理論に独特の位置づけを認めようとする見解として、例えば、モデルンは、「通常の維持の欠缺理論は、フォートに基づく責任とも危険に基づく責任とも同時に区別され」、「ある種の独自性（une certaine originalité）」を有すると述べている。

4　「維持の欠缺」の法的性格

　「維持の欠缺」を役務のフォートの一種としてとらえうるか否かという問題、さらに、同理論がフォート責任であるか危険責任であるかという議論は、判決文の解釈如何によると同時に、フォート責任・危険責任の概念の理解にも関連

---

123) Vogt, op. cit., p. 129.
124) すなわち、ここで、判決が「維持の欠缺」について言及しているのは、実際には因果関係の存在を明らかにするための手段にすぎないと考えられるであろう（Vogt, op. cit., p. 129 参照）。
125) Moderne, note sous C. E. 2 décembre 1970, Société des Eaux de Marseille c. sieur Del Corso, A. J. D. A. 1971, p. 248-249.
126) モデルンは、「維持の欠缺」について挙証責任が転換されていることを重視して、「この推定の存在は、利用者に対する公共団体の責任にある種の自律性（une autonomie certaine）を付与するのに十分である」と述べている（Moderne, op. cit., n° 174, p. 688）。
127) 「維持の欠缺」を役務のフォートの一種としてとらえるとしても、フォート責任・危険責任のどちらに属するかという問題は別に存在しうるであろう。すなわち、役務のフォート自体が、民法上の主観的なフォートとは異なり、客観化されたものであると考えられるため、単純にフォート責任の枠内に含めることはできないとする見方もありうるゆえである。ここでは、因果関係のみならず他の要件も必要とされている点で、役務のフォートを広義のフォート責任としてとらえておきたい。

する問題であるといわなければならないであろう。すなわち、フォート責任という場合にも、主観的な側面の強いフォートばかりでなく、客観化された広義のフォート——何らかの帰責事由を必要とするという意味において——をも含むと解することもでき、また、危険責任においても、単に危険の理念によることを意味するばかりでなく、フォートによらぬ責任と同義に用いられる場合、実質的に、責任成立のための要件が因果関係のみで足りる（帰責事由は不要とされる）ことを意味する場合等が考えられ、様々なとらえ方が可能となる。

例えば、ボナールは、免責事由をどのように理解するかという問題を重視し、偶発事象（cas fortuit）と不可抗力（force majeure）との区別を前提とした上で次のように論じている。すなわち、フォート責任においては、偶発事象が免責事由となりうるが、他方、「推定されたフォート（faute présumée）責任」においては、行政側が、事故の原因が自らのフォート以外の外部のものであることを立証しなければならないため、原因が不知である偶発事象の場合には、結局、この立証はできず免責されえないこととなると述べ、危険責任において、損害とそれを惹起した行為との間の因果関係が不存在の場合にのみ免責され、偶発事象の場合の免責はないとされることと、理由は異なるが同じ結論になるとしている。この見解は、「維持の欠缺」を「推定されたフォート」責任とみる場合に、結果的に、危険責任と同一の結論を導く可能性があることを示すものであるが、そもそも、危険責任においても不可抗力の免責が認められる余地があ

---

128) また、仮に、「維持の欠缺」が役務のフォートの一種としてはとらえられないとされた場合には、言葉どおりにいえば「フォートによらぬ責任」を構成することになり、危険責任がフォートによらぬ責任と同じ意味で用いられるならば、危険責任として解されることになろう。しかし、この場合にも、責任が因果関係の要件のみで成立するものを危険責任ととらえるならば、「維持の欠缺」の要件が必要とされるとみられる限りにおいて、異なった見方が生ずる可能性がある。
129) Bonnard, note sous C. E. 25 janvier 1929, Sous-secrétaire d'Etat des postes et télégraphes c. Soc du gaz de Beauvais, S. 1929 III p. 81.
130) 主に危険責任説論者によって唱えられたもので、不可抗力は、行為者の外部的事情、自然力等を指し、偶発事象は、行為者の外部に存在するものではないが、原因不明の事象、不知の事象を指すとされる（野田良之「自動車事故に関するフランスの民事責任法(2)」法協57巻3号452頁参照）。なお、偶発事象に関し、F. -P. Bénoit "Le cas fortuit dans la jurisprudence administrative", J. C. P. 1956 I 1328参照。
131) ラトゥルヌリーも、論告において、フォートの証明を被害者に課することは、必然的に、偶発事象の場合に行政の責任を免れさせることに帰すると述べている（偶発事象の場合は、事故の原因を行政のフォートに求めることはできないため。Latournerie, conclu. sous C. E. 25 janvier 1929, précité)。

ることは注意すべきであろう。[132]

　このように、フォート責任・危険責任の概念が必ずしも一義的に定まらないことに留意しつつ、判決文及び学説上の議論を検討することにより、「維持の欠缺」[133]の法的性格をまとめてみたい。まず、フォート責任における帰責の内容が、行為者の内心に対する主観的評価、例えば、過失や懈怠・無思慮などであるとするならば、「維持の欠缺」理論とは合致しないというべきであろう。これに対し、危険責任の理論が、損害の発生のみに基づき直ちに賠償するという意味の結果責任ではなく、不可抗力による免責を認めるものであるならば、「維持の欠缺」理論と結論的に接近する可能性も生ずるところである。すなわち、「維持の欠缺」理論では、多くの場合、公の工作物の利用者が事故による損害を被ったとき、その損害の存在自体、より正確にいえば、当該公の工作物とその損害との間の因果関係の存在が認められることによって、通常の維持の欠缺が推定されることとなる。したがって、事故の発生、それと公の工作物との間の因果関係の存在のみを判示し、行政の責任を結論する判例が多数みられるが、他方で、通常の維持を尽くしたことを行政が主張している場合に、「維持の欠缺」の存否を裁判所が具体的状況に即して審理し、結論を出しているものも存する。利用者に危険を警告するための時間が行政になかったことを理由として「通常の維持の状態」の証明がなされたと認めた判例でみられるように、[134]「維持の欠缺」の中に、単に因果関係を示す意味以上のもの——行政が行う維持行為自体に焦点を当てた判断を盛り込んでいる場合もありえよう。後者の場合をとらえて、因果関係の要件のみを必要とする危険責任との相違を際立たせることも可能ではあるが、これをフォート責任として処理することにも問題があろう。[135]すなわち、通常のフォート責任とは異なり、「維持の欠缺」は推定され、行政側が通常の維持を立証しなければならないこと（挙証責任の転換）、ま

---

132) すなわち、不可抗力の免責が認められる以上、危険責任といえども、起きた結果すべてについて無条件に責任を負うという意味での結果責任でないことは明らかである。したがって、フォート責任とそれほど根本的な差異が現れないと考える余地もあろう。
133) コンセイユ・デタの判決は、一般に、文章が短く、ほとんど理由を示さずに「維持の欠缺」の存在を認定している場合も多い。したがって、判例に対する学者による解釈や政府委員の論告等が、判例研究において重要な意味を有すると考えるべきであろう。
134) 典型例として、リヴェ判決（C. E. 8 février 1967, précité）参照。
135) 学説によっては、「維持の欠缺」理論にフォート責任でも危険責任でもない独特の地位を認めようとするものもあった（Moderne, note sous C. E. 2 décembre 1970, A, J. D. A. 1971, p. 248-249）。

た、行政の行う維持行為自体ではなく、公の工作物の物的欠陥の存在のみに重点を置いた判示も多くみられることを考慮する必要があろう。

「維持の欠缺」理論がそれ自体、かなりの幅をもった概念であることを前提としつつも、結局、「維持の欠缺」が責任要件とされていることは否めない事実であり、これは、責任成立にあたり、行政の帰責事由が要求されていることを意味するものである。そして「維持の欠缺」の内容は、利用者に通常の利用を保障するものであるか否かという客観的な判断によるものと解されるが、その中に利用者が正当に期待しうる範囲内かどうか──「通常の維持」を構成する──の要素が含まれており、ここで、行政に課せられている「通常の維持」義務に違背したか否かという義務違反が問題になっているといえよう。したがって、広い意味におけるフォート責任の範疇に入れて理解することも合理性を有する。

第2款　恒久的損害の領域における第三者と利用者の区別

第1項　従前の恒久的損害に関する責任法

I　共和暦8年法律による形成

本章第1節において検討対象とした公土木の恒久的損害は、公土木責任法発達の母体とも考えられ、古くは、このカテゴリーに属する損害を指して「公土木の損害（dommages de travaux publics）」と呼ぶ時期もみられた。以下においては、20世紀半ば以降、事故損害の領域でみられた被害者の地位に基づく責任理論が、この恒久的損害の領域にいかなる影響を与えるものであるかについて検討していくこととしたい。

恒久的損害に関しては、共和暦8年雨月28日法律（これ自体は、管轄について定めたものである）を基礎として、その責任法が形成された。すなわち、「公の

---

136) 本章では、利用者に対する責任を「維持の欠缺」に基づく責任ととらえることとし、「フォートによらぬ責任」である第三者に対する責任とは異なった責任法と解している。後者は、因果関係のみにより責任が成立し、「維持の欠缺」等の要件は必要とされないためである。他方、「維持の欠缺」の要件は、実際には、因果関係の中に吸収され、独立の要件としての意味をもたないとみられる場合も存するが、多くの判例は、「維持の欠缺」の存否を問題にしており、前者の場合にも、この判断が前提とされていると解することもできよう。

工作物によって生じた損害（préjudice）の単なる証明のみに基づいて」、責任が成立することは早くから認められており、多くの論者によって、これを正当化する事由として、公負担の前の平等（l'égalité devant les charges publiques）が挙げられていた。恒久的損害の概念については、一義的に定める規定は存在しないが、例えば、「公土木ないし公の工作物の隣人に対し課せられ、しばしば、その執行またはその存在と不可分で、不動産の価値下落をもたらす、全く非常態的な（anormal）不都合（inconvénient）」などと説明される。このような概念構築の基本的な要素としては、「相隣上の不都合（inconvénient de voisinage）、所有権の永続的な価値下落（dépréciation durable de la propriété）が重要であり、これらの事由は、公土木の損害に関する賠償を収用に関する賠償に近づける（rapproche l'indemnisation pour dommages de travaux publics de l'indemnisation pour expropriation）」ものであるとの指摘もみられた。

この領域においては、公土木・公の工作物の構造の瑕疵や通常の維持の欠缺等について行政を非難することなく、恒久的損害の発生を基礎づける様々な局面――洪水や浸水・地盤沈下・地滑り等による所有地所の毀損、騒音・振動・悪臭等による不快、所有権の享有における顕著な障害、出入りや眺望の権利の喪失・制約、職業活動の営みにおける障害等――が、それのみで行政の責任を生ぜしめることが一般的に認められており、このような基本的原則は、19世紀から変わっていないものとされている(以上の点につき、本章第1節参照)。

---

137) A. Mathiot, Les accidents causés par les travaux publics, 1934, p. 135; F. Moderne, "La distinction du tiers et de l'usager dans le contentieux des dommages de travaux publics", C. J. E. G. 1964, n° 174, p. 693.

138) E. Laferrière, Traité de la juridiction administrative et des recours contentieux, 2ᵉ éd. 1896, Tome II p. 157; R. Latournerie, "De la faute et du risque a propos des dommages causés par les travaux publics", R. D. P. 1945, p. 27; P. Tirard, De la responsabilité de la puissance publique, 1906, p. 135; Michoud et Trotabas, La théorie de la personnalité morale, 3ᵉ éd. 1932, Tome II, n° 288 et s.; Moderne, op. cit., n° 174, p. 693; G. Giulani, Le risque administratif devant la jurisprudence et la législation, 1933, p. 34; Appleton, note sous C. E. 27 juin 1930, précité, D. P. 1930 III p. 49 等参照。

139) Mathiot, op. cit., p. 31.

140) Moderne, op. cit., p. 694; M. Hauriou, note sous C. E. 15 novembre 1922, Chemins de fer de Paris à Orléans, S. 1924 III p. 33; Giulani, op. cit., p. 28; Bonnard, Précis de droit administratif, 4ᵉ éd. p. 648; P. Duez, La responsabilité de la puissance publique (en dehors du contrat), 2ᵉ éd. 1938, p. 64 等。

141) Moderne, op. cit., p. 694.

II 恒久的損害に関する責任の性質

　恒久的損害に関する責任においては、事故損害とは異なり、「維持の欠缺」「役務のフォート」等、行政側の帰責事由を審理することなく、主張される損害と当該公土木との間の因果関係の存在のみに基づき行政の責任成立が認められてきたが、注意すべきことは、多くの場合、その被害者は、損害の源である土木や工作物に対する関係により第三者として現れていることであろう。[142]

　例えば、線路沿いの土地の所有者が排水を妨げられた場合[143]、ダムや運河の近隣住民がこれら公の工作物の存在から生じうる浸水や洪水の危険にさらされる場合[144]、また、公の工作物が近隣で建設されたために、商人・職人が営業を平常どおり続けることが困難になった場合（鉄道の盛土のために風車が機能しなくなった製粉業者[145]、隣地に設置された変電所からの騒音の被害を受けた下宿の経営者等[146]）、建物への出入りが公土木により困難にされた場合[147]、住居の近くに共同便所が建てられた場合等[148]、こうした多くの例は、恒久的損害の概念への依拠と同程度に、第三者―利用者の区別（distinction tiers-usagers）により、判例を明確に説明しうることを示すものでもある。[149] さらに、このことは、事故損害と恒久的損害の区別が必ずしもフォートに基づく責任か否かの区別とは一致しないという批判や[150]、そもそも、このような損害発生態様あるいは損害発生原因の差異に基づいて責任理論を区別することが妥当性を有しうるのかという疑問と結びつき、恒久的損害・事故損害の区別の再検討を導くものでもあった。政府委員デトンは、前述の論告で[151]、「事故と恒久的損害との区別はしばしば困難で、非常に不自然なものとなりうる」と述べて、被害者が第三者であるか利用者で

---

142) Moderne, op. cit., p. 694 et s.参照。
143) C. E. 24 novembre 1859, Chemins de fer de Graissesac à Béziers, R. p. 676; C. E. 30 janvier 1868, Cie des Chemins de fer du Midi c. Moura, R. p. 135.
144) C. E. 21 janvier 1925, Vivario, R. p. 65.
145) C. E. 31 janvier 1890, Bompoint-Nicot, R. p. 111.
146) C. E. 4 décembre 1918, Dame Cuménal R. p. 1078.
147) C. E. 14 février 1861 Bruel c. Comp. des chemins de fer du Midi, R. p. 112, 1re esp.; C. E. 13 janvier 1859, Comp. des Chemins de fer de l'Est c. Prieur, R. p. 34.
148) C. E. 23 novembre 1906, Bichambis c. Ville de Narbonne, R. p. 854, S. 1907 III p. 65, 2e esp.
149) Moderne, op. cit., p. 694.
150) Latournerie, op. cit., R. D. P. 1945, p. 43-44; Moderne, op. cit., p. 694.
151) Detton, conclu. sous C. E. 6 octobre 1944, Société Streichenberger, R. D. P. 1946, p. 325, D. 1945 J p. 20, précité.

あるかにより区別する責任理論を提案しており、また、ブラエヴォエ(Blaevoet) は、ゲン判決のノートの中で、「公の工作物から生ずる損害が、恒久的なものであるにせよ、事故的なものであるにせよ (soit permanent on accidentel)、それに関する賠償は、第三者に対しては、損害と工作物との間の因果関係の証明以外に、彼らによってなされるべきいかなる証明もなしに、支払われるべきである」と明確に述べている。

次項では、このような20世紀半ばまでの判例・学説の議論を前提として、それ以降の判例をみていくこととしたい。

第2項 恒久的損害の領域における20世紀後半の責任理論の検討

I 恒久的損害に関する責任の性質

まず、被害者が第三者の立場にあることが明確な事例について、責任成立を決定づけている判断要素の検討を行っていきたい。例えば、1969年のフランス・ラジオ・テレビ公社判決において、コンセイユ・デタは、「ヴィラール・ルベイラ氏らの住居のすぐ近くに設置されたニュールの放送アンテナは、彼らに相隣の通常の不都合 (inconvénients normaux du voisinage) を超える被害を生ぜしめており、その生活条件におけるあらゆる性質の障害 (troubles) や、当該公の工作物の存在及び運営のために不動産が被る価値下落 (dépréciation) の結果生ずる損害 (préjudice) について、賠償を求める権利を付与するものである」と判示している。また、1968年のスカリア判決でも、「スカリア氏が2階に居住する建物の地階に設けられた郵便物の仕分け所及び郵便局の業務から発生する騒音は、その激しさによっても、それが発せられる時間的長さによっても、公の工作物の隣人が通常受忍することを求められうる不都合 (inconvénients que peuvent être normalement appelés à supporter les voisins d'un ouvrage public) ……を超えるものである」と判示して、スカリア氏に対する損害賠償金の支払いを国に命じたマルセイユ地方行政裁判所の判決を支持した。

---

152) Blaevoet, note sous C. E. 18 décembre 1953, Gain, D. 1954 J p. 719, précité.
153) C. E. 10 janvier 1969, Office de radio diffusion-télévision française c. consorts Villars-Rebeyrat, R. p. 19, A. J. D. A. 1969, p. 501.
154) C. E. 20 mars 1968, Ministre des Postes et Télécommunications c. sieur Scalia, R. p. 1134, R. D. P. 1968, p. 1136.

これらの事例は、損害の原因を有する公土木・公の工作物に対して、被害者が第三者の地位に立つ場合であり、責任の認否を決定するのは、隣人の通常の不都合を超える被害といいうるかどうか、すなわち、通常の損害でなく、非常態的な損害（dommage anormal）が存在するかどうかという判断要素である。これを明確に表現している判例として、例えば、1962年のドゥ・トズィア判決[155]が挙げられよう。コンセイユ・デタは、「モン・ドゥ・マルサン飛行場の継続的な整備は、競走馬の調教師であるドゥ・トズィア氏の営業を、調教の平常の場であるこの町の競馬場から遠ざける結果をもたらした。……このように、請求人の営業に課せられた道程の延長（l'allongement de parcours）は、請求人が当該工作物に対して第三者（tiers）の資格を有する公の工作物の建設を理由とするものであること、及び、競馬場に建設された新しい施設を利用することを余儀なくされたドゥ・トズィア氏の事業の特別な性格（caractère particulier）を考慮するならば……ドゥ・トズィア氏が、当該公の工作物の存在から直接生じた非常態的かつ特別な性格（caractère anormal et spécial）を示す損害を被ったこと、及び、その損害が国の責任を請求人に対し成立させうるものであることを地方行政裁判所が認めたのは適法である」と判示して、行政の賠償責任を認めたものであるが、これを決定づけたのは、「非常態的かつ特別な損害」の存在である。また、1961年の『オノラ・フランス製造』会社事件[156]は、軍港の建設のために漁港が移転された結果、その漁港から魚を仕入れて罐詰の製造を行っていた会社が損害を受けたとして、国に賠償を求めたものであるが、コンセイユ・デタは、「漁港の移転は、その移転が行われた日から、当該会社が新しい漁港付近の地域に自らの施設を移動した日までの期間、請求人の事業に必要な魚の陸揚げ場所と、製造のためにその魚を利用する場所との間に存する距離を、50mから約1kmに遠ざけるという結果をもたらしたものである。当該会社が原料調達のために課せられた道程の延長は、軍事用の公の工作物の建設を実質的原因（cause réelle）とするものであり、原告会社が、この工作物に対し第三者の資格を有するものであることを考慮するならば、生じた損害は、当該事案の状況においては、非常態的かつ特別な性格（caractère anormal et spé-

---

155) C. E. 11 mai 1962, Ministre des Armées《Air》c. sieur de Tauzia, R. p. 324.
156) C. E. 22 février 1961, Société《Fabriques françaises Honnorat et Cie》R. p. 140.

cial）を帯びたものとみなされ、したがって、当該工作物の管理主体（maître de l'ouvrage）たる国の責任が上記会社に対して成立しうるものとみなされるべきである」と判示して、同様に、賠償を得るためには損害が非常態的で特別なものであることが必要とされる旨が明らかにされている。[157]

II 恒久的損害における責任要件

　従前より、恒久的損害の領域では、損害の存在が立証されるならばそれだけで賠償される、または、損害と当該公土木との因果関係の立証のみによって賠償が認められるなどといわれてきたが[158]、実際に責任が成立するためには、その損害に一定の要件が必要とされていることは明らかに認められるところであった。そして、20世紀後半に至り判例理論が洗練された結果、「非常態的かつ特別な損害（dommage anormal et spécial）」が、恒久的損害の領域に特有な責任決定要件として明示されたのである[159]。このことは、政府委員ギョームの論告の中でも明らかにされている[160]。すなわち、「公の工作物の利用者の資格をもたないすべての者は、この工作物の存在によって自らに生じた損害が、非常態的かつ特別な性格（caractère anormal et spécial）を呈している場合に、この損害の賠償を求める権利を有する」と述べられている。

　次項では、被害者が第三者であるか利用者であるかという要素が、判例の結論の中でどのような役割を占めているかについて検討していきたい。

---

157) 特に、損害が特別な（spécial）性格を有する必要があることを明らかにしている事例として、1957年のプレ判決（C. E. 2 novembre 1957, sieur Pelet, R. p. 574）が挙げられる。この事案は、川の流れの方向を変え、水流を拡大する土木の執行によって損害を被ったとして、沿岸住民であるプレ氏が賠償請求したものであるが、コンセイユ・デタは、「すべての沿岸住民（riverains）に共通である将来予側すべき浚渫の負担の増大は、プレ氏がこの沿岸住民という資格において求めた賠償請求権を与えうるものではない」と判示し、さらに、「特別な（spécial）性格を帯びた」損害であるならば、賠償請求が認められることを明らかにしている（同旨、Coniseil de préfecture interdépartemental de Lille, 27 janvier 1953, Dauchy, Olivier et autres c. Electricité de France, D. 1953 J p. 157. この事件については後に論ずる）。
158) これらは、恒久的損害という場合に、事故損害に関する責任理論との対比において、また、被害者が第三者であるとされる場合に、利用者に対する責任理論との対比において、論じられることの多い事柄である。
159) K. H. Vogt, Die Entwicklung der "Responsabilité sans faute" in der neueren französischen Lehre und Rechtsprechung, 1975, p. 133.
160) Gilbert Guillaume, conclu. sous C. E. 22 octobre 1971, Ministre de l'Equipement et du Logement c. epoux Blandin, J. C. P. 1973, 17301. この判決に関しては後述する。

第3項　恒久的損害の領域における第三者と利用者の区別の意義

I　恒久的損害の領域における被害者の地位

　これまで恒久的損害の概念でとらえられてきた事案の多くが、被害者が第三者とみなされうるものであったことは前述したところであるが、20世紀後半の判例において、「非常態的かつ特別の損害」の要件を適用するにあたり、被害者が、当該公土木または公の工作物に対して「第三者」の資格を有することを明示している事例も多く存在している。恒久的損害の領域において、被害者が第三者の地位にある場合の責任の根拠について、適切な説明がなされていると思われる、1953年のリール（Lille）県参事会の判決を引用しておこう。当該事案は、フランス電力会社のコミネ熱電力発電所が設置され、同所から発する煙や埃等のために、近隣住民の身体や産業に被害が生じたとして公社に対し賠償請求がなされたものであるが、県参事会は、「たとえ、一般的利益（intérêt général）の充足があらゆる行政の企ての目的（objet）それ自体を構成し、私的利益に優先すべきものであることが自明な事柄であるにせよ、公負担の前の市民の平等原則（le principe de l'égalité des citoyens devant les charges publiques）はやはり存続している」とした上で、「公土木によって生じた損害の領域における契約外賠償責任は、客観的に行政の危険（le risque administratif）に根拠づけられている」が、「しかしながら、このフォートによらぬ責任（responsabilité sans faute）の適用領域の広がりは無限界ではない」と述べて、この限界として、第一に、「損害の被害者が公の工作物の利用者である（第三者でない）場合」を挙げ、第二として、「このフォートによらぬ責任が適用されるためには、その損害が、……特別で〔spécial〕（すなわち、被害者に固有な〔particulier〕）、非常態的な〔anormal〕（すなわち、社会生活が通常もたらす不都合や被害〔inconvénients et préjudices〕を超える）性格を示すことが必要とされる」と判示している。同判決は、「非常態的で特別な損害」を要件とする責任

---

161) 『オノラ・フランス製造』会社判決（C. E. 22 février 1961, Société《Fabriques françaises Honnorat et Cie》R. p. 140, précité)、ドゥ・トズィア判決（C. E. 11 mai 1962, Ministre des Armées《Air》c. sieur de Tauzia, R. p. 324, précité)、C. E. 30 janvier 1963, sieur Chauvet, R. p. 61 等の各判決参照。
162) Conseil de préfecture interdépartemental de Lille, 27 janvier 1953, Dauchy, Olivier et autres c. Electricité de France, D. 1953 J p. 157.

理論において、被害者が第三者の資格を有することが、非常に重要な役割を果たすことを明確に表しており、被害者が第三者でなく利用者である場合にはこの責任理論が適用されないことをも併せて明示するものであるが、しかし、恒久的損害のカテゴリーにおいては、果たして、利用者とみなされうる被害者が考えられるかどうかが問題となろう。この点は、第三者・利用者のとらえ方自身に関わる問題であり、判例を整理している学説の中でも意見が分かれているが、恒久的損害の領域に含まれると考えられる事例の中で、被害者の地位を重視している判例を取り上げると、次のとおりである。

まず、1968年のブレスト町判決[163]は、第三者・利用者の区別を責任判断の決定的要素として挙げている。これは、湾の埋立てにより損害を被ったとして、ブレスト町とブルターニュ開発整備公私資本混合会社に対し損害賠償が求められた事案であるが、コンセイユ・デタは、「バスタール氏が経営するカフェ・レストランは、湾の埋立事業の前は、海岸にある施設という位置により釣り人や海水浴の人々を客にもっていたことが認められる。問題となっている土木の執行は、このような客を遠ざけ、それ自身、当該施設の収入の重大なる減少をもたらしたものである。このように及ぼされた損害（préjudice）は、一般の交通の変更（modifications de la circulation générale）によって生じたものではなく、バスタール氏が、それに対して利用者ではなく第三者の資格を有する工業ゾーンの創設（création d'un zone industrielle）よって生じたものであって、非常態的かつ特別な性格を示している。（したがって、）バスタール氏の損害賠償を請求する権利は認められる」と判示している[164][165]。

また、これに対して、1965年のブディ判決[166]は、アンバレ村（commune d'Ambarès）の河川が氾濫し、橋脚を支える盛土に裂け目が生じたため、盛土上に設置されていた村道の交通が不可能になったことから被った損害について、ブ

---

163) C. E. 31 janvier 1968, Société d'économie mixte pour l'aménagement et l'équipement de la Bretagne et Ville de Brest, R. p. 83.
164) この事案について、コンセイユ・デタは、ダンス・ホール経営に関する損害については、経営開始の時点ですでに埋立事業の執行が決定されていたことを理由に、賠償責任を否定している（R. p. 84）。
165) 仮に、一般的交通の変更によって生じた損害である場合に、被害者がこれに対して利用者の資格を有するものとされるかどうかは、この判決からは必ずしも明確ではない。この点については後述する。
166) C. E. 2 avril 1965, sieur Boudy, R. p. 222, A. J. D. A. 1965, p. 376.

ディ氏が村に賠償を求めた事案であるが、コンセイユ・デタは、「ブディ氏が主張している損害（préjudice）は、当該道路上の交通の遮断が、彼の農場経営の中心とル・ガ川の対岸に存在する彼の経営する他の様々な小区画との間に要する距離を約4km増大する結果をもたらしたという事実から生じている」ことを認定した上で、「このようにブディ氏に課せられた道程の延長は、本件の場合には、公道の利用者に対する単なる障害（une simple gêne pour cet usager de la voie publique）にすぎず、当事者に賠償請求権を付与しうる性質をもたない」として、ブディ氏の請求を棄却した。この事案は、被害者が道路という公の工作物に対し利用者の立場にあることを明示した上で、利用者として通常被る損害の範囲内にあると判示するものであるが、その背景には、被害者が当該公の工作物から利益を受けており（これがすなわち、利用者であるとする判断に結びつくものである）、その利益と均衡のとれた負担は受忍すべきであるとする考え方が現れていると思われる。また同じく、1965年のテバルディニ判決[167]は、平面交差を立体交差に変更する国道64号線上の大工事執行のためになされた通行止め及び迂回の措置（1962年2月16日から同年11月30日まで）の結果、当該国道沿いでテバルディニ氏が経営するカフェ・レストランの客がほとんどすべて失われることとなったとして、国に損害賠償を求めた事案であるが、コンセイユ・デタは、「たとえ、……前記土木が、結果的に、国道74号線上の一般交通の方向転換（détournement de la circulation générale）をもたらしたとしても、一般の交通に対しもたらされ（apportées à la circulation générale）、また、公道の位置や方向（l'assiette ou la direction des voies publiques）について現れた変化（changements）から生じた変更（modifications）は、賠償金の支払いを求める権利を与えうる性質のものではない」と判示して、テバルディニ氏に対する15,000フランの賠償金支払いを国に命じた地方行政裁判所の判決を取り消した。これらの判決は、被害者が、公道を利用する者として被った損害について、それが公道の利用者として通常被る損害の範囲を超えていないことを理由に、損害賠償請求を否定したものと考えられるが、被害者が公の工作物の利用者としてとらえうるか否かの判断において重要な意味を有したのは、当該損害

---

167) C. E. 26 mai 1965, Ministre des Travaux publics, des Transports et du Tourisme c. époux Tebaldini, R. p. 305, A. J. D. A. 1965, p. 376.

が一般の交通にもたらされた変更によって生じたものであるかという事由であろう。

　1970年のビュラン・デ・ロズィエール株式会社判決[168]は、国道上のアリエ川に架かる橋のほぼ１年にわたる補強工事施行のため、５トン以上のトラックにつき当該橋の通行を禁止した措置によって、アリエ川の右岸で製材所を営むビュラン・デ・ロズィエール会社が、木材発送のための駅までの道程が従来の３kmから約20kmに延びるという損害を被ったとして、国に賠償を求めたものである。コンセイユ・デタは、「当該会社が、このように被った障害 (gêne) は、利用者が公道の維持及び保存の利益において受忍すべき通常の拘束 (sujétions normales que les usagers doivent supporter dans l'intérêt de l'entretien et de la conservation de la voie publique) を超えるものではなく、また、行政のいかなるフォートも存在しない場合に (en l'absence de toute faute de l'administration)、賠償請求権を付与しうる非常態的かつ特別な損害 (préjudice anormal et spécial) の性格を示すものでもない」と判示している[169]。同判決は、被害者が公道の利用者とみられること、及び、利用者として、公道の維持・保存等において利益を受けていることを明確に述べて、その受忍すべき通常の損害の範囲を超えていないと結論するものである。また、1972年のエメロード海岸船会社判決[170]は、ラーンス (Rance) 潮力発電所ダムの上部に道路が開設されたため、モーターボートや渡し船の営業が損害を被ったとして、船会社が国に対して損害賠償を求めたものであるが、コンセイユ・デタは、「原告会社の活動は、ラーンスに建設されたダムを利用した……国道の開設の結果、かなり減少したことが認められる。しかし、一般の交通に対しもたらされ、また、公道の位置や方向について生じた変化により、もしくは新道の創設により生じた変更は、賠償を求める権利を付与しうるものではない」と判示し、請求を棄却している[171]。同判

---

168) C. E. 20 février 1970, Ministre de l'Equipement c. Société anonyme《Burin des Roziers et Cie》, R. p. 130, A. J. D. A. 1970, p. 633.
169) 「行政のいかなるフォートも存在しない場合に」とある点については、後述のプレバンの論告で触れるように、この事件が、重量の大きいトラックの通行を禁止した措置に関わることから、このような判示がなされたとも考えられるが、判決の中心となっているのは、あくまでも「非常態的かつ特別な損害」であると思われる。
170) C. E. 2 juin 1972, Soc. des Bateaux de la Côte d'Emeraude, dite《Les vedettes blanches》, D. S. 1974, p. 260.
171) この事案では、同時に、フランス電力に対しても損害賠償請求がなされているが、コンセイ

決も、当該損害が、一般の交通にもたらされた変更によって生じたものであることを理由に、責任を否定するものである。

　これらの判例は、確かに、被害者を利用者としてとらえることが可能な事案に関するものであるが、事故損害の領域において利用者と第三者によって責任要件が明確に区別されたような状況が、ここでも現れているといえるかという点には疑問があろう。[172]1970年のビュラン・デ・ロズィエール判決（前出）におけるブレバンの論告[173]においては、この事案が、公道の利用者に対する、当該道路上で執行された土木に帰責されうる道程の延長の事例であることを指摘した上で、被害者が第三者である場合と利用者である場合とに分けて判例の整理を試みている。すなわち、第一に、被害者が当該公の工作物に対し第三者の資格を有する場合には、「工作物の管理主体の責任は、純粋かつ単純な危険（risque pur et simple）を根拠に課せられ、被害者は『非常態的かつ特別な損害』を被った場合に、賠償を求める権利を有する」こととなるが、第二に[174]、「逆に、損害の源である工作物がそれ自身公道である場合には、被害者は利用者の資格を有し、公権力の責任は、異なった条件において課せられる」とされている。ブレバンは、さらに、後者につき、「当該道路自身にその原因が存する損害の場合には、公共団体の責任は、2つの条件——交通の遮断が、通常の維持の欠缺に起因する場合、または、それが道路の利益において利用者らが受忍すべき義務を超える非常態的な拘束（sujétions anormales, excédant celles que les usagers doivent supporter dans l'intérêt de la voirie）をもたらす場合——によって、成立しうる」として、「『通常の維持の欠缺』理論は、これまで事故損害（dommages accidentels）の場合に特に適用されてきたものであるが、我々は、被害者が利用者である以上、永続的な損害（dommages durables）の場合にこ

　　ユ・デタは、フランス電力は、ラーンスのダム建設と潮力発電所の営業との特許を受けているが、ダム上部への国道建設とは無関係であると判示して、これを棄却している。
172)　この点に関して、例えば、ヴォクトは、恒久的損害の領域においても、利用者の法形態は第三者のそれとは明らかに異なる旨を論じている（Vogt, op. cit., p. 136）。
173)　Braibant, conclu. sous C. E. 20 février 1970, Ministre de l'Equipement et du Logement c. Société Burin des Roziers et Cie, A. J. D. A. 1970, p. 633, précité（前掲注168))．
174)　C. E. 19 novembre 1958, Société des produits réfractaires de Bollêne, R. p. 570;『オノラ・フランス製造』会社判決（C. E. 22 février 1961, précité)、ドゥ・トズィア判決（C. E. 11 mai 1962, précité)、C. E. 30 janvier 1963, Chauvet, R. p. 61 等、多くの判決が挙げられる。

れを拡大しない、いかなる理由も見出さない」と述べて、被害者が利用者の場合には「維持の欠缺」理論の適用、第三者の場合には危険理論——「非常態的かつ特別な損害」——の適用という、被害者の地位による責任理論の区別を提唱している。[175]

このようなとらえ方は、公の工作物に対し、利用する立場にある者が、当該工作物がその用途に従って適正に維持されることを期待する権利を有することを前提とした上で、道路や橋の維持に関しても、その通常の維持に欠缺がなかったかどうかを、責任成立のための要件とするものである。ただし、ブレバンも、当該事案のような場合においては、「維持の欠缺」が存在しない場合であっても、利用者は、「非常態的な拘束」の受忍を義務づけられるものではないとする。そして、「公土木の理論全体を支配する非常態性（anormalité）の概念は、損害の原因（cause）——通常の維持の欠缺（défaut d'entretien normal）——に対して、また、損害の大きさ（étendue）——道路の利益において被る非常態的な拘束——に対して、……適用されるものである」と述べて、当該事案については、「通常の維持の欠缺」及び「非常態的な拘束」が存在しないため、原告の請求は退けられるべき旨を論告している。

しかしながら、恒久的損害の領域で、利用者と第三者の区別により相異なった責任理論が適用されるといわれる場合でも、前節で検討した事故損害の領域でみられたような明確な区別——被害者が利用者である場合には「維持の欠缺」に基づく責任、第三者の場合には「フォートによらぬ責任」が適用される——が、ここでは判決の文言上に表れていないことに注意する必要があろう。また、この領域では、被害者が利用者とされる場合にも、実際には、公土木の隣人が通常被る損害——すなわち、「非常態的かつ特別な損害」を構成しない損害——であるかどうかの判断が介在しており、この判断の中で、当事者が利用者であること、つまり、公の工作物の存在または執行された公土木から利益を得ているという事実を考慮すべきであるとする一般的な問題処理が行われているにすぎないのではないかとの疑問が生じえよう。[176]

---

175) ここでは、被害者が利用者の場合には、「維持の欠缺」理論だけでなく、「非常態的な拘束」の要件も、第二の条件として掲げられていることに注意する必要があろう。この点については後述する。

176) ブレバンの論告の中にも、すでにこの点に触れた論旨が表れている（Braibant, concl. sous C. E. 20 février 1970, précité, A. J. D. A. 1970, p. 634（前掲注173））。

以下では、被害者の立場を考慮しながら、恒久的損害に関する判例を整理していきたい。

II 公の工作物の近隣住民と沿道住民の被害に関する判例

まず、公の工作物の運営に内在的に結びついている騒音や振動による被害が挙げられる。例えば、スカリア判決(前出)[177]は、郵便物の仕分け所の業務が生ぜしめる騒音について、「公の工作物の隣人が通常受忍することを求められうる不都合」を超えるとして国に対する賠償請求が認められたものであるが、その他、空港の近隣住民の訴え[178]、鉄道路線の近隣住民の訴え[179]、水道会社の工場の近隣住民の訴え[180]、発電所の近隣住民の訴え[181]などについても、同様の考え方を読み取ることが可能である。また、国道上を立体交差する陸橋の建設によって騒音や振動等の被害を被ったとして、国に対し賠償を請求した事例で、コンセイユ・デタは、居住条件に重大な変更をもたらしたと認定し、「不動産の価値下落(dépréciation)は賠償を求める権利を付与しうる非常態的かつ特別な性格の損害を構成する」と判示して請求を認めている[182]。さらに、このような公の工作物の騒音や振動による近隣住民の損害だけでなく、日照時間の減少や大気汚染、眺望権侵害等についても、同様の扱いがなされうる[183]。これらは、当該公土木や公の工作物に対し、被害者が完全に第三者の立場に立つ事例であり、たま

---

177) C. E. 20 mars 1968, Ministre des Postes et Télécommunications c. sieur Scalia, R. p. 1134, R. D. P. 1968, p. 1136, précité(前掲注154))。
178) C. E. 15 juillet 1953, Secrétaire d'Etat aux Forces armées c. consorts Pellenc et de Robien, R. p. 374. 空港に隣接する原告の所有地が、空港を離陸する飛行機が上空を飛行することに内在する危険及び騒音のため、確定的な価値下落(dépréciation)を被ったとして、国に賠償を求めた事例。コンセイユ・デタは、この賠償請求を棄却している。
179) C. E. 9 février 1966, Département du Rhône, R. Tables p. 1131. 新しい鉄橋建設によって、その上を通る鉄道の騒音被害を被ったことに関し、賠償請求を認めた事例。
180) C. E. 22 décembre 1943, sieur Courtiau, R. p. 302. 水道会社の工場の設置及び運営による損害として、そのモーター音のために住居の1区画が通常の居住条件を損う被害を受けたことについて賠償を請求した事例。コンセイユ・デタは、25,000フランの賠償請求を認めた。
181) C. E. 5 janvier 1968, Electricité de France c. Rolland, R. Tables, p. 1137. フランス電力の変圧器の稼働により発する騒音によって、原告の住宅の価値下落(dépréciation)及び非常態的な迷惑(trouble anormal)を被ったとする損害に対する賠償請求を認めた事例。
182) C. E. 2 juin 1967, Ministre de l'Equipement c. dame veuve Damerval, A. J. D. A. 1968, p. 185, R. p. 953.
183) C. E. 22 février 1957, sieur Coutant, R. p. 125──電線を支える柱塔の設置は、通常の近隣住民に課せられる拘束を超える不動産の価値下落をもたらすものとされた。C. E. 22 février 1957,

たま近隣に居住していたために被害を被ったということができるが、ここでは、当該損害が、「非常態的かつ特別な損害」であることが、責任成立のための要件として認められる。

これに対して、特に道路に対する関係で、沿道住民の受ける被害の場合には、被害者たる沿道住民を利用者とみるべきか、第三者とみるべきか、様々な事例が考えられよう。例えば、所有地への出入り（accès）が完全に奪われた場合には、非常態的な損害となり、賠償が導かれ[184]、出入りが困難となった場合にも、それが重大なものであれば賠償されうる[185]。このようなアクセスの権利については、道路を通行のために利用する意味での「利用者」というよりは、たまたま道路の近隣に住居を構えていた「第三者」の立場が表れているとみることができよう。また、道路建設により所有地の価値下落が生じた場合等も同様に考えられる。例えば、1971年のブランダン判決[186]では、国道13号線の混雑回避のために、6ｍの盛土上に建設された迂回路が、ブランダン氏所有地の垣に近接して通ったことに関し訴えが提起されたものであるが、コンセイユ・デタは、「上部が張り出して造られた交通量の多い道路の接近の結果生じた享楽の障害（troubles des jouissances）及び、この事実によって不動産が被った価値の減少（diminution de valeur）は、当該工作物の建設によって生ずる増価（plus-value）がこの価値下落（dépréciation）を軽減することのない場合には、特に、当該場所の以前の状態を考慮するならば、特別かつ非常態的な性格を呈し、国に対する損害賠償の請求を根拠づける損害（préjudice）をブランダン氏に対し生ぜしめたものである」と判示して、賠償請求を認めた。これは、道路という公の工作物に対し、「第三者」の立場に立つととらえられる被害者に対し、「非常態的かつ特別な損害」の責任理論を適用したものとみることができよう[187]。

Grange, R. p. 1047——電力の変圧器の設置のために生じた眺望の制限の事例（請求棄却）。C. E. 30 octobre 1970, sieur Pedersol, R. p. 1236——盛土上の道路建設が、日照・眺望を悪化させたとして、賠償を求めた事例（請求棄却）。C. E. 9 juillet 1969, Chambre de commerce et d'industrie de Marseille, R. D. P. 1970, p. 466——マルセイユ港の焼却施設が煙・灰を排出することによる近隣住民の損害に関する賠償請求の事例（請求棄却）等、様々な事例が挙げられる。

184) C. E. 2 juillet 1969, Ministre de l'Equipement c. Leveel, R. p. 357.
185) C. E. 19 juin 1970, Berrogain, R. Table p. 1251.
186) C. E. 22 octobre 1971, Ministre de l'Equipement et du Logement c. epoux Blandin, J. C. P. 1973 II17301, A. J. D. A. 1971, p. 657.
187) 1975年のペリシィエ判決（C. E. 5 novembre 1975, sieur Pelissier, R. D. P. 1976, p. 933）は、

一方、道路を一般的通行の用に供されるものという観点からとらえ、そこから利益を得ている近隣住民が被害者となっている場合には、「利用者」としての考慮が入りうる。この点は、ブレスト町判決やテバルディニ判決において、損害が一般の交通にもたらされた変化によって生じたものである場合とそうでない場合とを区別する判示がなされていることからも推察しうるであろう。例えば、道程の延長（allongements de parcours）による損害の場合には、被害者は、一般交通の用に供されている道路の利用者として現れる場合が多い。1969年のトゥルパン判決では、道路路線の変更のため、原告らの2つの経営場所の間の交通連絡が困難になり、経営条件が悪化したとして国に賠償を求めたのに対し、コンセイユ・デタは、「たとえ、高速道路A7号線の完成、及び、これに対応する村道の1区間の廃止が、結果として、請求人らが経営している2つの場所を連絡するために要する距離の実質的な延長（allongement substantiel）をもたらしたとしても、請求人らがその経営の中に導入せざるをえなくなった変更は、……賠償を求める権利を付与しうる性質の非常態的な損害（dommage anormal）を構成しない」と判示して、賠償請求を棄却した。また、前述のビュラン・デ・ロズィエール判決においても、通行禁止のために被った損害が「非常態的かつ特別の損害（préjudice anormal et spécial）」にあたらないとして、賠償請求が否定されている。さらに、道路路線の変更等によって、顧客が失われるなど商業上の損失を被った場合には、利用者とみるべきであるか否かは微妙である。例えば、1970年のマルミュズ判決で、コンセイユ・デタは、

道路建設に伴う土地の形質の変更のために水はけの状態が変わり、私人の所有地が、水・泥・岩石の流出によって浸されたとして損害賠償を求めた事案であるが、コンセイユ・デタは、ペリスィエ氏が第三者の資格を有することを判示した上で賠償請求を認めた（広岡・前掲注51）121頁参照）。

188) C. E. 31 janvier 1968, Société d'économie mixte pour l'aménagement et l'équipement de la Bretagne et Ville de Brest, R. p. 83, précité.
189) C. E. 26 mai 1965, Ministre des Travaux publics, des Transports et du Tourisme c. époux Tebaldini, R. p. 305, A. J. D. A. 1965, p. 376, précité.
190) C. E. 18 juin 1969, sieur Turpin et dame veuve Courtin, R. D. P. 1970, p. 466.
191) C. E. 19 novembre 1958, Société des produits réfractaires de Bollène, valabréque et compagnie et autres, R. p. 570 等も同様。
192) C. E. 20 février 1970, Ministre de l'Equipement c. Société anonyme《Burin des Roziers et Cie》, R. p. 130, A. J. D. A. 1970, p. 633, précité.
193) C. E. 6 mars 1970, Ville de Paris et Association syndicale des co-propriétaires de la rue André-Antoine c. sieur Marmuse, R. p. 165.

「パリ市が1961年11月29日ないし1963年11月15日の期間、……道路で行った土木は、とりわけ、沿道住民（riverains）に対し、迷惑を及ぼしたもので、その迷惑は、重大性及びその非常態的な期間によって、沿道住民が通常賠償なくして受忍すべき単なる不都合や不快（les simples inconvénients ou gênes que les riverains doivent normalement supporter sans indemnité）を超え、かつ、2年近くの間、顧客の接近（accès）を例外的に困難にしたことによって、特別に（spécialement）、当該道路における靴修理の職人であるマルミュズ氏の収入の顕著な減少を生ぜしめたものである」と判示して、マルミュズ氏の市に対する損害賠償請求を認めている。また、1974年のアムゼフ判決[194]は、高速道路を国道に接続する支線の建設のため、アムゼフ氏が航空基地団地の近くで経営していた食料品店がその顧客の大部分を失い、廃業を余儀なくされたとして、国に対し損害賠償を求めた事案に関するものであるが、コンセイユ・デタは、「アムゼフ氏の被った損害は、この工作物の開設によって一般の交通にもたらされた変更に起因するものではなく、航空基地団地と請求人の施設との間に交通量の多い高速道路が設けられたことから生じた、接近の特別な困難さ（difficulté particulières d'accès）に起因するものである。このような状況においては、この損害は、非常態的かつ特別な性格を示す」と判示して、賠償請求を認容している。アムゼフの判決は、開設された工作物が高速道路であることを重視して、一般の交通にもたらされた変更による損害ではないととらえているとも考えられるが、このような沿道住民の商業上の不利益や損害においては、被害者は、道路上を通行する一般的利用者としては現れていないことに注意すべきであろう。

　この点では、道路以外の公の工作物によって顧客の喪失がもたらされた事例と類似した考え方が可能な場合もあると思われる。例えば、1963年のガヴァルニー村事件判決[195]は、ダム建設のために、2つの橋の間の村道の通行が禁止されたため、村道沿いで土産物店を営んでいる請求人が、被った損害の賠償を求めた事案に関するものであるが、コンセイユ・デタは、「村道1号線を通るガヴ

---

194) C. E. 27 novembre 1974, Amouzegh, R. p. 595, R. D. P. 1975, p. 537. この判決については、広岡・前掲注51）310頁に詳しく説明されている。
195) C. E. 22 février 1963, Commune de Gavarnie c. sieur Benne, R. p. 113, A. J. D. A. 1963, p. 229, chron p. 209.

ァルニー圏谷を徒歩でめぐる人々に対し適法になされた通行禁止（l'interdiction légalement faite)、特に、請求人の商業の性格及びその店の位置を考慮するならば、特別の損害（préjudice spécial）の性格を呈するものである。その上、1958年7月30日の市町村命令が、一般的利益において、通常課せられない負担（une charge ne lui incombant pas normalement）を請求人に対して課しているとみなされるべきであるような重大性（gravité）を上記損害が示している場合には、上記請求人は、公負担の前の市民の平等の原則（principe de l'égalité des citoyens devant les charges publiques）の根拠に基づき、ガヴァルニー村によるこの損害（préjudice）について賠償されるべきである」と判示している。[196)]

この沿道住民の被った損害に関する責任理論については、沿道住民が、その沿道住民たる地位とは異なる法的地位において、公土木による損害を被った場合、すなわち、特別の権利の保持者としての地位に立つ場合——例えば、不動産の恒久的な価値下落、交通量増大等による強い騒音や環境汚染の被害、顧客を失うことによる営業損失など——には、第三者とみなされ、客観的基礎に基づく責任が適用されると論じられる。[197)]具体的には、恒久的損害の領域に特徴的な適用原理である「非常態的かつ特別な損害」の理論が、ここでは適用されることになる。これに対して、沿道住民が交通道の利用者とみられる場合の責任理論については争いがあり、前述した政府委員ブレバン[198)]のように、広く発展した意味での「維持の欠缺」理論の基礎の上にこれを理解しようとする立場もみられる。[199)]しかしながら、このような意味での「維持の欠缺」は、前節で考察した「維持の欠缺」理論とは内容的に相当異なるものであり、これを「維持の欠缺」論と呼ぶ意味があるかどうか自体にも問題があろう。1965年のブディ判決[200)]及びテバルディニ判決[201)]に関するノート[202)]では、被害者が利用者である場合に

---

196) この事案では、同時に、1958年7月30日のガヴァルニー市長の命令の取消しを求める越権訴訟についても判断されたが、こちらは否定されている。
197) K. H. Vogt, Die Entwicklung der "Responsabilité sans faute" in der neueren französischen Lehre und Rechtsprechung, 1975, p. 138-139.
198) Braibant, conclu. sous C. E. 20 février 1970, précité, A. J. D. A. 1970, p. 633（前掲注173))．
199) Vogt, op. cit., p. 138.
200) C. E. 2 avril 1965, sieur Boudy, précité（前掲注166))．
201) C. E. 26 mai 1965, Ministre des Travaux publics c. époux Tebaldini, précité（前掲注167))．
202) Puybasset et Puissochet, Chronique générale de Jurisprudence Administrative Française, A. J. D. A. 1965, p. 340.

「維持の欠缺」理論が適用されることを認めた上で、非常態的な損害（dommage anormal）と通常の維持の欠缺との関係については、「非常態的な損害の概念は、非常態的な維持（entretien anormal）の概念と、明確に、論理整合的に、また完全に、区別されるものではない」とされ、「維持の欠缺理論は、非常態的損害の概念に吸収される」と結論づけられている。また、1971年のブランダン判決に関するノート[203]においても、「沿道住民は、真の意味での利用者ではなく、また、真の意味の第三者でもない」[204]とされ、「第三者・利用者の伝統的な区別が、今日では、絶対的な満足を欠いている」と述べられている。

III 恒久的損害の領域での特質

　恒久的損害として論じられてきた領域では、被害者が利用者の地位にある場合に第三者である場合と異なった責任理論が適用されることが、判例上、明確には表されていなかったこと、また、利用者と第三者の区別が事故損害と比べて困難であること、しかしながら、被害者が、損害の原因となった公の工作物から利益を受けているとみられる場合には、何ら利益を受けていない者と比べて、責任成立について厳しい判断がなされていることなどを認めることができる。このような状況を前提として考えるならば、恒久的損害の領域では、第三者・利用者の区別に基づく責任システムが適用されていると単純に結論することはできず、むしろ、被害者の状況を責任判断の中に組み込む作業を行っているにすぎないのではないかと思われるところである。また、事故損害をも視野に入れて、広く、公土木の損害の領域全体における第三者・利用者の区別を考えた場合、恒久的損害のカテゴリーに含まれる事例において被害者となる私人は、むしろ、大部分が「第三者」としてとらえうるのではないかとも考えられる。これは、公土木・公の工作物と近接することによる相隣妨害である恒久的損害の概念を想起することにより推察されうるところであり、また、事故損害の領域での利用者に対する損害の典型例——道路・河川の通行利用者が事故に遭った場合——を考えるならば、「利用者」のとらえ方の違いが明らかになるであろう。

---

203) Labetoulle et Cabanes, note sous C. E. 22 octobre 1971, précité, A. J. D. A. 1971, p. 657.
204) 沿道住民の道路という公の工作物に対する関係が、非常に複雑であることを理由としている。

以上、便宜的に、事故損害・恒久的損害という従前からの領域分けに従い、被害者の地位（第三者・利用者）による責任要件の差異をみてきたが、第三者と利用者の区別に基づく新たな責任システムが従前の区別に代わりうるものとして呈示された以上、その枠を超えた総合的な見地から、この理論を見直す必要があろう。次款では、公土木の損害の領域全体において、20世紀前半からの推移を含めて判例・学説を検討することにより、被害者の地位に基づく責任システムに関する検証を試みていきたい。

第3款　公土木の損害の領域全般における第三者と利用者の区別の意義

第1項　第三者と利用者の区別と恒久的損害・事故損害の区別との関係

I　恒久的損害・事故損害の区別による責任理論と第三者・利用者の地位の区別による責任理論との重なり合い

第1・第2款では、事故損害と恒久的損害の領域に分けて、被害者が利用者である場合と第三者である場合のそれぞれの責任理論を検討してきたが、ここでは、恒久的―事故損害の区別と、利用者―第三者の区別との関係について検討を加えたい。当初、公土木の損害の領域に、被害者の地位――第三者・利用者の区別――による責任システムを提唱したリヴェ、デトンらは、事故損害と恒久的損害の区別を排除し、公土木の損害すべてについて、利用者・第三者の区別を及ぼそうとするものであった。これは、実質的に、20世紀半ば以前には、事故損害のカテゴリーに属しており、行政の役務のフォート類似の「維持の欠缺」を帰責事由として要求していた領域への、被害者が第三者である場合の「フォートによらぬ責任」の導入、すなわち、公土木の損害の領域全体における客観的責任の拡張という意味合いをもちうるものでもある。また、恒久

---

205) 例えば、デトンの論告（Detton, conclu. sous C. E. 6 octobre 1944, Société Streichenberger, R. D. P. 1946. p. 326, précité）等。

206) Rivet, conclu. sous C. E. 20 mars 1926, Grimaud, R. D. P. 1926, p. 258. précité; Detton, conclu. sous C. E. 6 octobre 1944, Société Streichenberger, R. D. P. 1946, p. 329, précité.

的損害・事故損害の区別を消失せしめようとする論旨は、公土木との相隣関係上で不可避的に生ずる損害と、公土木の執行・運営等から突発的に発生した事故による損害とを、公土木の損害という１つのカテゴリーを支配する唯一の責任原則に支配させようとする意図をもつものとも理解されうる。

　以下では、恒久的損害・事故損害の区別による責任理論と、被害者の第三者・利用者の地位の区別による責任理論とが、どのような重なり合いの関係にあるかについて検討していきたい。事故損害の領域では、利用者・第三者の差異による責任要件の区別が明確であるのに対し、恒久的損害の領域では、利用者・第三者の区別が責任要件の相違を導くものとはとらえにくいことはすでに述べたところであるが（第１款・第２款参照）、ここでは、公土木の損害の領域における、第三者・利用者の区別と恒久的―事故損害の区別との比較を試みることとする。恒久的損害・事故損害という損害発生態様による区別と、被害者の地位に基づく区別とは、その区別の根拠を全く異にするものであるが、実際には、様々な種類の公土木の損害に関する責任を説明する理論として、オーバーラップする場合も多いと考えられる。まず、公の工作物の存在の事実それ自体により生じた損害――例えば、運河の建設により隣地の水源が沽渇する被害[207]、盛土の形成のため風が遮断され風車が機能しなくなった被害[208]、道路の舗装工事からの臭気によりパン屋の営業が害された場合等[209]――においては、フォートに基づくことなく責任が認められるが、これらは、公土木の自然の不可避的な結果であり、恒久的損害のカテゴリーに入るものとして理解されうると同時に、当該損害の被害者は、その公の工作物を利用する者ではない第三者の立場に立つととらえられる。すなわち、ここでは、両方の区別による説明がともに可能である場合が多いといえよう。また、公土木の不執行により生じた損害[210]――例えば、溝に沿った手すりの設置[211]、道路の危険な状態を警告する標示板[212]、水路

---

207) C. E. 11 mai 1883, Chamboredon, R. p. 479.
208) C. E. 31 janvier 1890, Bompoint-Nicot, R. p. 112.
209) C. E. 5 avril 1911, Charabot, R. p. 956.
210) J. Moreau, L'influence de la situation et du comportement de la victime sur la responsabilité administrative, 1956, p. 40.
211) C. E. 1 août 1914, Malleville, R. p. 1009; C. E. 23 juillet 1938, Sté. des Grands Moulins de Paris, R. p. 744; C. E. 16 novembre 1938, Vve Beaudois, R. p. 855.
212) C. E. 8 mars 1939, Boff, R. p. 152.

中の船が衝突する可能性のある岩や木の切株の浮標等、安全のために不可欠な措置を講じなかったために、損害が発生した場合——においては、「維持の欠缺に基づく責任」が通常適用されるが、ここでは、当該損害はたまたま発生し、また避けうるものとして、事故損害の性質を有すると理解しうると同時に、事柄の性格上、公の工作物の利用について必要とされる公土木が問題となっているため、被害者は当該公の工作物に対して利用関係に立つ「利用者」として解される。したがって、この場合も、両理論による説明がほぼ可能であるということができよう。[215]

このように、比較的明確に整理しうる分野を考えるならば、恒久的損害・事故損害の区別及び被害者の地位の区別による両責任システムは、必ずしも対立するものではないと考えられる。したがって、20世紀半ば以降の新たな責任システムとしてとらえられた第三者・利用者の区別に基づく責任理論も、それ以前の責任システムのかなりの部分をカヴァーしうるものであることを認識しておく必要があろう。

II 恒久的損害・事故損害の区別の問題点の指摘

モロー（Moreau）は、利用者・第三者という被害者の地位の区別に基づく責任システムを提唱しているが、その際、事故損害・恒久的損害の区別に関して、根本的な問題点を指摘し、この区別を排斥すべきことを主張している[216]。すなわち、第一の欠点として、事故と恒久的損害との根本的な区別が、常に容易になされうるものではないこと——例えば、公土木の執行中に起きた石切場の地崩れは、損害行為の到来が突然である点で「事故」といえるが、他方、公土木の自然の結果ととらえれば、恒久的損害とも考えられる——を挙げている。第二には、この区別に、危険物（chose dangereuse）概念を統合することが、混

---

213) C. E. sect 18 décembre 1931, Robin, R. D. P. 1932, p. 94, S. 1932 III p. 41, D. P. 1932 III p. 32; C. E. 19 mars 1932, Caisse Ind. d'Ass. Maritimes, D. P. 1932 III p. 32, 2ᵉ esp.; C. E. 18 mai 1955, Sté. Les Etablissements Eternit, R. P. D. A. 1955, n° 279.

214) 一般的には、行政が公の工作物を建設するか否かは自由であるとされるが、公の工作物が設置された以上、行政は、公の安全のために必要な公土木の執行を怠ってはならないとされる（Moreau, op. cit., p. 40)。

215) Moreau, op. cit., p. 41.

216) Moreau, op. cit., p. 45.

217) 本章第2節第3款第4項で検討したところであるが、事故損害の領域で、「維持の欠缺」に基づ

乱の源となったことを指摘し、さらに第三に、最も根本的な問題として、「論理的にいって、根本的な観念（concepts fondamentaux）、すなわち、『事故（accidents）』と『恒久的損害（dommages permanents）』の概念は、それらが適用の領域を限界づける責任システムとは完全に無関係でなければならない」のに対し（そうでない場合は、トートロジーになってしまうため）、「仮に、恒久的損害が、ア・プリオリに、フォートによらぬ責任（responsabilité sans faute）の観念を含むものではないとしても、事故については異なる」と述べ、事故の概念は、それ自身の中に、フォートの理論を前提とするものであると指摘している。

すなわち、事故が避けることができ、また、避けられねばならないとされる場合にも、当該損害が回避可能であったと判断するにあたっては、避けうるところを避けなかったという認定が含まれていることになるため、この点で、事故損害・恒久的損害の区別による責任理論は、はじめからフォートが問題になりうるものをもって事故とし、これに、フォート責任が適用されるとしているにすぎないのではないかという疑問が生ずる。

また、デルヴォルヴェ（Delvolvé）も、恒久的損害・事故損害の区別に存する問題点を挙げている。すなわち、両者の区別は典型的な事例では明確である

く責任原則がとられている例外として、危険物とみなされる公の工作物については、フォートによらぬ責任が適用されたことを指す。

218) モローは、「危険物」の限定的列挙がなされていないことや、この理論自体が不明確であることを指摘している（Moreau, op. cit., p. 45）。例えば、マティオは、物は、それがしばしば事故を惹起するものでない場合には危険ではないと述べるにとどまっている（Mathiot, note sous C. E. 12 janvier 1934 et 17 mai 1934, S. 1934 III p. 81, précité）。

219) モローの述べるところは必ずしも明確ではないが、例えば、「事故が、知識的に（intellectuellement）工作物から分離されるという事実は、『事故はその性質上避けることができ、また、避けられねばならない』という断定を正当化するようにみえるが、他方、仮に定義上、『すべての事故は、役務の悪しき運営を意味する』のであるならば、この観念は、フォートの存在を前提としており」、不当前提があると述べられている（Moreau, op. cit., p. 46）。

220) しかしながら、マティオは、恒久的損害・事故損害の区別において、その区別の本質としていくつかの要素を挙げており（例えば、事故損害が突然、急激に発生したものであるのに対し、恒久的損害は継続的な被害を前提とするものであるという区別）、これらを総合して、両者の区別を構成している。仮に、不可避的な損害であるか否かの判断が明確なものでなく、フォートの存否をはじめから前提にしているのではないかという疑問が生じうるとしても、それによって、恒久的損害・事故損害の区別がすべて意味をなさないことにはならないというべきであろう。

221) P. Delvolvé, Le principe d'égalité devant les charges publiques, 1969, n° 451, 452（p. 293-294）参照。

が、どちらに属するか判断が困難な場合が存することが指摘されている。例えば、ダムが決壊して隣接する私人の所有地が浸水したような事例が事故損害であるのは明らかであるが、同じ工作物の存在により、隣接する私人の所有地に湿気を及ぼす水の滲みが生じた場合に、それを防ぐことができず、原因の解明もなしえないような事例においては、どちらのカテゴリーととらえるかが問題となろう。通常は、これを恒久的損害とみるべきであろうが、これらの損害が、当該公の工作物に結びついた一般的利益の充足に必要なものといいうるかには疑問があり、少なくとも、このような損害が、公の工作物の運営に必然のものといえないことは明らかである。恒久的損害と呼ぶとしても、時には、適切な整備によれば避けられうると考えられる場合もあり、その際には、損害と一般的利益との関係が不明確になろう。他方、事故損害であっても、場合によっては、一般的利益の充足に必要な損害とみることが可能な場合も存する。例えば、一般的利益実現のための事業を実行する過程において事故が発生した場合においては、避けることを欲し、また避けえたかもしれないが、他方で、一般的利益が当該土木の執行を必要としなかったならば、その損害は発生しなかったという異なるレベルでの議論も可能であろう。また、事故の概念は、損害の原因に結びつけられるにせよ、その外的形態に結びつけられるにせよ、明確に定義することが難しいという欠点も指摘されている。[223]

確かに、恒久的損害・事故損害の区別については、そのどちらに属するか不明確な事例の存在[224]、区別の本質に関する疑問等を中心として問題点が存在していたというべきであろう。根本的な問題は、恒久的損害にせよ、事故損害にせよ、ある私人に損害が及ぼされたことが望ましいはずはなく、たとえ、恒久的損害について、損害発生が不可避であったといわれる場合にも、様々なレベルでの回避可能性は存在しえたと考えられることから発する。例えば、道路の新設により隣接する私人の住宅と高低差が生じたような場合、当該隣接する私人

---

222) 例えば、ダム建設作業中にその資材が倒れ、近くを通っていた人が受傷する等の場合。

223) Jean Donnedieu de Vebres, conclu. sous C. E. 18 décembre 1953, Gain, précité, D. 1954, p. 720; P. L. Josse, Les travaux publics et l'expropriation, 1958, n° 360 et note sous C. E. 13 mars 1936, Soulier, précité, S. 1936 III p. 49.

224) 例えば、C. E. 11 octobre 1968, sieur Allard, D. S. 1969, p. 142; J. C. P. 1969 J 15702, précité。公の工作物の建設のための盛土や基礎工事等により、隣接する私人所有の建物に亀裂等重大な被害が生じた事例など。

との関係では高低差を生じないように策を施すことが物理的には可能であったと考えられ、騒音等の損害についても、当該隣接する私人それぞれに対する関係では、個別に損害を及ぼさない公土木の執行、公の工作物の設置を考えることは可能であったはずである。したがって、仮に不可避といいうるとしても、それは、当該被害者との関係に限らず、市民全体との関係でとらえたとき、当該損害の回避可能性は肯認できないという次元の問題にすぎないとみるべきであろう。そして、このような見方は、恒久的損害と事故損害に本質的な区別を認めることの意義を失わしめ、その区別を取り去る動きに寄与することとなると思われる。[225]

---

[225] この点に関連して、一応、恒久的損害のカテゴリーに含まれると考えられる事例においても、不可抗力 (force majeure) について判断している判例が存在することは、指摘しておく価値があると思われる。1975年の、ラモンヴィル・サンターニュ村事件 (C. E. 19 novembre 1975, Commune de Ramonville-Saint-Agne, R. p. 578) は、人口増加によって、ラモンヴィル・サンターニュ村の浄水設備の容量が不十分になり、悪臭や沈澱物のために、ロット氏の所有地が被害を受けたとして、同村に損害賠償を請求した事案であるが、コンセイユ・デタは、「ラモンヴィル・サンターニュ村の浄水場の分流は、ロット氏の所有地を横切っているパレイの小川に流れ込んでおり、この十分浄化されていない水が、そこから発散される臭いや沈澱物によって、当該公の工作物に対して第三者の資格を有するロット氏に対し、……浄水場の通常の運営 (fonctionnement normal) の結果生ずる不都合 (inconvénients) を超える被害 (préjudice) を生ぜしめたことが認められる。たとえ、1972年8月5日までの浄水場の不十分な容量が、当該村の人口増大の急速さ、及び、当該工作物の拡張に資金を供給する困難に帰責されるとしても、このような状況は、ラモンヴィル・サンターニュ村に課せられる責任を免除しうる性質の不可抗力 (force majeure) の事象とは同一視されえない」と判示して、ロット氏に15,000フランの賠償請求を認めたトゥールーズ地方行政裁判所の判決を支持した。

この判決は、恒久的損害であるか事故損損であるかという点に関しては、微妙な設定状況にあると思われる事例である。すなわち、当該損害が浄水場という公の工作物が被害者の所有地の近隣に位置することから生じたものであること、悪臭という不動産に関する継続的とみられる損害が発生していること、突発的な事故の発生とはみられないこと等は、恒久的損害の領域に含まれる損害であることを推測させるが、他方、浄水場がそのような被害を及ぼすことが不可避的であるということはできず（例えば、容量を拡張することにより回避することができた）、また、そのような被害は当該公の工作物の存在から予想しえなかったというため、その限りでは、事故損害とみなされる可能性もあろう。また、公土木・公の工作物の存在のほかに損害発生の原因が見出される場合には事故損害であるとする、マティオがかつて述べた損害の原因に基づく恒久的損害・事故損害の区別のクリテールによって考えた場合にも、当該公の工作物（浄水場）の存在自体に原因が存在するとみることも、また人口の増加に従い浄水場の容量を拡張しなかった行政の不作為に原因が存するととらえることも可能であり、決定的な解答は得られない。コンセイユ・デタの判示で用いられている、「……から生ずる不都合 (inconvénient) を超える」という文言は、相隣関係上の受忍すべき限度を超える不都合が責任成立を決定づける「非常態的かつ特別な損害」の責任原則によっていることを推測させるものであるが、他方で、不可抗力の概念が呈示されていることは（本事案では結局、不可抗力による免責を認めていないので、不可抗力についてかなり厳しい姿勢をとってい

III 第三者・利用者の区別に基づく責任システムの意義

上述のように、恒久的損害・事故損害のカテゴリー分けに対応した責任システムに根本的問題が内在していることを認めたとしても、20世紀後半以降に主流となった被害者の地位——第三者・利用者の区別——に基づく責任システムが、全く無理なく賛同されうるかには疑問があった。すなわち、I 及び II で検討したところから明らかなように、事故損害の領域においては、「維持の欠缺」要件の存否をめぐり、利用者・第三者の区別が明確に展開されているのに対し、恒久的損害の領域では、第三者であるか利用者であるかという被害者の地位は明確に示されておらず（むしろ、被害者の第三者としての立場が前提とされている場合がほとんどであるともいいうる）、このカテゴリーに特有の要件として「非常態的かつ特別の損害」が適用されているため、この点で、恒久的損害・事故損害の区別は消滅していないと考えることもできよう。ただし、判例の流れの中で、公土木の損害の領域全体について、被害者の地位——第三者・利用者の区別——に基づく責任システムを構築しようとする動きには無視できないものがあり、恒久的損害・事故損害の区別を超えて、または、それを前提として、被害者の地位による区別がどこまで妥当性を有しうるのかという問題を検討する必要があろう。

例えば、デルヴォルヴェ（Delvolvé）は、「恒久的損害と事故損害の区別は、公土木に対する第三者と利用者の区別にとって代わられるべく放棄された」と述べ、「公土木の範囲内で、フォートによらぬ責任の領域を決定するのは、第

ることは明らかであるが、不可抗力を免責事由として取り出す姿勢が、ここでは問題になろう）、当該損害が回避可能であったか否かの判断を行っていることを示すものであり、事故損害の領域に近づいているとみる余地もあろう。ただし、この判決は、被害者が第三者であることを基礎に、一定の損害の存在を理由に賠償を認めているものであるため、第三者に対する公土木の損害として、事故損害・恒久的損害の区別によらずとらえるならば問題は生じないであろう。

226) 第三者・利用者の区別に基づく責任システムは、恒久的損害・事故損害の区別に比べて単純なものと、一般には考えられる。確かに、第三者・利用者の区別という文言自体は、簡潔で単純なものといえようが、この区別に基づく責任システムは、実際上、ある損害の被害者が第三者とみなされるか、利用者とみなされるかという非常に困難な問題を内包しており、その意味では、かえって、複雑なシステムともなりうることに注意しておく必要があろう（K. H. Vogt, Die Entwicklung der "Responsabilité sans faute" in der neueren französischen Lehre und Rechtsprechung, 1975, p. 110)。

227) 1つの考え方として、事故損害の領域では、事故の発生というそれ自体異常ともいえる現象が現れているために、恒久的損害の領域で特徴的にとらえられる「非常態的かつ特別な損害」の要件を、全体として、満たしていると考えることもできよう。この点については、後に詳説する。

二の区別（第三者・利用者の区別）である」ことを明確に示している。このように、恒久的損害と事故損害というカテゴリー分けを超えて、被害者の地位による区別——第三者・利用者の区別——によって、公土木の損害の領域すべてをカヴァーしようとする試みには、以下に述べるような意義が存したとみるべきであろう。すなわち、それは、収用に関する損失に隣接した公土木の恒久的損害と、一般的な行政の賠償責任に類似した公土木の事故損害の一体化を指向するものと解される。公土木の損害に関する責任法は、当初、恒久的損害の領域において独自の発展を展開し、後に、公権力責任一般法の形成・発展に伴い、事故損害の領域における責任理論も議論されるようになったという経緯が認められるが、20世紀半ば以降のこの新たな動きは、性質の異なる2つの損害カテゴリーの境界を取り払い、統一的な理解を可能にする点で、興味深い傾向とみなされうる。

　ここで、この問題を考える上での材料となりうる判例を2つ挙げておきたい。1つは、先に挙げた1962年のシェ・ダルマニャック会社判決である。[229] これは、大雨による増水でベース川が氾濫し、左岸の地域が浸水被害を受けたことに関し、洪水防止のためのコンドーンの堤防（国の工作物）の管理主体たる国に賠償を求めた事案であるが、コンセイユ・デタは、本事案の状況が、当該工作物の「通常の維持、あるいは運営の欠缺（défaut d'entretien ou de fonctionnement normal）」を構成することを理由に、国の賠償を義務づけている。もう1つの判例は、同じく1962年のデュブル・ドゥ・マラフォス判決で、洪水を防ぐために建設された堤防のために、川沿いの土地に価値下落が生じたとして、当該土地の所有者が国に賠償を求めた事案である。[230] コンセイユ・デタは、まず、「この堤防が、その土地が有していたガロンヌ川への眺望を変化させ、河川への出入りの容易さを制限し、堤防上を歩く人々に敷地内部をさらす結果をもたらすことから生ずる被害について……前述の不都合は、この種の工作物の存在が河川の沿岸住民に通常課す拘束（les sujétions qu'imposent normalement）を超え

---

228) P. Delvolvé, Le principe d'égalité devant les charges publiques, 1969, p. 289-290.
229) C. E. 4 avril 1962, Ministre des Travaux publics c. Société《Chais d'Armagnac》, conclu. Braibant, A. J. D. A. 1962, p. 592, précité（前掲注70）、93））.
230) C. E. 11 mai 1962, Ministre des Travaux publics c. consorts Duboul de Malafosse, conclu. Combarnous, A. J. D. A. 1962, p. 588.

るものではない」と判示して、この損害に関する賠償請求は否定したが、他方、堤防の建設によって、請求人の所有地と堤防の間の地面が平坦になり、河川沿いの公道から3mの高さに張り出していた塀が取り除かれたことによる損害については、「以前は公衆の侵入から免れていた所有地が、今後、堤防を徒歩で通行する者に対する防護を奪われることになる。この損害は、収用により生ぜしめられ、収用に関する補償金（indemnité d'expropriation）の付与によって補償されたものとは区別された被害（préjudice）を構成する」と判示して、国に対する賠償請求を認めた。

上記の2つの判例は、ともに河川の沿岸住民が堤防という公の工作物に関して国に賠償を請求したものであるが、前者は、「維持の欠缺」理論に基づいて責任を判断しており、後者は、いわゆる恒久的損害の事例とみられ、相隣住民に通常課される損害を超えるものであるかという非常態性の要件によっている。

後者のデュブル・ドゥ・マラフォス判決について論告を行ったコンバルヌース（Combarnous）は、「公土木の損害を理由に成立しうる国の賠償責任の根拠（fondement）を定めるためには、わが判例は今日では、唯一の基準（critère）しか認めていない——すなわち、損害の源である工作物や土木に対する関係での被害者の地位（situation）というクリテールである」とし、紛争の解決は、デュブル・ドゥ・マラフォス氏が第三者とみなされるか利用者とみなされるかという点にすべてかかっていると述べた上で、第三者と利用者の区別に関する考察を行っている。[231] コンバルヌースの論告によれば、人身に対する損害、より一般的には事故（accidents）が問題となっている場合には、第三者と利用者の間の区別はそれほど困難ではなく、「利用者とは、公の工作物を実際に利用している者」で、「この利用は、大部分の場合、工作物の用途に従ったものであり、被った損害は、工作物の利用自身より生じたものである」とされるが、これに対して、財産に対する損害、とりわけ、公の工作物の存在から生ずる恒久的または継続的な損害（dommages permanents ou continus）の場合には、「利用者の概念は定義するのがより難しくなる」と述べられている。ここで重要と考えられるのは、本事案の場合に、被害者が第三者の資格を有することを明確に認めることで、「純粋な危険理論（la pure théorie du risque）」による責任を

---

231) Combarnous, conclu. sous C. E. 11 mai 1962, précité, A. J. D. A. 1962, p. 588.

導き、このような責任の根拠理論のみが、「唯一、デュブル・ドゥ・マラフォス氏が受けた被害の賠償を与えることを可能にするものである」と結論した点である。コンバルヌースは、このように、まず、責任成立の根拠について、第三者・利用者の区別を基礎として結論を出した後に、具体的な被害について賠償が認められるか否かを、「非常態的な損害 (dommage anormal)」理論に基づいて判断を行っている。同論告は、さらに、同じく堤防に関する事案であるシェ・ダルマニャック会社判決については、被害者が利用者の地位に立つことを理由に「維持の欠缺」理論が適用されたものであることを指摘しているが、他方で、本事案を含めた判例の傾向を「第三者の概念の拡大 (extension de la notion du tiers)」ととらえようとしている。このようなとらえ方は、恒久的損害・事故損害の区別を離れた理解の帰結としてみるべきものであろう。

結局、シェ・ダルマニャック会社判決とデュブル・ドゥ・マラフォス判決とは、河川の沿岸住民が被害者であり、ともに、損害の源である公の工作物たる堤防によって洪水の危険から守られている立場に立つという共通点を有するが、前者は利用者とみられ、後者は第三者とみなされる。このように第三者と区別される利用者の地位は、損害が工作物の利用 (utilisation) 自体の中にその源 (source) を見出すとき、すなわち、公の工作物から引き出される利益 (avantages) と被った被害との間に何らかの関係が存するときに認められることになろう。[232] この点について、先のコンバルヌースは、「利用者 (usager)」の概念は、公土木または公の工作物の「受益者 (bénéficiaire)」の概念に比べて狭いもので、「より制限的で明確な定義」づけをなされるべきことを述べ、第三者 (tiers) の概念の相対的な拡張を主張している。ここでいわれる「第三者」の拡張が、取りも直さず、「維持の欠缺」を要件とせずに因果関係の存在のみによって責任を認める場合を増大するという意義をもちうることは、注目されるべきであろう。[233]

---

232) Combarnous, conclu. précité, p. 589.
233) なお、堰の決壊のために浸水の被害を受けた被害者が第三者とみなされた例として、ヴァール県判決 (C. E. 28 mai 1971, Département du Var c. Entreprise Bec frères, R. p. 419, précité) が挙げられる。コンセイユ・デタは、「工作物の管理主体は、自らが管理者となっている公の工作物が、その存在や運営を理由に、第三者に惹起しうる損害については、フォートが存在しない場合であっても責任を負う」と判示している。この事案では、特に、不可抗力の存否について詳細な検討がなされている (前掲注57)。

第2項　第三者と利用者の区別に基づく責任システムにおける責任の根拠の検討

I　利用者に関する責任の論拠

　20世紀半ば以降、コンセイユ・デタによって採用されたとみられる第三者・利用者の区別による異なった責任理論の適用については、その一般的かつ理論的な根拠（fondement）を探求しようとする試みはあまりみられなかった。被害者が利用者である場合に、第三者である場合と比べて厳しい扱いがなされることに関してはいくつかの理由が指摘されている。第一に、被害者が工作物の利用から引き出した利益（profit）の観念が挙げられ、これが伝統的にとられてきた説明であった。すなわち、第三者・利用者の区別の提唱者であったリヴェは、利用者は工作物の存在から個人的に利益（bénéfice）を得ているがゆえに、「利用者が法的に予想しうるような状態」をその工作物が示していない場合にのみ賠償が認められると述べ、また、同じくこの区別の推奨者であったデトンは、被害者が第三者である場合について、「対価のない犠牲の理念（l'idée d'un sacrifice sans contrepartie）」が「単なる損害の証明に基づき、賠償請求権の認容を導く」として、利用者が受ける利益の観念を重視している。多くの学者がこれに追従したが、他方、オービイ（Auby）は、このような区別は、「被害者と公役務との間に常に存する関係の一般的な考慮」に基づくものにすぎず、結局、公土木の領域において、利用者と第三者という地位は、損害発生時の具体的な状況との関わりにおいて認められるにすぎないことを主張している。オービイによれば、コンセイユ・デタによってなされているのは、工作物の存在・運営により利用者に与えられる利益と、当該工作物の構造の瑕疵や維持の

---

234)　F. Moderne "La distinction du tiers et de l'usager dans le contentieux des dommages de travaux publics", C. J. E. G. 1964, n° 174, p. 690.
235)　Rivet, conclu. sous C. E. 20 mars 1926, Grimaud, précité.
236)　Detton, conclu. sous C. E. 6 octobre 1944, Streichenberger, précité.
237)　F. -P. Bénoit, "Le régime et le fondement de la responsabilité de la puissance publique", J. C. P. 1954 J p. 21; Letourneur, conclu. sous C. E. 21 mai 1954, S. N. C. F., R. p. 293; Landron, conclu. sous C. E. 3 février 1956, Dame Vve Durand, R. p. 51; J. Moreau, L'influence de la situation et du comportement de la victime sur la responsabilité administrative, 1956, p. 10-11 等参照。
238)　Auby, note sous C. E. 3 février 1956, Thouzellier, D. 1956 J p. 596.

欠缺から生ずる不都合との間の比較ではなくして、実際の状況分析であるとされ、被害者が公の工作物や公土木の作用から無視しえない利益を引き出している場合でも、状況によっては第三者とみなされうると述べられている。また、モデルンも、工作物の利用が有償である場合などに、利益の観念のみによる説明が困難であることを指摘している。次に、第二の理由として、危険の引受け(acceptation des risques) の観念が挙げられる。ただし、これについては、第一の利益の観念以上に満足すべき論拠を提供しうるものであるかは疑わしいとされている。

II 学説の状況

　一般的には、上記の2つの概念は、より厳しい扱いを受ける利用者の地位を説明するために、合わせて主張されうる事由であるということはできよう。すなわち、利用者は、「工作物の利用という事実自体によって、自発的にその結果を受忍することが正当とされるある種の危険にさらされるのである。したがって、損害賠償が認められるのは、行政のフォートや懈怠のために受忍されるべき危険の限度 (le seuil de risques tolérables) を超えた場合のみである」のに対し、第三者の場合には、「完全に受動 (en pleine passivité)」の立場に置かれ、「いかなるイニシアティヴもとっておらず、工作物の通常の運営に関わる危険に意識的に立ち向かうものではない」とされる。

　しかしながら、例えば、その利用が自発的なものではなく、行政によって強制されたものであった場合などは、前述のような考慮は働かないにもかかわらず、利用者に対する責任原則が適用されることになる。また、一般的には、利益の観念や危険の引受けの観念が、利用者を第三者に比べて不利に扱うことを説明しうるとしても、これは、賠償請求の認否の判断を行うにあたり、被害者

---

239) Moderne, op. cit., p. 690.
240) 例えば、Letourneur, concl. sous C. E. 21 mai 1954, S. N. C. F., R. p. 293, précité; P. Duez, La responsabilité de la puissance publique (en dehors du contrat), 2ᵉ éd. 1938, p. 45 等。
241) Moderne, op. cit., p. 690.
242) Moderne, op. cit., p. 691 参照。
243) Moderne, op. cit., p. 691. 例えば、小学生が、教育施設に通うことを義務づけられる場合でも、公の工作物の利用者とみなされる (C. E. 21 février 1962, Commune de Neuves-Maisons, R. p. 117. 「維持の欠缺」理論を適用している)。

のその場の状況が考慮事由になるというレベルの議論にすぎず、被害者が利用者であるか第三者であるかによって、責任理論を異にする帰結（例えば、フォート責任かフォートによらぬ責任か、というレベルの問題）までを導きうるものであるかは疑問とする見解も存する。なお、モデルンは、「第三者と利用者の区別に対する一般的な理論的根拠を探求することは徒労に終わった。……財政上の理由（motifs d'ordre financier）も判例の解決と無関係ではない」と述べているが、このような見解もありうるところである。

　多くの学説は、第三者・利用者の区別がクリテールたりうることを認めてはいるが、特に、公土木の損害の領域においてそのようなシステムが採用されたことについて、積極的な理由づけは、ほとんど行われてこなかった。時に、公土木の損害に関する責任法の、被害者保護の見地からの先進性（一般の公権力責任法に比べて）が、第三者とみなされる被害者の保護により厚い責任理論を作り出し、また、財政的考慮から利用者に対する損害はそこから切り離されたとする実際的な理解や、公負担の前の市民の平等原則のこの領域への容易な浸透を説く見解などが示された程度である。

　他方、これらとやや異なった見解としては、モローの所説がある。モローは、公土木の損害の訴訟に関する綿密な判例分析を行った上で、被害者が第三者の場合は、フォートによらぬ責任、利用者の場合にはフォート責任という、被害者の地位（situation）に基づく唯一のクリテールのみが、責任システムの適用領域を画するという結論を出している。その際、彼は、このような原則が公土木の損害に関する訴訟のいかなる特殊性にも依拠するものでないことを指摘し、公権力責任一般において被害者の地位を重視したテクニックを求めようとしている。モローの見解は、公権力責任には単一な制度は存在せず、異なったシス

---

244) Moderne, op. cit., p. 691.
245) Moderne, op. cit., p. 691 にみることができる。
246) P. Delvolvé, Le principe d'égalité devant les charges publiques, 1969, n° 451, 452（p. 293 et s.）等を主に参照。
247) J. Moreau, L'influence de la situation et du comportement de la victime sur la responsabilité administrative, 1956, n° 48, 49.
248) モローは、被害者の地位（situation）が様々な責任システムに与える影響について論じている。まず、責任が認められるための条件の選択（choix）に関し、第三者が被害者の場合には被害者が被った非常態的損害（dommage anormal）の存在が必要とされ、利用者の場合には行政に帰すべき役務のフォート（faute de service）の証明が必要とされると述べ、さらには、この被害者の地

テムの多様な集まりであることを認めた上で、被害者の状況に注目し、それらの整理を試みるものであるが、これは、公権力責任において、制裁的機能から補償的機能へ重点を移し、したがって、損害発生行為よりも被害者の立場による救済の方へ問題の中心を据えようとする試みでもあったと考えられよう。[249]

モローは、被害者の地位が責任の判断に与える影響を、一般的な形で論じているが、確かに、損害賠償責任を考える場合、その相手方である被害者の状況が、責任の判断に際して、重要な一要素をなすといいうることは明らかであり、これは、従来から被害者のフォートによる行政責任の減免が議論されていたことからも確認することができる。ただし、被害者の地位が、この一要素としての性格を超え、責任条件を決定づける根本的要因として位置づけることが妥当であるかどうかについては、なお議論の余地あるところであろう。

結局、第三者・利用者という区別のみに引き付けられた責任システムを導く理論的根拠が弱いことは認めざるをえないが、[250]20世紀後半の判例・学説にみられたこの新たな責任システムの採用は、動かし難い事実といわなければならないであろう。[251]次項では、この新しい判例の動向に重要な役割を果たしたと思われる、公負担の前の平等原則について検討していくこととしたい。

位が責任条件の選択だけでなく、条件の判断（appréciation）に影響を与えるとみるべきことを指摘している。すなわち、役務のフォートの概念は、先存義務違反（violation d'une obligation préexistante）と伝統的にはいわれてきたが、この義務、行政が守らねばならない根源的規範（norme initiate）は、行政客体に認められる権利を裏返した"image"にほかならず、役務のフォートは、行政に対し被害者が保有する権利——行政によって市民に対し保障される権利——の範囲との関係で判断されるべきものであるとしており、被害者の性質が、責任制度に対し決定的影響を与えると述べている（Moreau, op. cit., nº 89-91）。

249) F. -P. Bénoit, préface（Moreau, op. cit., thèse）.
250) 第三者と利用者の区別に基づく責任システムととらえるのに異議を唱える見解も存するが、次項で詳説する。
251) 理論的根拠とは別に、実際的見地から、第三者と利用者の区別による責任システムをみた場合、ある1つの説明が妥当するのではないかと思われる。すなわち、利用者については「維持の欠缺」理論が適用されているが、これは、被害者が当該土木に対し利用関係に入っているため、いわば契約的な見地から、このように定式化された責任理論を適用することが可能になるとも考えられる。この点については後述する。

第3項　公負担の前の市民の平等原則との関係

I　第三者・利用者の区別に基づく責任システムとの関係

　　前款では、被害者の地位——第三者・利用者の区別——に基づく責任システムに関して、その一般的・理論的根拠の検討を行ったが[252]、公負担の前の市民の平等原則を考慮に入れたとき、ここに、新たな解釈を生ぜしめる可能性があろう。すなわち、従前より、恒久的損害に関する責任の根拠をなす原理として挙げられていた公負担の前の市民の平等原則から、被害者の第三者・利用者の区別に基づく新たな責任システムが導かれたとする解釈、あるいは、第三者と利用者の区別に基づく責任システムの採用が、被害者が第三者である領域全体へのこの原則の拡張を達成せしめたとする見方である。例えば、この点を明確に示している1953年の判決（前出）[253]は、「一般的利益の充足があらゆる行政の企ての目的それ自体を構成し、私的利益に優先すべきものであることが自明な事柄であるにせよ、公負担の前の市民の平等原則（le principe de l'égalité des citoyens devant les charges publiques）はやはり存続している。この点で、行政の行為や公土木により惹起された非常態的損害（dommage anormal）は、私人に対し課せられる公負担として現れる。前述の平等原則を守るため、共同体のメンバー間でその負担を分配する（répartir）必要があり、これを行うためには、共同体のメンバーや公役務の利用者によって支払われる税金、料金、使用料金等で賄われた予算から支出される賠償金を支払うことを、損害の原因行為者たる公法人や公施設に対し、義務づけねばならない」と述べ、公負担の前の市民の平等原則を明らかにした上で、「衡平（équité）を満足し、公負担の前の個人の平等原則の遵守を確保するに関して、公役務のフォート理論（la théorie de la faute de service public）の欠陥（insuffisances）を繕うために、公土木によって生じた損害の領域における契約外賠償責任は、客観的に行政の危険（risque abministratif）に根拠づけられている。しかしながら、このフォートによ

252）　例えば、モデルンは、「一般的な理論的根拠を探求することは徒労に終わった」と述べている（前出、F. Moderne, "La distinction du tiers et de l'usager dans le contentieux des dommages de travaux publics", C. J. E. G. 1964, n° 174, p. 691）。

253）　Conseil de préfecture interdépartemental de Lille, 27 janvier 1953, Dauchy, Olivier, et autres c. Electricité de France, D. 1953, p. 157, précité（前掲注162））。

らぬ責任の適用領域の広がりは無限界ではない。第一に、損害の被害者が公の工作物の利用者である（第三者でない）場合に、この責任は姿を消し、第二に、このフォートによらぬ責任が適用されるためには、その損害が、……特別で（spécial）（すなわち、被害者に固有な）、非常態的な（anormal）（すなわち、社会生活が通常もたらす不都合や被害を超える）性格を示すことが必要とされる」と判示している。

この判決の論旨は、公負担の前の市民の平等原則が恒久的損害のカテゴリーを超えて広く適用されることを明らかにし、かつ、それが被害者が利用者でなく第三者である場合にのみ妥当することを肯定するものである。したがって、公土木の損害を被害者が第三者であるか利用者であるかで二分し、前者について、フォートによらぬ責任――公負担の前の市民の平等原則の適用――を認めたものと解することができよう。

II 恒久的損害・事故損害の区別に基づく責任システムにおいて果たした役割

以上のように、被害者が利用者である場合を、公負担の前の市民の平等原則適用の制約としてとらえる判旨も明確に現れているが、公負担の前の市民の平等原則の内容を明らかにするために、同原則が、恒久的損害と事故損害の区別に基づく責任システムにおいて果たした役割をはじめに考察しておきたい。

恒久的損害に関する責任の領域においては、従前からフォートによらぬ責任理論が適用されていたが、この賠償責任を正当化するものとして公負担の前の市民の平等原則が呈示されたのは、この領域の損害が、公負担（charges publiques）の概念に困難なくあてはまるがゆえであろう。デルヴォルヴェによれば、恒久的損害は、「根本的には、公権力の適法行為（décisions régulières de la puissance publique）から生ずる損害、または、直接的に行政客体（administrés）に対し課せられる負担と異なるものではない」ととらえられた。[255] すなわち、公

---

254) P. Delvolvé, Le principe d'égalité devant les charges publiques, 1969, n° 449 (p. 292). デルヴォルヴェは、次のものを参照している (Eisenmann, "Sur le degré d'originalité extra-contractuelle des personnes publiques", J. C. P. 1949 I 742 et 751; G. Cornu, Etude comparée de la responsabilité délictuelle en droit privé et en droit public, 1949, p. 264; A. Mathiot, Les accidents causés par les travaux publics, 1934)。

255) Delvolvé, op. cit., n° 446 (p. 291).

土木は、その定義上、一般的利益の目的において公法人が実行するものとされており、また、第三者に対し及ぼされた恒久的損害は、必然かつ不可避の結果 (conséquence nécessaire et inévitable) であり、いかなる予防措置もその発生を防ぐことはできない性質のものであるとされる。[256] 道路の改修により迂回通行が必要とされる場合、[257] 鉄道敷設のための盛土により風が遮られて風車が機能しなくなった場合、[258] 火力発電所の設置が近隣に煙を充満させた場合[259]等は、恒久的損害の性質をよく表す例として挙げられている。さらに、デルヴォルヴェは、恒久的損害においては、公土木または公の工作物と損害との間に密接な関係が存在し、多くの場合、損害の発生は決定づけられ、時には、事前に計算されえていることを指摘しており、危険性 (risque) の概念が蓋然性と不確実性 (probabilité et incertitude) を含む限りにおいて、危険責任とはとらえ難いとしている。[260]

また、恒久的損害が収用と近接した領域であることも、公負担の前の市民の平等原則の適用について重要であろう。例えば、デルヴォルヴェは、恒久的損害と収用との関係について述べているが、[261]まず、両者の相違点として、恒久的損害は、「収用のように、常に不動産所有権が問題となるものではない」こと、また、「事実行為の結果であり、行政手続によって追求される目的ではない」こと、及び、公土木の損害では、損害が公土木の作用に付随ないし後に生ずるのに対し、収用では、損害が前に存在していること等を指摘した上で、両者とも、「私人の権利への攻撃が、公権力によって、意図的に (volontairement)、公益の目的において、行われ」るものであるとし、さらに、「両方の場合に、必然的 (nécessaire) かつ意図的な私人に対する拘束の設定が存在する」と述べて、恒久的損害と収用が有する共通の性質を呈示している。また、「収用においては、行政は、公土木におけると同様に、普通法外的特権 (privilèges exorbitants) を用いる。……賠償責任 (responsabilité) は、収用の場合には、

---

256) Delvolvé, op. cit., n° 446 (p. 291) の記述による。
257) テバルディニ事件 (C. E. 26 mai 1965, époux Tebaldini, R. p. 305, précité (前掲注167)) 等。
258) C. E. 31 janvier 1890, Bompoint-Nicot, R. p. 112. etc.
259) C. E. 16 novembre 1962, E. D. F. c. Faivre, R. p. 615. etc.
260) Eisenmann, op. cit., J. C. P. 1949 I 742 et 751 も参照。なお、ここでいう危険責任は、「フォートによらぬ責任」と同義ではなく、"risqué" の観念を重視するものである。
261) Delvolvé, op. cit., n° 446 (p. 292).

法律 (loi) により、公土木の場合には、裁判所によって課される」と述べ、収用に関する補償と公土木の損害に関する賠償を、ともに、「及ぼされる損害 (préjudice) を償う賠償金 (indemnité compensatrice)」として同質的に理解し、両者を「公負担」ととらえようとしている。恒久的損害の領域のこのような性質に鑑みるならば、責任を導く根拠として、公負担の前の市民の平等を呈示することが適切であり、また、そうした抽象的な一般原則に根拠を求めざるをえないと解すべきであろう。

　これに対して、公土木の事故損害の場合には、もともと、「公負担」とみなすことには困難が存し、公負担の前の平等原則の直接的適用はなされておらず、フォートによらぬ責任は認められていなかった。例えば、「事故損害 (dommage accidentel) は、定義からみても、公の工作物の実現に不可欠なものではありえない。損害と公土木との間の結びつきは、直接的なもの——責任成立のための必要不可欠の条件——でありうるとしても、作用によって追求される目的と損害との間の結びつきは、直接的ではない。公土木と損害との間に事故が存在して、両者を分かっている。一般的利益は完全にその実現を欠いている」とされ、課税、収用、徴用、公の行為・活動の結果、必然的に生ずる拘束と同義で、公負担 (charge publique) と語ることは困難であることを指摘する論旨もみられた。デルヴォルヴェは、「負担 (charge)」という文言を、重荷 (fardeau) や重圧 (poids) の意味に広げることによって、事故損害をもこの概念にあてはめることが可能であるとしているが、その場合にも、事故損害は、公活動の結果生ずるものではあるが、意識的、必然的に生ぜしめられたものではない——「結果であって、（必要）条件でない」——がゆえに、「公の (pub-

---

262) デルヴォルヴェのこの記述は、シャピュが、収用と相隣妨害 (trouble de voisinage) とを比較対照し、これらが呼び名はどうであれ、法的には "prix" の性質を有するものであり、賠償責任 (responsabilité) の範疇には含まれないとしている (R. Chapus, Responsabilité publique et responsabilité privé, 1954, n° 372) のに対し、反論を加えたものである。デルヴォルヴェによれば、「"prix" の概念は、合意による交換、すなわち、少なくとも論理上は、買主と売主の間の平等を意味するものであるが、定義上、そのような概念は、収用の場合と公土木の場合には排斥される。補填する義務が課せられる場合には、そこには "responsabilité civil" がある」とされる (Delvolvé, op. cit., p. 292)。
263) このことは、1789年の人権宣言17条で明言されている。
264) Mathiot, op. cit., p. 128.
265) Delvolvé, op. cit., n° 450 (p. 293).

lic)」負担といえるかが問題となりうると指摘している。

　このように、公負担の前の平等原則は、それが1789年の人権宣言17条より生まれ、一般的利益の目的で市民に必要とされる分担金（contributions）に関するものであると解される限りにおいては、偶然的に（fortuitement）、事故的に（accidentellement）のみ生じた負担については主張されえないと解するのが自然な見方であろう。この点では、恒久的損害と事故損害という２つのカテゴリーを区別して責任を論じたことには、必然性があったとみることができる。

Ⅲ　事故損害の領域への公負担の前の平等原則の拡大

　しかしながら、20世紀後半に至り、恒久的損害・事故損害のカテゴリーの統一を図る動きが登場したことから、公負担の前の市民の平等原則との関係で、これをどのように解するかという問題が生ずることとなった。

　この点についても、恒久的損害・事故損害の区別に内在する問題点（前出）がまず前提とされた。すなわち、恒久的損害においても損害の回避可能性が考えられる事例が存在しうるため、この場合の一般的利益の充足と事故損害の事例で考えうる一般的利益の充足とが、どれほどの差異を保ちうるかという問題が生ずる。そこから、恒久的損害のみを取り上げて「公負担」ととらえる従来の考え方は、必然のものではないとし、「公負担」を広く事故損害にまで適用を広げて理解する可能性も導かれるところであろう。例えば、デルヴォルヴェは、「公土木の損害を考える際、（恒久的損害と事故損害のカテゴリーを——引用者注）別々に検討する必要はない。……同一の活動から生じたものとして、ひとかたまりで（dans leur masse）論ずべきである。それゆえ、（事故損害と恒久的損害の——引用者注）統一が現れるのである」と述べ、さらに、この統一の正当性を論理的に探求する試みとして、公土木の作用やその結果生じた工作物は、不可避的にいくつかの損害を発生せしめるものであると理解し、これらの損害を公土木の基礎にある一般的利益の追求に内在する負担＝公負担としてとらえようとしている。そして、結果的に、第三者に対して及ぼされる損害＝公

---

266)　Delvolvé, op. cit., n° 450 (p. 293) による。
267)　Delvolvé, op. cit., n° 451, 452 (p. 293, 294)。本款第１項に詳しい。
268)　Delvolvé, op. cit., n° 452 (p. 294).
269)　デルヴォルヴェは、公土木の損害について、ア・プリオリにどのような損害が生ずるのかは特

の仕事の実現の結果生ずる負担＝「公負担（charges publiques）」は、（恒久的損害か否かに関わらず）同一の性格を有するがゆえに、同一の態様で補塡されるとして、公負担の前の市民の平等原則を根拠とするフォートによらぬ責任をこの領域全体に広げて理解しようとしたものである。[270]

「公負担」の概念とは厳密には一致しないと考えられていた事故損害についても、「公負担」ととらえようとする見方は、公負担の概念の拡大、公負担の前の市民の平等原則の適用拡大を意味するものでもあった。20世紀後半の判例にみられた変化——恒久的損害の領域で以前から適用されていたフォートによらぬ責任が、広く公土木の損害において被害者が第三者である場合に拡大する——が、公負担の前の平等原則の拡大からもたらされたものといえるかどうかについて、コンセイユ・デタの判決は直接言及していないが、少なくとも、結果的にみて、被害者が第三者である場合のフォートによらぬ責任の根拠として、公負担の前の市民の平等原則が支配していることは認めることができよう。

IV 公土木の損害の領域全体への公負担の前の平等原則の適用

以上のように、公負担の前の市民の平等原則が、事故損害の領域にまで広げられうることを認めたとしても、被害者が第三者であるか利用者であるかの区別に基づいて異なった責任原則が適用されるシステムについては、さらに説明が必要となろう。[271] この点に関しては、公負担の前の市民の平等原則は、極めて抽象的一般的な理論であるがゆえに、公負担ととらえられる市民の被った損害すべてに拡張的に適用されうるものとした上で、その被害者が、当該公土木・

定できないが、その発生は避けることのできないものであるとしており、さらに、「全体として、公土木の損害は、必要的条件であると同様に、不可避の結果である」と述べている（Delvolvé, op. cit., nº 452, p. 294）。しかしながら、事故損害についても不可避的とするとらえ方には、やはり疑問が残ろう。

270) Delvolvé, op. cit., nº 453 (p. 295). このほか、ルジュヴァン゠バヴィルも、公負担の前の平等原則が公土木の損害全体に及んでいることを認めようとしている。この見解については、次項で検討する（Rougevin-Baville, conclu. sous C. E. 2 juin 1972, Les vedettes blanches, D. S. 1974, p. 260, précité）（前掲注170））。

271) ベノワは、「私人と行政との関係において、行政に対する被害者の地位と関連する様々な基準で、平等の破壊点（point de rupture de l'équité）を確定するのが衡平であろう」と述べており、第三者・利用者のような区別が平等原則との関係で妥当性をもちうることを指摘している（F. -P. Bénoit, "Le régime et le fondement de la responsabilité de la puissance publique", J. C. P. 1954 I 1178, nº 40-42)。

公の工作物と特別の関係に立つ者——そこから利益を得ている者——である場合には、この者は、公負担の前の平等原則にいう「公負担」を課されたとは考えられず、また、仮にそれを公負担と解したとしても、当該被害者はその場合に平等原則が働く一市民としてはとらえられないとみることができよう。さらに、公負担の前の市民の平等原則の役割に重点を置いて考えるならば、公土木の損害の領域全体について同原則が一応及んでいると解し、被害者が利用者である場合には、その例外部分を構成するとみることもできよう。利用者に対しては「維持の欠缺」理論が適用されているが、これは、損害発生の状況が、「維持の欠缺」のような、ある程度定式化された要件を問題とするのに適しているために用いられていると考えることができ、公土木の損害全体の中で、利用者に対する損害に関する責任は、むしろ特別のカテゴリーを形成しているとの見方もありうるところであろう。[272]

　被害者が第三者の地位にある場合すべてに、フォートによらぬ責任が認められたことは、公土木の損害の領域における被害者保護の責任理論の拡大を意味するものであるが、このような20世紀後半の展開に関して、公負担の前の市民の平等原則が重要な役割を果たしたことは間違いないところであろう。結局、公土木の損害の領域における第三者と利用者の区別による責任システム提唱の最も重要な意義は、従前、収用と隣接した領域である公土木の恒久的損害のカテゴリーにおいて、その確実なる適用をみてきた公負担の前の市民の平等原則が、被害者が第三者であるというカテゴリー設定により、新たに、公土木の事故損害の領域にまで浸透してきたという状況にみることができる。ただし、この点に関しても、恒久的損害について公負担の前の平等原則が直接あてはまるのは当然としても、一般の国家活動より生じた損害と比較的類似した事故損害の領域において、同原則の適用をみるのは、それ自体、公土木としての特性によるものと解すべきであるかが問題となろう。国家活動から生ずる損害をすべて「公負担」と解するならば、公負担の前の市民の平等原則は、非常に拡張的

---

[272]　利用者に対し損害が及ぼされる場合には、被害者は当該公土木に対し利用関係に入っているため、この点で、いわば契約的な見地からその責任を考えることが可能になろう。「維持の欠缺」——利用者に公の工作物の通常の利用を保障すべき通常の維持がなされていない——を要件としているのは、利用者に対する関係で生じうる状況がある程度定式化しうるこのような状況を前提とするものであり、第三者に対する関係では、カヴァーすべき範囲が広範であることと対比することができるであろう。

に、あらゆる損害賠償の領域をカヴァーするまでに広げられる可能性があるが、その場合に、同原則が責任理論決定に関し、真に理論的な役割を果たしうるかには疑問の存するところである。

むしろ、公土木の損害の第三者に対する責任において公負担の前の市民の平等原則がその根拠として働いているとみられることについては、様々な要素が作用していることに注意しておかなければならない。すなわち、第一に、収用と隣接した恒久的損害の領域において、古くから（いわゆる公権力無責任時代から）、公負担の前の市民の平等原則に基づいて公の賠償責任が認められていたこと、第二に、20世紀になって、恒久的損害と区別されて認識されるに至った事故損害が、恒久的損害と同一の管轄に服し、公土木の損害の中の１つのカテゴリーとしてとらえられたこと、第三に、恒久的損害と事故損害の区別に内在する問題点が認識されたこと等、主に歴史的要素が重要な役割を果たしたということができ、公負担の前の市民の平等原則が公土木の損害の領域全体に広く適用されるに至った事情は、このような状況設定を抜きにしては考えられないことであろう。[273]

第４項　第三者と利用者の区別に基づく責任システムの総括

I　第三者・利用者の区別による責任理論の問題点

20世紀後半に新たな責任システムとして採用された第三者と利用者の区別に基づく責任システムは、しかしながら、いくつかの問題点を含んでいた。

まず、このような被害者の地位の差異を、適用する責任原則を決定づける唯一の要素として位置づけることに対し、理論的疑問が存することは前にも述べたところであるが、さらに進んで、第三者・利用者という区別が責任システムのクリテールであるとする判例理論の整理・解釈自体についても、批判的見解が存した。例えば、1971年の判例ノート（Labetoulle et Cabanes）では、「第三[274]

---

273) 公土木の損害において適用拡大をみた公負担の前の平等原則が、広く行政責任一般の領域にまで及び、フォートによらぬ責任を拡大せしめるかという問題については、同原則が事故損害の領域にまで及んでいる以上、理論的には拡大する可能性が高いというべきであろう。しかしながら、公土木の損害に特有な事情を考慮するならば、同領域に固有に現れた動きとして理解する方が妥当であるように思われる。

274) Labetoulle et Cabanes, note sous C. E. 22 octobre 1971, Ministre de l'Equipement c. Epoux Blandin, précité, A. J. D. A. 1971, II p. 657 et s.

者―利用者の伝統的区別（la distinction classique tiers-usager）は、今日では、もはや、絶対的な満足を得るものとは思われない」との批判が加えられている。このノートにおいては、まず、第三者と利用者の区別による責任理論について、「第三者に関しては、行政の責任が成立するためには、被告に対抗してフォートが指摘されうるか否かに関わらず、因果関係が立証されれば足りる。利用者に関しては、……被害者は、公土木または公の工作物への損害の帰責性（imputabilité）の証明を行わねばならないが、公共団体は、公の工作物の通常の維持を行ったこと、または、近づく危険を正しく警告したことを立証することによって、すべての責任を免れうる。これが、いわゆる『通常の維持の欠缺（défaut d'entretien normal）』の理論である」と理解した上で、他方、「公の工作物に隣接することから生ずる損害は、非常態的な性格を示す場合にのみ賠償され」ており、ここでは、「損害が非常態的な性格を示すかどうかを判断するために、我が判例は、当該損害の性質を考慮に入れているようである」と述べて、これを、新たな区別の登場ととらえている。すなわち、同ノートによれば、因果関係の立証のみにより責任が成立する領域（ここでは危険責任の領域とされている）として観念される被害者が第三者である場合において、損害の性質が非常態的でないために賠償が認められない事例がみられることは、第三者と利用者の区別に基づく責任システムの混乱を示すものであり、「このクリテールが、実際には、真の状況を説明するものではない」とされる。

---

275) これは、伝統的な危険理論（la théorie classique du risque）の適用であると述べられている。
276) このノートでは、具体的には、「所有権に対する侵害に原因を見出したり、または、所有権の享有や行使自体にもたらされる妨害を構成する損害（賠償請求権を付与する）」と、「土地上に工作物を建立する公、私所有権の不可避的な結果であり、所有権の一般性（généralité）によって賠償なしに受忍される不都合（inconvénients）」という新しい区別を立てている（Labetoulle et Cabanes, note, précité, A. J. D. A. 1971 II p. 657 et s）。
277) さらに、このノートでは、第三者と利用者の区別の責任理論に対する批判の材料として、公道の沿道住民（riverain）の地位の複雑さを取り上げ、「沿道住民は真の意味での利用者でもなく、また真の意味での第三者でもない」と述べるとともに、判例の中に、第三者と利用者の区別による責任システム（前述）から外れる場合が存在していることを指摘している。例えば、1962年のニース市判決（C. E. 13 juillet 1962, Ville de Nice c. hoirs Aubour-Gilly et dame Zino, R. p. 489）は、市長の命令により、重量の大きい車は、ニース市通過の際、ヴェルニエ通りを含む道筋を通ることを強制されたが、この通りの路面が車の激しい往来のために少しずつ破損し、そこから伝わる激しい振動のため給水管に裂け目が生じ、（給水を受けていた）同通り沿いの建物所有者らが損害を被った事案に関するものであるが、コンセイユ・デタは、「ニース市が、市長は前述命令を発するについて、いかなるフォートも犯さなかったことを主張したとしても、当該損害が、ニース市の

確かに、被害者が第三者であるならば、因果関係の立証のみにより賠償を認める責任原則が適用されると解した場合には、損害行為の性質を考慮する必要なく、公共団体はすべての危険を負担すべきものと考えられるため、恒久的損害の領域で、損害の非常態的性格が要求されている判例の状況と矛盾を生ずることになろう。

このような見解は、恒久的損害の領域に特有な責任原則と、事故損害において被害者が第三者である場合の責任原則との差異を、第三者に対する損害として1つに括ることで処理しうるかという問題を呈示したものであるが、これはそのまま、新しい責任システムにおいて、恒久的損害と事故損害の区別を取り除きうるかという論点に繋がるものであろう。

II 第三者に対する損害としての統一的理解の試み

上記の問題に関し、積極的に、第三者に対する損害として統一的にとらえようとする見解として、政府委員ルジュヴァン=バヴィル（Rougevin-Baville）の論告を挙げておきたい。バヴィルは、一般的に、「フォートによらぬ責任はすべて、多かれ少なかれ、公負担の前の平等の破壊（rupture de l'égalité devant les charges publiques）に直接的に基づいて」おり、このことは、特に公土木の損害に関して妥当する旨を述べた上で、公土木の損害の領域においては、「第三者が被った損害の賠償を、当該損害が第三者間の扱いの不平等を表すという条件、すなわち、被害（préjudice）が当該被害者にとって特別（spécial）であ

通常の維持の欠缺や工作物の瑕疵（vice de l'ouvrage）より生じたとみなされるべきである以上、このような状況は、損害を被った管の所有者に対し負うニース市の責任を免れさせる性質をもたない」と判示している。Labetoulleらのノートによれば、この判例は、「通常は第三者とみなされるべき被害者が利用者の通常の領域上で賠償された」ものであると解され、一般の原則があてはまらない事例とされている。確かに、当該損害の被害者は、損害の原因たる道路という公の工作物に対して第三者の地位にあり、「維持の欠缺」理論の適用はないはずであるが、判決の文言には「通常の維持の欠缺」と明示されている。この場合の事実関係はやや複雑であり、市長が公の工作物に関して発した命令が適法である場合にも市の責任を認めた事例と解する余地もあり、「維持の欠缺」の文言がどの程度の意味をもつかという問題もあろう。ただし、いずれにせよ、第三者と利用者の区別による責任システムを判例が採用しているという場合にも、それは、判例の大勢を整理した見方にすぎず、すべての判例を網羅したものではないことに注意しておく必要があろう。

278) Combarnous, conclu. C. E. 11 mai 1962, Duboul de Malafosse, A. J. D. A. 1962, p. 588, précité.
279) Rougevin-Baville, conclu. sous C. E. 2 juin 1972, Les vedettes blanches, D. S. 1974, p. 260, précité.

り、かつ、市民が公役務の活動がもたらす利益の代償として受忍し（supporter en contrepartie des avantages）なければならない被害を超える——つまり、非常態的性格（caractère anormal）を示す——ものであるという条件において認める」という原則がみられるとしている。そして、「非常態的な損害」は、多くの場合、被った損害の重大性（gravité）を主な要素とし、この重大性という要素は、公負担の前の平等の破壊という根本の観念に内在しているものであるとする。

まず、恒久的損害のカテゴリーにおいては、責任要件とされる「非常態的な損害」は、その被害が一定の強さ（intensité）を示すがゆえに、「非常態的」と判断される場合が多いとされ、例として、公の工作物に隣接する私人の所有地が恒久的な価値下落の被害を受けた事案などを挙げている。さらに、ある被害が、重大性如何に関わらず、その性質（nature）自体によって「非常態的」と判断される場合も存在することを指摘し、肉体的な損害（dommages corporels）、及び、動産や不動産の破壊や破損から生ずる物質的損害（dommages matériels）の場合を呈示している。このような損害の場合に、裁判所は「非常態的性格を示すことなく、土木または工作物と損害（préjudice）の間の因果関係のみに言及する」が、「このことは、この（非常態的——引用者注）性格が不要とされることを意味するものではなく、その性格が、及ぼされた侵害の性質——常に非常態的とみなされる——自体に内在しているものであることを示している」と解される。バヴィルの挙げる後者の場合は、おそらく、事故損害の領域に含まれるものであろうと推測され、したがって、当該見解は、恒久的損害と事故損害とを含めて、第三者に対する損害のカテゴリーを形成し、そこに同一の責任原則を適用しようと試みたものと理解しえよう。[281]

実際、事故が発生し、人の身体に危害が加えられたり、物が損なわれたりすることが、それだけで非常態的かつ特別な状況を形成するとみなすことは、比較的容易であろう。そして、上記の説によれば、恒久的損害の領域に特有な責

---

280) ルジュヴァン=バヴィルは、この2つの場合のほかに、「被害が、その重大性如何にかかわらず、賠償されない場合が存在する」ことを指摘している。これらの例としては、被害者が仮の地位にある場合や、一般交通の変化によりもたらされた場合が挙げられている。
281) しかしながら、ルジュヴァン=バヴィルは、第三者と利用者の区別による責任システムの採用に関して、この論告を行ったものではない。これは、当該論告に係る事案が、いわゆる恒久的損害の事例であったことにもよるであろう。

任原則としてとらえられた「非常態的かつ特別な損害」が、事故損害の領域との間に築いていた隔たりを取り去ることができ、第三者と利用者の区別に基づく完全な責任システムの構築が可能となる。このような結果は、多くの判例がとっている解決策に対し、理論的支柱を立てる意味で重要な意義を有すると評価することができよう。

　以上に述べたような見方は、第三者に対する損害を、単一の責任要件が適用される領域として、利用者に対する損害——「維持の欠缺」が責任要件として要求される領域——と対比せしめたものである。しかしながら、第三者に対する損害においては、「非常態的かつ特別の損害」が、賠償なしに受忍すべ

---

282) このように、損害の非常態性という漠然とした抽象的文言の要件を用いて、第三者に対する損害のすべてを説明しようとする手法については、技巧的で不自然な説明ではないかという批判も考えられるところであろう。

283) これまで述べてきた見解——事故損害の場合に、非常態的かつ特別な損害としての性質を認めようとするもの——は、理論的には、第三者に対する損害に限らず、利用者に対する損害にも及びうるものである。実際には、利用者に対しては、「維持の欠缺」の要件が必要とされているが、この点に関しては、「非常態的かつ特別の損害」の要件を満たしていることを前提としつつ、「維持の欠缺」の要件が加重されているととらえる見方も可能であろう。

284) 利用者に対する損害において適用される「維持の欠缺」理論については、その法的性質をめぐる議論も存したが（本節第1款第3項参照）、一般に、被害者が第三者である場合に適用されるフォートによらぬ責任に比べ、責任が認められにくい制度として位置づけられるものである。しかしながら、フォートによらぬ責任か否かという問題が、必ずしも、責任制度の根本的な隔絶をもたらすものではないことに注意する必要があろう。すなわち、判例上、被害者が第三者であるがゆえに因果関係の存在のみによって賠償請求が認められるとされる場合にも、免責事由として不可抗力の事象及び被害者のフォートが一応の前提とされており、結果責任ととらえることはできない。また、恒久的損害の領域においては、フォートによらぬ責任が課されているのは勿論のことであるが、判例上、「非常態的かつ特別の損害」という要件が課されており、損害の性質を問題にする必要がある以上、やはり結果責任ととらえることは困難であろう（この場合、結果責任とは、損害の性質如何に関わらず損害の発生に対し賠償が認められることを憲味する）。したがって、利用者に対して適用される「維持の欠缺」理論が、挙証責任が転換され（行政側が「通常の維持」を証明すべきものとされる）、かなり客観化された責任であることを考慮するならば、フォートによらぬ責任との差違はそれほど根本的なものではなく、段階的な差でしかないとも考えられる。このような問題は、とりわけ、不可抗力等の免責事由との関係で、フォート責任か、「維持の欠缺」に基づく責任か、フォートによらぬ責任か、危険責任かという責任原則をめぐる議論が、実際的な責任の認否の局面においてどのような意義を有しうるかという一般的な問題に繋がるものであろう。本章は、フランスにおける判例・学説の議論が、主にこのような責任原則を中心としてなされている状況に即して検討を行ってきたが、今述べたような問題点が存在することに注意しておきたい。なお、わが国においても、例えば、「『過失』と『無過失』の差は量的な連続系列にすぎなくなっている」（平井宜雄『損害賠償法の理論』（東京大学出版会・1971）421頁）といわれるなど、すでに、多くの指摘がなされている。

き限度を超える損害か否かという観点で問題とされる場合——従前の恒久的損害の領域においてみられる——と、「非常態的かつ特別の損害」の要件が表面上現れておらず、因果関係の存在のみで足りるとされる場合[285]——従前の事故損害の領域でみられる——とが、判決の文言上、区別されてとらえられることが多い点に注意しておく必要があろう。

　20世紀後半に現れた新しい責任システムについては、このように、第三者・利用者の区別に基づき異なった責任要件が適用される制度として理解することができるが、次款では、このような判例の流れを歴史的に位置づけ、公土木の損害を総括的に論ずることにより、その独自性（originalité）を探求していきたい。

第5項　公土木の損害に関する責任法の独自性（originalité）
——その発展の歴史の総括的検討

I　初期の恒久的損害に関する責任法の独自性

　公土木の損害に関する責任の独自的な（original）性格——他の公の活動から生ずる損害との比較において——は、公土木の損害というカテゴリーが特別に形成されたこととの関連で考えられるが、それは、当初において、最も顕著に現れたといえる。すなわち、他の公権力責任については未発達で、国家無責任原則が支配している時代に、共和暦8年法律によって規定された公土木の損害に関する法文は、他のものとは全く隔絶された独自性を有していたといっても過言ではないであろう。そして、この段階において、公土木の損害としてとらえられたのが、収用と隣接する「恒久的損害」であったこと、かつ、この領域において、公負担の前の市民の平等原則が適用され、フォートによらぬ責任が成立したことは、その後の公土木の損害に関する責任法の発展に対して重要な意味をもつものであった（第1節）。

---

285)　因果関係が必要とされることに関しては、恒久的損害の領域においても同様に考えられる。すなわち、従前より、直接的な損害であることが要求されており、これは因果関係を指すものととらえられる。また、収用においても、直接的な損害のみが補償の対象とされており、やはり因果関係が問題ととらえられていると解することもできよう（本章第1節第2款第2項参照）。

II 恒久的損害・事故損害の区別を中心とした公土木責任（裁判管轄の独自性）

　このような独自性をもった公土木の損害に関する責任法は、その後、共和暦8年法律の文言に、広く、公土木に関わって発生した損害すべてを含ましめることによって、変容を受けたと考えるべきであろう。すなわち、起源的には、公土木の損害は、収用の対象とはされていない隣接する私人の不動産が、公土木・公の工作物の存在のために、いわば不可避的に継続的な損害を被った場合を指し、当該損害発生に関し行政にフォートが存したか否かという論点は現れない状況であったが、これに対して、公土木に関して生じうる損害は他に様々なものがみられた。例えば、公道沿いの樹木の倒木、ガス管の破裂、市役所の天井の落下、河川の堤防の決壊等、無数に考えられる損害は、公土木または公の工作物の中にその源を見出すものではあるが、むしろ、公の活動における不法行為による損害と考えられる種類の損害である。いわゆる「事故損害」と呼ばれる領域に属するものであるが、これらの損害は、独特な性格によって特徴づけられていた当初の「公土木の損害」とは異なる性質を有しており、一般的に公の活動を行うに関して発生する可能性がある様々な損害の一種としてとらえられうるものであった。共和暦8年法律の適用と県参事会の管轄をめぐる葛藤は、「公土木の損害」というカテゴリーにどこまでを含ましめるかという問題についてなされたものであったといえよう。結果的に、「公土木の損害」の中に拡張的に様々なものを取り込み、一般の公権力責任とは分離した県参事会の管轄の下に集結せしめる解決がとられたことは、その是非とは無関係に、その時点で、公土木の損害に関する責任法の将来の発展の場を形成したものと観念できる（第2節）。

　こうして成立した恒久的損害・事故損害の区別を中心とした公土木の損害に関する責任法は、その独自性という点でいえば、中途半端なものであったといえよう。すなわち、事故損害の領域についてみれば、一般的公権力責任との対比において、裁判管轄が異なることに重要な差異が認められ、また、「維持の欠缺」という特有の判示がしばしばみられた点に特徴が存するとしても、基本的には、公役務のフォートとの根本的差異は明確になされえなかったため、その独自的な性格が強く現れることはなかったというべきであろう。

　公土木の損害に関する実体的責任原則については、同原則が、従前は、「公

権力責任の普通法（le droit commun de la responsabilité de la puissance publique）と呼びうる制度よりも速い進歩を遂げ、その結果として、長い間、普通法との関係で、独自の（originaux）性格を示してきた。しかし、普通法が、徐々に完成されていく程度に応じて、公土木の損害の領域においてすでに定められた制度に、普通法は絶えず近づいている」と述べられているのは、この局面をよく表している説示であると思われる。確かに、恒久的損害の領域では、フォートによらぬ責任を認めるという被害者保護の意味では、極めて進んだシステムが当初から採用されているため、他方で、国家無責任原則から公役務のフォート理論の発達へと続く公権力責任の普通法と比較した場合、その隔絶は明らかであろう。しかしながら、このような責任システムが、恒久的損害としての「公土木の損害」の領域で採用されえたのは、何より、このカテゴリーの特殊性によるものであること、及び、公権力無責任原則が支配する時代においては、フォートによる責任は考えられず、むしろ、フォートとは無関係の責任であるからこそ有責原則が成立しえたという逆説的な図式を考慮に入れて、この領域におけるフォートによらぬ責任の現れ——結果的に、被害者保護に厚いシステムとなった——を考える必要がある。

III 第三者・利用者の区別に基づく責任システムの採用による独自性

20世紀前半においては、責任の実体的要件に関して、恒久的損害と事故損害とを合わせた1つのカテゴリーとして、その独自性を認めることは困難であったが、裁判管轄の点で、事故損害をも公土木の損害として県参事会の管轄に服せしめたことについては、一般の公権力責任の場合に対し、一種の独自性を示すものと解する余地が存在していた。

その後、1953年9月30日のデクレにより、地方行政裁判所が行政訴訟の普通法上の裁判機関とされてからは、「公土木の損害」の概念は、管轄問題上、そ

---

286) F. -P, Bénoit, "Dommages resultant des travaux et ouvrages publics", Jurisclasseur administratif, Fascicule 725, n° 3. ベノワは、次いで、公権力責任の一般的制度との統合に向かうことを主張している。

287) 共和暦8年雨月28日法律によって、第一審としての県参事会の管轄が定められ、控訴審がコンセイユ・デタとされている。これに対して、公権力責任一般における第一審裁判所は、大臣裁判制時代は大臣、大臣裁判制放棄後はコンセイユ・デタとなっていた。

の重要性の多くを失ったとみるべきであろう[288]。しかしながら、かつての県参事会の管轄の名残として、公土木の損害領域には、いくつかの特例が付与された。すなわち、このデクレ以前に県参事会の管轄に属していた紛争については、弁護士強制が免除されたこと[289]、また、予先的決定（décision préalable）を出訴要件とする決定前置主義が適用されないこと[290]等である。

このように、20世紀後半に至り、公土木の損害に関する責任は、管轄上の独自性の多くを失ったが、判例は、実体問題において、公土木の損害の領域全体にわたる被害者の地位——第三者・利用者——の区別による責任システムの採用という新たな展開を示した。被害者が第三者であるという理由によりフォートによらぬ責任を適用すること、また、利用者である場合には、「維持の欠缺」という定型的な責任理論が特に適用されること、という限りにおいて、一般の公権力責任——役務のフォート理論が中心——に対して、一種の独自性を有すると解することができよう。

しかしながら、恒久的損害・事故損害の区別の相対化、さらには撤廃をも含みうるこの新たな展開は、他方で、公土木の損害、特に恒久的損害の領域において従来から明確に認められていた独自的性格——特に、一般の公権力責任との隔絶を意味するような独自性——を薄める役割をも果たしうることに注意しなければならない。このことは、公土木の損害に関する責任が、行政の損害賠償責任一般の中に取り込まれ、その中の一種として、ある程度の特徴を呈する——そのような意味での独自性を有する——にすぎず、その本来の意味での独自性を失わせる結果に至る可能性を示すものである。

結局、20世紀後半における第三者と利用者の区別による責任システムの新たな展開は、公土木の損害のすべての領域を通して統一的なとらえ方を試みた点で、「公土木の損害」を1つのカテゴリーとして一体化し、再認識させる意義

---

288) Bénoit, op. cit., J. C. A. Fascicule 725, n° 6 参照。
289) 1953年同デクレ5条による。
290) 決定前置主義が「大臣裁判の理論の遺物」として説明されるならば（J. Rivero, Droit administratif, 9ᵉ éd. 1980, p. 221, etc.）、もとより大臣裁判制の適用がなかった公土木の領域においては、これがとられなかったことも、自然に理解されよう。大臣裁判制の放棄に関しては、神谷昭「フランス行政法成立史」『フランス行政法の研究』（有斐閣・1965）69頁、雄川一郎「フランス行政法」田中二郎＝原竜之助＝柳瀬良幹編『行政法講座第1巻』（有斐閣・1964）162頁、兼子仁『行政行為の公定力の理論』〔改訂版〕（東京大学出版会・1960）230頁、阿部泰隆『フランス行政訴訟論』（神戸大学研究双書刊行会・1971）4頁等参照。

を有したものであるが、それとともに、一般的な行政賠償責任の中の一種として包含される端緒をも提供したものと考えられよう。

IV 「公土木の損害」のカテゴリーの独自性

　以上のように、公土木の損害が行政賠償責任法上に1つのカテゴリーとして存在しうること、また、一般の行政賠償責任との関係で、いずれにせよ、ある程度の独自的な (original) 性格を有すると認められることは、公土木の損害の歴史的な発展経緯、及び、裁判管轄の問題との重要な関わりの上にのみ理解されうる。すなわち、公土木の損害に関する責任は、前述のように、その成立の局面で十分に独自の性格を有していたことが認められるが、その後の管轄上の発展が、「公土木の損害」として多くのものを取り込み、公土木の損害に関する責任の実体問題に対しても影響を与えたことは容易に推測されうる。その意味では、恒久的損害と事故損害の区別を前提にしながらも、両者を「公土木の損害」という1つのカテゴリーに含めて論じようとしたこと、及び、第三者と利用者の区別による責任システムを、特に「公土木の損害」のカテゴリーに適用されるものとして採用したこと等の動きは、理論的に当然導かれうる結論というよりは、むしろ、歴史的経緯と管轄問題とに、そのある部分を引きずられたものであったと理解すべきであるように思われる。

　さらに、仮に、公土木の損害という1つのカテゴリーを作り、そこに行政の賠償責任一般に対しての独自性を付与することが、必ずしも法論理的に要請されるものとは認められないとするならば、公土木の損害の領域において適用される責任原則は、当該領域のみに限局される必然性はなく、他の領域に対する拡張の可能性を含んでいるということができよう。この点は、公土木の損害に関する責任法が、被害者保護の観点から常に進歩的であったとみられること、及び、公負担の前の市民の平等原則が、当該公土木の損害の領域では直接的な効力が認められること、などを考え合わせたとき、より重要な意味をもつことになると思われる。[291]

---

[291]　デルヴォルヴェは、そのテーゼにおいて、公負担の前の平等原則が、責任 (responsabilité) の領域においてどのような役割を果たすかという問題について検討を行っている。彼によれば、公負担の前の平等原則は、一般的には、行政の賠償責任の直接の根拠 (fondement) としての一般的効力をもたず、また、責任を説明するものとしても直接的な効力を有しないとされる。ただし、特

別の場合——権力により適法にとられた決定（décisions prises régulièrement par les autorités publiques）の場合と、公土木の場合——においてのみ、同原則は決定的役割を演じていると述べ、この2つの領域では、公負担の前の平等原則によって、被害者に有利な解決法が定められ、行政責任理論の際立った進歩が可能とされたのであって、したがって、この2つの領域の責任は、「公権力責任の中で独自の位置（une place à part dans la responsabilité de la puissance publique）を与えられる」と述べている。

　デルヴォルヴェは、このほかの責任領域では、公負担の前の平等原則を介入させようとすると、原則自体を変形させたり、効力を失わしめたりすることになるとして、直接的な介入は否定するが、間接的な態様での導入、すなわち、同原則が「行政機関や司法機関すべてに一般的に課せられる。彼らに示唆を与える」という意味での、公負担の前の平等原則の浸透の可能性は肯定している（P. Delvolvé, Le principe d'égalité devant les charges publiques, 1969, p. 419）。

終　節　フランス公土木責任法及び日本法との対照の試み

I　フランス公土木責任法の発展過程——要約

本章が研究対象としたフランスにおける公土木の損害に関する責任法は、共和暦 8 年雨月28日法律 4 条の文言を基盤とするものであるが、その実体的要件形成のほとんどすべてを判例によっており、また、コンセイユ・デタの判決理由が概して簡潔であることから、政府委員の論告及び学説による判例の解釈に、その理論的発展の多くを委ねてきたことが認められよう。このような特徴からもわかるように、その法制自体、必ずしも明確な形で現れているものではないが、その全体の流れは、明らかにすることができたと思われる。[1][2]

---

1)　私法との関係も重要な問題であると思われるが、本章では論及していない。私法においては、建物の所有者の責任を規定する民法典1386条の規定が存したが、同法典1384条に基づく「物の所為 (fait des choses)」に関する責任が大きな発展をみている状況である。行政法において、これと同様のカテゴリーがみられないことは指摘されており (A. de Laubadère, La responsabilité du fait des choses en droit administratif, C. E. Études et documents, 1959)、また、私法との相違が主張される場合も多いが (例えば、A. Mathiot, note, S. 1934 III p. 81 等)、その影響は否定しえないと思われる (例えば、恒久的損害の領域で、眺望等の相隣妨害に関し、私法判例との合致を指摘するものとして、G. Guillaume, conclu. sous C. E. 22 octobre 1971, J. C. P. 1973, 17301 参照)。なお、フランスにおける「行政賠償責任と民事不法行為責任」の交錯をテーマとする論稿として、滝沢正『フランス行政法の理論——国家賠償・地方制度』(有斐閣・1984) 参照。

　　フランスの私法における状況については、邦語文献として、以下のものを主に参照した。野田良之「自動車事故に関するフランスの民事責任法(1)〜(3)」法協57巻 2 号 1 頁、57巻 3 号39頁、57巻 4 号80頁、同「フランス民法における faute の概念」川島武宜編集代表『我妻先生還暦記念　損害賠償責任の研究(上)』(有斐閣・1957) 110頁、アンドレ・タンク〔星野英一訳〕「不法行為責任におけるフォート (faute) の地位」法協82巻 6 号 1 頁、淡路剛久「近隣妨害の私的処理」加藤一郎編『外国の公害法(下)』(岩波書店・1978) 3 頁、同「スタルク教授の民事責任論」日仏法学10号 1 頁、高橋康之「フランスにおける近隣妨害の法理(1)」立教法学 3 号20頁、同「無生物責任」『フランス判例百選 (別冊ジュリスト)』(有斐閣・1969) 115頁、新関輝夫「無生物資任法理の成立」福岡大学研究所所報21号33頁、同「フランスの損害賠償制度における無生物責任法理の展開」日本法学40巻 2 号43頁、同「無生物責任法理の自動車事故への適用過程(1)(2・完)」福岡大学法学論叢21巻 3 = 4 号 1 頁、22巻 2 号 1 頁、同「フランス不法行為法における無生物責任法理の理論的基礎に関する研究(1)」福岡大学法学論叢24巻 4 号361頁、同「フランス法における無生物責任法理について」私法43号360頁、後藤巻則「フランス法における『物の行為についての責任』の責任原理」早稲田大学大学院法研論集22号93頁、小山昇「公害の差止請求訴訟 (フランス)」比較法研究34号32頁、等。

歴史的には、公土木の損害は、まず、恒久的損害のカテゴリーにおいて論じられ、そこでは、公土木・公の工作物により、私人が所有する近隣の不動産に恒久的な価値下落が生ぜしめられた場合に、その損害が当該公土木から直接的にもたらされたものであること、及び、相隣関係上賠償なしに受忍すべき限度を超える損害であることを要件として、私人の賠償請求を認める責任法が展開されていた。恒久的損害のカテゴリーについては、当該領域が収用に隣接しており、公権力が一般的利益の目的で行う公土木によって、いわば不可避的に生じた損害としてとらえられることから、人権宣言17条及び公負担の前の市民の平等の理念を根拠としたフォートによらぬ責任（responsabilité sans faute）が成立したということができるが、そもそも、当該領域は人身に対する侵害をも及ぼすような通常の不法行為的局面とはとらえにくい限定された領域であったことに注意する必要があり、このようなカテゴリーが収用における補償と区別され、異なった法制として構成されたことが、その後の発展の下地として重要な意義を有したと考えられよう。

　これに対し、20世紀に至り、恒久的損害と並んで公土木の損害の一大カテゴ

2）　本章では、「公土木の損害」の領域と他の分野との関わり、特に都市計画法制や土地利用規制との関わり等の検討は行っていない。フランスにおいては、不動産所有権の行使に対してなされる行政による制限は、「行政上の地役（servitude administratif）」として論じられており（ここでの「地役」は広げられた概念であるとされる）、都市計画に関わる同様の制限は、その一種として、「都市計画地役（servitude d'urbanisme）」と呼ばれている（Auby, "Servitude administrative", Jurisclasseur administratif, Fascicule 390, 1972, n° 1 ets.等参照）。なお、フランスの都市計画地役の補償に関し、見上崇洋「フランスにおける都市計画法の成立に関する一考察(1)(2)」法学論叢102巻2号55頁、103巻4号71頁を参照。さらに、公害防止のための公的規制に関しては、近藤昭三「公的規制」加藤編『外国の公害法(下)』前掲注1）55頁、同「フランスにおける公害の公法的規制」比較法研究31号26頁、同「フランスにおける公害規制立法」ジュリ328号78頁、磯部力「公害法制の現状」加藤編『外国の公害法(下)』前掲注1）73頁、同「フランスの廃棄物処理に関する法制」環境法研究2号160頁、磯部力＝小早川光郎「フランスの環境・公害法制」季刊環境研究18号97頁、磯部力＝植村栄治「フランスにおける環境保全のための土地利用規制」季刊環境研究27号79頁、小山・前掲注1）32頁、等の文献が著わされている。また、原田純孝「外国の公的土地取得法制・フランス」法時49巻12号22頁、磯部力「フランス土地法の新展開」ジュリ620号51頁、小幡「フランスにおける環境保全のための土地利用規制及び環境被害に対する救済法」季刊環境研究64号16頁、原田純孝＝広渡清吾＝吉田克己＝戒能通厚＝渡辺俊一編『現代の都市法』（東京大学出版会・1993）192頁以下、北村和生「フランスにおける都市計画と自然災害制度―PERとPPRを中心に」政策科学（立命館大学）7巻3号209頁、久保茂樹「フランス都市計画法における公衆参加手続の進展」青山法学論集37巻2号17頁、同「フランスの土地占用計画―市町村による内容形成の自由度」青山法学論集43巻1号204頁、小川一茂「空港周辺の騒音地域における計画的な土地利用のあり方に関する一考察(1)(2)」神戸学院法学35巻4号111頁、36巻1号129頁等の文献がある。

リーとなった事故損害の領域においては、当該損害発生に関して行政側の帰責事由（維持の欠缺等を中心とする）が存在することに基づき、行政の責任を肯定する法制——例外として、危険物についてはフォートによらぬ責任が適用された——がみられた。事故損害の領域は、管轄をめぐる錯綜した状況を経て、共和暦8年法律の定める県参事会の管轄に含ましめられたものであるが、一般の行政賠償責任として扱うことも可能であった当該領域について、このような位置づけがなされたことは、広げられた「公土木の損害」として、その責任法が発展する基盤を提供したものと理解すべきであろう。[3]

以上のような経緯を受け、20世紀半ば以降、被害者の地位——第三者と利用者の区別——に基づく責任システムが採用されるに至った。これは、被害者が利用者である場合には、「維持の欠缺」が責任要件として必要とされ[4]（挙証責任は転換されている）——ただし、当該公土木が例外的に危険とみなされる場合にはこの要件は不要となる——、被害者が第三者である場合には、帰責事由たる「維持の欠缺」を要せず、フォートによらぬ責任が認められる[5]——その中で、恒久的損害については「非常態的かつ特別の損害」か否か（賠償なしに受忍すべき限度を超える損害か否かが中心的要素となる）が、正面から問題とされる[6]——という責任法制である。同システムは、従前の恒久的損害・事故損害

---

3) フランス行政法において、管轄問題と実体問題との関連性については、たびたび指摘される。例えば、「管轄との関連における公権力の責任」の研究を行うものとして、H. F. Koechlin, La responsabilité de l'Etat en dehors des contrats de l'an VIII à 1873; 1957, p. 9等参照。
4) 責任要件としては、「維持の欠缺」のほかに、損害の存在及び因果関係の存在が必要とされている。また、不可抗力の事象と被害者のフォートの場合には、責任の減免が認められている。
5) 被害者が第三者である場合には、客観的責任、フォートによらぬ責任、危険責任等、論者により様々な語が用いられているが、利用者に対する責任との対比を明らかにするためには、「維持の欠缺」によらぬ責任というのがより正確であろう。
6) 被害者が第三者である場合にも、損害の存在及び因果関係の存在は責任要件として挙げられる（恒久的損害の場合にも、当該公土木より直接的に生じた損害という直接性の要件が求められており、これが因果関係を意味するものとしてとらえられる。さらに、収用においてもこのような意味での因果関係が必要とされていることに注意すべきであろう）。また、事故による第三者に対する損害においては、不可抗力の事象と被害者のフォートの場合が、責任の減免事由として一応挙げられている（この場合にも、不可抗力はほとんど認められていない）。このような責任の減免事由は、因果関係の切断としてとらえられることから、恒久的損害においても、理論上、これらの事由の存在を認めることは可能であろう（この点については、恒久的損害は不可避的な損害であるため、不可抗力の存在はいわば前提とされており、それにより免責されることはありえないと解することもできようが、「不可避的」の判断に困難な問題が伴うことは再三指摘したところであり、不可避的とされない損害については、さらに不可抗力の概念が入る余地も理論上はありえよう）。

の区別に内在する問題点を前提とし、両者を殊更に区別することなく、公土木の損害の領域全体にわたって、被害者の地位に基づく責任法制を敷こうとするものであり、実質的には、公土木との近隣関係から私人所有の不動産に不可避的に生じた限局的な損害を起源として、公土木の損害の他の領域へと、その責任理論を伝播する意味を有したと理解することができよう。

フランスにおける公土木の損害に関する責任法は、コンセイユ・デタの判例政策により推進された三段階の発展過程、及び、その中で位置づけられる恒久的損害・事故損害の区分け、また、被害者の地位＝第三者と利用者の区別による責任システムに集約されうるものである。そこでは、公負担の前の市民の平等原則を基点として、公権力側の作用から私人を保護するという方向へ発展してきたことが認められよう。このような発展形態は、もっぱら公土木の損害という特殊な領域を舞台としてみられたものであり、「公土木」という分野が公法においてとりわけ長い歴史をもち、それ自体ユニークな存在であることと切り離して考えることは困難であると思われる。公土木責任法の今後の発展は、あくまでコンセイユ・デタの判例に依拠されるものであるが、自らが築いてきたこれまでの発展の歴史がその基盤となることは疑いのないところであろう。

II 日本法との対比

フランスにおける公土木責任法制は、以上のように要約することができるが、以下では、日本法との対照を試みていきたい。はじめに、フランス公土木責任法と日本法との比較を試みる際に注意すべきことを指摘しておきたい。本章では、公土木責任法として、金銭的な損害の塡補の問題を取り上げてきたが、フ

---

7)「公土木（travaux publics）」の法制一般については、本章では掘り下げた検討を行っていない。「公土木」の分野は、公法・行政法の起源の問題においても興味深い研究対象となりえよう。なお、道路のみを対象としているが、小幡「フランスにおける道路管理瑕疵責任―道路公害訴訟を中心として」野村好弘＝小早川光郎編『道路管理の法と争訟』（ぎょうせい・2000）478頁。
8) フランスの「公土木の損害」においては、賠償請求の相手方が公法人（国、地方公共団体等）である場合ばかりでなく、特許事業者である場合も含まれているため、この点で、わが国の国家賠償法適用領域との相違が生ずることに注意する必要があろう。フランスにおける「公土木」の概念については、本章第１節序款で述べたように、(1)不動産に関する作用であること、(2)一般的利益の目的を有すること、(3)公法人のためになされる執行ないし公役務の使命の実現のための執行であること、の３要素を中心にとらえられており、必ずしも当該土木が公法人自身によって執行されるものである必要はないとされる（本書12頁以下参照）。

ランスにおいては、公土木の損害の場合、被害者救済のために考えられる解決策が、主に金銭的な賠償責任であるという事情が存した。したがって、賠償責任の点で被害者保護に厚い責任システムが形成されていったことに関しても、差止請求や妨害排除請求等について、私人に対し厳しい対応がなされることとの関連でとらえることも可能であろう。[9] 制度的にみて、もっぱら金銭的処理により問題を解決しようとする手法には疑問があり、フランス公土木責任法を先進的ですぐれたものとして評価する場合にも、この点では、一定の限界を認めなければならないであろう。[10] 本章は、コンセイユ・デタにより形成された公土木責任法が、その金銭的補塡の法として有する意義・価値を検討の対象としたものである。[11]

---

9) 公土木法制の１つとして、公の工作物の保護と不可侵性（intangibilité）の原則が行政の特権として挙げられる。この原則によれば、私人は、公の工作物の破壊・移転・変更及びその供用の変更を、裁判所から得ることはできないとされ (L. Di Qual, Une manifestation de la désagrégation du droit de propriété; La règie "ouvrage public mal planté ne se détruit pas", J. C. P. 1964 I 1852)、通常の injunction 禁止とは別の、公の工作物のみに適用される特別な原則であるとされる。しかしながら、電気供給の公の工作物について、例外が認められ (Cass. civ. 27 février 1950, J. C. P. 1950 II 5517, note Cavarroc)、公の工作物の地位 (statut) を認めるについて厳格な態度がとられるなど (Trib. confl. 22 février 1960, Borel, D. 1960, p. 268)、この原則の緩和が認められている。ただ、一般的には、差止め・妨害排除等については、厳しい状況にあるといえよう (Ch. Blaevoet, "De l'intangibilité des ouvrages publics", D. 1965, chron p. 42; J. -M. Auby, "L'ouvrage public", C. J. E. G. 1961, n° 42, p. 61; 1962, n° 1, p. 1参照)。もっとも、越権訴訟等が果たす役割も大きいと思われるので、この点で被害者保護に欠けるという結論を簡単に出すことはできないと思われる。

また、ローバデールは、「公土木の法の特殊性 (particularisme) の本質は、公土木の執行者の普通法外的特権 (prérogatives exorbitantes) とその代償としての厳格な規律、コントロール、及び平衡の考慮に基づいて広げられた責任 (responsabilités élargies) との統合の中に存する」と述べているが (A. de Laubadère, Traité de droit administratif, Tome II, 7ᵉ éd. 1980, n° 513, p. 287-288)、このような叙述から、被害者保護に厚い責任法が、行政に認められる特権とのバランスの上に成り立っているとする見方が推測されるともいえよう。

10) 結果除去請求権を第一次的な被害者救済としてとらえようとする法制もみられる（ドイツ、スイス等）ことに注意する必要があろう。この点に関する論稿として、宇賀克也「ドイツ国家責任法の理論史的分析(1)〜(4・完)」法協99巻4〜7号、高木光「行政訴訟による差止に関する一考察―西ドイツにおける結果除去請求権の法理を手がかりとして」神戸法学雑誌32巻1号59頁等を参照。

11) フランスにおける公土木責任法の判例・学説は、金銭的補塡の問題のみを議論しており、差止請求等との関係についてはほとんど触れていない。しかしながら、コンセイユ・デタの判決の中にも、「損害が消滅する日まで」として毎年の賠償額を定めるなど (C. E. 22 juillet 1933, Roux, R. p. 885; C. E. 18 octobre 1946, Cⁿᵉ de Saint-Georges-d'Oléron, R. p. 239; F. -P. Bénoit, "Dommages resultant des travaux et ouvrages publics" ; Jurisclasseur administratif, Fascicule 726, n° 108 参照)、間接的に行政が損害発生を防ぐべきことを示すものもみられる。金銭的な損害の補塡の問

以下、フランス公土木責任法制とわが国の法制とが交錯する事柄を取り上げていくこととするが、本章で考察を行った公土木の損害は、主としてわが国における国家賠償法2条及び損失補償の一部に該当するものであり、その中でのカテゴリー分け・法理構成には重要な差異がみられる。

(1) **法理構成上の差異**　わが国においては、伝統的に、適法行為に関する損失補償と不法行為に関する損害賠償の2種に区別する構成がとられ、国家賠償法は後者に属せしめられたが、いわゆる事業損失などそのどちらに属するか明確でない場合も存在していた[12]。これに対し、フランスにおいては、収用（expropriation）、徴発（requisition）等、わが国における損失補償の枠組みでとらえることが可能である領域も存在しているが[13]、適法行為—損失補償、違法行為—損害賠償と対応せしめて、前者に適用される補償法理は後者には妥当しないとする構成は、そこでは前提とされていない[14]。すなわち、フランスにおける収用による損害（dommage）は「公負担」と解され、歴史的には、公土木の

題と損害の除去等を命ずる問題とは、一応切り離して考えることが可能であると思われる。
12)　田中二郎『行政上の損害賠償及び損失補償』145頁、208-213頁参照。適法行為に基づく損失補償と不法行為に基づく損害賠償の区別における「適法」「違法」に関しては、何をとらえて「適法」と判断するか、また、適法・違法の区別のあいまいさなどについて、従来から問題とされていた。この点に触れる論稿として、西埜章「国家賠償法1条の理念」新潟大学法政研究15巻2号1頁、阿部泰隆「賠償と補償の間」曹時37巻6号1415頁等参照。
13)　一般に、事業損失は、事業の執行に伴って周辺地域に生ずる損失であって、原則的に補償は与えられず、不法行為の次元で処理されるべきものとされている。公共用地審議会の答申（昭和37年3月20日付）では、「事業施行中又は事業施行後における日陰、臭気、騒音等により生ずる不利益、損失、損害等については、これらが社会生活上受忍すべき範囲をこえるものである場合には、別途損害賠償の請求が認められることもあろうが、損失補償の項目として取り上げるべきものではない」とされ、閣議了解第三「事業施行に伴う損害等の賠償について」において、「これらの損害等の発生が確実に予見されるような場合には、あらかじめこれらについて賠償する事は差支えないものとする」と述べられている（小林忠雄編『公共用地の取得に伴う損失補償基準要綱の解説』〔最新改訂版〕（近代図書・1972）29頁）。この点については、不法行為理論の性質上、事業損失のように社会的に必然かつ大量に発生する害悪の結果にこれを適用することは困難であり、適当でないこと、また、不法行為を予見した賠償金の支払いは、それ自体が論理矛盾の不都合なものであることなど、従来から問題点が指摘されている（小高剛「空港騒音をめぐる行政上の問題点」ジュリ559号59頁、今村成和『損失補償制度の研究』（有斐閣・1968）166-168頁、田辺愛壱「事業損失について」補償時報29号6頁、等参照）。また、遠藤博也教授は、「かねてより事業損失の補償が損害賠償であるのか損失補償であるのかは議論のあるところであり、わが国では賠償説が有力でありながら、補償説をとる国が存在することも、この間の事情を物語っている」としている（『国家補償法㊥』（青林書院新社・1984）832頁参照）。
14)　池田敏雄「フランスにおける損失補償の法理」公法研究42号209頁参照。

損害と同一線上にとらえられていたものであり、後に、狭義の収用のみが分離
されたが、その対象範囲が比較的狭かったため、恒久的損害に関する賠償責任
(responsabilité) として多くのものが残されたことが認められる。両者はとも
に、公負担の前の市民の平等原則の直接の適用を受けたものであるが、20世紀
半ば以降に現れた恒久的損害・事故損害の区別撤廃の試みは、後者の領域への
公負担の前の市民の平等原則の導入、フォートによらぬ責任の拡大の意味を有
しうるものであり、わが国に置き換えて考えるならば、収用において適用され
る法理の損害賠償固有の領域への導入として理解しうることになろう。

　このように、フランスにおいては、公土木から生ずる損害の分野で、損失補
償と損害賠償との融合した状況がみられるが、これは、公土木の損害が１つの
独立したカテゴリーとして位置づけられ、その中で独自の歴史的発展がなされ
てきたことによるところが多いと思われる。したがって、わが国における法理
構成とはその出発点に大きな差異がみられることを前提としつつ、フランスに
おける公土木の損害の領域を具体的にわが国と対照させていきたい。[16]

(2)　**事故損害の領域と国家賠償法2条**　　事故損害の領域は、わが国において
は、国家賠償法2条に該当するものと思われる。フランスの事故損害の領域で、
被害者が利用者である場合に適用される「維持の欠缺」理論[17]は、わが国家賠償
法2条の「設置または管理の瑕疵」の基準とされる「通常有すべき安全性」の
理論と対比されうる法理であるといえよう。[18]道路の利用の際に生じた事故等、

---

15) 収用による補償の対象には、フランスでは、狭義の残地補償が含まれているが、その対象範囲は比較的狭いといわれる（池田・前掲注14）209頁）。
16) フランスの公土木責任法においては、20世紀半ば以降、第三者と利用者の区別に基づく責任システムが採用されているが、その場合にも、恒久的損害・事故損害というカテゴリーの区別が排されたとみることはできず（恒久的損害の領域に特有の責任要件の存在等を理由とする）、むしろ、この新たな責任システムは、事故損害の領域における被害者が第三者の場合に、フォートによらぬ責任を拡張したという点に意義を有するものであることは、本文で述べたとおりである。したがって、わが国との対照にあたっては、事故損害・恒久的損害のカテゴリーを用いて説明していきたい。
17) 「維持の欠缺」理論については、フォート責任か危険（risque）責任かという形で議論がなされたが、前にも述べたように、フォート責任・危険責任という概念自体に不明確な要素が内在しており（不可抗力による免責等の問題も含む）、単なる抽象論にすぎず、実際の責任の認否において、どれほど有益な議論となりえたかは疑問である。
18) 「営造物が通常有すべき安全性」は、高知落石事故最高裁判決（最判昭和45・8・20民集24巻9号1268頁）において確立されたといわれる。下山瑛二『国家補償法』（筑摩書房・1973）231頁、今村成和『国家補償法（法律学全集9）』（有斐閣・1957）124頁等参照。

国家賠償法2条の典型的な適用事例がここでは想起されるが[19]、わが国において、同条は、被害者が利用者である場合に限らず[20]、第三者である場合をも含む規定であるため、フランスの事故損害における第三者に対する損害の領域も[21]、同条

　なお、「営造物の設置または管理の瑕疵」については、わが国でも、判例分析に基づいて、主観説・客観説等の用語による様々な議論があるが、本書第2章で扱う。
　フランスにおける状況も、この問題に関して参考になると思われるが（本章第3節第1款第3項参照）、ここで簡単に付言しておくと、フランスの公土木の損害でみられる「維持の欠缺」理論は、「通常の維持」を尽くしたことを行政側が立証することにより免責が認められるという形で責任条件が明確になっているため、責任の判断において管理者側の態様が問題とされるということができよう。しかしながら、わが国におけるような主観説・客観説という形での議論はフランスではみられない（小幡「フランスにおける道路の設置・管理の瑕疵をめぐる判例の一考察—落石事故に関する責任理論を中心として」法時57巻3号101頁）。
　なお、近藤昭三教授は、フランスの公土木責任法制に関して、「第三者に対する損害は無過失で賠償されるが、利用者の損害は、施設の『正常な維持に欠缺があった』場合にのみ賠償がみとめられる。この場合の責任は、一見わが国の公営造物の責任に類似するが、フランス法の瑕疵は隠れた瑕疵を含まないので、瑕疵の推定があるとはいえ、主観的過失責任に近い」としている（「公土木（Travaux publics）の損害について—無過失責任主義の成立」法政研究32巻2＝6合併号162頁注(2)）。
　また、国家賠償法2条をフランスの公土木責任と対比して検討を行った論稿として、田代暉「国家賠償法2条にいう瑕疵について—フランスの公土木の損害賠償と比較しながら」民事研修312号10頁がある。

19) なお、河川事故に関しては、大東水害訴訟上告審判決（最判昭和59・1・26民集38巻2号53頁）のほか、多くの水害訴訟判決が出されているが、本書第2章で検討する。フランスにおいては、河川堤防の決壊による浸水被害について、利用者に対する責任として「維持の欠缺」要件を適用している事例（C. E. 4 avril 1962, Ministre des Travaux publics c. Société《Chais d'Armagnac》, A. J. D. A. 1962, p. 592, précité）がみられる。
20) フランス公土木責任法については、被害者が利用者である場合は事故損害の領域に内包されると考えてよかろう。
21) 山王川事件（最判昭和43・4・23民集22巻4号964頁）が、被害者が第三者の場合の代表的事例として挙げられている。なお、国家賠償法2条の「瑕疵」に関して、営造物の利用者のみならず、第三者に対する関係においても同条の責任が生ずるとの考え方は、あまり異論がないものとされている（西埜章「国家賠償法2条の解釈論」判時1056号13頁、遠藤・前掲注13）474頁参照）。例えば、営造物が本来具備すべき安全性とは、営造物の利用者に対する安全性のみを意味し、利用者以外の安全性を欠く場合を含むものではないとする被告の主張に対し、「国賠法2条1項には右のように限定して解釈すべき文言はないし、同条及び民法717条の沿革に徴しても被告主張のように理解すべき根拠を見出すことができない」と判示されたり（名古屋地判昭和55・9・11判時976号420頁）、また、「国家賠償法2条1項の営造物の設置又は管理の瑕疵とは、営造物が有すべき安全性を欠いている状態をいうのであるが、そこにいう安全性の欠如、すなわち、他人に危害を及ぼす危険性のある状態とは、……その営造物が供用目的に沿って利用されることとの関連において危害を生ぜしめる可能性がある場合をも含み、また、その危害は、営造物の利用者に対してのみならず、利用者以外の第三者に対するそれをも含むものと解すべきである」と判示されている（最判昭和56・12・16民集35巻10号1369頁）。

の適用範囲に含まれることになる。したがって、事故損害の領域においては、「維持の欠缺」理論が適用される利用者に対する損害も、同理論の適用を外れる第三者に対する損害も、ともに、わが国では、国家賠償法2条の「設置または管理の瑕疵」の問題として処理されているということができる。わが国の「通常有すべき安全性」の理論の本質を掘り下げていくにあたっては、フランスの利用者に対する「維持の欠缺」理論を参考にすることが可能であろう。

⑶ **恒久的損害の領域と事業損失**　恒久的損害の領域は、わが国では、事業損失として論じられているところに対応する。その際、法の適用としては、国家賠償法2条によって処理されている場合がある。同条は、前述したように、第三者に対する損害をも含むものとされ、公の営造物の近隣住民（第三者たる地位を有する）に及ぼされる継続的な損害——恒久的損害の領域に属する——についても、その適用を認めることができる。この場合には、大阪空港騒音公害訴訟や国道43号線騒音公害訴訟等のように、同条の「設置または管理の瑕

---

22) フランスの事故損害の領域においては、被害者が第三者の場合には、20世紀半ば以降フォートによらぬ責任が適用されており、利用者の場合と比べ、被害者保護により厚い責任システムが成立していることが認められる。この点、わが国では、同じく国家賠償法2条を適用しているが、被害者が営造物の利用者である場合と比べ、「設置または管理の瑕疵」の判断にどのような実質的差異が認められるか、あるいは同一でよいのかという問題が提起されうるであろう。

　ここで、第三者に対する事故損害の領域に入ると思われるわが国の判例を、若干挙げておきたい。⑴徳島地判昭和42・7・28判時522号75頁——国道の側溝補修工事の結果、道路に面する民家の排水口が遮断され（新側溝へ結合しなかったため）、排水に支障が生じ浸水の被害が惹起された事案につき、「周囲の環境や通常の用法に照らし、その側溝が従来のものと相違してそれと同様の用途と効用を果さない構造、形態のものである場合は、その意味で安全性を欠くものと認むべきであ」ると判示して、責任を認めている。⑵鹿児島地判昭和51・3・31判時828号74頁、⑶津地判昭和52・3・2判時853号13頁——⑵及び⑶は、道路の崩壊により人家が倒壊した事例であり（⑶は居住者の死亡事故をも含む）責任が認められている。⑵では、「道路が具有すべき安全性とは、単に当該道路における交通の安全の確保のみでなく、道路崩壊等により当該道路の近くに居住する住民の生命、身体、財産を侵害しないようその安全性をも確保するものでなければならない」と判示されている。⑷東京地判昭和51・2・26判時829号70頁——高速道路を走行中の車から投棄されたタバコの吸い殻が、道路法面の枯草に着火して燃え広がり、近隣山林を焼失した事例について、「被告がした前記認定の処置は道路管理者のなすべき管理として十分である」と判示して、責任を否定している。これらの判例は、いずれも「設置または管理の瑕疵」の有無を問題としているが、ここでは、設置・管理においてカヴァーすべき範囲が、利用者に対する事例に比べ広がっていることに注意すべきであろう（遠藤・前掲注13）663頁、古崎慶昌『判例営造物管理責任法』（有斐閣・1970）に、多くの判例が引かれている）。

23) 公の営造物の存在それ自体から及ぼされる日照被害や出入りの障害等の継続的被害のほか、公の営造物をその目的に沿って供用した結果発生する騒音・振動等の継続的被害が含まれる。

24) 大阪空港騒音公害訴訟上告審においては、違法な権利侵害ないし法益侵害となるか否かを判断す

疵」の判断に受忍限度が入れられていることが注目されよう[26]。これは、国家賠償法２条の「瑕疵」判断の多様化とも考えられるが、フランスの公土木の損害における区分けに従うならば、利用者に対する事故損害とは区別される恒久的損害のカテゴリー――そこでは「非常態的かつ特別の損害」の要件（被害者が賠償なしに受忍すべき限度を超える損害であるか否かが中心となる）が適用される[27]――が同条に混入したものととらえられるため、わが国の国家賠償法２条の

るにあたっては、「侵害行為の態様と侵害の程度、被侵害利益の性質と内容、侵害行為のもつ公共性ないし公益上の必要性の内容と程度等を比較検討するほか、侵害行為の開始とその後の継続の経過及び状況、その間にとられた被害の防止に関する措置の有無及びその内容、効果等の事情をも考慮し、これらを総合的に考察してこれを決すべきもの」と判示されている（最判昭和56・12・16民集35巻10号1369頁）。

25) 最判平成７・７・７民集49巻７号1870頁。
26) このような判例に現れている受忍限度の内容については、様々な見解が示されているが（伊藤進「受忍限度について」判時1008号（1981）９頁、古崎慶長「大阪空港控訴審判決と国家賠償責任」判時797号（1976）13頁等参照）、国家賠償法２条の適用において受忍限度を導入することに関しては、疑問も呈されていた。従来から一般に、国家賠償法２条の責任については、違法性（受忍限度論）の判断は不要であるとされており（西埜章「国家賠償法２条の解釈論」判時1056号14頁）、例えば、潮海一雄教授は、「国家賠償法２条の危険責任の原理からすれば、設置・管理の瑕疵によって被害が生ずればその損害を賠償することが原則でなければならない」として、空港訴訟においての違法性（受忍限度論）の不要を主張している（「空港の設置・管理の瑕疵と損害賠償」法時54巻２号31頁）。
　　受忍限度の判断基準については、本書第２章の併用関連瑕疵項目でさらに検討するが、少なくとも、国家賠償法２条が営造物の周辺住民に対する継続的損害にまで適用領域を広げた以上、従来の同条の解釈とは性質の異なる要素が入ることは当然とも考えられよう。
27) フランスの恒久的損害の領域で用いられている受忍の限度とは、違法性の問題を意味するものではなく、あくまで損害の非常態性として、もっぱら被害者が被った損害自体に着目してなされる判断であると考えられる。このことは、当該恒久的損害がわが国の損失補償の一部をも含むカテゴリーであり、そこでの共通の要件として、損害の非常態性――受忍の限度を超す損害――がとられていることからも是認されうるであろう。
　　フランスの恒久的損害においてみられる受忍の限度が、上述の内容を有するものであるのに対し、わが国の判例で用いられている受忍限度は、侵害行為の公共性等をも判断要素として、当該設置・管理の違法性を総合的に判断するという枠組みをもつものと考えられる（遠藤・前掲注13）791頁参照）。公共性の要素が責任の範囲を狭める方向に働きうる構成には問題があると思われ、例えば、遠藤博也教授は、「しかしながら、公共性の程度の判断は、実際上、損害賠償請求の成否の判断にあまり効いていない」「むしろ、損失補償におけるように、公共性は公共による損害塡補を肯定する理由になりこそすれ、これを否定する理由にはなりえないと思われる」としている（前掲注13）831-832頁）。わが国の国家賠償法２条の適用においてみられる「受忍限度」についても、フランスの同様の領域でみられる「受忍の限度」の内容と対比して、その判断要素の明確化、再検討を行う必要があろう。
　　なお、雄川一郎教授は、空港訴訟や新幹線訴訟等でしばしば問題となる「受忍限度」に関して、「当事者間での権利の相互の限界というよりも、国家作用によって蒙った損害が『特別の犠牲』と

適用が広く異質なものにまで拡大され、「設置または管理の瑕疵」について幅広い解釈が必要となったと理解すべきであろう。

また、フランスにおいて恒久的損害とされているこのほかの領域は、わが国の土地収用法93条等に規定される「みぞかき補償」と、最も典型的に対応するものであるが、わが国においては、損害賠償と損失補償との中間的な性格を有するものとして位置づけられている。

一般に、事業損失は収用損失と区別され、不法行為の次元で処理されるべきであるとされているが、実質的に収用または使用と同視して、憲法上補償を要すると解すべき場合があることも指摘されている。この点、フランスの恒久的

認めうるかどうかという意味をもつものではないか」と指摘している（雄川一郎「国家補償総説—国家補償法の一般的問題」同ほか編『現代行政法大系第6巻』（有斐閣・1983）12頁）。

28) 営造物の周辺住民に及ぼされる継続的な損害の領域が、損失補償と境を接するカテゴリーであることは、この領域の事例について、国家賠償法2条の損失補償的構成が論じられていることからも推察されよう。

大阪空港騒音公害訴訟上告審は、「これら住民が空港の存在によって受ける利益とこれによって被る被害との間には、後者の増大に必然的に前者の増大が伴うというような彼此相補の関係が成り立たないことも明らかで、結局、前記の公共的利益の実現は、被上告人らを含む周辺住民という限られた一部少数者の特別の犠牲の上でのみ可能であって、そこに看過することのできない不公平が存することを否定できないのである」と判示しており、そこに損失補償の考え方が入っているとみることができよう（雄川・前掲注27）12頁、遠藤・前掲注13）830-831頁参照）。さらに、大阪空港騒音公害訴訟に関して、遠藤博也教授は、「損害填補が賠償なのか補償なのかは、かねて、事業損失の性格論をめぐって議論があるところである。周辺対策についても、いずれの延長線上で理解すべきかは問題がある」と述べ、この事例が損失補償ととらえられる可能性を示しており（「判批」判時1035号17頁）、また、雄川一郎教授も、大阪空港騒音公害訴訟や名古屋新幹線騒音公害訴訟などの事案について、「それらの訴訟はいずれも不法行為による損害賠償請求であるが、……損害賠償の論理は必ずしも当てはまらず、むしろ実質的には損失補償の類型に属するとみるべき要素が多いように思われる」と指摘している（前掲注27）11頁。なお、この雄川論文について書かれた綿貫芳源「国家責任の法理についての疑問」雄川一郎ほか編『田中二郎先生追悼論文集　公法の課題』（有斐閣・1985）647頁参照）。

このような考え方は、当該領域が国家賠償法2条の適用の中で異質な地位を占めることを示すものであろう。

29) みぞかき補償（道路法70条。公共用地の取得に伴う損失補償基準要綱44条等にも規定されている）は、本来、不法行為理論によるべきであるが、土地収用と同時に解決するという実際上の要請に応え、また、公平の原則に照らして補償すべき場合には明文の規定を置くべきである等の理由から設けられたものとされており、中間的な性格を有すると考えられる（高田賢造『土地収用法（新コンメンタール）』（日本評論社・1965）382頁参照）。

30) 例えば、今村成和教授は、事業損失について憲法29条3項の保障が及ぶかという問題——明文の規定がない場合にも補償請求権を生ずるかという論点——に関して、「例外的に事業損失として、従来の用法を廃せざるを得ないような状況を生ぜしめたときは、収用または使用と実質的に異なる

終　節　フランス公土木責任法及び日本法との対照の試み　233

損害は、収用に隣接した領域とされ、非常態的かつ特別な損害――賠償なしに受忍すべき限度を超す損害――を要件とするフォートによらぬ責任が認められているが、その根拠をなす理念である人権宣言17条[31]及び公負担の前の市民の平等原則は、わが国における憲法29条1・3項、及び14条に相当するものといえよう。このようなフランスにおける理論を参照するならば、当該損失が受忍の限度を超える場合には、憲法29条3項及び14条を根拠として補償を認める見方も可能となろう[32]。また、フランスの恒久的損害において要件とされている受忍の限度の問題は、わが国の損失補償の局面においてもみられることに留意すべきである。例えば、名取川訴訟上告審判決[33]では、当該被害者が主張している損失に関して、「その財産上の犠牲は、公共のために必要な制限によるものとはいえ、単に一般的に当然受忍すべきものとされる制限の範囲をこえ、特別な犠牲を課したものとみる余地が全くないわけではな」いと判示されているが[34]、これは、損失補償においても、適法行為自体によって定まる内在的制約の範囲のみでなく、被害者の側からみた受忍の限度が問題となりうることを示すものと考えられる[35]。

　　所はないから、この場合には、憲法上の保障も及ぶもの」と解すべきであると述べ（前掲注18）159頁参照）、その合理的根拠として、憲法13・14条にまで遡りうることを指摘している（前掲注18）152、155、157頁参照）。また、小高剛教授も、「事業損失を収用損失から区別しうることと、前者に関する補償を否定することが必然的に結びつくものではなく、かえって、公共のための犠牲であるという点では、両者とも同一の平面で処理しなければならない」としている（前掲注13）60頁）。なお、杉村敏正「土地収用制度について」法時377号56頁参照。
31)　フランス人権宣言17条は、「所有権は、一の神聖で不可侵の権利であるから、何人も適法に確認された公の必要性が明白にそれを要求する場合で、かつ、事前の正当な補償の条件の下でなければ、これを奪われることがない」と規定している。
32)　今村成和教授も、憲法29条3項だけでなく、13条、14条をも根拠にしようとしている（前掲注30))。
33)　最大判昭和43・11・27刑集22巻12号1402頁。
34)　公共用地の取得に伴う損失補償基準第45条の少数残存者補償の規定においても、「受忍の範囲をこえるような著しい損失」と規定されているが、これも、当該損失が受忍の限度を超える場合にのみ補償が与えられる趣旨を表すものであろう（もっとも、少数残存者補償は、事業損失ととらえうるため、いわゆる損失補償（狭義）の例とはいえないであろう）。さらに、みぞかき補償についても、判例は、「社会通念上、受忍すべき限度を超えている」損失であることを補償を認める要件としている（道路法70条に関する高松地判昭和54・2・27行裁例集30巻2号294頁、新潟地判昭和45・3・24行裁例集21巻3号578頁等参照）。
35)　損失補償において考慮されうる受忍の限度は、憲法29条3項の「特別の犠牲」の文言の具体化の1つとしてもとらえられよう。すなわち、当該損失が通常受忍すべき限度を超える場合にのみ、特別の犠牲として補償されることになる。

さらに、わが国においては損害賠償領域で処理されている空港等の営造物の近隣住民に対する継続的な損害（国家賠償法2条の適用）についても、フランスでは、恒久的損害として、同じく「受忍の限度」の要件が適用されていることは、損害賠償・損失補償の区別の流動化の具体的局面としてとらえられ、ここに、損害賠償領域の損失補償的構成への示唆をみることができよう。また、フランスの恒久的損害の領域を、わが国の損失補償・損害賠償の区別の枠組みでとらえると、前者の領域には必ずしも位置づけ難く、さらに、わが国における国家賠償法2条の適用領域にも広く及んでいるカテゴリーであることを考慮するならば、わが国の事業損失についても、損害賠償の問題として扱いつつ、その要件に損失補償の理念を持ち込むことも不可能ではない。わが国の国家賠償法2条が、すでにその適用領域を広げ、「設置または管理の瑕疵」の基準も多様化している状況に鑑みるならば、事業損失についても同条を適用し、「瑕

---

36) フランスの恒久的損害においてみられる「受忍の限度」は、わが国の損失補償において問題とされうる受忍の限度と同一にとらえられるものであろう。そこでは、もっぱら、惹起された損害の被害者側の側面のみが判断要素とされ、公共性の要素は、むしろ当然存在するものとして考慮の対象とならず、違法性の問題は起こりえない。

　　また、フランスの恒久的損害が、わが国で国家賠償法2条が適用されている空港等の営造物の近隣住民に対する継続的損害と、同条が適用されない事業損失との両方を含む単一のカテゴリーであることを考えるならば、わが国における前者の領域でみられる「受忍限度」についても、フランスの法制を導入し、損失補償において考慮されるような受忍の限度を問題とすべきことを示唆することもできよう。

37) 国家賠償法2条の損失補償的構成については、わが国においても、空港騒音公害訴訟等に関連して論じられている（前掲注28)参照）。

38) 事業損失については、損失補償と損害賠償のいずれの処理も、理論上は可能であるように思われる。この点に関して、遠藤博也教授も、「損失補償の内容も多様であって、収用土地の対価の補償のように公共事業のために必然的に生じる損失の補償もあれば、いわゆる通損補償のように、公共事業に付随するものとはいえ、公共性のゆえに当然生ずる負担とはいいがたい雑多な内容の損害・損失を対象とするものがある。したがって、損害賠償と損失補償の区別は実際上につき難いものである。また、法技術的な処理の仕方としてはどちらによることも立法論として可能であろう」とされている（前掲注13) 833頁）。

39) そこでは、フランスの恒久的損害でみられるような受忍の限度――被害者の側のみに関わる損害の判断――損失補償においても考慮されうる理念――が要件として問題となりうるであろう。

40) この点に関し、みぞかき補償のような事案においても、国家賠償法2条に基づき請求がなされている例が存在することに注意すべきである。

　　例えば、東京地判昭和43・10・28判タ230号276頁は、道路の拡張に伴う路面の嵩上げにより店舗の出入口が塞がれたために営業収益が減少したとしてなされた損害賠償請求の事案であり、裁判所は、「本件のごとく、道路の設置自体により、周辺土地利用者に営業上の損失を加えるような場合は、道路が有する特殊の用法および構造上の危険性から生じた損害とは到底考え難いのであって、

疵」の解釈の中でその責任成立要件を定めていくことも1つの方向として考えられる。国家賠償法2条は、その損害賠償としての位置づけに固執しなければ、狭義の損失補償と境を接し補償における理念をも含みうる、より大きな可能性を含有するものとしてみることもできるであろう。

III まとめ

以上、フランスの公土木の損害に関する責任法がわが国における法制とどの

また、文理上も、このような場合道路の設置、管理の瑕疵があるとは、いかようにしても解せられない」と判示して、国家賠償法2条による請求を認めなかった。この判例に関しては、営業収益の減少は、道路法70条の補償にはあたらず、憲法29条3項により補償請求がなされるべきであるとする見解もみられる（古崎・前掲注22）96頁）。確かに、本件のような事例を、国家賠償法2条の「瑕疵」にあてはめることには文理上困難が伴うが、「瑕疵」の内容が多様化している状況を考えるならば、同条の適用も不可能とはいえないであろう。

また、福岡地判昭和55・6・4判時999号107頁は、周辺の土地並びに道路が高くなったため、これらに囲まれ窪地状となった土地に生じた浸水の損害、及び段差ができたことによる損害の賠償が求められた事案であるが、裁判所は、浸水被害については国家賠償法2条の責任を肯定する一方、高低差に関わる請求については、「これは適法行為による損失補償を問題とすべき場合であって、原告は道路法70条による費用の請求をするのはともかく、不法行為であることを前提とする損害賠償請求は許されない」と判示している。このように、損害賠償と損失補償とを厳密に区別することは、実際上、便宜な解決であるかは疑問であろう（本件では、道路法70条の規定が存在しているため、それほど不都合はない）。

このような事例において、判例は、国家賠償法2条の適用を拒んでいるが、空港の周辺住民の騒音被害等と比べ、どれほどの差異が認められるかということが問題になりうる。また、国家賠償法2条が広く適用されることは、憲法29条3項による直接請求の事例の多くを前者に取り込むことを意味するものであり、仮に、その妥当性が認められるならば、実際上有益な方向づけとして評価されえよう。

41) このことは、国家賠償法2条にとどまらず、私法領域においても問題となりうる事柄であろう（後掲注42）の沢井裕教授の所説も、これを示すものである）。また、タンク（Tunc）は、近隣妨害に対する判例の解決を支配する理念は「衡平」であることを指摘し、行政法の領域における公負担の前の平等の理念は、一般企業が惹起する妨害についても妥当しうるものであり、近隣者のみが企業活動（全体的利益に貢献）から生ずる負担——社会生活において通常受忍すべき限度を超える——を負うことは衡平に反し、その負担は再配分されるべきであることを論じている（Mazeaud et Tunc, Traité théorique et pratique de responsabilité civile, Tome I, n° 621-2）。淡路剛久教授によれば、このようなタンクの所説は、「義務違反あるいは（かつ）帰責性という観念に基づくfaute、過度な行為という観念に基づく危険、等のもろもろのドグマを克服しようとするものであ」り、「特に、近隣妨害の加害者から被害者に対してなされるべき一定の給付が、損害賠償としてではなく、広く損失補償として把握されていることは、公害に対する問題の把握の仕方として、そしてまた損害賠償法の1つのあり方を示すものとして、注目に値する考え方だといえよう」とされている（「近隣妨害の私法的処理」加藤編『外国の公害法（下）』前掲注1）40-41頁参照）。これは、民法717条の領域に、相隣妨害法理が含まれる可能性を示しているととらえることもできよう。

ような関わり合いにあるかについて、俯瞰するよう試みた。フランスにおける公土木責任法とわが国の法制との対照において、事業損失の扱い、国家賠償法2条の位置づけ、「設置または管理の瑕疵」の性質・解釈等、興味深い諸問題が呈示されえたが、これらの多くは、わが国の損害賠償・損失補償の2区分構造が、フランスにおいては必ずしも前提とされていないこととの関連でとらえることができる事柄である。このような諸論点は、損害賠償・損失補償という2区分の構造上の問題と併せ、わが国においても議論されるべき問題状況を形づくるものであるが、フランスの公土木責任法は、これに対し重要な示唆を与えうるものであり、さらに、国家賠償法2条の新たな発展の可能性も暗示されていると考えることができよう。

　もとより、歴史的背景及び実定法的構成を異にするわが法に対して、フラン

---

42) なお、フランスの公土木の損害においてみられる恒久的損害・事故損害の区別に関しては、これに類似した2類型が、沢井裕教授によって指摘されていることに注意しておく必要があろう。すなわち、第1の類型として、「当該行為（工事・企業経営など）が間接に他人に損害を加えるおそれ——危険——があるが、特定人に特定の損害を加えることまでは予見しえない場合」である「事故（Unfall）」の類型（「たといある程度の蓋然性すなわち危険があったにせよ、現実の加害は、偶発的に生じたものである」）、及び、第2の類型として、「当該行為が間接に特定人に特定の損害を加えることが予見されまたは予見すべき場合」である「不可避的侵害」の類型が挙げられており、「前者は不法行為法固有の領域に属するものであり、後者は、新しい私的収用の法理に従うべきもの」と述べられている（「土木・建築工事にともなう相隣紛争——下級裁判所判決の整理と分析」法学論集（関西大学）13巻4＝6号98頁、102頁参照）。ここで挙げられている2類型は、フランスの公土木の損害における事故損害・恒久的損害という2つのカテゴリーに類似しており、このようなカテゴリー分けが、ある程度普遍性を有しうることがうかがわれよう。
43) フランスにおける公土木の損害に関する責任法とわが法との対照（簡略化したもの）を下記に示しておく。

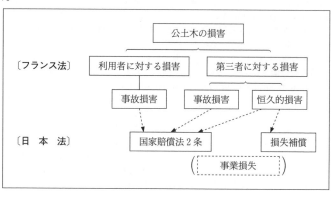

スの法理を単純に導入できないことはいうまでもない。ただ、本章により、わが国の国家賠償法2条で採用された損害賠償法制もまた、歴史的過程から生じた1つの選択であることが、側面から明らかにされたと思われる。そして、フランスにおける公土木の損害に関する責任法が、公法領域に位置する独自の法制であることを考慮するならば、同法制は、わが国の国家賠償法2条の比較の対象として、十分な価値を有するものとみることができよう。

　フランスにおける公土木の損害に関する責任法は、これまで、コンセイユ・デタの判例によって自由な発展を遂げてきたが、この公土木責任法制も、それ自体の中に、「公土木の損害」というカテゴリーが他と区別される独立の法制をもつことに果たして必然性があるか、また、その法制内部における動揺（第三者と利用者の区別に基づく責任システムへの疑問）など、様々な問題が提起される可能性は否定できないと思われる。しかしながら、ダイナミックな発展過程を有し、重厚な歴史に支えられた公土木責任法制は、無視し難い重要性を有する法制度として、今なお、確固たる地位を呈している。本章が、このような法制の存在、その歴史的発展過程を、明確に表現しえたことを願って、本章を終えることとしたい。

【補論】

　本章は、フランスの公土木の責任の成立から発展過程を追ったものであり、公土木の損害に関する責任法が、管轄等を含め、独立した制度として成立し、一般の行政賠償責任とは異なる独自性を有するに至ったこと、恒久的損害と事故損害の区別から、利用者・第三者という被害者の地位による区別へと判例理論が変化していく過程をとらえて紹介したものである。

　もっとも、筆者の東京大学助手時代の研究であるため、1980年代までの研究にとどまり、現在のフランス公土木の損害に関する責任法の研究には至っていない。最近の状況について、若干敷衍するならば、フランスの公土木の損害に関する責任法は、今なお、独立した項目立てがなされて扱われている状況がみられ、公土木の損害の概念、かつての恒久的損害と事故損害の区別、その後の利用者・第三者による責任理論の区別、その大筋の流れ・枠組みについては、今日でも、様々に議論されてはいるものの、大要は維持されているとみること

ができる（Yves Gaudemet, Traité de Droit administrative, Tome II Droit administratif des biens 15 éd. 2014, chapitre II pp. 631., Odile de David Beauregard-Berthier Droit administratif des biens, 9ᵉ éd. 2013/2014, chapitre14, pp. 195 etc.)。

　ゴドメは、第三者・利用者の区別については、その適用が困難であること等から疑義を呈しており、事故損害の領域で第三者が被った損害について、公法人がフォートによらぬ責任を負う場合の根拠としては、リスクではなく、私法上の概念である"garde"に拠っているとの見方を示している (CE, 3 mai 2006, Ministre de l'Écologie, Cne de Bollène et a. et Cne de Bollène, syndicat intercommunal pour l'aménagement et l'entretien du réseau hydraulique (2 espèse), AJDA 2007, p. 204, note M. Deguergue., Yves Gaudemet, Traité de Droit administrative, Tome II Droit administratif des biens 15ᵉ éd. 2014, p. 640)。ここで新たな根拠として指摘された"garde"が公土木の損害に係る責任の根拠として妥当するかについて、Benoit Camguilhem, Recherche sur les fondements de la responsabilité sans faute en droit administratif, 2014, Dalloz p. 317 等の文献がある。同書は、リスク・公負担の前の平等原理を含め無過失責任の根拠を研究している。

　また、Jacqueline Morand-Deviller, Droit administratif des biens, 7ᵉ éd. 2012, Montchrestien, Chapitre IV pp. 635-636 は、公土木の責任理論としては、恒久的損害と事故損害とに分けて、前者は、相隣妨害の私法上の原則に近い無過失責任に基づき補塡されるのに対し、事故損害では、被害者の地位によって責任原理が異なるとしている。なお、道路に係る賠償責任法についての詳しい研究として、Didier Linotte, Paul Lignières, Bruno Cantier, Droit du domaine public routier: compétences et responsabilités, 2000, Litec. がある。

　このように、公土木の損害に関する責任法は、今なお、独自性を有して、その責任理論の枠組み、責任根拠等についての議論が行われている状況にある。本書第1章は、今日の責任理論等を支える基盤の成立及びその歴史的発展過程の研究としての意味を有するものであり、最近の判例・学説の研究については、後日を期すこととしたい。

第2章

国家賠償法 2 条の再構成

序　節　国家賠償法 2 条をめぐる問題状況

　わが国において、国家賠償法は、戦後制定されて以来、改正されることなく現在に至っているが、同法は、6箇条の条文のみで構成されており、実質的な責任理論の構築は、そのほとんどが判例・学説によってなされてきたということができよう。国家賠償法2条についても、道路・河川を中心として数多くの判例が存在しており、また、営造物責任という性質から、民法領域での議論も含めて、多様な学説が展開されている。従来から、国家賠償法、とりわけ2条に関しては、民法学者の立場からの研究業績が多数みられ、行政法専攻者の国家賠償法研究と交錯する状況を呈しており[1]、両者の共同作業により、同条の瑕疵論の理論的構築がなされている状況にある[2]。

---

[1] 筆者は行政法専攻であるが、行政法においては、国家賠償法は行政救済法の中に位置づけられ、重要な関心テーマとして論じられているが、他方、民法領域においても、国・公共団体の不法行為責任として、不法行為法の分野で国家賠償法もカヴァーされている。しかしながら、行政法においては、国家補償法の領域の中で、適法行為による損失補償と並んで、国家賠償法が位置づけられており、アプローチの手法において、民法の不法行為法とは異なる面が存することは否定できないであろう。

[2] 国家賠償法2条に関する研究には、古崎慶長『国家賠償法』(有斐閣・1971)、同『国家賠償法の理論』(有斐閣・1980)、同『判例営造物管理責任法』(有斐閣・1975)、遠藤博也『国家補償法(上)』(青林書院新社・1981)、同『国家補償法(中)』(青林書院新社・1984)、西埜章『国家賠償責任と違法性』(一粒社・1987)、國井和郎「道路の設置・管理の瑕疵について―義務違反的構成の試み(1)～(16・完)」判タ326～481号、植木哲『災害と法―営造物責任の研究』(一粒社・1982)、阿部泰隆『国家補償法』(有斐閣・1988)、宇賀克也『国家補償法』(有斐閣・1997)、國井和郎「営造物管理責任」多胡圭一編『21世紀の法と政治　大阪大学法学部創立50周年記念論文集』(有斐閣・2002) 161頁、稲葉馨「国家賠償法2条の『公の営造物の設置又は管理』について」川上宏二郎先生古稀記念論文集刊行委員会編『情報社会の公法学　川上宏二郎先生古稀記念論文集』(信山社出版・2000) 402頁ほか、多数の文献がある。

　最近の国家賠償法に関する詳細なコンメンタールとして、西埜章『国家賠償法コンメンタール』

国家賠償法2条の適用事例としては、従来から、道路事故に関わる国家賠償訴訟が数多くみられる一方で、河川水害訴訟についても大きな展開がみられ、また、空港・道路等の周辺住民に対する公害訴訟も、1つの独立した類型として注目を集めてきている。このように、国家賠償法2条が適用される対象領域には、「公の営造物」の多様な損害類型が含まれており、公の営造物の物理的状態に欠陥が存したため、営造物の利用関係において利用者が損害を被った場合、同じく営造物の物理的状態に欠陥が存したために、利用関係にない第三者に損害が及ぼされた場合、また、これに対して、営造物の物理的状態に欠けるところはないが、営造物の供用に付随して周辺に被害が及ぼされる場合など、根本的に損害状況が異なるいくつかの瑕疵類型がみられる。この中には、民法の土地工作物責任と類似の状況にあるものもみられる一方で、国家賠償法2条に特有の性質を示す部分も少なからず存在している。現状においては、国家賠償法2条の瑕疵をめぐる議論は、同条の適用の中に様々な異なる性質のものが含まれることを前提としつつも、適用類型による責任理論の分化が十分強調されずに、瑕疵の一般論が呈示されているように思われる[3]。

　このような視点は、第1章で対象としたフランスの公土木の損害の領域における責任理論において、わが国の国家賠償法2条の適用領域とほぼ一致する対象領域に関して、明確な類型分け――事故損害・恒久的損害、利用者に対する損害・第三者に対する損害――が行われ、それぞれの類型ごとに適用される責任要件の明確な区別が呈示されていることとの比較においても[4]、とらえる

〔第2版〕（勁草書房・2014）1035頁がある。なお、国家賠償法2条の設置管理の瑕疵の概要をコンパクトにまとめたものとして、小幡「営造物の管理の瑕疵の意義」高木光＝宇賀克也編『行政法の争点（ジュリスト増刊）』（有斐閣・2014）156頁。

3）　後述する瑕疵論争においても、対象となる適用事例の類型分けはそれぞれ確認されているものと思われるが、「設置・管理の瑕疵」あるいは「通常有すべき安全性」として一般的に論じられている部分も多くみられるため、その具体的適用場面に応じた責任判断基準が必ずしも明らかにされているとはいえない状況にあろう。下山憲治「災害と国家賠償法2条の瑕疵責任(1)(2)」早稲田大学大学院法研論集64巻29頁、65巻83頁は、体系的に類型化した上で瑕疵責任の検討を試みている。

4）　フランスにおいては、一般の国家賠償責任法とは別に、19世紀初頭以来、公土木の損害（dommages de travaux publics）の領域において独自の責任理論が発達し、現在に至っている。まず、公の営造物の近隣の所有権に恒久的な価値下落がもたらされた場合について、賠償なしに受忍すべき限度を超える損害であるか否かを責任要件とする「恒久的損害」に関する賠償責任――収用補償に隣接した事業損失ともいうべき類型――が発達し、次いで、公土木・公の営造物によって惹起された事故による人身損害を中心とする「事故損害」に関する賠償責任が、「維持の欠缺（défaut

ことができよう。
　本章では、わが国における国家賠償法2条の責任法理に焦点を当て、従来の判例・学説を整理、検討した上で、同条の構造を明らかにし、類型別に瑕疵判断基準の明確化を行うことによって、国家賠償法2条の責任論の再構成を目指すこととしたい。

---

d'entretien)」を責任要件として確立された。
　このような「恒久的損害」と「事故損害」の類型の区別による責任法理は、20世紀半ば以降、被害者が公の営造物に対して利用者の立場にあるか、第三者の立場にあるかによって責任要件を異にする、「利用者に対する損害」と「第三者に対する損害」の区別による責任法理へと展開し、現在に至っている（「利用者に対する損害」においては、「維持の欠缺」が責任要件とされるが、「第三者に対する損害」については、「維持の欠缺」の要件を要せず、「非常態的かつ特別な損害」であるか否かが責任要件となる。「第三者に対する損害」類型は、「恒久的損害」類型及び「事故損害」の中での第三者に対する損害を包含した類型となる）。本書第1章参照。

第1節　国家賠償法2条の成立と展開

第1款　国家賠償法2条の成立と民法717条

第1項　国家賠償法の成立過程

　国家賠償法2条の成立に関しては、国家賠償法制定前の公権力無責任時代からの歴史的展開に触れておく必要があろう。戦前は、行政の権力作用については、民法の不法行為の規定の適用が否定され、いわゆる公権力無責任法理によって支配されていた。すなわち、明治憲法の下では、公法と私法を区別し、公法行為については行政裁判所の管轄とされていたが、行政裁判所は損害賠償訴訟を受理できないと規定されており（行政裁判所法16条）、また、実体法上も、公法作用には民法の適用がないとされていたため、国の公法行為については不法行為責任を問うことができない状況にあった。当初は、公の行政作用すべてについて、賠償責任が否定されていたが、大正5年の徳島遊動円棒事件を境として、判例は、民法717条の適用または類推適用を認める方向へと変遷していった。その後は、判例により、漸次民法の適用が認められ、行政の不法行為責任を肯定する事例が多くなっていったが、他方で、その責任を否定した判例も少

1）　租税の違法な賦課徴収・滞納処分による損害（大判明治36・5・28民録9輯647頁、大判昭和7・9・1法律新聞3461号9頁、大判昭和16・2・27民集20巻118頁）、違法な行政執行による損害（大判昭和16・11・26大民判決全集11号6頁）、印鑑証明事務の誤った執行による損害（大判昭和13・12・23民集17巻2689頁）、違法な特許付与の制限による損害（大判昭和4・10・24法律新聞3073号9頁）等は、いずれも民法の適用がないものとして賠償責任が否定された事例である（田中二郎「国家賠償法について」『行政上の損害賠償及び損失補償』(酒井書店・1954) 167頁参照)。
2）　例えば、河川・道路等の工事に起因する損害（大判明治29・4・30民録2輯4巻117頁、大判明治40・2・22民録13輯4巻148頁)、火薬製造事業に関わって発生した損害（大判明治43・3・2民録16輯5巻169頁）などについても、民法に基づく賠償責任が否定されている。
3）　大判大正5・6・1民録22輯1088頁。小学校運動場の運動器具について、民法717条を適用して、賠償責任を肯定した事例（今村成和『国家補償法（法律学全集9)』（有斐閣・1957）124頁等参照)。
4）　水道工事に起因する損害（大判大正7・6・29民録24輯1306頁)、下水道設備の瑕疵に基づく責

なくなく、必ずしも統一された状況にはなかったことが認められる。

第2項　国家賠償法2条と民法717条との関係

I　国家賠償法2条の立法趣旨

戦後、憲法17条を受けて制定されたのが国家賠償法であるが、同法2条の立法趣旨としては、戦前のこのような状況を背景に、公の営造物の設置または管理の瑕疵に基づく責任について、国・公共団体が責任を負うか否か従来必ずしも明瞭でなかったため、これを明確にするために規定されたものであるとされている。このような立法趣旨に則るならば、国家賠償法2条が民法717条と異なる独自の性格を有していたとは考え難く、むしろ、国家賠償法2条の内容は、民法717条と同一あるいはその延長線上にあり、土地の工作物が国または公共団体の設置または管理するものであるか私人のものであるかによって、適用条文が異なってくるにすぎないとする見解もとりうるところである。これに対して、国家賠償法2条は、単に民法717条の延長線上でのみとらえるべきではなく、民法とは異なった独自の性質を認めようとする立場も従来から主張されていた。

II　民法717条の法的性質

ここで、民法717条の土地工作物責任の法的性質についての民法学における議論に触れておく必要があろう。民法717条により損害賠償責任を負う者は、工作物の占有者と所有者であるが、通説によれば、占有者については、損害の発生を防止するのに必要な注意を払ったときには免責されるため、過失責任ではあるが、無過失の挙証責任が転換されている点で、中間的責任であるのに対

任（大判大正13・6・19民集3巻295頁）、築港工事に起因する損害（大判大正7・10・25民録24輯2062頁）などにおいては、損害賠償責任が肯定されている（古崎慶長『国家賠償法』（有斐閣・1971）207頁参照）。

5）例えば、消防自動車の試運転中に損害を与えた事故（大判昭和10・8・31大民法律新聞3886号7頁）では、賠償責任は否定されている（田中二郎「国家賠償法について」前掲注1）160頁）。

6）最高裁民事裁判月報1号16頁。

7）加藤一郎『不法行為（法律学全集22-2）』〔増補版〕（有斐閣・1974）194頁、末川博「天災と国家責任」『法と自由』（岩波書店・1954）164頁。

8）古崎・前掲注4）207頁、乾昭三「国家賠償法」中川善之助ほか編集代表『注釈民法(19)』（有斐閣・1965）417頁、西埜章『国家賠償責任と違法性』147頁（一粒社・1987）等参照。

し、所有者については、この免責が認められないため、無過失責任であると説明されている[9]。一般に、民法709条に定める一般原則と異なる特殊の責任が定められていることについては、土地の工作物に内在する危険に対して占有者・所有者の責任を加重したものであり、危険責任の考え方を根拠とすると説明されているが[10]、他方で、工作物の保有によって利益を得ている者の報償責任を根拠として説く見解もみられる[11]。

このように、土地の工作物について特殊な責任が定められたことに関しては、歴史的背景を考慮する必要があろう。すなわち、ゲルマン法においては、自己の占有する物から生ずる損害について無過失責任が認められており、ローマ法では建物が倒壊した場合の責任、ドイツ法では建物その他の工作物の占有者の責任がそれぞれ特別に認められており[12]、他方、フランス法では、広く無生物責任として動産の占有者の無過失責任を定め（民法1384条）、また、建物の所有者に対しては、民法1386条で無過失責任が規定されていた[13]。わが国では、ボアソナード民法は、ほぼフランス民法にならい、「建物其の他の工作物」につき所有者の責任を規定していたが（旧民法財産篇375条）、現行民法で、「土地の工作物」と修正され、また竹木についての責任も加えられ、現行の民法717条の条文となったものである[14]。したがって、土地の工作物と竹木は、歴史的には危険が内在する物として特記される性格を有していたと解することができよう。しかしながら、現代においては、自動車・鉄道・航空機等の高速の交通機関、工場の大規模機械などのように、より危険性の高い物が出現しており、古典的な土地の工作物の設置・保存の瑕疵という静的な危険は、相対的に比重が低下していることを認識せざるをえない状況にある[15]。

---

9) 加藤・前掲注7) 192頁参照。
10) 森島昭夫『不法行為法講義』（有斐閣・1987) 53頁、加藤・前掲注7) 192頁参照。
11) 末川博「土地の工作物による損害の賠償責任」『末川博法律論文集2巻』（岩波書店・1970) 746頁参照。
12) 加藤・前掲注7) 192頁参照。
13) フランスにおいては、無生物責任を定める1384条が危険責任として活用され、自動車事故についても同条が用いられている（野田良之「自動車事故に関するフランスの民事責任法(1)〜(3)」法協57巻2〜4号)。他方で、建物の倒壊について定める1386条は、それほど活用されていない。
14) 加藤・前掲注7) 192頁参照。
15) 現代的な危険物に対応して、民法717条の意義の拡大が議論されてきている（加藤・前掲注7) 193頁参照)。

他方、民法起草者は、前述の通説的見解とは異なる考え方を有していたとされ、工作物責任についても過失責任原則に基づいており、ただ、工作物の設置工事を行った請負業者に過失があり、占有者には直接の過失がなかった場合にも占有者は責任を負うとして、過失の原則を広げたと説明されている[16]。また、今日の学説においても、民法717条の責任を過失責任的なものとしてとらえる見解もみられ、工作物の設置・保存に「瑕疵」があることが要件とされていることから、客観的な瑕疵から主観的な過失を推定したもの、ないしは主観的な過失を客観的な瑕疵の形で定型化したものとする説、民法717条の所有者責任を工作物所有者の高度の注意義務違反ととらえ、民法709条の責任との連続性を認める説[17]等が存する。[18]

III 両者の関係

以上のように、民法717条についても、その法的性質をめぐる議論は、必ずしも統一されておらず、様々な見解が主張されていた。国家賠償法2条が、立法時において、民法717条との同質的な理解の下で制定されたことは明らかで、その際に前提とされていたのは、古典的な土地工作物の危険内在的性格に基づく危険責任であろうと考えられるが、その後においては、国家賠償法2条については、民法の古典的土地工作物に該当しない道路・河川などの「公の営造物」を中心として、判例及び学説が展開されており、他方、民法717条においても、古典的な建物・塀等に起因する損害よりも、現代的な危険物から受ける損害への対応が、学説上意識されている状況にある[19]。したがって、国家賠償法2条の民法717条との関係での位置づけを一義的・固定的にとらえることは困難であるが、国家賠償法2条の責任においても、古典的な土地工作物責任、あるいは私法上の工作物責任と同質的に理解しうる部分と、国家賠償法2条に特有の部分とが混在して現れていることを認識して、国家賠償法2条の責任の性質を検討していくことが必要とされよう。

---

16) 森島・前掲注10) 54頁参照（法典調査会・民法議事速記641巻52、67、79、91）。
17) 加藤一郎『不法行為法の研究』（有斐閣・1961) 20頁参照。
18) 沢井裕『公害の私法的研究』（一粒社・1969) 207頁。
19) 実際上、国家賠償法2条の瑕疵論をも取り込む形で議論がなされている状況にある（吉村良一『不法行為法』〔第4版〕（有斐閣・2010) 224頁以下参照）。

第2款　国家賠償法2条の独自の展開

第1項　「公の営造物」の独自性

　国家賠償法は、制定後、すでに長い時が経過しており、この間に多数の判例が蓄積し、学説の議論も盛んに行われてきた。国家賠償法2条は、立法当時、民法を適用するか否かあいまいであった領域について、疑義をなくすために制定されたという事情は存するが、道路・河川という私人間の関係とは異質なものが「公の営造物」として例示されている点からみても、その独自の展開は当初から推測されえたところであろう。同条の「公の営造物」の概念は、民法717条との適用を振り分ける重要な基準となるものであり、立法時の政府委員の説明によれば、同条は民法717条とおおよそ同一趣旨であるが、道路・河川といったものは「土地の工作物」とはいいにくいため、「公の営造物」の典型として例示したと説明されている[20]。

　しかしながら、その後の展開においては、国家賠償法2条の「公の営造物」の概念は、民法717条の「土地の工作物」の概念から離れて独自の展開を示している。例えば、「公の営造物」の概念に「動産」も含めて解することについては、「公の営造物」を民法717条の「土地の工作物」とパラレルに解する立場からの反対説もみられるが[21]、公の目的に供される動産について、広く「公の営造物」と解することは、裁判実務上、ほぼ定着しており[22]、通説判例が形成されているということもできよう[23]。

---

[20]　衆議院司法委員会議事録第4号（昭和22年7月16日）48頁（奥野政府委員答弁）。

[21]　加藤・前掲注7）194頁等参照。

[22]　郵便局の職員用椅子（東京地判昭和48・12・21判時731号97頁）、拳銃（大阪高判昭和62・11・27判時1275号62頁）、刑務所内の工場の自動旋盤機（大阪高判昭和63・4・27判時1303号82頁）等について、国家賠償法2条を適用している。判例の中には、「本条が民法717条の適用範囲の空白を埋めようとする動機の下にその立法作業が開始されたという経過は、単に立法の動機であるに止まり営造物という動産不動産および人的設備を含む法律概念から本条に限り動産を除外しなければならぬ合理的事由は存しない」（広島地三次支判昭和42・8・30下民集18巻7＝8号899頁）と判示するものもみられる。

[23]　動産が「公の営造物」に該当するか否かにつき、小幡「『公の営造物』の意義」西村宏一ほか編『国家補償法大系2』（日本評論社・1987）172頁ほか、古崎慶長『判例営造物管理責任法』（有斐閣・1975）398頁、同・前掲注4）214頁、乾・前掲注8）419頁、今村・前掲注3）124頁等参照。

「公の営造物」の定義については、「国又は公共団体の特定の公の目的に供される有体物および物的設備をいう」とするのが通説的見解であり[24]、公の目的に供されていない物の場合には、私人と同様の立場にある国・公共団体の土地工作物として、民法717条が適用されることになる。したがって、国家賠償法2条の「公の営造物」に、「公の目的に供する」という公物としての性格を付与することによって、同条は、公物管理者の責任としての性格を呈することになろう[25]。この点で、土地工作物の占有者・所有者の責任である民法717条の責任とは異なる性質を有していることは明らかであり、国家賠償法2条の独自の対象としての「公の営造物」に関する責任法が形成されていることになる。

第2項　国家賠償法2条の展開の独自性

以上のように、国家賠償法2条については、「公の営造物」の概念の「土地の工作物」との相違、「設置・管理者」の「占有者・所有者」との相違等から、民法717条とは異なる独自の発展の基盤が存しており、また、国家賠償法2条の中心的事例である道路・河川をめぐる賠償責任については、通常の建物・塀等から生ずる危険に対する占有者・所有者の責任を念頭に置いていた民法717条の古典的な考え方とは大きく乖離することは明らかであろう[26]。

さらに、近時、公の営造物に関する周辺住民の環境公害訴訟が多発しており、国家賠償法2条の適用により損害賠償責任の有無が判断されているが、このような公害訴訟については、私法領域においては民法717条ではなく、709条の適用によって対応されている場合が多いことを認識しつつ[27]、現状の判例における

---

24)　古崎・前掲注4) 214頁。遠藤博也『国家補償法㈠』(青林書院新社・1984) 459頁等。
25)　国家賠償法2条の「公の営造物」とされるためには、所有権・占有権の有無に関わらず、国または公共団体の「事実上の管理」があれば足りるとされており、公物法における公物の管理の観念と必ずしも一致していない点には注意を要する (普通河川についての最判昭59・11・29民集38巻11号1260頁)。なお、事実上の管理をしていても他に管理すべき者がいる場合に「公の営造物」たることを否定した事例として、町内会が開設した児童広場について、市が施設を無償貸与して管理・運営を指導している場合に関する福岡地判昭51・2・26判時820号99頁がある。
26)　他方で、民法717条の適用事例においても、大規模施設の付属設備等による事故の場合には、機能的に国家賠償法2条の責任と類似の状況にある場合も存する (例えば、デパートのエスカレーター、ホテルのベランダ等が考えられよう。木村実「営造物にかかわる賠償責任」雄川一郎ほか編『現代行政法大系6』(有斐閣・1983) 67頁)。
27)　淡路剛久『公害賠償の理論』(有斐閣・1975) 41頁等参照、この問題については後述する。

国家賠償法2条の適用と同条の独自の展開を探る必要性が認められよう[28]。

第3款　国家賠償法2条の設置・管理の瑕疵に関する判例学説理論の形成

第1項　序　説

　国家賠償法の制定当初、同法1条についての判例・学説が多くみられる一方、同法2条については、それに比して数は少なかったが[29]、次第に、道路・河川に関する判例を中心に学説上の議論も活発化し、さらに新しい類型として、大規模公共施設をめぐる環境公害訴訟も増加している。

　従来、国家賠償法2条の設置・管理の瑕疵に関するリーディング・ケースとされてきたのは、高知落石事故判決であり[30]、同判決以後、国家賠償法2条の瑕疵に関しては、「通常有すべき安全性」の観念が定式化され、その後、道路・空港等の周辺住民の公害訴訟についての裁判例でも、同様の文言が用いられるようになっている[31]。国家賠償法2条が適用され、「設置・管理の瑕疵」の判断において「通常有すべき安全性」の有無が審理される場合にも、実際には、様々な損害類型によってその実質的意味内容は一律ではないと思われるが、以下では、同条の瑕疵の一般論として呈示されてきた責任理論について、まず検討していくこととしたい。

第2項　瑕疵に関する諸学説

I　主要な学説

　国家賠償法2条の「瑕疵」の性質をめぐっては、従来から、学説上盛んに議論が展開されてきた。各論者の見解にはそれぞれ特徴が認められるが、学説の名づけ方は必ずしも統一されておらず、また、それぞれの説の差異についての

---

28)　乾・前掲注8）417頁。
29)　古崎慶長「営造物責任」有泉亨監修・乾昭三編『現代損害賠償法講座6』（日本評論社・1974）307頁。
30)　最判昭和45・8・20民集24巻9号1266頁。
31)　大阪空港騒音公害訴訟上告審判決（最判昭和56・12・16民集35巻10号1369頁）等参照。

理解も必ずしも一致していない点も存すると思われるが、ここでは、主要な学説と瑕疵論争の概略をみていくこととしたい。[32]

1 伝統的3学説——主観説・客観説・折衷説

伝統的には、国家賠償法2条の「設置又は管理の瑕疵」に関する学説は、主観説・客観説・折衷説の3つに分けられて説明されてきた。主観説[33]は、「公の営造物を安全良好な状態に保つべき作為又は不作為義務を課されている管理者が、この作為または不作為義務に反したこと」によって「瑕疵」を構成するものである。これに対し、客観説[34]は、営造物に内在する物的瑕疵または営造物自体を設置し管理する行為によって、営造物の安全性の欠如がもたらされた場合に「瑕疵」を認めることとし、「瑕疵」は客観的に判断されるべきこと、国家賠償法2条の無過失責任としての性質を強調するものである[35]。また、折衷説は、主観説と客観説との折衷的見解として、営造物自体の客観的瑕疵だけでなく、これに附随した人的措置も考慮して、「瑕疵」を認定しようとするものである[36]。

判例においては、国家賠償法2条のリーディング・ケースとされる最高裁昭和45年8月20日判決（高知落石事故判決・前掲）は、「国家賠償法2条1項の営造物の設置または管理の瑕疵とは、営造物が通常有すべき安全性を欠いていることをいい、これに基づく国および公共団体の賠償責任については、その過失の存在を必要としないと解するを相当とする」と判示して、同条を無過失責任とする一般論を展開しているが、伝統的学説においても、上記3説の中で、客観説が通説とされてきたということができる。

---

32) 瑕疵論争については、遠藤博也『国家補償法(上)』（青林書院新社・1981）130頁、加藤新太郎「営造物責任の本質と瑕疵認定の構造—国賠法2条における義務違反論の検討」判タ348号91頁、藤原淳一郎「道路事故への国・公共団体の賠償責任」雄川一郎ほか編『現代行政法大系6』（有斐閣・1983）92頁、古崎慶長『国家賠償法の理論』（有斐閣・1980）199頁、西埜・前掲注8）165頁等参照（小幡「道路事故に関わる国家賠償」ジュリ993号126頁においても瑕疵論争について記述している）。

33) 谷五佐夫「公の営造物の設置・管理の瑕疵」林良平＝中務俊昌編『判例不法行為法』（有信堂・1966）277頁、同様の趣旨として、大川之「道路等をめぐる国家賠償に関する諸問題」法律のひろば19巻12号34頁等。

34) 雄川一郎「行政上の損害賠償」田中二郎ほか編『行政法講座3』（有斐閣・1965）21頁、古崎・前掲注4）219頁等。

35) 公物管理権者の主観的故意・過失の有無を問題にしないという意味で、無過失責任であるが、「設置・管理の」瑕疵でなければならないから、絶対的無過失責任ではないとされる（古崎・前掲注32）199頁）。

36) 宗宮信次『不法行為論』（有斐閣・1968）187頁等。

2 義務違反説・義務違反的構成、営造物瑕疵説

　古典的な主観説・客観説・折衷説の3説に対し、その後、義務違反説、あるいは義務違反的構成と呼ばれる学説が新たに展開されてきた。義務違反説は、営造物責任の帰責の根拠として、「営造物設置・管理者の損害防止措置の懈怠・放置としての損害回避義務違反」をとらえ、この「損害回避義務は、それぞれの設置・管理者の主観的事情とは一切関係なく、営造物の危険性と程度と被侵害利益の重大性の程度との相関関係のもとで客観的に決定される違法性要素としての注意義務であり、客観的注意義務である」とするものである。また、義務違反的構成は、「瑕疵」の定義として、「安全確保義務違反ともいうべき作為義務違反」を構築して、同条の瑕疵を説明している。

　他方では、義務違反説・義務違反的構成とは別の方向から、営造物瑕疵説が主張されている。すなわち、「営造物の設置または管理の瑕疵は、動的主観的要因を含まない営造物の設置の瑕疵および管理の瑕疵と最も古典的に解すべきで、営造物それ自体の欠陥が瑕疵であ」るとする営造物瑕疵説、さらに、「瑕疵とは、営造物が通常有すべき安全性を欠如している状態と理解し、過失と区別するのが、2条の理念に適合する」として、「営造物」概念を拡張して再構成した営造物瑕疵説が主張されている。

II 瑕疵論争

　上記のような国家賠償法2条の瑕疵をめぐる学説においては、とりわけ、客観説と義務違反説あるいは義務違反的構成とが対立する状況がみられ、いわゆる瑕疵論争として活発な論争が展開された。義務違反説の立場からは、従来の古典的学説における「主観説」「客観説」の呼称・分類が妥当性を欠き、「主観説」の響きが偏狭にすぎたこと、それに伴い「客観説」が通説化されてきたこ

---

37) 植木哲『災害と法―営造物責任の研究』（一粒社・1982）162、196頁。
38) 國井和郎「道路の設置・管理の瑕疵について―義務違反的構成の試み(1)」判タ326号19頁、「同(3)」判タ322号24頁。
39) 義務違反説と義務違反的構成との相違点については、植木・前掲注37) 17頁参照。
40) 木村実「道路の欠陥と賠償責任」ジュリ543号45頁、同「営造物の設置・管理の瑕疵」法教（第2期）6号77頁。
41) 西埜・前掲注8) 182頁。なお、「社会的営造物瑕疵説」（木村・前掲注26) 77頁）も唱えられている。

とへの批判、高知落石事故判決の先例拘束性への疑問などが投げかけられている。いわゆる「客観説」については、論理内在的に、義務違反説と同一に帰するか、営造物瑕疵説あるいは結果責任説と化すか、という2方向への二極分解化を孕んでいることが指摘され、前者の方向をとる場合、通説たる客観説は義務違反説へ吸収され、存在意義を失うべきことが主張されている。

これに対し、客観説の立場からは、国家賠償法2条の存在価値として、法文上、故意・過失の要件がない以上、2条にまで義務違反の要件を加えるのは妥当でなく、無過失責任を定めたものとみるべきであることが強調され、他方で、「瑕疵」＝「設置・管理作用の不完全」＝「通常有すべき安全性の欠如」を要件とするがゆえに、純粋な結果責任説とは区別されることが論じられている。

この瑕疵論争においては、いずれの学説も、国家賠償法2条に関して集積された判例の解釈を中心として、「瑕疵」論を展開していると考えられるが、そもそも判例の解釈自体に様々な立場がありうるところであり、また、自らの説の中心に置く判例の選択にも相違がみられることに注意すべきであろう。例えば、客観説は、無過失責任を明示した昭和45年の高知落石事故判決（前掲）をリーディング・ケースとして重視しているのに対し、義務違反的構成をとる國井説は、飛騨川バス転落事故控訴審判決（名古屋高判昭和49・11・20判時761号18頁）において避難対策の欠如が瑕疵認定の実質的理由とされたことを重視しており、他方、義務違反説をとる植木説は、加治川水害訴訟判決をはじめとする一連の水害訴訟を契機に展開されてきたものといえる。

以上のように、これらの瑕疵学説はいずれも、国家賠償法2条の瑕疵の実質的内容を掘り下げている点で有意義であるが、それぞれが、提唱の時期を異にし、根拠としている判例にも違いがみられることは、論争としての意義を考える上で注意を要するところであろう。また、国家賠償法2条の「設置・管理の

---

42) 義務違反説によると、客観説の中には、管理の瑕疵に関する客観的評価と、無過失責任という2要素が内包されているが、前者は義務違反説へ帰着し、後者は結果責任説へ帰し、必然的に二極分解化するとされている（植木・前掲注37）118頁）。
43) 植木・前掲注37）118頁参照。
44) 古崎慶長「判批」判タ332号116頁、同「道路管理上の責任」『交通事故―実態と法理（ジュリスト増刊総合特集）』128頁。
45) 藤原・前掲注32）95頁等参照。
46) 遠藤・前掲注32）138頁等参照。
47) 瑕疵論争により呈示された学説相互の差異が、国家賠償法2条の責任の成否にどれほどの影響を

瑕疵」の意味内容をめぐっては、同条の立法趣旨、民法717条との比較、公の営造物の責任の特質等を諸々考慮し、同条の責任を理論づけていくことも必要とされるところであり、また、実際の国家賠償法2条の判例においては、公の営造物の種類や損害類型によって、瑕疵認定のあり方に差異がみられるため、この意味では、「瑕疵」の一般論の理論構成もさることながら、損害類型に応じて、国家賠償法2条の責任の成否を決定づける判断要素を探っていくことが有益と考えられる。

第4款　国家賠償法2条の類型化の試み

第1項　国家賠償法2条の諸類型

I　類型化による分類

国家賠償法2条については、従来から様々な類型化がなされてきた。まず、公の営造物の種類、道路・河川等の分類による区別が最も一般的にみられるが、さらに、外在的瑕疵類型・内在的瑕疵類型の分類、公共用物の利用関係から生じた損害・それ以外の損害等の分類などが考えられる。また、例えば道路事故に関して、被害者の立場（歩行者、自動車運転者等）による分類、事故態様（穴ぼこ、障害物、落石、道路崩壊、安全施設の不備等）による分類、あるいは水害事故に関して、破堤型水害・溢水型水害の分類など、営造物ごとの細分類もなされているところである。このような類型別検討は、国家賠償法2条の責任の性質を明確にし、設置・管理の瑕疵の一般論からの具体的適用を決定していくために必要な作業であると思われる。

及ぼすかについて疑問とし、単に説明の仕方の相違にすぎないとして、瑕疵論争自体の実益を疑問視する見解も存する（遠藤・前掲注32）132、135頁、藤原・前掲注32）99頁等）。
48)　瑕疵学説において、客観説・無過失責任説等は、国家賠償法2条の責任の本質を決定づけようとする趣旨がうかがわれるのに対し、義務違反説・義務違反的構成等の学説は、同条の瑕疵の判断基準を具体的に明確化しようとする意図がうかがわれる。
49)　学説の役割として、単に判例の総合的分析にとどまるべきか、同条に関する指導的理論を呈示すべきかについても、1つの考慮されるべき問題であろう。
50)　遠藤・前掲注32）138頁（類型化の手段によって、責任要件を明確に把握する必要性が強調されている）。
51)　遠藤・前掲注24）458頁等参照。

II　公物の利用の観点

　道路の設置・管理の瑕疵の場合を例にとるならば、道路の利用者に対しては、道路を本来の目的に供するという公物管理の観点から、道路の「利用」に対する安全性が要求されるのに対して、当該道路の利用関係にない第三者に対しては、別異の判断枠組みをとるべきではないかと考えられる。すなわち、第三者に対する損害の場合には、道路という一施設の管理者として、道路構造物の倒壊等により隣地に損害を及ぼすことのないよう維持管理する、一般的な管理責任の問題としてとらえることができよう。このような見地から、公の営造物の利用関係における損害類型であるか、第三者に対する損害類型であるかを区別して瑕疵の判断基準を検討することが有益ではないかと思われる。[52]　また、道路の利用関係における損害、あるいは河川の水害等に代表されるような国家賠償法2条に独特の分野としてとらえられる瑕疵類型と、庁舎の管理等のような民法における私人の施設管理と同質的な部分の大きい瑕疵類型とに区別して、瑕疵の判断基準を考察することも必要と考えられよう。

第2項　「供用関連瑕疵」類型の登場

I　公の営造物の周辺住民に及ぼされる損害

　近時、道路・空港等の公の営造物の周辺住民が騒音・振動・排ガス等の被害を訴える公害賠償訴訟が多発している。この種の損害は、公の営造物の利用関係における利用者に対して及ぼされる損害ではなく、周辺住民という第三者に対して及ぼされる損害であるが、公の営造物の物的状態の瑕疵によるのではなく、営造物の供用に関連して発生する損害である点で、異質な性格を認めることができよう。[53]

　ところで、この種の公害訴訟については、私法の分野においては、民法717条ではなく、709条が適用されていることに、まず注目しておく必要があろう。すなわち、公害に対する金銭賠償の問題をいかなる法領域において処理するかについては、①相隣関係法、②民法709条、③民法717条という3つの選択肢があるとされるが、現在の判例・学説においては、民法709条の適用が中心とな

---

52)　本章第2節の物的性状瑕疵類型の検討において、利用者・第三者の区別に基づいて考察を行う。
53)　「物的性状瑕疵」に対比して、「供用関連瑕疵」という概念でとらえうることについては後述する。

っているとされている。このような私法分野での対応は、民法717条と国家賠償法2条とが、少なくとも立法当時はパラレルにとらえられていたことに鑑みると、興味深いものがあるが、この点に関し、大阪空港騒音公害訴訟最高裁判決は、公の営造物に関わる公害訴訟について、国家賠償法2条の適用を確立したものであった。すなわち、「国家賠償法2条1項の営造物の設置又は管理の瑕疵とは、営造物が有すべき安全性を欠いている状態をいうのであるが、そこにいう安全性の欠如、すなわち、他人に危害を及ぼす危険性のある状態とは、ひとり当該営造物を構成する物的施設自体に存する物理的、外形的な欠陥ないし不備によって……危害を生ぜしめる危険性がある場合のみならず、その営造物が供用目的に沿って利用されることとの関連において危害を生ぜしめる危険性がある場合をも含み、また、その危害は、営造物の利用者に対してのみならず、利用者以外の第三者に対するそれをも含むものと解すべきである」と判示して、公の営造物の供用に関連して周辺住民に及ぼされる環境被害について、国家賠償法2条が適用されることを明らかにしている。

　その後、道路の周辺住民に及ぼされる騒音公害等についても争われるようになり、いわゆる「供用関連瑕疵」が、国家賠償法2条の瑕疵類型として登場するに至った。

II 「供用関連瑕疵」の判断基準

　従来、国家賠償法2条の適用事例として中心とされてきたのは、道路上の利用者に生じた事故による損害や河川水害などであり、道路の穴ぼこ・落石、河川堤防の不全等、公の営造物の物的状態に瑕疵が認められる「物的性状瑕疵」とも称すべき類型について、前述の瑕疵論――瑕疵の性質に関する客観説・

---

54)　淡路・前掲注27) 41頁。民法717条を適用した例として、前橋地判昭和46・3・23判時628号25頁（早川養鯉斃死事件）があるが、全体的には、民法717条を適用する判例はごく少数であるとされる。
55)　最判昭和56・12・16民集35巻10号1369頁。
56)　国道43号線騒音公害訴訟第一審判決（神戸地判昭和61・7・17判時1203号1頁）。
57)　阿部泰隆『国家補償法』（有斐閣・1988）239頁では、「機能的瑕疵」ないし「供用関連瑕疵」と名づけられ、原田尚彦『行政法要論』〔全訂第2版〕（学陽書房・1989）257頁では、「社会的瑕疵」「社会的機能瑕疵」という語が用いられている。したがって、「供用関連瑕疵」という概念に、必ずしも統一されたものではないが、「供用関連瑕疵」という用語自体は、判例上しばしば現れている。河川についても、「供用関連瑕疵」の語を用いている例として、大阪地判昭和63・7・13判時臨増平成元年8月5日号115頁（大迫ダム水害判決）。

主観説・義務違反説など——が展開されてきたということができよう。「物的性状瑕疵」の場合は、営造物自身に存在する客観的物的欠陥（例えば、道路の穴ぼこの存在）が、「瑕疵」として評価されるのに対し、「供用関連瑕疵」の場合には、営造物自身に物的瑕疵は存在しないため、「瑕疵」の判断基準はおのずから異なることになる。

大阪空港騒音公害訴訟最高裁判決以来、判例においては、受忍限度の判断に基づく「違法性」が「供用関連瑕疵」の内容として呈示されているが、国家賠償法2条の責任は、同法1条とは異なり、侵害行為の違法性は必要とされない客観責任であるとする伝統的理解に立つならば、2条の責任要件に「違法性」を必要とすることは、同条の解釈として、かなり異質な内容が混入されたものと考えるべきことになろう。[58]

第3項 「供用関連瑕疵」と「物的性状瑕疵」の分類

大阪空港騒音公害訴訟最高裁判決より前、古くは、山王川事件（最判昭和43・4・23民集22巻4号964頁）[59]において、公の営造物である河川の第三者に対する責任が認められ、同条が営造物の利用者に対してのみならず、第三者に対しての安全性も含みうることが示されていた。学説においても、国家賠償法2条の「瑕疵」について、営造物の利用者のみならず、第三者に対する関係でも同条の責任が生ずることは異論のないものとされている。[60]しかしながら、いわゆる「供用関連瑕疵」と「物的性状瑕疵」という区別は、損害の相手方が第三者であるか利用者であるかの区別に一致するものでないことに注意する必要があろう。すなわち、「供用関連瑕疵」類型は、その性質上、被害者は周辺住民であり、当該公の営造物に対して第三者の立場にある者に限られることになるが、「物的性状瑕疵」類型においても、道路の崩壊により沿道の人家が倒壊したような事例では、被害者は第三者の立場でとらえることができる。[61]

---

58) 学説上、国家賠償法2条の「瑕疵」に違法性の観念を入れることを疑問とする指摘もみられる（西埜章「国家賠償法2条の解釈論」判時1056号11頁、伊藤進「受忍限度について」判時1025号13頁、潮海一雄「空港の設置・管理の瑕疵と損害賠償」法時54巻2号32頁等参照）。

59) 古崎・前掲注23）306頁、野村好弘「判評」判タ224号51頁、前田達明「判批」民商法60巻3号460頁等。

60) 西埜・前掲注58）13頁、遠藤・前掲注24）474頁等参照。

61) 例えば、鹿児島地判昭和51・3・31判時828号74頁、津地判昭和52・3・24判時853号13頁。

「供用関連瑕疵」の定義は、それ自体未だ固まったものではなく、外延も明確ではない問題点を含んでおり、例えば、①営造物自身に物的欠陥が存在していないこと、②営造物の供用目的と合致していること、②継続的に生ずる環境被害であること、④供用に付随する損害の不可避的性格（事業損失としての性格）を有することなど、様々な基準となる視点が考えられるところである。[62]

次節以下では、国家賠償法2条の瑕疵の内容を具体的に明らかにするために、「物的性状瑕疵類型」と「供用関連瑕疵類型」とに分け、考察を進めることとしたい。便宜的に、営造物自身の物的性状に起因する損害であることを中心要素として、「物的性状瑕疵」を観念していくこととするが、併せて、「物的性状瑕疵」と「供用関連瑕疵」の分類上の問題についても検討していきたい。[63]

[62] 営造物自体に物的欠陥が存するか否かの基準によって、「物的性状瑕疵」と「供用関連瑕疵」とを区別する場合には、「供用関連瑕疵」類型は、公の営造物の周辺住民の環境公害のみに限定されるものでないことに注意しておく必要があろう。
　すなわち、道路・空港等の周辺住民にもたらされる騒音・排ガス等の環境被害は、「供用関連瑕疵」の典型例であるが、営造物自体の物的瑕疵に起因しないという条件のみで「供用関連瑕疵」を定義づければ、環境被害以外の、事故的な損害事例にも、「供用関連瑕疵」は広がりうることになる。例えば、ドライバーの投げ捨てたタバコの吸い殻によって隣地に火災が発生した事例（東京地判昭和51・2・26判時829号70頁）、また、河川のダムの操作による被害（前掲注57）大迫ダム水害判決）についても、ダムを公の営造物としてとらえた場合、ダム自体の物的瑕疵ではないため、供用関連瑕疵となる余地があろう（ただし、供用目的との合致を条件とすれば、微妙な点もある）。他方、道路の嵩上げにより沿道店舗に生じた営業損失（みぞかき補償の規定でカヴァーされない損失について東京地判昭和43・10・28判タ230号276頁）なども、典型的な事業損失であるが、供用関連瑕疵に取り込まれる可能性も存する。このように、供用関連瑕疵の類型については、その概念の範囲が問題となるが、この点は、供用関連瑕疵に関する責任の本質的理解にも関連するため、本章第3節で論ずる。

[63] 本章では、国家賠償法2条の本質的構造を明らかにすることを目的としているため、同条の適用の対象となる事例すべてを網羅して類型化する作業を行う趣旨ではない。物的性状瑕疵と供用関連瑕疵とに分類して考察した上で、同分類の問題点に戻ることとしたい。

第2節　物的性状瑕疵類型

第1款　利用者に対する損害と第三者に対する損害との区別

第1項　公物の管理と供用目的

　国家賠償法2条の「公の営造物」は、通常、公物を指すものとして理解されているが、公物は公の用に供される性質を有しており、特に公衆の利用に供するという供用目的を有する公共用物の場合には、公物の管理においても、利用者に対しての管理が、公物管理者にとって管理行為の中心となる。公物管理権の性質については、かつての伝統的公物法理論においては、公の支配権、または公法上の物権的支配権等、一種の公権力としてとらえる学説がみられたが、現在の通説では、公物法（実定法または慣行）の定めによって、公物本来の機能である公共用または公用に供するという目的を達成するために、公物管理者である行政主体に与えられる特殊の包括的権能として説明されている。すなわち、公物の管理は、その公物に存する私法上の所有権等の権原に基づくものではなく、それゆえに、物を財産的価値の客体として管理する通常の私物の管理

---

1) 「公の営造物」の概念としては、公物に限定して解されるのが通説であるが（古崎慶長『国家賠償法』（有斐閣・1971）214頁等）、「事実上の管理」の場合など、公物の概念とは必ずしも一致しない例もある。普通財産についても、「公の営造物」に該当することを認めた事例もあり（東京高判昭和53・12・21判時920号126頁）、民法717条との適用条文の振り分けの問題となるが、国家賠償法2条の性質の独自性を認める見地からは、「公の営造物」について、公の目的への供用という要素を必要的に理解すべきであろう（小幡「『公の営造物』の意義」西村宏一ほか編『国家補償法大系2』（日本評論社・1987）178頁以下、木村実「営造物にかかわる賠償責任」雄川一郎ほか編『現代行政法大系6』（有斐閣・1983）68頁。なお、この問題については、本章第1節第2款を参照）。なお、「公の営造物」についての拡張可能性について、小幡「『公の営造物』概念に関する試論—主に民間委託・民営化等との関連で」三辺夏雄＝磯部力＝小早川光郎＝高橋滋編『法治国家と行政訴訟　原田尚彦先生古稀記念』（有斐閣・2004）487頁参照。
2) 原龍之助『公物営造物法』〔新版〕（有斐閣・1974）218頁、田中二郎『新版行政法㊥』〔全訂第2版〕（弘文堂・1976）316頁、わが国の公物法理論について、小幡「公物法制における道路法の位置づけと課題」国際交通安全学会誌35巻2号60頁等参照。
3) わが国の公物法においては、他有公物も認められており、公物管理者と所有権者は一致しないが、

とは異なり、公物本来の機能である公共用または公用に供するという目的のための管理である点が特徴としてとらえられよう。

したがって、公物法の観点からは、供用目的に沿った公物の利用を確保することが目指されるため、その利用者に対して、利用に際し支障がないよう安全に維持・管理することが公物管理として要請されているところであるが、国家賠償法2条においては、供用目的と直接に関連する利用者に対する責任のみでなく、それ以外の第三者に対する公の営造物の管理責任も広く含まれているため、同条による損害賠償責任には、おのずから異質なものが含まれていることを認識しておくべきであろう。この意味において、国家賠償法2条の責任類型を検討する場合には、大きく分類して、利用者が公の営造物を利用する際に被った損害と、利用には関係しない第三者が被った損害とに大別して、考察すべきであると思われる。[4)][5)]

第2項　公の営造物の「利用」と利用者に対する瑕疵責任

国家賠償法2条の典型的事例である道路事故の場合には、ほとんどが道路上の穴ぼこ・落石等により、道路を現に利用している利用者に及ぼされた損害であり、また、その他公園等の公の営造物の場合にも、利用者に対して及ぼされた損害が中心となっている。沿革的に、国家賠償法2条と密接な関係を有すると考えられてきた民法717条においては、土地に定着している建造物が危険性を内包しているとする伝統的理解から、無過失責任が定められたと解すること

公物の供用開始にあたり、何らかの権原を取得していることが必要と考えられている。公物法については、伝統的な公物法理論における公所有権説、私所有権説の対立などがみられることに関して、原・前掲注2) 126頁以下参照（田中二郎「公物の法律的構造」『公法と私法』（有斐閣・1955) 154頁、塩野宏『オットー・マイヤー行政法学の構造』（有斐閣・1962) 210頁以下、柳瀬良幹「公物の所有権」『行政法の基礎理論(2)』（弘文堂・1941) 302頁、美濃部達吉『日本行政法(下)』（有斐閣・1940) 782頁等参照）。

4) 阿部泰隆＝兼子仁＝村上順『判例コンメンタール（特別法）　国家賠償法』（三省堂・1988) 338頁においても、営造物責任は、被害者が利用者であるか第三者であるかによって、責任の範囲を異にすると述べられている。
5) フランスの公土木責任法においては、被害者が利用者であるか第三者であるかによって、責任要件が明確に区別されており、利用者に対しては、「通常の維持の欠缺（défaut d'entretien normal）」を要件とする一種の瑕疵責任が課せられるのに対し、被害者が第三者である場合には、「維持の欠缺」を必要とせずに無瑕疵責任が課せられている（本書第1章第2節以下参照）。

ができるが、この危険性は、土地の工作物の所有者・占有者等、自ら工作物を利用している者に対して存するものではなく、それ以外の第三者に対する危険であるとみるのが一般的であろう。

これに対して、国家賠償法2条の公の営造物の場合には、当初から、公の目的に供用される公物が前提とされており、その公の目的は、公共用物の場合には、一般公衆の利用に供するという「利用」の目的が正面から呈示されている。したがって、国家賠償法2条においては、まず第一に、利用者に対する設置・管理の瑕疵の責任を特徴的にとらえることができ、「利用」という要素を重視して、責任の内容を導き出していく作業が必要とされよう。

第3項　公の営造物の第三者に対する瑕疵責任

公の営造物は、公の目的に供されるものではあるが、利用の有無に関わらず、物理的に存在しているものであり、その物理的要素から周囲の第三者に対して損害を及ぼすことはありうる。例えば、道路事故においても、道路が崩壊して隣地の家屋に損害を与えたような場合には、第三者に対する損害であり、道路の利用という要素を欠くことになる。この場合には、民法717条における自己の設置管理する工作物一般の責任に類するものしてとらえることが可能であり、国家賠償法2条に独特の、公の営造物の利用関係を基礎とした瑕疵責任とは別個に検討すべきであろう。

また、同じく第三者に対する損害である、公の営造物の周辺住民への騒音等の公害については、営造物自体に物的欠陥は存しないため、「物的性状瑕疵」の類型には含まれず、次節の「供用関連瑕疵」類型において検討の対象とする。

第4項　道路・河川等の公の営造物と物的性状瑕疵

I　道路の管理瑕疵

道路は、国家賠償法2条の「公の営造物」の典型例であるが、道路については、自動車というそれ自体危険を内包した手段の恒常的利用に供されることが特徴的であり、道路の「設置・管理の瑕疵」が問題となる事例の中心は、道路

---

6) 民法717条に関する理解について、本章第1節第1款第2項参照。
7) 鹿児島地判昭和51・3・31判時828号74頁、津地判昭和52・3・24判時853号13頁等。
8) 遠藤博也『国家補償法(中)』(青林書院新社・1984) 524頁等参照。

が公共用物として公衆の自由な通行に供されることによって、その利用関係において発生する数多くの道路事故事例である。道路に関する国家賠償法2条の適用事例としては、通行車両が道路上の穴ぽこ・落石等によって損害を被った道路利用者の損害事例のほか[9]、道路利用者以外の第三者に生じた事故——道路崩壊等により道路下の民家に及ぼされた損害等——も若干存在し、また、国道43号線騒音公害訴訟のように[10]、道路通行車両による騒音等の被害をめぐる道路環境訴訟も提起された。このように、道路については、道路の利用者に及ぼされる物的性状瑕疵の類型のほか、道路利用者以外の第三者に対する物的性状瑕疵類型、第三者に対する供用関連瑕疵類型という3つの類型に区別して、各々瑕疵論が展開されるべきことが明確な領域であるといえよう。

II 河川の管理瑕疵

国家賠償法2条の「公の営造物」として、道路と並んで例示されている河川の場合には、やはり公共用物ではあるが、道路とは異なった多様な性質を有している。河川は、公の利用に供する「利水」の面を有する一方で、自然のままの状態では危険な河川について、危険のないように管理する「治水」の面も有し、河川堤防については、それ自体が危険を創出するものではなく、むしろ自然災害を防ぐ防御施設として位置づけられている[11]。

このような河川の特殊性に鑑みると、公の営造物に対する被害者の関係を利用者・第三者に類型化する場合において、河川は複雑な面を有することになろう。河川自体を1つの公の営造物としてとらえる場合には、「利用者」概念は[12]

---

9) 道路には、国・公共団体が管理していない私道も存するが、事例的にはそれほど多くないため、一般的に、道路事故という場合には、国家賠償法2条の適用において瑕疵を考えることで足りよう（建築基準法上の位置指定道路として、一般の通行を拒めない状態にある私道については、責任の性質に関して若干の考慮を行う余地もあるが、これまであまり議論されていない）。
10) 国道43号線に関する騒音公害訴訟の上告審判決として、最判平成7・7・7民集49巻7号1870頁。道路沿道の大気汚染公害訴訟も提起され、西淀川第2次～4次公害訴訟第一審判決（大阪地判平成7・7・5判時1538号17頁）では、排ガスによる健康被害について初めて国・道路公団の損害賠償責任が認められた。道路を通行する自動車からの排ガスによる大気汚染で健康被害が及ぼされる場合には、賠償責任のみでなく、道路供用のあり方について差止め等も問題となるところである（神戸地判平成12・1・31判時1726号20頁、名古屋地判平成12年11月27日判時1746号3頁、東京地判平成14・10・29判時1885号23頁、広島地判平成22・5・20及びその控訴審である広島高判平成26・1・29判時2222号9頁等）。
11) 道路との違いについて、遠藤・前掲注8）524頁等参照。

河川の流水等の利用者（利水）には妥当するが、沿岸住民については、河川に対して「第三者」としての立場も観念しうるところである。また、河川堤防等の治水設備を公の営造物として取り出した場合には、その目的が堤内地を洪水から保護することにある点に着眼して、堤内地の住民は、当該河川堤防に対して「利用者」の立場にあるととらえることもできる。いずれにしても、河川損害の場合には、道路等の他の営造物から生ずる損害と同一の意味において、利用者・第三者に区別する瑕疵責任を構築することが必ずしも適切でない領域であると考えられ、河川管理の目的の総合的性格との関連で瑕疵の内容を考慮することが必要となろう。

さらに、河川は、その性質上、私人が管理しないものであり、河川管理の責任は、国家賠償法2条に特有な領域として考えることができ、河川公物としての性格の特殊性から、他の営造物とは別個に瑕疵論を掘り下げることが必要とされるところである。

III その他の公共用物・公物に係る管理瑕疵

道路と河川以外にも、一般公衆の利用に供されている公共用物の場合には、

---

12) 国家賠償法2条においては、河川自体が「公の営造物」として例示されているが、他方、管理の対象となっていない自然のままの状態での河川が、同条の「公の営造物」にあたるかどうかは争いがあるところであり、沿革的に民法717条の規定から出たものであることを理由に、人為の工作物であることがその前提とされているとして、自然公物を「公の営造物」に該当しないとする見解もみられる（大坪憲三『国家賠償法詳解』（港出版合作社・1957）210頁。池沼につき、千葉地判昭和49・3・29判時753号67頁、海水浴場につき、京都地判昭50・11・20訟月21巻13号2659頁等。なお、遊泳区域を画し、海水浴場として開設したことから「公の営造物」にあたるとした東京地判昭和55・1・31判時956号25頁参照）。
13) 河川管理の目的（治水）からみれば、沿岸住民は、まさに当該管理によって守られる対象であるため、純粋な第三者とはいえない点に注意する必要があろう。
14) 河川堤防等の管理施設について、公の営造物として、個々に独立して設置・管理の瑕疵を判断するのが適切であるか、河川と一体のものとしてとらえるべきであるか、など議論すべき問題も多い。
15) 私人が経営する遊園地等の中に作られた川について、管理者たる私人の責任が問題になる場面は考えられるが、一般的には、国・公共団体が管理する河川を念頭に置くことで足りよう。
16) 普通河川のような公物管理者が定められていない法定外公共用物については、その管理責任について議論のあるところであるが、事実上の管理者である公共団体の損害賠償責任を認めた最判昭和59・11・29民集38巻11号1260頁がある。
17) 河川については、利用者に対する物的性状瑕疵、第三者に対する物的性状瑕疵の類型とは別個に、さらに検討していく必要が認められよう（河川の管理瑕疵の判例の考察として、小幡「水害と国家賠償法2条の瑕疵論」論究ジュリスト2012年3号144頁参照）。

国・公共団体等の公物管理者が利用者に対して利用の安全性を確保することが、国家賠償法 2 条の瑕疵責任として問題となる。[18] すなわち、公共用物の利用者に対しては、「利用」の要素を重視して、利用関係において確保すべき安全性を設定して瑕疵を判断する必要があるため、民法717条とは異質な責任が観念されうるが、[19] 利用関係にはない第三者に対しては、私人の土地工作物の管理責任と類似の状況において、瑕疵責任が生ずることになろう。したがって、基本的には、利用者・第三者の区別による瑕疵責任論を中心としつつ、それぞれの公の営造物の性質に応じて、具体的な瑕疵判断を行うことが考えられよう。[20]

また、庁舎等の公用物については、本質的に、一般公衆の利用に供するという利用の要素が存在しないため、公共用物の利用者に対する瑕疵責任とは別異に考えるべきであり、その庁舎を利用する公務員、あるいは来客者に損害が生じた場合には、私人が所有・占有・管理する私宅と同様の議論が可能である。この場合には、国家賠償法 2 条と民法717条との適用条文の振り分けの問題が生じ、「公の営造物」の概念の外延の問題とも関わることになろうが、[21] 適用条

---

[18] このような公共用物の場合には、道路が自動車の恒常的利用に供されていることによる危険内包性、河川が自然のままで内包する危険性は、一般的には存在しないが、道路・河川という典型的な公の営造物における瑕疵論と基本的には類似の議論が可能であろう。

[19] 私人間においても、多数の利用者の来場を予定して建造された施設においては、公の営造物である公園等と類似の状況を呈するが、私人の経営する施設においては、私人の経営ベースによって入場料・利用料等を徴収して、客の利用に供する点で、国・公共団体が公の目的と責任において設置管理する公共用物とは異質な性格を認めることができよう（私法において、利用者との関係は一種の契約的見地からとらえることができ、一般的には、事故が発生した際の賠償についても、使用料に上乗せする形で、負担の分散化を図ることが可能であろう）。ただし、私人の施設においても一種の「公共性」が認められるものも多く、他方、公共用物の場合にも有料の利用形態はありうるため、今日では、両者の境界は不鮮明な場合が存する（木村・前掲注 1 ）67頁等参照）。

[20] 公園内での人工的な遊具建設による危険創出、自然公園内での危険地域の管理が問題となる事例もありうるが（広島高判昭和57・8・31判時1065号144頁、最判昭和50・11・28民集29巻10号1754頁、最判平成元・10・26民集43巻 9 号999頁、東京高判平成19・1・17判タ1246号122頁、青森地判平成19・5・18判自296号78頁等）、具体的な危険状況に照らして瑕疵判断が検討されるべきであろう。

[21] 公の目的に供していない普通財産については、「公の営造物」に該当しないとするのが通説であるが（溜池について、事務処理上は普通財産とされていても客観的効用として公の目的に供されていれば公の営造物にあたるとした判例として、東京高判昭和53・12・21判時920号126頁）、公用物については、庁舎内の設備が「公の営造物」とされた判例がある一方で（東京地判昭和48・12・21判時731号97頁）、公営住宅は「公の営造物」にあたらないとされた判例もみられ（名古屋地判昭和55・3・28判時975号73頁、他方、公営住宅に付設の溜池につき「公の営造物」にあたるとした判例として、水戸地判昭和47・2・29判タ276号213頁）、判例は、必ずしも統一されていない状況にある。西埜章『国家賠償法コンメンタール』〔第 2 版〕（勁草書房・2014）823頁以下参照。

文に関わらず、本質的には、民法717条と同様の状況にあるところから、民法717条類似の土地工作物責任に、さらに、公物としての特殊性、国・公共団体の責任について国家賠償法が制定された意味等を、状況に応じて加味して考えていくことが必要になろう。

IV 国家賠償法2条に特有な瑕疵論

以上のような観点からは、国家賠償法2条の責任について、真に、国家賠償法2条に特有の考慮が必要とされる場面は、道路・河川、公共用物の利用関係が中心になるということができる。このことは、国家賠償法2条の「公の営造物」の例示として、「道路、河川」が挙げられていることからみても、従来から暗黙の前提とされてきたところではあるが、通常は、国家賠償法2条の瑕疵論として、一般的に展開される傾向がみられるため、この点を明確に意識して、同条の責任の本質・解釈論を呈示していく必要が認められるところであろう。本章においては、このような角度から、国家賠償法2条の再構成を試みることとし、以下では、まず物的性状瑕疵類型について、利用者に対する責任理論を検討していくこととしたい。

第2款　利用者に対する物的性状瑕疵

第1項　道路の利用者に対する物的性状瑕疵

I　道路の利用の特色

公の営造物の利用者に対する物的性状瑕疵事例は、営造物の種類が様々であるため、多岐にわたるが、ここでは、道路の利用者に対する物的性状瑕疵事例を取り上げて検討することとしたい。けだし、道路の場合は、その利用の重要性・不可欠性、大量性・日常性から、道路に関わる事故は数多く、損害賠償を求める裁判事例も多いため、国家賠償法2条の解釈論も、道路の利用に関わる[22)][23)]

---

22) 昭和60年度～平成元年度の全国計で、訴訟件数57に対して、示談件数6,419となっており、賠償合計額は、訴訟では5億3,958万1,000円、示談では21億7,238万2,000円にのぼっている（建設省道路局道路交通管理課訟務係「道路管理に係る損害賠償と争訟の状況」道路行政セミナー1991年6月号37頁掲載の表2）。その後の状況につき、国土交通省道路局道路交通管理課「最近の訴訟にみる

事故類型を中心に構築されてきたということもできよう。道路以外の公園等の公共用物においても、公衆の自由な利用に供するという目的において管理されているため、利用関係における事故については、道路の利用事故類型と同様の議論が可能であるが、道路の場合には、自動車という高速交通手段の恒常的利用に供されていることによる危険内包性が顕著であり、事例数も多いため、国家賠償法2条の設置・管理の瑕疵の理論的解明にあたり、道路を検討対象とする価値は大きいというべきである。

II 公物管理としての道路の管理

道路は、一般公衆の通行の利用に供するために設置・管理されている公共用物として位置づけられる。公共用物の本来の目的に沿った利用に供するよう、公物を管理することは、公物管理者として当然の責務であり、公物管理法である道路法は、42条1項で、「道路管理者は、道路を常時良好な状態に保つように維持し、もって一般交通に支障を及ぼさないように努めなければならない」と規定し、道路の利用者に対する道路管理者の義務を定めている[25]。したがって、国家賠償法2条に明文化されている公の営造物の設置・管理者の責任は、道路

道路管理瑕疵責任の所在」法律のひろば2011年2月号4頁参照。同誌18頁掲載の表2によれば、平成12〜21年度の全国計で訴訟件数は252となっている。
23) 地方公共団体の設置・管理する道路については、その大部分に道路責任保険が付され、事故の大半は示談により解決されているといわれている。宇賀克也『国家補償法』(有斐閣・1997) 374頁、西埜・前掲注21) 1009頁等参照。
24) 小幡「道路事故に関わる国家賠償」ジュリ993号126頁。
25) 具体的には、道路の損傷、汚損等の行為を禁止し (43条)、沿道区域の土地管理者等に対し、道路の構造や交通に危険を及ぼさないよう損害予防義務を課し (44条)、道路構造の保全・交通の危険防止のために通行の制限・禁止の措置をとる (46条) など、道路の利用を保障する様々な定めが置かれている。
　他方、道路の物理的状態が第三者に損害を及ぼす場合に関しては、道路法は特別な定めを置いていない。勿論、道路の構造の基準については道路法30条で定められており、この基準が主に道路の利用という観点から作られているにせよ、工作物としての強度等も当然包含されており、工作物の管理者として、道路構造が破損等により第三者に損害を与えることがないよう維持することは、いわば当然の前提とされているとみることはできようが、少なくとも、道路法自体は、道路の供用目的である一般交通の利用に供することを主眼として規定されていると考えられる。
　さらに、道路の供用関連瑕疵については、公物管理という従来の道路法の観点に含まれていなかったことに注意しておくべきであろう。昭和55年に制定された幹線道路の沿道の整備に関する法律において、ようやく、道路管理者の責務として、「幹線道路の整備に当たっては、沿道における良好な生活環境の確保が図られるよう道路交通騒音により生ずる障害の防止等に努めなければならない」(3条) と定められたにすぎない。この点については、供用関連瑕疵を論ずる際に後述する。

の利用者に対する事故の場合には、公物管理者の公物法上の行為責任と関係づけて説明することも可能な側面を有することになろう。また、このような見地からは、公物利用者が供用されている公物を利用する際、いかなる安全性を期待しうるかという公物利用関係における管理者と利用者との関係から、賠償責任をみていくことも可能であろう。

国家賠償法2条は、設置・管理の瑕疵に関する責任を一般的な形で規定しているにすぎないため、その実質的内容は、判例の蓄積と学説の理論の深化に委ねられている。現実に、道路事故においては、先導する判例理論に則り、示談で解決される件数が相当数多いことに鑑みれば[26]、責任の有無を決定する要件の実質的検討は不可欠であろう。実際には、道路利用者に及ぼされる事故においても、それぞれの損害発生類型によって、特色ある判例理論がみられるため、各類型における裁判例の先例的価値を見極め、今後の責任の認否判断において先導的な役割を果たす責任理論を明確化していくことが必要とされるところである。本節では、道路利用者の事故の場合の国家賠償法2条の責任が、公物利用関係における利用者に対する責任の実質を有していることを考慮に入れつつ、瑕疵認定の判断基準を整理することを試みていきたい。

第2項 主要判例の検討

国家賠償法2条の「設置・管理の瑕疵」のリーディング・ケースとしては、通常、高知落石事故最高裁判決（最判昭和45・8・20民集24巻9号1266頁）が挙げられ、「国家賠償法2条1項の営造物の設置または管理の瑕疵とは、営造物が通常有すべき安全性を欠いていることをいい、これに基づく国および公共団体の賠償責任については、その過失の存在を必要としないと解するを相当とする」と、一般論が述べられている。上記判決は、道路の利用者に対する「設置・管理の瑕疵」の代表的判決としてもとらえることができるが、道路の利用者に関わる事故の中には多くの事故態様がみられ、実際には、穴ぼこ・落石等の事故態様によって、瑕疵の実質的判断に特徴が認められるため、必ずしも画一的に論じられない部分も存している[27]。以下では、道路の利用者に対する事故に関す

---

26) 前掲注22)、23)参照。訴訟と示談との割合は、4対96に達しているといわれていた（古崎慶長『国家賠償法の理論』（有斐閣・1980）191頁）。
27) 国土交通省道路局道路交通管理課・前掲注22) 18頁掲載の表2における事故態様別分類を参照。

る主要な最高裁判決を中心に、瑕疵の判断基準について検討していくこととしたい。[28]

I 路面不良等による事故

(1) 路面の不良による事故の最も典型的な場合は、穴ぼこ・段差等の事例であろう。道路の穴ぼこ・段差による事故は、道路の事故態様別類型の中では、従来から訴訟数が多く、最も典型的な事故態様であるといえる。車両の激しい往来や重量の大きい車の利用や気候の変動等により路面が破損することは、不可避であるため、穴ぼこ・段差等の存在は、道路の通常利用によってもたらされる日常的障害としてとらえられよう。したがって、道路法42条1項が、「道路を常時良好な状態に保つように維持し」、「一般交通に支障を及ぼさないように努め」ることを規定しているように、利用者が道路を安全に通行できるような状態に常に保つことは、公共用物たる道路を本来の用法に供するための必要条件であるともいえる。

仙台穴ぼこ事件（最判昭40・4・16判時405号9頁）[29]は、原動機付自転車の運転者が、頻繁な車両の通過による舗装の自然沈下の結果路面に生じた数箇所の陥没のため、横転事故を起こし死亡した事案について、「被告においてかかる諸事情を考慮するときは当然速かに損傷箇所を修理するか、或いは前記舗装工事をなしていた附近等に標識を掲げ通行車輛の徐行をうながす等して前記危険の発生を未然に防止するための措置を講じなければならなかったものというべく、右は被告がその所轄内道路を常時良好な状態に維持修繕をなし、もって交通の完全性を確保しなければならない管理行為の内容に含まれるものと解されるから被告がこれを怠り、欠損箇所を放置したため右訴外人が転倒死亡するにいたつた本件事故は……、被告の道路管理行為の瑕疵にもとづくものと認められ」るとした原審（仙台地判昭和35・9・6下民集11巻9号1837頁）の判断を是とし、責

---

28) 道路に関しては、藤原淳一郎「道路事故への国・公共団体の賠償責任」雄川一郎ほか編『現代行政法大系6』（有斐閣・1983）87頁、國井和郎「道路の設置・管理の瑕疵について—義務違反的構成の試み(1)～(16・完)」判タ326～481号、古崎・前掲注26) 190頁以下、遠藤・前掲注8) 524頁以下、小幡・前掲注24) 126頁のほか多数の文献がある。本章は、道路に関する判例を網羅的に検討することは意図しておらず、主要な最高裁判例の枠組みを示し、基本的判断基準の呈示を目的とするものである。

29) 評釈として、古崎慶長『判例営造物管理責任法』（有斐閣・1975）11頁、加藤一郎「道路の管理の瑕疵による責任」『不法行為法の研究』（有斐閣・1961）43頁等参照。

任を認容している（過失相殺8割）。

(2)　路面不良事例の場合には、道路管理者が定期的にパトロールをして路面の凹凸状態をチェックして、補修しておく状態が当初から前提とされているが、そこで維持されるべき路面の状態は、利用者の期待に相応して、それぞれの道路の性質・状況によって様々である。例えば、舗装道路か未舗装道路か、あるいは、高速度での走行を予定している高速道路であるか、交通量の多い都市部の道路か、交通量の少ない地方道・山道か等によって、同じ形状の穴ぽこ等であっても、それが瑕疵を構成するか否かの判断は異なることになる。[30]

他方で、利用者である被害者側の利用方法も、実際の訴訟においては重要な要素となる。[31]　特に、路面不良事例においては、速度超過・前方不注視等の利用者側の過失が関わって事故が発生する場合が多く、また、穴ぽこ等の影響を最も大きく受けるのは二輪車であり、四輪車には影響がない程度の凹凸であっても、二輪車には重大な事故を生ぜしめる場合もみられ、[32]　利用者側の利用方法が、実質的な事故の発生原因となる場合も存する。このような事例については、設置・管理の瑕疵が肯定されている裁判例においても、実際には、過失相殺が認められているケースが多く認められた。[33]　走行が不安定な二輪車運転者に課せられる注意義務違反、前方不注視、路肩走行、速度超過、飲酒運転等、利用者側に過失がある場合、過失相殺が9割に及ぶ事例も存する。[34][35]

---

30)　穴ぽこ事例については、やや古いものであるが、小幡「道路管理瑕疵判例研究─穴ぽこ事例」道路セミナー1985年11月号12頁。その後、責任を肯定した事例として、大阪地判平成2・12・20交民集23巻6号1507頁（過失相殺5割）、岡山地判平成5・3・11判自112号85頁（過失相殺で3割減額）、福岡地小倉支判平成13・8・30判時1767号111頁（過失相殺5割）等。責任否定例として、津地四日市支判平成25・3・29判時2186号67頁（西埜・前掲注21）910頁）等。

31)　阿部＝兼子＝村上・前掲注4）215頁。

32)　小幡・前掲注30）17頁。

33)　昭和35年から平成3年までの穴ぽこ・段差事例を含めた56の裁判例のうち、責任肯定例は30件であるが、ほとんどすべてについて、過失相殺がなされている（建設省道路局道路交通課訟務班監修・道路管理瑕疵研究会編『道路管理瑕疵判例要旨集』（ぎょうせい・1992）3頁以下、小幡・前掲注30）12頁）。平成4年以降も、同様の傾向がみられる（国土交通省道路局道路交通管理課監修・道路管理瑕疵研究会編『道路管理瑕疵判例ハンドブック』〔改訂版〕（ぎょうせい・2003）の道路関係判例一覧表に、過失相殺の状況も記されている）。

34)　岡山地判昭和52・2・23道路法例規9・6479・271、静岡地浜松支判昭和53・3・15道路法例規9・6279・319。

35)　事例によっては、瑕疵を認定しながら、事故発生はすべて利用者側の原因によるとして、瑕疵と損害との因果関係を否定した事例（名古屋地判昭和48・1・17道路法例規9・6475、時速80kmで暴走し、ブレーキとアクセルを踏み間違った事例）も存する。

道路に存する穴ぽこ・段差等の路面不良が、現実には利用者全員に対して事故を生ぜしめるものではない以上、当該事故は、道路上の欠陥の重大性と、利用者の走行方法との相関関係によって発生するものであり、道路管理者の実質上の責任負担は、0割から10割まで区々に存することになる。しかしながら、瑕疵の認定との関係では、判例は、一定程度の穴ぽこ等の存在という客観的な物的欠陥がある以上、瑕疵の存在自体を肯定し[36]、さらに、事故発生状況に応じて、過失相殺で対応するという立場をとっているとみることができる。したがって、路面不良事例においては、一定の穴ぽこ等の物理的状態が瑕疵を決定づけているということができ[37]、この意味では、瑕疵認定は、危険な穴ぽこ・段差等がないように路面を良好な状態に保つという道路管理者の行為規範として、現実に機能しうるものとみることもできよう。

II　落石等の直撃事故

(1)　落石事故等は、自然災害の側面も有し、道路の路面それ自体の不良の問題ではなく、広範囲の道路法面・道路上の崖が原因となっている事故であり、道路管理者の守備範囲としては路面付近に限らず、かなり広い範囲が対象とされているとみることができる[38]。落石事故の場合には、直撃型と乗上げ型があり、後者の場合は、路面上の障害物を排除あるいは標識等を設置して事故を回避する責任と同視されうる類型であるが[39]、直撃型の場合には、事前の危険箇所への

---

36)　例えば、穴ぽこがあっても、「操縦に危険をもたらす程のものではない」とされる場合には、瑕疵が否定される。幅85cm、最深部3cmの中心に向かってのなだらかな窪みについて、瑕疵を否定した福岡地判昭和48・6・14交民集6巻3号1005頁を支持した上級審である最判昭和49・11・7道路法例規9・6479・66など。

37)　当該穴ぽこの物理的性状という場合にも、穴ぽこの存する道路の性質・舗装状態等に応じて、相関的に瑕疵が認定され、単に物理的な深さ・大きさのみから機械的に瑕疵が肯定されるものではないことに注意する必要があろう（遠藤・前掲注8）555-556頁）。判例の中にも、穴ぽこのような場合には、一律にその深さによって瑕疵があるか否かを決めるべきではなく、その道路の地理的条件、構造及び道路の利用状況などを考慮して総合的、相対的に判断すべきであると判示するものがみられる（京都地判昭54・4・10判時942号91頁）。

38)　外在的瑕疵類型と内在的瑕疵類型とに分け、落石・崩土・地すべりなどによる事故は、外在的瑕疵類型の典型的場合であると説明されることもある（遠藤・前掲注8）643頁）。道路管理の守備範囲は、路面の状態に尽きるものではなく、利用上の安全を確保するために必要な周辺地に及ぶものである（守備範囲として後述）。

39)　落石乗上げ型の判例として、和歌山県道落石事件（和歌山地判昭和48・4・12判時723号81頁、控訴審：大阪高判昭和49・1・20、上告審：最判昭和50・10・29道路法例規11・7953・12）では、

防護柵、防護覆、金網の設置、通行止め等が直接的な事故防止措置となりうるにすぎず、通常は危険箇所は必ずしも特定できず、広範囲に及んでいるため、これらの措置をとることは容易でない。したがって、直撃型の落石・土砂崩壊の場合には、自然現象が引き金となっており、また、利用者側には回避することが不可能である点で（過失相殺の問題は生じない）、穴ぼこ・段差等の路面不良の事例とは異なる特徴を有しているということができよう。[40]

高知落石事故最高裁判決（最判昭和45・8・20民集24巻9号1266頁）[41]は、国道通行中の車が落石の直撃を受け、乗員が即死した事故について、国家賠償法2条の責任が問われた事案について、「国家賠償法2条1項の営造物の設置または管理の瑕疵とは、営造物が通常有すべき安全性を欠いていることをいい、これに基づく国および公共団体の賠償責任については、その過失の存在を必要としないと解するを相当とする」と判示し、同条の設置・管理の瑕疵を肯定した。この最高裁判決は、前述のように、国家賠償法2条のリーディング・ケースとして挙げられ、設置・管理の瑕疵について「通常有すべき安全性」を定式化し、無過失責任を明示し、さらに、予算制約の抗弁も排除している点で、学説における客観説の根拠となった判例ともいえる。高知落石事故の場合には、直撃型で、道路の遙か上方斜面の一部が崩壊した事案であったが、同判決は、本件道路について、「防護柵または防護覆を設置し、あるいは山側に金網を張るとか、常時山地斜面部分を調査して、落下しそうな岩石があるときは、これを除去し、崩土の起こるおそれのあるときは、事前に通行止めをする等の措置をとったことはない」とし、「本件における道路管理の瑕疵の有無は、本件事故発生地点だけに局限せず、前記2000メートルの本件道路全般についての危険状況および

道路片側の山肌から剥離落下し、散乱していた拳大から直径20cmの石塊の数個に乗り上げてハンドル操作を誤り転落した事故について、山肌にコンクリートの吹き付け工事を実施するほか、落石・崩土があった場合には速やかにこれを除去し、交通に支障を及ぼさないようにすべきであったとして、瑕疵を認めている（過失相殺6割。第一審は8割）。

40) 同じく落石事故でも、乗上げ型事例においては、過失相殺がなされる余地がある。前掲注39)の和歌山県道落石事件においても、前方不注視と運転操作の誤りが、本件事故を招来する重大な一因であったとして、過失相殺がなされている。

41) 藤原淳一郎「道路管理の瑕疵(1)―落石」『行政判例百選II（別冊ジュリスト）』〔第5版〕（有斐閣・2006）290頁、古崎慶長「判批」判時606号126頁、村重慶一「国道上の落石事故と道路管理の瑕疵」西村宏一ほか編『国家補償法大系3』（日本評論社・1988）300頁、小幡「落石事故」宮原守男＝森島昭夫＝野村好弘編『交通事故判例百選（別冊ジュリスト）』〔第4版〕（有斐閣・1999）88頁等、多数の評釈がある。

管理状況等考慮に入れて決するのが相当である」として、広範囲の道路法面についての危険予測及び落石防止措置を問題としている。

　しかしながら、現実に事故発生前に、本件事故発生地点で物理的な防護措置をとることについて、緊急の必要性を見出しえたかどうかの判断は困難であり、同判決は、落石防護措置をとることの現実の可能性は度外視して、瑕疵を認定したものと解することもできよう。このような見地からは、瑕疵を認定する際、判決で損害防止措置として挙げられていることが、直ちに道路管理者の具体的な行為規範として機能しうるものであるかは疑問の存するところであろう。この判決については、危険責任に立つものとする理解も存するところであるが、いずれにせよ、瑕疵の認定と行為規範の現実性との結びつきは遠い場合であるといえよう。

(2)　このような落石等の直撃型事例については、道路管理者側のとるべき措置として、具体的な落石防護措置がある一方で、通行制限等の事前の避難対策も考えられるところであり、この点に関しては、飛騨川バス転落事故の控訴審判決（名古屋高判昭和49・11・20判時761号18頁）において、防護対策に限らず、事前の通行止め等の避難対策が必要であることが明示されている。すなわち、名古屋高裁は、「たしかに、本件土石流を防止することは、現在の科学技術の水準ではなかなか困難であった……が、本件土石流による事故を防止するためには、防護施設が唯一のものではなく、避難方式たる事前規制その他の方法によ

---

42)　阿部泰隆『国家補償法』（有斐閣・1988）205頁等参照。
43)　判例の中にも、瑕疵の認定における危険回避措置義務と道路管理者の行為規範との乖離を明示するものがある。例えば、「危険回避措置義務は、事後的救済の面から道路の管理に瑕疵があったとみるうえで論理的に前提される義務であり、これと同一内容の義務が道路管理者に対し事前に行政上の義務として当然に課せられるものではない」とする判決がみられる（名古屋高金沢支判昭和54・4・20判時936号68頁）。
44)　学説上、高知落石事故最高裁判決については、危険責任を認めたものととらえる見解（阿部・前掲注42）206頁）、あるいは損失補償的な責任としてとらえる見解（遠藤・前掲注8）661頁）がみられる。わが国の落石事故に関するこのような判例の傾向が、フランスにおける同種の判例とパラレルにとらえられることに関して、小幡「フランスにおける道路の設置・管理の瑕疵をめぐる判例の一考察―落石事故に関する責任理論を中心として」法時57巻3号101頁参照。
45)　高知落石事故最高裁判決については、国家賠償法2条の瑕疵の通説的理論を示しているものではあるが、特に、予算制約の抗弁を排した点と無過失責任を明示した点について、他の道路事故類型に一般化できる性質のものであるかは、見解が分かれている。リーディング・ケースとして重要視することを疑問とする見解もみられる（阿部・前掲注42）207頁、植木哲『災害と法―営造物責任の研究』（一粒社・1982）33頁など）。

り、その目的を達し得たものである」として、不可抗力の主張を排し、「国道41号は、その設置（改良）に当たり、防災の見地に立って、使用開始後の維持管理上の問題点につき、詳細な事前調査がなされたとは認め難く、そのため崩壊等の危険が十分に認識せられなかったため、その後における防災対策や道路管理上重要な影響を及ぼし、防護対策および避難対策の双方を併用する立場からの適切妥当な道路管理の方法が取られていなかったもので、国道41号の管理には、交通の安全を確保するに欠けるところがあり、道路管理に瑕疵があったものといわなければならない」と判示して、道路管理者の責任を全面的に認めた。この判決を契機として、従来、道路は鉄道と異なり、原則としてよほどのことがない限り通行止めにはしないとされていた方針が変更され、予防的に通行規制をとることによって、災害を防止する方向へと道路行政の転換がなされたといわれている。

同判決では、自然現象に対する一定の予測可能性（定性的予見可能性）が前提とされており、一定の雨量での通行止め等の措置が、道路管理者の管理の内容として要求されているということができよう。このような避難対策は、道路の物的状況それ自体ではなく、道路管理者のソフトの管理対策の問題であるため、本来は国家賠償法1条の適用としてとらえることも可能であり、このような管理行為を正面からとらえて瑕疵を決定することは、一般の過失との類似化を示すものであるとする見解もみられる。飛騨川バス転落事故控訴審判決は、

---

46) 飛騨川バス転落事故第一審判決は、事故の発生に不可抗力と目すべき原因が寄与している割合を4割として、6割についてのみ国家賠償法2条の責任を認めている（名古屋地判昭和48・3・30判時700号3頁）。このような割合的損害分配論については、野村好弘「飛騨川判決における不可抗力の斟酌」ジュリ534号27頁、窪田充見「自然力と営造物の設置管理の瑕疵との競合」西村宏一ほか編『国家補償法大系2』（日本評論社・1987）220頁、その批判としての古崎慶身「判批」判時174号8頁等参照。

47) 異常気象時における道路の通行止めなどの監視体制は、飛騨川バス転落事故控訴審判決以前はほとんど考えられておらず、むしろ鉄道と異なり、できる限り通行させるという方針がとられていたのに対し、その後は、一定程度の雨量があれば交通規制を行うという予防的な方向に向かったといわれる（新野発言「座談会・道路をめぐる諸問題」ジュリ543号71頁）。実際、本件事故後、建設省は、危険箇所の点検と補強措置、気象庁等との密接な連絡・道路情報機関の設置による迅速な交通規制体制の整備、道路パトロールの強化に踏み出したとされる（原田勝弘「飛騨川バス転落事故控訴審判決と今後の対策」ジュリ581号45頁、小幡「飛騨川バス転落事故」ジュリ900号168頁）。

48) 國井和郎教授の国家賠償法2条の設置・管理の瑕疵に関する義務違反的構成は、本判決を契機として主張されたものである（國井和郎「道路の設置・管理の瑕疵について―義務違反的構成の試み(1)」判タ326号19頁）。

瑕疵判断の中に明確に避難対策を組み入れるものであるが、道路利用に対し客観的欠陥が存したことは明らかな事例であるため、物的性状瑕疵の存在を肯定しつつ、自然現象による不可抗力の抗弁を退けるために、事前の通行止め等の措置によれば事故回避が可能であったことが強調されていると解する見方も可能であろう。[49]

(3) 以上のように、自然現象による落石・地すべり・土石流等の直撃事故に関する判例においては、道路上への落石などの道路の通行の安全を妨げる物的欠陥がそのまま「瑕疵」として認定されているため、道路を通行する利用者は、落石等の直撃を受けずに、安全に走行することを期待しうることが示されているとみることもできよう。

III 路上障害物による事故

(1) 道路上の障害物は、穴ぼこ事例と同様に、路面の不良であるが、穴ぼこが、道路上の車両走行の結果、日常的にいわば不可避的に生じうる障害であるのに対し、障害物は、原則としては一般交通を妨げる、本来あってはならない、回避されるべき障害といえよう。道路上の障害物に関しては、昭和50年に出された2つの最高裁判決が注目される。[50]まず、最高裁昭和50年12月25日判決（民集29巻6号1136頁）[51]は、国道上に約87時間放置されていた故障車に、原動機付自転車が衝突した事故について、第一審（和歌山地妙寺支判昭和45・6・27交民3巻3号954頁）が、「右放置に起因して惹起した損害は専ら故障車の放置者の責任であるといわなければならない」と判示して、道路管理者の責任を否定したのに対し、国道上の「道路中央線付近に故障した大型貨物自動車が87時間にわたって放置され、道路の安全性を著しく欠如する状態であったにもかかわらず」、「道路を常時巡視して応急の事態に対処しうる看視体制をとっていなかったために、……本件事故が発生するまで右故障車が道路上に長時間放置されている

---

[49] 函館バス転落事故判決（函館高判昭和47・2・28判時659号22頁）においても、地すべりが不可抗力の災害に基づくものであったとしても、それを事前に予測し、通行禁止の措置をとることによって事故を防止できるとして、瑕疵を肯定している。

[50] 路上障害物に関しては、これ以前に、国鉄の無許可道路工事に関する最判昭和37・9・4民集16巻9号1834頁が、リーディング・ケースとして挙げられる。

[51] 藤原・前掲注41) 292頁、古崎慶長「判批」判タ322号114頁、村重・前掲注41) 312頁等、多数の評釈がある。

ことすら知らず、まして故障車のあることを知らせるためバリケードを設けるとか、道路の片側部分を一時通行止めにするなど、道路の安全性を保持するために必要とされる措置を全く講じていなかった」として、道路管理者の責任を認める判決を下した（過失相殺が7割5分なされた第二審判決を支持）。

　他方、最高裁昭和50年6月26日判決（民集29巻6号851頁）[52]は、県道工事現場において、工事標識板等が、当該事故直前に他の車両により倒され散乱していたため、通りかかった乗用車が事故に遭った事案につき、「本件事故発生当時、被上告人において設置した工事標識板、バリケードおよび赤色燈標柱が道路上に倒れたまま放置されていたのであるから、道路の安全性に欠如があったといわざるをえない」としながら、「時間的に被上告人［県］において遅滞なくこれを原状に復し道路を安全良好な状態に保つことは不可能で、……道路管理に瑕疵がなかったと認めるのが相当である」と判示して、道路管理者の責任を否定している。

　(2)　両判決とも、道路上の障害物の事例で、障害物発生の原因となっているのは、道路管理者ではなく第三者の行為によるものであるが、前者は、路上障害物の放置が約87時間という長時間にわたっていた事例について、瑕疵を認定しており、第三者の行為が原因で事故が発生した場合にも、原則的には、それを理由に、道路管理者の責任が阻却されることはないことが明らかにされている。これに対して、後者は、障害物が置かれてから事故発生までに、事故を回避する時間的余裕がないことを理由に責任が否定されたものであり、瑕疵の存在を認めつつ時間的不可抗力の抗弁を認めたものであるか、あるいは設置・管理の瑕疵の存在自体を否定したものであるか、解釈が分かれるところである。この点は、学説上の瑕疵論争にも影響を与えており、客観説に立ち、瑕疵の存在を認めつつ不可抗力による責任阻却を肯定するか[53]、義務違反説に立ち、回避可能性を認めず、義務違反の存在を否定するか[54]、2つの考え方がありえよう。いずれにしても、本事例においては、障害物を生ぜしめた第三者の行動が、自

---

52)　評釈として、村重・前掲注41）306頁、浅野直人「判批」判時801号134頁等。
53)　客観説によれば、「時間的不可抗力」を認めた最初の判例としてとらえられる（古崎慶長『国家賠償法研究』（日本評論社・1985）187頁）。
54)　義務違反説によれば、回避可能性が存せず、義務に違反しない事例として理解される（植木・前掲注45）153頁）。

然現象よりもさらに予測不可能であるため、事故発生までの時間的余裕がない場合に、事前の回避措置がとりえないことが、重要な要素となっており、このような特殊な状況の下で責任が否定された判例としてみるべきであろう。[55]

路上障害物については、道路管理者が行う管理工事は別として、ほとんどの場合が、第三者の落下物・故障車等、道路の通常の用法とは異なる非常態的な原因が介在していることが特徴的であり、道路の通常の用法によりもたらされる穴ぼこ等の路面不良事例とは異なる状況の下にとらえられる[56]が、原則的には、障害物等に対する対処についても、路面の備えるべき安全性の中に含まれていると解することができよう。

(3) 路上障害物それ自体の事例ではないが、道路上に突如動物が出現したために利用者が運転操作を誤る等の事故が発生した場合にも、高速道路等においては、道路の管理瑕疵が問題となりうる。高速道路上への小動物出現を原因とする事故について、平成22年3月2日の高速道路キツネ侵入事件最高裁判決(判時2076号44頁)が注目される。本事案は、北海道縦貫自動車道走行中に飛び出してきたキツネとの衝突を避けようとして急ハンドルを切ったため、中央分離帯に衝突し、停車していたところ、後続車に衝突され運転者が死亡した事件であるが、原審の札幌高判平成20年4月18日(裁判所ウェブサイト)は、高速道路の「利用者は、一般道に比較して高速で安全に運転できることを期待し、信頼して走行していると認められることからすれば、自動車の高速運転を危険に晒すこととなるキツネが上記のような頻度で本線上に現れることは、それ自体で、本件道路が営造物として通常有すべき安全性を欠いていることを意味する」として、予算上の制約の抗弁を認めずに、管理の瑕疵を肯定した(衝突した後続車運転者との共同不法行為とされ、後続車運転者の責任は過失相殺で3割減額されたが、道路管理者である東日本高速道路会社は過失相殺の主張をしなかった

---

55) いずれにしても、事故発生の時点で客観的に道路通行の安全性に欠けるところがあったことは疑いなく、それにもかかわらず責任が否定されている点で、客観的な物的瑕疵状態から直ちに責任を導く構成がとられていないことは明らかである。この最高裁判決に対しては、営造物瑕疵説の立場から批判も加えられている(西埜章『国家賠償責任と違法性』(一粒社・1987) 186頁)。
56) 道路の利用行為に起因する落下物等については、「道路の通常の用法に即して通常予測される危険」と解する余地もあろうが(遠藤・前掲注8) 578頁)、少なくとも、道路通行の結果生ずる穴ぼこ・凹凸等との比較においては、予測の通常性は認めにくいことになろう。東京地判平成13・6・28交民集34巻3号819頁は、他車から落下したプラスチック片に乗り上げた事故につき、瑕疵を否定している。

事案)。これに対し、上告審判決は、本件道路には、動物の道路への侵入を防止するため、有刺鉄線の柵と金網の柵が設置されていたが、有刺鉄線の柵には鉄線相互間に20cmの間隔があり、金網の柵と地面との間には約10cmの透き間があり、キツネ等の小動物の侵入は防止できなかったとの原審の認定の下で、「キツネ等の小動物が本件道路に侵入したとしても、走行中の自動車がキツネ等の小動物と接触すること自体により自動車の運転者等が死傷するような事故が発生する危険性は高いものではなく、通常は、自動車の運転者が適切な運転操作を行うことにより死傷事故を回避することを期待することができるものというべきである」と判示し、キツネ等の小動物の侵入を防止するための対策として、金網の柵に変更した上、柵と地面との透き間をなくし、動物が地面を掘って侵入しないように地面にコンクリートを敷く等の対策が示されているが、上記対策を講ずるためには「多額の費用を要することは明らかであり、加えて、前記事実関係によれば、本件道路には、動物注意の標識が設置されていたというのであって、自動車の運転者に対しては、道路に侵入した動物についての適切な注意喚起がされていたということができる」とし、「本件道路が通常有すべき安全性を欠いていたということはできず、本件道路に設置又は管理の瑕疵があったとみることはできない」と結論づけている。

　道路の「通常有すべき安全性」については、当該道路の状況や位置づけ等によって異なりうるところであり、高速道路であるがゆえにいかなる安全性を備えるべきかについては、原審判決のように、小動物の出現が自動車の高速運転にとって危険であることから、高速道路としての通常有すべき安全性を欠くととらえる見方もある一方で、最高裁判決は、より大きな動物についての防護措置は講じられており、小動物出現については、通常の利用者であれば、事故が回避可能であることを前提にして、管理瑕疵を否定する判断を行っているものと考えられる。

第3項　瑕疵の判断基準の検討

I　利用者に対して備えるべき安全性の基準

　(1)　前項では、主要判例として若干の最高裁判例を取り上げたが、判例でとられている瑕疵の判断基準については様々な解釈が可能であり、事故態様に応じても特徴ある対応がなされているため、このような状況をとらえて、従来か

ら、設置・管理の瑕疵の性質について、主観説、客観説、義務違反説等、瑕疵論争として様々な議論が展開されてきたことは、前節でみたところである。本項では、道路の公物としての供用目的である「利用」という要素に重点を置き、利用者に対する損害に限定して、利用に対して保障される安全性の観点から、瑕疵の内容を検討していくこととしたい。

　道路の利用者に対しては、道路管理者は、安全な利用を提供する管理義務を負い、これは、公共用物を公の利用に供する以上、公物管理としての当然の責務であるといえよう。したがって、道路利用関係においては、利用者との関係でいかなる安全性が期待されるかという利用者側の道路利用との関係においての安全性が問題とされており、国家賠償法2条の設置・管理の瑕疵の基準として一般的に呈示されてきた「通常有すべき安全性」は、以上のような利用者との関係において道路が備えるべき安全性として、とらえることができる。

　(2)　このような利用者側の道路利用との関係で、道路の物的性状瑕疵事例をとらえるならば、路面不良事例のように、利用者側の利用方法によっては損害回避が可能である（自主的な回避が可能である）事例[57]と、落石直撃事例のように、利用者側の利用方法によらず損害が発生する（利用者側に回避可能性がない）事例[58]とに分けることが可能である。穴ぼこ・段差・凹凸等の路面不良のみならず、道路上の障害物や動物の侵入等による場合や道路のカーブ等設計上の問題、ガードレール等安全施設の不備、標識不全・照明不全のように固定的な施設の欠陥が問題となる場合など、ほとんどの道路事故は、前者の利用者側の利用方法が損害発生に関わっている類型に含まれるということができよう。

II　利用者側の利用方法との関係で発生する損害類型

　上記の前者の類型（路面不良事例等）においては、様々な事故発生態様がみられるが、実際の道路事故においては、被害者となった利用者側の道路利用方

---

57)　遠藤・前掲注8）525頁においても、道路は、「利用施設であるところから、利用者側の注意によって利用上の危険を回避しうる余地がある点にも特色がある」とされ、「危険防止について利用者側にも相当程度の役割が期待されているのであって、……利用者もまた利用上の危険に関してその危険管理責任を分担しているといわなければならない」とされている。

58)　悪天候下に車を運転して山道に入ったことを利用者側の関与要因としてみる余地も存するが、道路に入った利用者としては、自らの注意義務を果たしたとしても、落石の直撃を避けることは不可能で、偶然の確率において事故に遭遇したことになる。

法が、実質的には、事故発生原因の重大な部分を占めることも少なくない。道路上に存した穴ぼこ等の物的性状の欠陥が、事故の発生原因であるとしても、その物的欠陥は、すべての利用者に対して事故を生ぜしめたわけではなく、たまたま、当該利用者が道路を利用する際に、事故が惹起されたという状況にあることに鑑みると、道路上に存する1つの物的欠陥は、利用者側の利用方法によって、その影響力が左右されるものであるといわざるをえないであろう。

したがって、このような利用者側の利用方法との関係で発生する損害事例においては、ある物的欠陥が国家賠償法2条の設置・管理の瑕疵を構成するか否かを判断するために、何らかの基準が必要とされるところであり、その場合に、瑕疵の有無の基準とされるのは、当該利用者に対する関係での道路に存した物的欠陥の評価ではなく、およそ客観的に道路が利用者に対し有すべき安全性であるべきではないかと考えられる。すなわち、例えば大幅な速度超過、著しい前方不注視や運転の誤操作等の利用方法が、道路上の物的欠陥と相まって事故が発生した場合に、損害発生の結果から直ちに瑕疵を認定することは妥当ではなく、当該物的欠陥についての客観的基準に照らして瑕疵判断を行うことが、一般の利用に供する公物として利用者との関係で期待される管理水準や、道路利用者間の公平という見地からも必要とされるところであろう。

その際、道路の備えるべき安全性として必要とされるのは、正常の利用方法及びそこから一定の幅内にある一定範囲の利用者に対して安全な利用を保障するものであることが必要となろう。したがって、原則的には、当該道路に存す

---

59) 運転方法の著しい誤りの場合には、当該物的欠陥との間の因果関係を否定される場合も存する。
60) 高速道路キツネ侵入事件で、最高裁平成22・3・2判時2076号44頁は、キツネ等の小動物が高速道路に侵入したとしても、通常は、自動車の運転者が適切な運転操作を行うことにより死傷事故を回避することを期待できるとして、「このことは、本件事故以前に、本件区間においては、道路に侵入したキツネが走行中の自動車に接触して死ぬ事故が年間数十件も発生していながら、その事故に起因して自動車の運転者等が死傷するような事故が発生していたことはうかがわれず、北海道縦貫自動車道函館名寄線の全体を通じても、道路に侵入したキツネとの衝突を避けようとしたことに起因する死亡事故は平成6年に1件あったにとどまることからも明らかである」として、本件において、道路の利用者側の利用方法に問題があったことを指摘している。損害を被った被害者の救済という見地からは、救済に欠ける場合も生じうるが、被害者である利用者側の利用方法に問題がある以上、やむをえないと考えられよう。
61) 具体的な事件において瑕疵の有無が決定される際、論理的には、正常な利用方法からは外れるが安全性が保障されるべき範囲——どの範囲の利用方法について安全性を備えるべきか——についての判断を行った上で、瑕疵が認定されるべきであろう。

る物的欠陥が瑕疵を構成するか否かは、事故の被害者の道路利用方法に関わらず、客観的な一定の枠で設定される安全性の基準に照らして決定されるべきことになろう。現実に、瑕疵が肯定される場合にも、利用者側の事情によって、前方不注視・速度超過・酒酔い運転等、利用方法による過失相殺がなされている事例がほとんどであることは[62]、このような利用者側の利用方法が損害発生の一要因となっている状況を端的に表しているとみることもできる[63]。

III 利用者側に回避可能性のない損害類型

落石等の直撃型損害類型においては、利用者がいかに注意を払ったとしても、事故が発生し、利用者側には回避可能性がない点が特徴的である（路面の崩壊による利用者の損害事例においても、同様に考えられるところである[64]）。上述の穴ぼこ事例等の類型においては、当該物的欠陥の状態が、利用者側の利用方法との関係で設定される安全性の基準を備えているかどうかによって瑕疵の有無が決定されるべきことになるが、落石等の直撃型事例においては、利用者側は損害の回避が不可能であるため、利用者側の利用方法に対する考慮は必要とされず、落石の直撃・路面崩壊等による事故発生態様からみて、当該道路が利用者に対する一般的な意味での安全性を欠くことが明らかな類型であるといえよう。

しかしながら、道路への落石・土石流・土砂崩壊等は、自然災害の側面を強く有するため、これらに対する防護措置を全国の危険性のある道路すべてについて完備することは実際上困難をきわめ[65]、利用者が道路に対して合理的に期待しうる安全性として、いかなる安全性が要求されるかという問題が生ずるとこ

---

62) 過失相殺が全くなされない場合には、正常な利用においても事故に遭うような重大な物的欠陥であると判断されていることになろう。このような意味では、瑕疵の有無の判断と瑕疵を認定した上での過失相殺の処理は、道路上の物的欠陥の評価においては、連続していることを認識しておくべきであろう。
63) 過失相殺がなされている場合には、利用者側が十分な注意義務を尽くして運転していたならば、事故が回避できたような物的欠陥であることが示されているともみることができる。
64) しばしば事件になるのは、路肩に片寄って走行した車両の重みで脆弱な路肩部分が崩壊し車両が転落したような事故であるが、通常の自動車の使用にも耐えない状態である以上、過失相殺の問題とはならないと判示して、瑕疵を肯定した事例として、徳島地判昭和46・3・3交民集4巻2号424頁。路肩部分に停車していて、路肩崩壊により損害を被った場合に、過失相殺を認めた事例として、神戸地姫路支判昭和46・9・30道路例規集12・7227・27。
65) ただし、路面崩壊の場合には、崩壊することがないよう管理することは、道路面に限定された管理である点で、困難なものではなく、道路の基本的管理として要求されているとみるべきであろう。

ろである。したがって、そこでは、一般的な意味での利用者の利用方法との関係において備えるべき安全性の評価は必要とされず、一定程度の悪天候の下で落石等の危険のある道路を通行する場合における道路管理者・利用者間の危険分担の見地から、道路の安全性のレベルが設定されることになろう。

　高知落石事故最高裁判決（最判昭和45・8・20民集24巻9号1266頁）によれば、落石の直撃という客観的な道路の物的状態による損害発生から直ちに瑕疵が認定されているかのような状況がみられるが、道路利用者の期待可能性の見地からは、単に「落石注意」という標識のみによって、利用者に落石の危険があることを承知して自己の責任において通行することを求めるのは困難であり、落石直撃の場合には、自ら回避する術はなく、事故回避の責任はもっぱら道路管理者側に存していることを考慮するならば、落石の直撃等を受けることなく安全に通行できることを利用者が期待することは合理性を有するというべきであろう[66]（落石・土石流・地すべり等の自然現象に対して、道路が備えるべき安全性の問題については後述する）。

Ⅳ　両類型の瑕疵の判断基準

　以上のように、国家賠償法2条の設置・管理の瑕疵の判断基準としては、穴ぼこ等の路面不良事例に代表されるような、利用者側の利用方法との関係で発生する損害類型においては、一定範囲の利用方法に対して客観的に道路が備えるべき安全性の基準に基づいて瑕疵が判断され、他方、落石直撃型事例のように、利用者側の回避不可能な損害類型においては、利用方法に関わらず、利用者が道路に対して合理的に期待しうる安全性の基準に基づいて瑕疵が判断されることになろう。以下では、このような観点から、利用者側の道路利用方法との関係、道路管理における行為規範、自然現象その他に対する対応を含む守備範囲の問題を順次みていくこととしたい。

---

66)　高知落石事故判決に関しての、危険責任及び無過失責任的理解については、前掲注44)参照。なお、岩盤崩落によりトンネル内を通行中のバス乗客等が死亡した豊浜トンネル事故訴訟で、札幌地判平成13・3・29判時1755号135頁は、緊急時通報設備の利用方法等の周知体制に欠陥があったこと等から、トンネル管理の瑕疵を肯定したが、道路のトンネルを安全に通行できることは、利用者の合理的な期待可能性の範囲内であるとも考えられよう。同事故について、小幡「土木工学的見地から見た予見可能性との関係―一般国道229号豊浜トンネル岩盤崩落事故のケース・スタディを中心として」野村好弘＝小早川光郎編『道路管理の法と争訟』（ぎょうせい・2000）424頁等）。

第4項　利用者側の利用方法

　利用者側の事故発生への関与を検討する際、一方の極に位置するのが、橋梁に重量制限の標識が存する場合における重量超過の車両の通行による損害発生事例である。例えば、適切な限界重量の警告がなされているのにもかかわらず重量超過の車が通行して事故が発生した場合には、過失相殺の問題とはならず、道路の通常有すべき安全性に欠けるところはなく、瑕疵自体が否定されることになろう。

　また、最高裁昭和55年7月17日判決（判時982号118頁）は、道路防護柵に腰かけて遊んでいた幼児の転落事故について、通常予測することのできない行動に起因するとして、「通常の用法」に即しない行動の結果生じた事故について、道路管理者の責任を否定している。このケースは、道路で遊んでいた幼児の事故であるため、交通の利用上の事故ではなく、典型的な道路利用事故のケースではないが、最高裁は、防護柵という道路の安全施設が、道路の用途に照らして、いかなる安全性を備えるべきかという観点から、道路の利用上の安全施設としては当該柵で十分であったとして、瑕疵を否定する結論を導いている。こ

---

67) 標識で限界重量を表示する際、ある程度、上限値に余裕をもって警告することが必要であり、表示された重量をわずかに超える程度の車両の通行で、橋梁が落下した場合には、瑕疵が認定され、過失相殺として処理される可能性があろう。
68) 名古屋高判昭和51・8・31道路例規集10・6921・45（豊橋市道木橋損壊ダンプ転落事件）では、本来通行すべき橋が工事中であるため、迂回し、木橋（重量制限3t）を通行しようとしたダンプカーが、重量制限の標識を無視もしくは看過して進入し、車両の重量に堪え切れず木橋が損壊した事故について、瑕疵が否定されている。
69) 林修三「公共施設による幼児の被害と国家賠償法の適用」時の法令1013号60頁は、公の営造物の設置管理者は、その営造物が本来予定している用法とは違った異常な方法で使用された場合の責任まで負う理由はないとして、極めて事理に合致した判断であると評している。また、國井和郎教授は、瑕疵判断の基底には営造物管理の守備範囲があり、それが営造物の用法に関わることは明らかであるとして、管理者の作為・不作為に対する評価視点に営造物の用法を加えることに異論はあるまいとされる（「営造物の通常の用法に即しない行為による事故と国賠法2条」判夕臨増390号1177頁）。
70) ほかにも、道路に関する判例ではないが、6歳の男児が防護柵を乗り越え河川内の堆積土の上で遊んでいるうちに水中に転落した事故について、河川管理の瑕疵を否定した事例（最判昭和55・7・17判時982号118頁）、市の防火用貯水槽の防護網によじ登って遊んでいた4歳の幼児が貯水槽に転落した事故について、通常予測できない被害者の異常な行動によって発生したものであるとして、当該貯水槽の設置・管理の瑕疵を否定した事例（最判昭和60・3・12判時1158号197頁）が存する。

の判決に対して、設置・管理の瑕疵自体は肯定すべきで、幼児の柵で遊ぶという行動に関しては、過失相殺を認めることで対応すべきであるとする見解もみられるところであるが、同判決は、当該利用状況に関わらず、道路の防護柵が備えるべき安全な物的状態について、客観的な一定の基準を示し、瑕疵の判断基準としているものと考えられよう。

このように、利用者側の事情を考慮していく場合には、禁止されている路肩走行を行った車両が路肩上の路面不良で事故に遭った場合、制限速度を大幅に超過して走行した結果、穴ぽこ・障害物に気付いても避けられずに事故に遭った場合、飲酒により注意力が減退した状態で運転して事故になった場合、高速道路で飛び出してきたキツネとの衝突を回避するために運転操作を誤った場合等、様々な利用者の利用方法について、どのように評価すべきかが問われるところであるが、瑕疵判断が、一定範囲の利用方法に対する安全性を備えているかどうかの物的欠陥に対する客観的な評価によってなされる以上、一定範囲内の利用方法であれば、瑕疵判断の中に組み込まれ、過失相殺の問題としてとらえられることになる。実際の判決においては、瑕疵が肯定されても、過失相殺がなされる場合が多く、道路管理者と利用者との間で、損害発生に対する実質的な責任の分担がなされているとみることができよう。

---

71) 森島昭夫「ゼミナール・不法行為法の考え方」『不法行為法（法学セミナー増刊）』（日本評論社・1985）46頁。他方、古崎慶長「市道防護柵の設置又は管理の瑕疵が否定された事例」判タ367号137頁は、当該道路が子どもの遊び場として利用されているという、現にある状態を無視すべきではないとする。
72)「通常の用法」に関する考慮については、民法717条に関する議論であるが、通常の用法を重視すると、民法709条的処理になってしまうおそれがある旨指摘する見解がみられる（川井健「ゼミナール・不法行為法の考え方」『不法行為法（法学セミナー増刊）』（日本評論社・1985）47頁の発言）。「通常性」について、西埜・前掲注55）226頁参照。
73) 瑕疵を否定した事案として、鳥取地判昭和51・11・18道路例規集9・6479・249（鳥取国道9号トンネル入口車両衝突事件）は、トンネル入り口がカーブになっているため、カーブを曲がり切れず、対向車と衝突した事故について、当該車両がカーブ開始時点で大幅に制限速度を超過していたことから発生した事故であって、制限速度内であれば、道路のカーブの状況、幅員等に危険はなく、大幅な制限速度違反者の存在を予想して道路を設置管理する義務はないとして、瑕疵を否定している。現実には、利用者側の無謀運転は、瑕疵と損害との因果関係を否定する判断形態をとることもある（例えば、札幌高判昭和54・4・26道路例規集9・6479・295は、路肩に存在した穴ぽこについて、瑕疵を認定したが、はみ出し禁止区域での無謀な追越しに起因するとして、瑕疵と事故との間の因果関係を否定した）。
74) 瑕疵判断においては、道路の備えるべき安全性として設定された基準に照らして瑕疵の有無が決定されていると解することが可能であるため（行為規範の問題として後述する）、実質的な責任配

他方で、利用者側の原因が介在しえない（利用者側に回避可能性がない）落石・土石流・地すべり等の直撃型損害類型の場合には、利用者は、道路管理に安全性を委ねざるをえない状況に置かれることになり、瑕疵が認定される場合にも、過失相殺はなされずに、すべてが道路管理者の責任となる。[75] この場合には、利用者側の利用方法に関わらず、客観的に道路が備えるべき安全性についての瑕疵の有無の判断のみによることになり、利用者の合理的な期待可能性との関連で、道路管理者が利用者に対して保障すべき管理状態の行為規範が、自然現象に対する対応と絡んで問題とされることになろう。

第5項　管理における行為規範

I　利用者側の利用方法との関係で発生する損害類型

利用者側の利用方法との関係で損害が発生する類型として典型的な穴ぼこ等路面不良の事例においては、道路の日常的な利用の結果生ずる路面の悪化を発見し修繕すべき道路に関する基本的管理に関わる領域であるため、一定のレベルの路面の状態が常に維持されている必要がある。しかしながら、道路上の何らかの穴ぼこに起因して事故が発生した場合に、損害発生の事実だけで、直ちに瑕疵を認定するという意味での結果責任はとられていないことは、判例上も明らかであり、そこでは、何らかの瑕疵についての評価が介在していることになる。前述したように、穴ぼこ等の場合には、物的欠陥としてそれほど重大な形状のものでない限りは、利用者全員に事故を生ぜしめるものではなく、事故発生は、利用者側の利用方法如何によっているため、利用者間の公平という見地からも、安全な道路として合理的に期待される一定程度の基準の設定が必要とされるところであろう。

このような見地からみると、道路の物的欠陥状態について一定の大きさ・形状の穴ぼこ・凹凸等が客観的に安全性を欠くものであったかどうかが瑕疵の有無の基準となるべきであるということができ、それは、瑕疵判断の基準となるとともに、道路管理者が道路の供用に際して利用者に対して保障すべき管理の

分の連続性に関わらず、瑕疵の有無と過失相殺のレベルとは分けて考えるべきであろう。

75) 飛騨川バス転落事故では、悪天候下でのバス運行に関しての過失相殺は認められなかったが、第一審判決（名古屋地判昭和48・3・30判時700号3頁）は、土石流の寄与分を4割として、不可抗力による損害と瑕疵による損害とで、部分的因果関係を認めている。

基準として、客観的にとらえられる規範的内容を有していると解することができる。瑕疵の認定においては、事故発生についての道路管理者のいわゆる主観的過失は要求されておらず、一定の道路の物的状態のみによって、客観的に瑕疵が判断されることになるため、路面の不良状態の発見・修繕に係る費用についての予算制約等の抗弁は成り立たないことになろう。

例えば、穴ぼこ事例の場合には、その形状等の物理的状態が瑕疵判断の対象となるが、穴ぼこの深さ・大きさのみによって一律に瑕疵を決定すべきではなく、当該道路の地理的状況・構造及び道路の利用状況などを考慮して総合的、相対的に判断すべきことになろう。また、ガードレール等の安全施設、照明・標識等が問題となる事例においても、利用者の利用方法との関係で設定される安全性の基準が瑕疵の判断要素となるが、ここでの安全性は、自動車運転者が常に万全の前方注視義務を怠らないことを前提にした上での道路の安全性ではなく、一定程度の幅をもった利用方法に対して備えるべき安全性の基準であることになる。

このように利用者側の利用方法との関係で損害が発生する類型においては、客観的に存する物的欠陥を「瑕疵」と認定するか否かによって、道路管理者が現実にとるべき行為規範——どの程度の物的欠陥を放置することが許されるか——が明らかにされているとみることができる。当該行為規範は、道路の利用者の合理的な期待可能性との関係で、道路が備えるべき安全性として設定

---

76) 道路管理者としては、道路が一定の安全性を備えるよう維持・管理すべき義務に違反したとみることもでき、その限りでは、義務違反に基づく責任としてとらえることもできるが、管理者側の予見可能性・回避可能性を問題にしない点で、客観的責任として理解することができよう。

77) 京都地判昭和54・4・10交民集10巻2号91頁、控訴審：大阪高判昭和55・7・25高民集33巻3号150頁。実質的には、瑕疵の認定は、当該穴ぼこが事故の真の原因であるか否かの因果関係の問題とも関わるものである。

78) これを「通常の用法」として表現することもできようが、「通常」と「非通常」との境界は連続的であることに注意を要する。

79) 大阪地判昭和52・6・30交民集10巻3号919頁（兵庫県道ガードレール不全事件）は、路外に逸脱する車両が川に転落する危険性は十分に予想しえたとして、ガードレールの不備について、瑕疵を認定している（過失相殺8.5割）。また、道路の左側にある橋梁の親柱に衝突した事故に関して、柱の位置を明示する照明・標識の不備について、瑕疵を認定した静岡地判昭和44・2・28交民集2巻1号271頁（西伊豆国道136号橋梁親柱衝突事件）においては、国家賠償法2条の解釈として、自動車運転者が常に万全の前方注視義務を怠らないことを前提にしてこれを設置管理すれば足りるのではなく、通常の自動車運転者にとって車両交通の安全を確保しうるべき状態にこれを設置管理することを要すると判示されている。

されることになろう。例えば、高速道路を通行する利用者の期待可能性に関して、高速道路上への小動物侵入の事案では、小動物の侵入を防止する措置を整備することの費用の大きさ・困難さ（より大きな動物の侵入を防止する措置はとられていた）、及び、小動物侵入に対しては利用者自らによる事故の回避が容易であること等を考慮して、利用者の合理的な期待可能性として、小動物侵入防止措置までは要求しないという、一定の備えるべき安全性の判断が示されたとみることができよう（高速道路キツネ侵入事件：最判平成22・3・2判時2076号44頁）。

II 利用者側に回避可能性のない損害類型

これに対し、利用者側に回避可能性がない落石等直撃型の事例においては、利用者の利用方法に関わらず、落石等が原因で損害が発生したもので、事故発生の事実によって、道路の安全性が損なわれていたことは明らかな類型といえよう。

高知落石事故最高裁判決（最判昭和45・8・20民集24巻9号1266頁）においては、「瑕疵」を認定する際、防護柵・防護覆の設置、山側への金網の設置、常時行われるべき山地斜面部分の調査に基づく危険な岩石の除去、あるいは崩土の起こるおそれのある場合の事前の通行止め等の措置が、道路管理者のなすべき措置として挙げられている。この中で、防護柵・防護覆・金網等の物理的損害回避措置に関しては、全国的に危険箇所は広範囲に及んでおり、自然現象が引き金となって発生するものであるため、現実に当該箇所についてこれらの措置をとることは容易でない。したがって、このような物理的損害防止措置をとることは、抽象的には道路管理者の行為規範となりえても、実際の道路管理者の具体的な管理義務＝現実的な行為規範として機能しうるものであるかには、疑問の余地があり、行為規範としては現実性が薄いものと解さざるをえないであろう。しかしながら、瑕疵判断においては、前述のように、利用者側の回避不可能性と利用者の合理的な期待可能性の見地から、落石に直撃されることなく安全に道路を通行できるようにすることが道路管理者の管理体制として要求され

---

80) 被害者救済の見地から、管理の行為規範を超えたものが、なすべき義務として呈示されていると考えることもできる。「行政に対して、一般的に要求される管理ではなくして、損害賠償訴訟の場において、原告の救済の見地に立った、あるべき管理の瑕疵がそこで問題とされた」（塩野宏「管理の限界と救済の限界」塩野宏＝原田尚彦『行政法散歩』（有斐閣・1985) 161頁）という見方もなされている。

ているとみることができ、ここでは、瑕疵判断と行為規範性が乖離していることが認められよう。

　他方で、飛驒川バス転落事故控訴審判決（名古屋高判昭和49・11・20前掲）において明確に呈示された道路の通行止め等のソフトな管理行為（避難対策）に関しては、道路管理者が一定の自然現象に対してとるべき措置として、現実的な行為規範としてとらえることが可能である。したがって、落石等直撃型類型においても、瑕疵判断においてとられる道路の利用者に対する安全性の基準が、一種の道路管理者の行為規範としての内容（とりわけ、通行規制等の予防的損害回避措置に関して）を有しうるものと考えることができよう。[81]

　以上のように、国家賠償法2条の設置・管理の瑕疵の認定においても、結果責任説に立たない限り、何らかの行為規範性を認める余地は認められるところであり[82]、道路の利用者に対する損害類型に応じて、行為規範の内容と現実性の程度が異なっていることに注意しておく必要があろう。[83]

第6項　管理における守備範囲

I　道路管理の対象となる物理的範囲

　落石・土砂崩壊・地すべり等による道路事故は、道路の路面自体に欠陥が存するものではなく、法面あるいは、周辺地が原因となっており、道路管理者の守備範囲が広範に及んでいることが特徴的である[84]。これに対して、穴ぼこ等、路面自体の状態に欠陥が存する場合には、道路の利用者が安全に走行できる根本的な条件となる路面の整備の問題であるため、道路管理者にとって最も基本的な管理責任であるとみることもできよう。したがって、道路面それ自体は、道路管理者にとって当然の守備範囲として考えるべきであるが、国家賠償法2

---

[81]　道路を公共の利用に供する本来の目的に鑑みると、物理的に安全な状態で現に利用させることが本筋であろうが、安全な利用に供するということに重点を置くならば、安全な利用を損なう危険性がある場合に道路の利用を規制することも道路管理行為の中に含めて考えられよう（道路法46条に、交通の危険を防止するための道路の通行の禁止・制限の措置が定められている）。

[82]　遠藤博也『国家補償法(上)』（青林書院新社・1981）74頁参照。

[83]　損害賠償責任認容の際、行政が現実になすべき行為規範が確定される場合には、そこで行政統制機能が期待されることになる。行政統制機能については、フランスの国家賠償判例について研究したものであるが、小幡「フランス行政賠償責任における行政統制機能の一考察」フランス行政法研究会編『現代行政の統制』（成文堂・1990）161頁。

[84]　内在的瑕疵類型に対比して、外在的瑕疵類型といわれることもある（遠藤・前掲注8）490頁）。

条の瑕疵責任においては、道路の利用の安全性を阻害する限りにおいて、路面に限らず、道路法面等の周辺地についても、道路管理者の管理すべき対象が広げられており、また、第三者の所有物・所有地であるか否かに関わらず、公物管理としての責任が設定されているとみるべきであろう。[85]

道路に係る一般交通の利用に供する公物管理の観点からみれば、道路管理者の管理権の守備範囲が、安全性を阻害しうるあらゆる事項に及ぶことは当然であり、国家賠償法2条の責任における設置・管理の瑕疵の判断も、当該守備範囲全体に及んでなされるべきであるということができる。

II 自然現象、第三者の行動が原因である場合の守備範囲

(1) 道路上に存する物的欠陥が、自然現象や第三者の行動によってもたらされた場合に、瑕疵判断にいかなる影響をもたらすかについては、道路管理者がいかなる現象に対しての安全性を備えるべきかという守備範囲の問題としてもとらえることができる。[86] 一方では、道路上の物的欠陥により損害が発生した以上、その原因をなす行為如何に関わらず、物的欠陥の存在自体によって、設置・管理の瑕疵を認定すべきと解する立場もありうるところであるが、このような守備範囲のあり方についても、損害発生類型によって考えていく必要があろう。[87]

路面不良の場合においては、車両の通行の結果、必然的に生ずる路面の摩耗・老朽化等による路面状態悪化が主な原因としてみられるため、道路の供用に付随して生ずる物的欠陥ととらえられ、また、ガードレール等の不備・道路[88]

---

85) 例えば、福島地判昭56・4・8道路例規13・73239・801は、路上に張り出していた樹木の枝に貨物自動車のワイヤロープが引っ掛かり事故が発生した事例につき、当該樹木が第三者の所有物で、再三の伐採要請が聞き入れられなかったとしても、当該樹木が道路交通の妨害となったことは明らかで、設置・管理の瑕疵は営造物に客観的に存すれば足りるとした。
86) 原因の所在に関して、外在的瑕疵類型と内在的瑕疵類型という分類がなされることもあるが、道路管理における守備範囲とは必ずしも一致していない。道路周囲からの落石により路面上に存した石に車が乗り上げた事故の場合には、原因としては外在的瑕疵ではあるが、欠陥の対象は路面にあるため、路面上の障害物と同一視することが可能であり、守備範囲としては路面上の瑕疵としてとらえることができよう。なお、地震に対して備えるべき安全性について、小幡「地震による道路災害と道路管理者の責任」国際交通安全学会誌21巻2号6頁。
87) 学説上の客観説や営造物瑕疵説等は、本質的にこの立場に立っているとみることができる。客観説においても、不可抗力として、自然現象・第三者の行為等が考慮されうるが、瑕疵の存在自体は肯認されることになろう。

標識不全等の場合には、道路の物的施設の存在がそのまま瑕疵の原因となっており、いずれも、他の原因の介在は一般的でないため、当該欠陥の物理的状態（形状・大きさ・深さ等）のみについて、客観的な瑕疵判断基準に照らして、瑕疵の有無が決定されるべきことになる。他方、多様な事故発生類型の中には、自然現象や第三者の行為の介入等、他の原因が実質的な瑕疵の原因として介在している事例はしばしばみられるところであるが、基本的には、高知落石事故最高裁判決（最判昭和45・8・20民集24巻9号1266頁）、国道上の約87時間に及ぶ故障車放置事件の最高裁判決（最判昭和50・12・25民集29巻6号1136頁）において明らかにされているように、原則として、自然現象や第三者の行為（工事、障害物放置等含む）が原因となっていることは、国家賠償法2条の責任の否定を導くものとはとらえられていないと解することができよう。

一般的に、自然現象に対しては、道路が常に様々な自然環境下に置かれることは当然の前提であり、それぞれの環境に対応して道路の利用の安全性を保つような管理が要請されているというべきであろう。自然現象が介在して事故が発生する例としては、日常的にみられる豪雨・豪雪・濃霧等による路面悪条件（道路の路面凍結によるスリップ事故、道路崩壊等もありうる）ばかりでなく、落石・土砂崩壊・雪崩など、路面以外の法面等周囲からの自然災害も存し、しばしば重大な損害を生ぜしめる。

(2) 利用者側の利用方法との関係で発生する損害類型では、利用者側が、利用時の自然現象にある程度対応した利用方法をとることが合理的に期待されており、上記利用方法との関係で道路が備えるべき安全性の基準が、客観的に設定されるべきであろう。例えば、路面上の凍結スリップ事故の場合には、自然現象を考慮に入れた道路の管理が要請されることになろうが[90]、それぞれの道路

---

[88] 盛岡地判昭和55・5・22道路例規集12・7279・572（久慈市貨物自動車崖下転落事件）は、カーブの外側が約50mの崖になっている屈曲部で、車両の路外逸脱事故の危険性の高い場所であるため、道路構造令の上からも防護柵を設置することが期待されているとして、瑕疵が認められている（過失相殺9割）。

[89] 名古屋地判昭和52・2・28道路例規集12・7279・268（知多産業道路中央線オーバー事件）は、2車線から4車線に急に移行している道路において、現場付近にあった標識は本件道路の構造を認識させるのに不十分であったとして、警戒標識の不全を理由に、瑕疵が認定されている（過失相殺7割）。

[90] 例えば、大阪高判昭和50・10・23訟月21巻12号2441頁（名神高速道路玉突衝突事件）は、路面凍結によりスリップして停車した車両に、濃霧のため後続の車両7台が次々と衝突した事故について、

の置かれた地域・環境・性質等によって、利用者が一般的に期待しうる安全性は異なりうるところであり（恒常的な積雪地帯であるか、高速道路であるか等の諸条件）、利用者側が当該自然現象下でとるべきことが通常期待される一定範囲の利用方法との関係で客観的に設定される安全性の基準において、瑕疵の有無が決定されることになろう。高速道路キツネ侵入事件において、最高裁は、高速道路上での小動物との接触による死傷事故は、利用者の適切な運転操作による回避が期待できることを理由として、道路管理の瑕疵を否定しているが、ここでは、「動物注意」の標識が設置されていた北海道縦貫自動車道において、利用者側に通常期待される一定範囲の利用方法との関係で客観的に設定される安全性が示されたものと解することもできよう（最判平成22・3・2判時2076号44頁）。

他方、利用者側による損害回避が不可能な落石等の直撃型類型においては、利用者側の利用方法に関わらず、道路管理者側が損害回避のすべての責任を負うことになるため、自然現象に対して道路管理としていかなる安全性を備えるべきかという問題に凝縮されることになる。道路上の車両への土石流直撃という自然災害による事故においては、飛騨川バス転落事故判決にみられるように、一定の自然現象に対して事前の通行止め等の避難対策を含めた道路管理体制が要求されていることは、先にみたとおりである。飛騨川バス転落事故控訴審判決（名古屋高判昭和49・11・20判時761号18頁）では、「当該自然現象の発生の危険を定量的に表現して、時期・場所・規模等において具体的に予知・予測することは困難であっても、当時の科学的調査・研究の成果として、当該自然現象の発生の危険があるとされる定性的要因が一応判明していて、右要因を満たしてい

「道路通行の安全性はそれをとりまく自然現象を抜きにしては考えられず、したがって自然現象に基因する交通事故等発生の防止措置を講ずることも道路管理権の一作用として把握するのが相当である」として、道路管理者の責任を肯定している。

91) 最判昭和51・6・24交民集9巻3号117頁（京都府道凍結スリップ事件）は、道路走行中の車両が、路面の凍結によりスリップした大型自動車に追突された事故に関して、本件道路は、積雪地帯にはなく、また高速道路でもないため、稀にしか起こらない降雪現象に対しては、「除雪剤を散布する等の方法によって除雪すること……を道路管理者に義務づけることは適当でなく、このような場合はむしろ道路通行の安全性はこれを利用する通行者の利用態度にこれを負わすべきである」とする第二審の大阪高判昭和50・9・26訟月21巻12号2622頁を支持した（遠藤・前掲注8）584頁、古崎・前掲注29）165頁）。

92) 飛騨川バス転落事故第一審判決（名古屋地判昭和48・3・30判時700号3頁）においては、土石流の寄与分を不可抗力による損害として、4割の部分的因果関係を認めている。

ることおよび諸般の情況から判断して、その発生の危険が蓋然的に認められる場合であれば、これを通常予測し得るものといって妨げない」と判示され、定性的予見可能性を認めることによって、当該土石流という自然災害の予見可能性が肯定されている。自然現象を正確に予見することは現実には困難であるが、少なくとも、一定の場合に、通行止めという措置により予防的に対処することは可能であると考えられ、道路管理者としては、経験則に基づく予測に則って、通行規制のための基準を立てることが要請されているとみるべきであろう。このように、自然現象に対しては、道路管理において、自然現象も守備範囲の中に組み入れた形での安全性の確保が要求されているとみることができる。

⑶　これに対して、道路の物的欠陥をもたらした原因が第三者の行為である場合にも、最高裁昭和50年12月25日判決（民集29巻6号1136頁）で明らかにされているように、道路上に物的欠陥状態が認められる以上、通常の瑕疵の判断基準に照らして、当該物的欠陥を瑕疵と認定すべきか否かが決定されるべきことになろう。けだし、道路の利用者が道路上でとる様々な行動については、利用者側の利用方法としてある程度前提とした上で道路管理がなされるべきことが要請されてしかるべきであろう。しかしながら、最高裁昭和50年6月26日判決（民集29巻6号851頁）は、第三者が事故直前に標識を倒し障害物を散乱させたために事故が発生した事案について、事故発生までに時間的余裕がなかったことを理由に、道路管理者の責任を否定している。被害者にとってみれば、原因の如何によらず、道路の状態に安全性が欠けていたことには変わりなく、純粋に道路の物的状態のみに着目するならば、瑕疵を肯定すべき場合とみることも可能であるが、同判決は、第三者の行動については、予測が不可能であり、かつ事故発生までに時間的余裕が存しないという特殊な状況下の事例について、責任を否定したものと解すべきであろう。「瑕疵」概念を道路管理の基準（行為

---

93)　第三者の行動が原因となっている場合には、直接の加害者は当該第三者であるため、被害者に対する道路管理者と第三者との三面関係になっていることに注意する必要があろう（遠藤・前掲注8）574頁）。
94)　自然現象に比べても、第三者の行動は、時間・場所・内容いずれも、さらに予測が不可能である。
95)　道路の物的欠陥の状態から、瑕疵の存在を自体は肯定しつつ、「不可抗力」として責任を阻却することも可能である。
　　なお、「不可抗力」は、通常、国家賠償法2条の責任における免責事由として挙げられているが、「不可抗力」の概念は多義的に用いられており、その免責機能についても、学説によって様々であ

規範)としてとらえた場合には、第三者によってもたらされた障害物に対して何らかの措置をとることが時間的に不可能である以上、仮に瑕疵を認定しても、管理の行為規範としては機能しえないこと、さらに、利用者全体の道路管理に対する合理的な期待可能性や利用者間の公平という観点から考えた場合には、上記のような特殊事例について、道路管理者に責任を負わせることは、必ずしも妥当な結論でないとする見方も存するところであろう。[96]

第7項 小 括

以上のように、本節では、道路の利用者に対する損害領域について、「利用」の要素を重視し、一般的に、道路の利用関係において合理的に期待されるべき道路の安全性という観点から、瑕疵の基準を設定したものである。道路の管理は、その本来の性質上、利用者の利用のためになされるものであり、利用者のための安全性確保が目的とされているがゆえに、利用者側の利用方法と切り離

ることに注意する必要があろう。国家賠償法2条の「瑕疵」論争における義務違反説の立場では、本来の「不可抗力」の意味を予見可能性が存しない場合に限定し、回避可能性については、「義務違反」の存否の問題としてとらえることとし(植木・前掲注45) 256頁以下参照)、他方、客観説の立場による場合には、「不可抗力を客観的外力として把握すべき」とし、不可抗力を免責事由として認めている(古崎慶長『国家賠償法』(有斐閣・1971) 223頁)。このように、「瑕疵」の存在を認めながら、不可抗力による免責を認めるか、あるいは、不可抗力に当たる部分を「義務」の範囲外として、「瑕疵」の存在自体を否定するかによって、結果は同一に帰する可能性も存するが、不可抗力に関わる主張を管理瑕疵の存否の中に取り入れるかどうかによって、両説の間で、立証責任の負担などの点で相違が生ずる可能性は認められよう(遠藤・前掲注8) 504、512頁)。

96) 予算制約論についても、免責事由の問題とされることがあるが、高知落石事故最高裁判決(昭和45・8・20前掲)においては、予算制約上の理由があるからといって、「直ちには免責されない」として、予算制約の抗弁が排除されている。大東水害判決(最判昭和59・1・26民集38巻2号53頁)においては、道路の人工公物としての絶対安全性が示唆されているが、道路の場合にも、全国には、山間部の道路等の危険箇所が多数点在しており、費用の関係から、一挙に修繕措置を講ずることは困難で、最も危険な状態の道路から順次改修を行わざるをえない状況にある(藤原・前掲注28) 106頁、塩野・前掲注80) 158頁参照)。しかしながら、落石直撃等の事例において、自然現象への対応も道路管理の守備範囲の中に含まれ、物理的な防護措置による対策のみならず、通行止め等の予防的な避難対策も併せて、道路管理体制として要求されていることに鑑みるならば、後者のソフトな管理行為によって損害回避が可能となる以上、予算制約の抗弁は排除されうることになろう。また、穴ぼこ事例などにおいては、路面という最も基本的な管理として一定の安全性確保が要求される以上、予算制約論を認める余地はないことになる。

なお、予算制約論については、人損の場合には抗弁として認められないが、物損の場合には考慮する余地があるとする見解として、植木・前掲注45) 258頁、森島昭夫「工作物責任(2)」法教17号35頁等参照。

しては考えられない側面を有している。その際、路面不良事例その他の多くの道路事故のように、利用者側の利用方法との関係で損害が発生する類型[97]と、落石直撃型事例のように利用者の利用方法に関わらず損害が発生する類型（利用者には回避不可能で、道路管理者側に全面的に回避の責任が課せられる）とに分けて考える必要があろう。

　前者においては、当該物的性状を「瑕疵」と判断するための客観的基準を設定する必要があり、道路利用者が利用関係において合理的に期待しうる安全性という見地から、いかなる範囲の利用方法についての安全性を備えるべきかという道路の「通常有すべき安全性」の基準を設定し、この基準に照らして、瑕疵の有無が決定されることになる。同基準は、道路管理者の行為規範としてそのまま機能しうるものといえよう。このような瑕疵の存在は、道路の物的性状の客観的状態として現れるもので、道路管理者の主観的過失とは異なるが、結果的に、瑕疵が存在した事実により、道路管理者が通常有すべき安全性を維持する義務に違背したものとしてとらえることは可能である。

　これに対して、後者の落石等の直撃型事例の場合には、利用者側がいかなる利用方法をとったかに関わらず損害が発生しており、道路が客観的に安全性に欠けることは明らかな類型である。ここでは、利用者に対して保障されるべき安全性のとらえ方が問題となるが、現在の判例においては、物理的防護措置のみならず、予防的な通行止め等の避難対策により、自然現象に対しても対処すべきことが期待されているとみることができよう。この場合の瑕疵の認定においても、道路管理者のとるべき行為規範としての機能は認められようが、物理的防護措置に関しては、行為規範としての現実性は薄いものとなり、他方で、予防的な避難対策に関する行為規範としては、実際的に働きうるものといえよう。

　以上のように、利用者に対しては、その利用関係において発生した損害であるところから、国家賠償法2条の設置・管理の瑕疵の判断基準については、利用者に対しての「通常有すべき安全性」としてその基準が設定されることになり、具体的な瑕疵の判断においては、利用者側と公の営造物管理サイドとの実

---

97) 正常の利用方法によれば事故が生じない程度の物的欠陥の場合には、瑕疵が肯定される場合にも、過失相殺として利用者側の責任が認定される場合が多い。

質的責任分担が、利用者間の公平の観点も含めた道路管理に対する合理的な期待という見地からなされることが認められるべきであろう。

第3款　第三者に対する物的性状瑕疵

第1項　第三者に対する損害と物的性状瑕疵

　前款では、国家賠償法2条の適用事例のうち多くを占める公の営造物の利用者に対する損害に関する瑕疵責任について検討を加えたが、そのほか、同条が適用される事例の中には、第三者に対する物的性状瑕疵事例、及び第三者に対する供用関連瑕疵[98]の事例が含まれており、両者はともに、被害者が第三者であるという点で、公の営造物が第三者に対して及ぼす損害類型としてとらえることができる。そこでは、利用者が公の営造物を利用し、それを利用することにより利益を得ている中で損害を被った状況とは異なり、単に公の営造物の近隣の第三者であるという理由のみによって被害を受けている第三者性がみられるが、他方で、損害発生態様に関しては、物的性状瑕疵と供用関連瑕疵とでは大きく異なる側面を有している。以下では、まず、第三者に対する物的性状瑕疵に焦点を当て、検討していくこととしたい。[99]

　公の営造物をめぐる物的性状瑕疵として、数多くみられる典型例は、先に検討したように、道路を通行する利用者の被る事故損害事例で、すでに多くの判例の蓄積をみているが[100]、若干の判例は、道路に隣接する第三者に対して及ぼされた損害を問題としている。第三者に対する物的性状瑕疵の典型的な事例としては、道路の崩壊による沿道人家の損壊、道路排水の不備による隣接地への浸

---

98)　供用関連瑕疵の定義については、本章第1節第4款で若干触れており、さらに後述するが、ここでは、公の営造物の供用行為に関連して周辺住民に対して及ぼされる継続的損害としておきたい。
99)　「利用者」と「第三者」を区別する場合にも、公の営造物の「利用」という要素が観念しえない公の営造物については、別の観点からの考察が必要であるが、本款では、差しあたり、典型的な公の営造物である「道路」等（主として公共用物）を中心に、類型化を進めることとしたい。なお、「河川」については、危険防御施設として、次款で論ずる。
100)　小幡・前掲注24) 126頁。なお、第三者に対する物的性状瑕疵事例は、利用者に対する物的性状瑕疵類型とは異なり、事例数はそれほど多くない。従来、国家賠償法2条の瑕疵論がもっぱら利用者に対する物的性状瑕疵事例を中心として論じられていたのは、このような事例数の状況にもよるところであろう。

水被害などが存するが、そのほか、道路を通行する車による沿道人家の損壊なども生じうる。[101] 後者の場合には、直接的には利用者が惹起した損害であるが、その原因として、道路の安全設備が問題となっている場合には、道路の物的性状瑕疵が第三者の立場にある被害者に対する関係で取り上げられることになろう。[102] これに対して、車の運転者が道路外に投棄した煙草の吸い殻により隣接地に火災が発生した場合には、[103] 道路自体の物的性状には何ら欠陥が存しないため、物的性状瑕疵の類型には必ずしも含まれないことになる。[104] 以下、第三者に対する物的性状瑕疵類型ととらえられる判例を検討し、責任判断基準をみていくこととしたい。

第2項　判例の検討

道路の第三者に対する物的性状瑕疵の典型例として挙げられる道路崩壊による沿道人家損壊の事例において、鹿児島地裁は、「道路が具有すべき安全性とは、単に当該道路における交通の安全の確保のみでなく、道路の崩壊等による当該道路の近くに居住する住民の生命、身体、財産を侵害しないようその安全性をも確保するものでなければならない」と判示して、[105] 道路の安全性の中に、利用者に対する安全性のみならず、付近居住者という第三者に対する安全性の確保も含まれることを明らかにしている。また、同種の判例においても、道路が急崖の上に設けられ、かつ急崖の下に人家がある場合には、道路崩壊により生命・身体への危害が波及する可能性が高いため、災害発生防止のための措置を講ずべき責務が強く要請されること、あるいは、道路法面について崩壊に対する防護施設を設置するとした場合には相当の費用を要し、予算措置に困難をきたすとしても、賠償責任を免れうるものではないこと等が示されている。[106]

---

101) 例えば、道路を通行する車が道路端を乗り越えて人家に突入した場合、道路下を走る列車に衝突した場合（後述、鹿児島地判昭和53・4・21判時915号85頁、福岡高宮崎支判昭和60・10・31判タ597号70頁、最判平成2・11・8裁民161号155頁）などの事例がある。
102) 自動車の通行に危険な箇所にガードレール等の安全設備が不十分であったことなどが、物的性状瑕疵の問題となりうるが、第一次的には、利用者に対して備えるべき安全性としてとらえられ、第三者に対しての安全性も同時に備えることになると考えられる。
103) 東京地判昭和51・2・26判時829号70頁。
104) 物的性状瑕疵と供用関連瑕疵の区別をいかなる観点から行うかによることになろうが、供用関連瑕疵の一種として問題にすることも考えられる。
105) 鹿児島地判昭和51・3・31判時828号74頁。
106) 津地判昭和52・3・24判時853号13頁等の判例による。

そのほか、国家賠償法2条の適用事例によるにおいて、第三者に対する損害が問題となる場合としては、側溝の不備からの水の浸水等の隣接地への損害が考えられるが、福岡地裁は、道路は、「交通の安全性を確保するに止まらず、道路上に溜り、流れる雨水を道路外の土地に浸入させることのないように設置されるべきであり、排水設備や道路が右の通常具有すべき機能を欠く場合には、排水設備及び道路の設置又は管理に瑕疵があると解すべき」であるとして、道路管理者の責任を認めている。

また、道路の通行車両の転落のために沿道人家等に損害が及ぼされた場合にも、道路の設置・管理の瑕疵による第三者に対する損害として、国家賠償法2条が適用されうる。責任肯定例としては、路肩の地盤が軟弱で陥没したことにより大型貨物自動車が転落して、沿道の家屋を崩壊させた事故において、「車道に近い路肩部分はそのような場合にも耐えるだけの強度を備えなければならず、はみ出し通行によって陥没崩壊した路肩部分は通常有すべき安全性に欠けていた」として、道路の物的性状瑕疵を肯定し、第三者に対する道路管理者の責任を認めた判例がみられる。このケースは、直接的には道路の通行利用者の行為を媒介として発生した第三者被害であるが、物的性状瑕疵である道路崩壊に類する事例としてとらえることができよう。

他方、大型貨物自動車が縁石を破壊し乗り越えて、下方の鉄道線路上に転落し列車に衝突した事例については、第一審・二審が、道路管理者の責任を認めたのに対し、最高裁はこれを否定している。すなわち、原審は、道路の安全性として、「通常予測し得る範囲の違反行為や不適切、粗暴な運転行為に対しても……、それによる通常の衝撃になお対応し得るだけの余裕をもって、車両等の交通の安全を確保しておく義務がある」として、設置・管理の瑕疵を肯定したが、最高裁は、本件運転者のとった措置は「極めて異常かつ無謀な運転行為

---

107) 福岡地判昭55・6・4判時999号107頁。
108) そのほか、那覇地判昭51・2・3道路法例規10・6579・232、徳島地判昭42・7・28判時522号75頁、福岡地小倉支判昭49・12・4判時1156号120頁など。
109) 利用者の運転方法の特殊性に関わって発生することも多いため、必ずしも、道路の設置・管理の瑕疵の問題とはならない場合も多い（千葉地八日市場支判昭61・12・26道路法例規9・6479・631など）。
110) 東京地八王子支判昭50・12・15交民集8巻6号1761頁。
111) 鹿児島地判昭53・4・21判時915号85頁、福岡高宮崎支判昭60・10・31判タ597号70頁、最判平成2・11・8裁民161号155頁。

であって」、県道管理者において通常予測することのできない行動であったとして、本件事故はこの行動に起因するものとして、道路管理者の責任を否定したものである。ここでの判断の相違は、どの程度の異常な無謀運転について予測可能なものとして安全設備を備えておくべきかという点の見解の相違によるものと考えられるが、[112] 当該事例は、道路の物的状態のみから生ずる道路崩壊等による損害の場合とは異なり、供用行為に関わって、直接的には利用者の行為によって惹起された損害としてとらえられるところから、基本的には利用者に対する安全設備が問題とされており、通常の第三者に対する物的性状瑕疵の事例とは異なる側面を有することに注意する必要があろう。[113]

第3項　第三者に対する物的性状瑕疵の判断基準

　公の営造物の物的状態の欠陥から、周辺第三者に被害が及ぶ事例において、判例は、一般論としては、利用者に対する「設置・管理の瑕疵」の場合と同様に、公の営造物が備えるべき「通常有すべき安全性」を基準とし、その中に、利用者に対する安全性の確保（道路においては、交通の安全性を意味する）のみならず、周辺住民に対する安全性の確保も含まれることを示し、設置・管理の瑕疵を肯定している。しかしながら、実際には、これらの判例においては、利用者に対する瑕疵事例のように、「通常有すべき安全性」として備えるべき具体的内容について吟味することなく、公の営造物の物的状態から第三者への損害が惹起されたという因果関係のみによって、実質的な責任判断がなされる場合が多い。[114]

　被害者が利用者である場合には、公物管理者が公物の本来の供用目的たる利用に供するために保障すべき安全性の程度が瑕疵判断において示されることになるが、多くの事例では、利用者側の利用方法との関係で設定される安全性が

---

112)　異常あるいは無謀な運転により、損害との因果関係が遮断されると考えることもできよう。なお、道路下を鉄道線路が横断している等の事情から道路周辺への被害防止という観点により、道路の安全設備の必要性を考えることも可能であり、ここでは、利用者に対する安全性が、同時に周辺第三者に対する安全性も兼ね備えることが認められよう。
113)　道路の安全設備の瑕疵が問題となる点をとらえれば、物的性状瑕疵類型に含まれるが、供用に関連して生ずる瑕疵としての性格も有している。
114)　前掲注111）の大型貨物自動車が縁石を破壊し乗り越えて、道路下方の鉄道線路上に転落し列車に衝突した事例などのように、直接的には利用者が惹起した損害であり、供用に関連して生ずる性格を有する場合には、必ずしも、因果関係のみでは決定づけられないことになる。

問題となり、利用者の合理的な期待可能性を斟酌した上での管理者側と利用者との実質的責任分担の観点が入る余地が認められる[115]。他方、第三者に対する損害においては、営造物の側の一方的な加害行為であるため、損害を被った第三者は通常は損害発生に関与することはなく、過失相殺を認める余地も存しないこととなり、利用者に対する損害とは、瑕疵の判断基準が異なるべきことになろう。

　従来の公物法は、公物本来の供用目的を達成するための公物管理を中心に構築されており、公物管理を担う行政主体に属する公物管理権は、公物の目的を達成するために与えられる特殊の包括的権能であるとされてきた[116]。例えば、道路管理者であれば、利用者の安全な通行の確保を追求することが公物管理（法）の目的とされている。しかしながら、公物管理者においても、いわゆる公物管理（供用目的達成のための管理）以外にも、自らの支配下にある物を私人と同様に管理することが必要となるのは当然であり、第三者に対して及ぼされる損害は、このような「物」の管理の側面としてとらえることができよう。例えば、道路における公物管理法である道路法においては、一般の交通に支障を及ぼさないように管理することが目的とされており、また、道路構造令等による道路自体の強度・堅固性の定めも、直接には、利用における安全性を目的として作られていることに鑑みるならば[117]、第三者に対する安全性それ自体を確保するための管理は、従来の道路法における道路管理権としては、必ずしも規定されていないと考えることができよう[118]。

---

115)　本節第2款参照。
116)　わが国においては、公物管理権は、公物上に存する私法上の所有権等権原に基づくものではなく、公物管理法に基づいて認められる特殊な包括的権能であるとされている（原・前掲注2）218頁、田中・前掲注2）316頁参照、本節第1款第1項）。なお、公物管理法の定めがない公物については、国有財産法（地方自治法）の適用があるのみであるが、国有財産法においても、「行政財産」としての種々の制限を定めるものにすぎず、私人と同一の立場での「物」の管理については、特に定められていない。
117)　道路法は公物管理法としての性格を有し、道路管理者の道路管理権について定めているが、道路管理者は、道路を常時良好な状態に維持・修繕し、もって、一般交通に支障を及ぼさないように努めることを義務づけられている（道路法42条1項）。また、道路の構造についての定めは、直接的には交通の安全を確保するものであるが、結果的には、道路崩壊等の危険に対して沿道住民の安全性をも確保することが可能となろう（道路法30条、道路構造令）。
118)　昭和55年に制定された幹線道路の沿道の整備に関する法律では、沿道における良好な生活環境の確保が図られるよう、道路交通騒音により生ずる障害の防止等が目指されており、ここでは、供用関連瑕疵に関わるが、直接、第三者に対する安全性が目的とされていると解することができる。

このように、利用者に対する損害の場合には、公物管理者として利用者に対して果たすべき「通常有すべき安全性」確保の責任が重視されるのに対し、第三者に対する損害の場合には、通常の「物」の管理として、公物管理者が自らの管理下にある施設・工作物の安全確保義務を負うと考えることができよう。ここでは、供用目的どおりの利用を確保する公物管理の目的は前面に出ず、民法717条によって立法当初から古典的に理解されてきた一般的な土地工作物に関する責任と類似したとらえ方が可能であるが[119]、公の営造物が、その物的性状から周辺地・周辺住民に被害を及ぼした場合には、私人間の「物」の管理とは異なり、公共の目的に供されそこから全体が利益を得ている営造物が原因となって、周辺地・周辺住民に対してのみ被害が惹起されたものとして、損失補償の理念を入れて考えることも可能ではないかと思われる[120]。国家賠償法2条の責任においても、通常は、営造物の物的瑕疵と損害との間の因果関係が認定されれば、責任が肯定されると解すべきであろう[121]。

　以上のように、第三者に対する損害類型においては、国家賠償法2条の「瑕

　　なお、公物の種類によって若干の相違は存するが、通常は、公物管理法は公物の目的との関係で規定されているため、直接には、第三者との関係での「物」の管理規定としての性質は有していないといえよう。
[119]　民法717条が、立法当時、建物・塀等の古典的な土地工作物の危険内在的性格に基づく危険責任（無過失責任）を前提としていたと考えられることについて、本章第1節第1款第2項参照。
[120]　地附山地すべり訴訟では、有料道路（バードライン）の設置が誘因となり大規模な地すべり被害が惹起されたと認定されたが、長野地裁（長野地判平成9・6・27判時1621号3頁）は、「道路は、……その存在により施設周辺の住民等に対して生命・身体・財産等に危害を及ぼすような危険性のないものでなければならず、そのような面での安全性をも備えていなければならない」とした上で、道路設置の際の切土による斜面の不安定化と排水設備による斜流谷部分の地下水の貯留は、開設当初は瑕疵があるというほどではなかったが、その後欠陥が顕在化した段階で改善されないまま放置されたため、それが誘因となって地すべりを惹起し、団地の家屋多数を全半壊させたとして、道路の管理瑕疵を肯定している。ここでは、道路が、「自然状態にあった土地等に対し人為的に手を加えて設置されるもの」（前掲長野地裁）であることから、道路の物的存在から周辺地に対して危害が及ばないように管理すべく、物的安全性が厳しく求められている。したがって、私人間の一般的な物の管理と異なる観点として、公の目的に供されている営造物から、周辺地・周辺住民に被害がもたらされた場合には、公共の利益のために周辺地が被った被害として、損失補償の理念を入れて考えることも可能であろう。
[121]　瑕疵論争でいわれるところの「営造物瑕疵説」に近いものと考えられよう（木村実「道路の欠陥と賠償責任」ジュリ543号45頁、本章第1節第3款第2項参照）。なお、フランスにおける公土木の責任理論においては、利用者に対する損害と第三者に対する損害とを分化して、前者については公役務のフォート（過失に近い）責任、後者については無過失責任を責任原理として採用している（本書第1章）。

疵」の内容につき、利用者に対する損害類型において「通常有すべき安全性」の具体化として議論されている瑕疵論とは異なる「瑕疵」を考える必要があることを前提に、類型別の瑕疵論の分化を進めていくべきであろう。

第4款　危険防御施設の設置・管理の瑕疵

第1項　河川の瑕疵と水害

　河川等については、特に水害による被害についてみれば、河川それ自体が危険防御施設[122]として位置づけられるため、道路等の「利用者」に対する損害と同様にはとらえられない領域である[123]。この場合にも、河川水害の被害者は、河川付近に居住しているために被害を被ったとする観点から、基本的には「第三者」として位置づけることが可能であるが、他方で、危険防御施設においては、私人間に通常みられる第三者に対する責任とは異なり、当初から内在している危険を公共のために管理する責任を有している点で、私人間では観念しえない国・公共団体に特殊な管理責任として考えることができ、河川の公物管理としての観点から沿岸住民を位置づけることで再構成していくことも必要となろう[124]。

　これまで検討してきたように、道路のように公衆の利用に供する営造物においては、「利用者に対する損害」と「第三者に対する損害」とで、瑕疵の判断

---

[122]　原田尚彦『行政法要論』〔全訂第3版〕（学陽書房・1994）255頁では、便益提供施設と危険防止施設とを区分する必要性が説かれ、瑕疵の判断基準の相違が主張されている。河川水害について最近の状況をまとめた論稿として、橋本博之「水害と国家賠償」高木光＝宇賀克也編『行政法の争点（ジュリスト増刊）』（有斐閣・2014）158頁参照。

[123]　河川についても、河川上の航行や水の使用（ダム等）については、「利用」という要素が入りうるが、沿岸住民に対する水害被害に限定するならば、「第三者」としてとらえることができよう。なお、堤防を1つの公の営造物としてとらえた場合には、堤防により守られる対象者として堤内地の沿岸住民を一種の「利用者」に類することは可能であるが、わが国では、国家賠償法2条の「公の営造物」の例示として、「河川」が挙げられていることから、危険防御施設としての「河川」を公の営造物として、その瑕疵を論ずるのが一般的であろう（堤防未設置の河川で起きた水害の場合には、河川を公の営造物としてとらえることが責任を論ずる前提となる）。

[124]　河川の管理瑕疵の枠組みについて検討した論稿として、下山瑛二「水害と賠償責任」雄川一郎ほか編『現代行政法大系6』（有斐閣・1983）121頁、橋本博之「行政判例における『判断基準』——水害訴訟をめぐって」立教法学65号197頁、下山憲治「災害と国家賠償法2条の瑕疵責任(1)(2)」早稲田大学大学院法研論集64巻29頁、65巻83頁、小幡「水害と国家賠償法2条の瑕疵論」論究ジュリスト2012年秋号144頁等。

基準が大きく異なることになるが、他方、河川のような危険防御施設において、現実の危険を防御できずに損害が生じた場合には、本来公衆の利用に供する営造物とは異なり、前二者と異なる瑕疵論が呈示されるべきことになろう。国家賠償法2条の瑕疵の判断基準を考える場合において、瑕疵類型の差異に応じて、瑕疵内容の本質が異なることを認識すべきことは前述したところであるが、以下では、国家賠償法2条の典型的営造物である「河川」についての瑕疵判断基準についてみていくこととしたい。

第2項　河川水害における判例の瑕疵判断基準

I　大東水害訴訟最高裁判決

　河川水害については、下級審レベルでの水害訴訟判決の蓄積の後、最高裁で大東水害訴訟判決[125]が下され、その後、同判決の流れを受けた若干の判例を経て、多摩川水害訴訟最高裁判決[126]が出され、現在に至っている[127]。以下、両判決を中心として、瑕疵の判断基準について簡略に検討することとしたい。

　昭和50年代から水害訴訟が続発するようになり、下級審では原告勝訴が相次[128]いでいたが、大東水害訴訟最高裁判決[129]は、改修途上の都市河川水害について、

---

125)　最判昭和59・1・26民集38巻2号53頁。
126)　最判平成2・12・13民集44巻9号1186頁。
127)　その後、志登茂川水害訴訟（最判平成5・3・26判時1469号33頁）、長良川安八水害訴訟（最判平成6・10・27判時1514号28頁）、平作川水害訴訟（最判平成8・7・12民集50巻7号1477頁）において、最高裁はいずれも瑕疵を否定している。長良川安八訴訟は、改修済み河川における計画高水位以下の流水での湿潤破堤であったが、堤防の堤体部分には欠陥は存在しないとして瑕疵が否定された（宇賀克也『国家補償法』（有斐閣・1997）297頁は、原因が不明で、多摩川水害最判の具体的な瑕疵判断基準を適用できなかったことによる旨指摘する）。その後、鹿児島地判平成15・3・28裁判所ウェブサイト、名古屋地判平成18・1・31判タ1276号70頁、岐阜地判平成21・2・26裁判所ウェブサイト、いずれも河川の管理瑕疵を否定している。東海豪雨新川訴訟（名古屋地判平成20・3・14判時2024号58頁）では、予備的請求として損失補償請求もなされたが、「特別の犠牲」によるものではないと判断され、排斥された。そのほか、ダム操作に関わる長安口ダム水害訴訟最判平成10・3・27訟月45巻2号293頁、樋門の操作の不適切等により国家賠償法1条の責任が認められた札幌地判平成23・4・28及びその控訴審の札幌高判平成24・9・21裁判所ウェブサイト等。
128)　大東水害第一審判決（大阪地判昭51・2・19判時805巻18頁）・同控訴審判決（大阪高判昭和52・12・20判時876号16頁）、加治川水害訴訟第一審判決（新潟地判昭和50・7・12判時783号3頁）、安曇川水害訴訟判決（大津地判昭和52・5・31判時880号65頁）、平佐川水害訴訟判決（鹿児島地判昭和53・8・31判時927号221頁）、川内川水害訴訟判決（鹿児島地判昭和53・11・13判時939号90頁）、多摩川水害訴訟第一審判決（東京地判昭和54・1・25判時913号3頁）等。
129)　多摩川水害訴訟第一審判決、大東水害訴訟第一審判決など、設置・管理の瑕疵が肯定される判

設置・管理の瑕疵を否定し、その後の水害訴訟に対し、一定の影響を与えたものであった。同判決においては、瑕疵の一般的基準として、「過去に発生した水害の規模、発生の頻度、発生原因、被害の性質、降雨状況、流域の地形その他の自然的条件、土地の利用状況その他の社会的条件、改修を要する緊急性の有無及びその程度等諸般の事情を総合的に考慮し、前記諸制約のもとでの同種・同規模の河川の管理の一般水準及び社会通念に照らして是認しうる安全性」が示され、さらに、本件河川が改修途上の河川であったことから、現に改修中の河川については、改修「計画が全体としての右の見地からみて格別不合理なものと認められないときは、その後の事情の変動により当該未改修部分につき水害発生の危険性が特に顕著となり、当初の計画を繰り上げ、又は工事の順序を変更するなどして早期の改修工事を施行しなければならないと認めるべき特段の事由が生じない限り」、瑕疵があるとはいえない旨判示されている。さらに、同判決では、すべての河川について通常予測し、かつ回避しうるあらゆる水害を未然に防止するに足りる治水施設を完備するには、相応な期間を必要とするため、未改修河川または改修不十分な河川の安全性としては、上記諸制約の下で一般に施行されてきた治水事業による河川の改修・整備の過程に対応する、いわば「過渡的な安全性」をもって足りるとされている。ここでは、自然発生的公共用物（河川）と人工的公共用物（道路等）との違いから河川管理の特殊性が説かれ、河川においては、通常予測できる回避可能な災害であっても、回避手段が限定され、回避のための危険防止措置に制約が存することが強調されており、国家賠償法2条の瑕疵についての新たな判断基準を持ち込むものとして注目された判決であった。[131]

II 多摩川水害訴訟等

大東水害訴訟最高裁判決が示した瑕疵の判断基準は、仮堤防についての加治

決が多くみられた。
130) 実際には、道路と河川との相違は、前者が利用に供する公物であるのに対し、後者が危険防御施設である点に存するとも考えられ、その点が、「通常有すべき安全性」の判断基準に影響を与えているとみることもできよう。
131) 大東水害訴訟判決の示した瑕疵判断基準について、下山瑛二「水害」ジュリ993号138頁、國井和郎「河川管理瑕疵に関する最高裁の準則(上)」判タ594号5-6頁の注(7)に掲記の諸文献参照。

川水害訴訟最高裁判決において引用され、次いで、多摩川水害控訴審判決は、工事実施計画に基づく工事が完了した河川区間であっても、「理想的な河川管理の状態が実現されるまでには更に多くの改修工事を必要とするものであり、現段階においては改修の不十分な河川に該当」すると解し、大東水害訴訟最高裁判決の準則を適用し、「諸制約のもとで一般に施行されてきた治水事業による河川の改修、整備の過程に対応する過渡的な安全性」で足りるとして、瑕疵を否定した。これに対して、多摩川水害訴訟最高裁判決は、基本的には大東水害訴訟最高裁判決の一般原則に従いつつ、当該事案については、改修工事完了河川ととらえた上で、改修済み河川についての瑕疵判断基準を呈示したものである。すなわち、本件河川のように、「工事実施基本計画が策定され、右計画に準拠して改修、整備がされ、あるいは右計画に準拠して新規の改修、整備の必要がないものとされた河川」についての安全性とは、「同計画に定める規模の洪水における流水の通常の作用から予測される災害の発生を防止するに足りる安全性をいうもの」とし、原審判決の破棄差戻しがなされている。

III 河川管理の特質

　河川水害についての判例は、道路についてのリーディング・ケースとされた高知落石事故最高裁判決が、国家賠償法2条の無過失責任的理解、予算制約・財政的制約論の排除を明示していたのに対し、河川管理の特質に由来する財政的、技術的及び社会的諸制約が存することを正面から認めた点に特徴がある。そこでは、「改修、整備の段階に対応する安全性」が示されており、国家賠償法2条の「瑕疵」の判断基準が、河川管理に関する現実的なレベルでの行為規

---

132) 「時間的、財産的及び技術的制約のもとでの同種・同規模の河川に同趣旨で設置する仮堤防の設計施工上の一般水準ないし社会通念に照らして是認することができる」か否かを、判断基準としている（最判昭和60・3・28民集39巻2号333頁）。
133) 多摩川水害訴訟控訴審判決（東京高判昭和62・8・31判時1247号3頁）は、第一審判決（前掲注128））が、河川管理の瑕疵を認めていたのに対して、これを否定したものである。
134) 差戻し後控訴審判決（東京高判平成4・12・17判夕806号77頁）は、瑕疵を肯定して、国の損害賠償責任を認容した。なお、本件においては、河川部分に存した許可工作物が直接の原因として問題とされており、具体的な瑕疵判断において、災害発生の予見可能性が認められている。
135) 國井和郎「改修河川の管理瑕疵の判断基準」ジュリ976号84頁、富越和厚「判批」ジュリ979号64頁等参照。
136) 最判昭和45・8・20民集24巻9号1266頁。

範と重なっていることを指摘できよう[137]。このような判例の状況については、河川の危険防御施設としての営造物類型の特殊性を考慮した上で理解する必要性が認められるところであろう。

第3項　危険防御施設の物的性状瑕疵の特殊性

　道路も河川も、ともに公共用物であるが、公物管理者の果たすべき公物管理の内容においては相違が認められるところである。すなわち、道路においては、一般公衆の安全な通行の利用に供するという供用目的に沿って利用者に対する安全性が求められるのに対し、河川の場合には、河川に本来内在する危険性を減じ、国民に河川の安全性を保障することが河川管理の目的となる。したがって、道路事故の場合に、公物の利用関係において、利用者の利用方法との関係で合理的期待可能性を考慮して設定される「通常有すべき安全性」とは異なり、河川洪水被害においては、被害者の利用方法との相互関係は生ずる余地はなく[138]、河川管理者側の管理のみが、瑕疵判断において問題とされることになる。他方、水害の被害者となるのは、河川の沿岸住民であるが、ここでは、河川の危険内在的性格から、私人間における対等関係は観念しえないため、相隣関係上の「物」としての公物をいかに管理していくかという観点は妥当せず、もっぱらいかに危険を防止するかという一種の危険管理責任が、公物管理者の責任として検討されることになろう。

　河川洪水被害者については、公物である「河川」周辺に居住しあるいは家屋・農地等を所有するために洪水被害を被ったとする観点からは、河川に対する「第三者」の立場でとらえることも可能であるが、河川（堤防等を含む）の[139]

---

137)　塩野・前掲注80）151頁。道路と河川における瑕疵の不整合につき、道路は、国が積極的に提供しているものであるのに対し、河川については、国は提供者ではなく、事故防止者の立場にあると説明するものとして、塩野宏『行政法2』〔第2版〕（有斐閣・1994）263頁参照。さらに、河川管理における財政負担の大きさが実質的理由として挙げられている。道路と河川の相違は、公物成立上の相違からではなく公物管理法の相違を根拠とすべきものとするとして、下山・前掲注124）早稲田大学大学院法研論集65号86頁、宇賀・前掲注127）258頁では、道路と河川の瑕疵判断の基準が異なる最大の理由は「期待可能性の相違にある」とされている。小幡・前掲注124）150頁。

138)　したがって、通常は過失相殺の問題は生じえないことになる。

139)　河川に隣接する居住者として相隣関係でとらえるならば、供用関連瑕疵に類似した第三者に対する危険責任として、受忍限度を超える被害について損失補償類似の発想で賠償責任を認める構成もとりうるところである。ただし、沿岸住民の第三者性に関しては、通常の場合には（事後的に上

公物管理の観点からみるならば、河川周辺地は、河川が元来内包する危険から防御されるべき対象としてとらえることができる。すなわち、公物管理法である河川法においては、「洪水、高潮等による災害の発生が防止され」るように総合的に河川を管理することが目的とされ（1条）、河川管理者は、計画高水流量その他当該河川の河川工事及び河川の維持についての「河川整備基本方針」を定めることとされ（16条）、河川管理施設等は「水位、流量、地形、地質その他の河川の状況及び自重、水圧その他の予想される荷重を考慮した安全な構造のものでなければならない」（13条）等の規定が置かれている。上記に鑑みると、河川の公物管理は、河川からの洪水被害から周辺地を防御するという治水を主な目的とするものであって、河川周辺住民は、治水という公物管理目的によって守られるべき地位にあるため、単なる「第三者」というよりも、公物管理によって危険防御される者として位置づけることが可能であろう。このような河川周辺住民等の公物管理における位置づけをふまえるならば、河川整備の各段階において、当該河川に対して合理的に期待しうる安全性が観念されるべきであり、当該安全性を瑕疵判断の基準として用いることができるのではないかと思われる。

　したがって、河川水害に関しては、上記をふまえて、公物管理上、当該河川についてどの程度の安全性が合理的に期待されうるかという観点から、河川の「通常有すべき安全性」をとらえていくべきではないかと思われる。

　まず、改修途上の河川については、もともと危険を内包している河川公物を

　　流域の変化等により危険性が増大した場合等を除き）、河川という危険物が突如出現したという関係にはなく、先住後住論においては、後住ともとらえられるところである。ドイツでは、河川の近隣者に対して相隣法の観点を取り入れて、受忍限度を超える氾濫被害は補塡される可能性が高いとされる（下山憲治「ドイツ裁判例における氾濫被害の補塡構造」早稲田法学会誌44巻209頁）。なお、学説上、下水道水害については損失補償的な構成が可能であるとする見解として、西埜・前掲注21）1035頁、阿部・前掲注42）237頁、宇賀克也「下水道と水害」ジュリ892号97頁等。

140）　公物との関係を「第三者」「利用者」で区別しようとした場合には、河川の周辺住民の位置づけは明確でないことは、前述のとおりである。河川の典型的な利用者に関しては、河川を自由使用する場面での河川の管理瑕疵について、筆者が参画した「河川の自由使用等に係る安全対策に関する提言」（平成24年3月）http://www.mlit.go.jp/river/riyou/anzenkentoukai/pdf/teigen.pdf参照。

141）　フランスでは、公物の利用者・第三者の区別によって責任法理が異なるが、判例の中には、河川洪水の被害者を堤防の「利用者」として公土木の損害に関する責任を判断したものも存する（第1章第3節第3項159頁）。

順次改修して安全なものに整備していく過程にあるため、このような河川の特殊性から、それぞれの河川の整備段階における適切な安全性を基準とすることが考えられ、大東水害訴訟最高裁判決の過渡的安全性論あるいは段階的安全性論は、上記の見地からとらえることが可能であろう。[142]

これに対して、改修済み河川については、公物管理上、河川整備計画に基づきすでに整備された河川であることに鑑みるならば、治水計画上設定された安全性を、危険防御施設(河川)の周辺住民等に対して提供することが公物管理上予定されており、河川周辺住民等もそれに対する合理的な期待可能性を有すると解することが可能であろう。多摩川水害訴訟最高裁判決は、改修済み河川については、工事実施基本計画に定める規模の流水の通常の作用に対する安全性を「通常有すべき安全性」として提示しているが、公物管理によって危険を防御されるべき河川周辺住民等の河川の安全性に対する期待・信頼関係等にも配慮しながら、改修済み河川の想定する「流水の通常の作用」に係る解釈を行っていくことが考えられよう。[143]

以上のように、危険防御施設である河川についても、河川の公物管理の観点から、河川による危険から防御される地位にある河川周辺住民等を適切に位置づけ、当該河川に係る合理的に期待されうる安全性を設定して、河川の設置・管理について瑕疵判断を行っていくべきではないかと思われる。[144]

---

142) もともと危険を内包している河川公物を順次改修して安全なものに整備していく過程全体での、広範囲のタイムラグの問題としてもとらえられる。そこでは、より危険性の高い箇所から改修・整備していく優先順位づけが適切になされることが必要であるが、それぞれの河川整備の進捗状況について周辺住民等の理解を得ながら進めていくことも要請されよう。
143) 河川整備完了後に、技術水準の進歩や外在的事由等により当該河川が安全性を欠く状態となった場合には、上記のような河川周辺住民等の合理的期待可能性をふまえつつ、国家賠償法2条の通常のタイムラグの問題として処理すべきであろう。
144) 河川の周辺に居住し、河川と共生している住民らが、ハザードマップ等により、自らの土地の洪水被害の可能性を的確に認識することは、河川の安全性に対する合理的な期待可能性という観点からは極めて重要であろう。各地域の洪水被害の危険性を確実に認知することによって、水害保険・基金・共済制度等の活用や洪水に強い耐水建築物への誘導等の方策をとることが可能となる。また、平成9年の河川法改正で、河川整備計画づくりに関係住民の意見を反映させる手続が組み込まれた(橋本博之「行政判例における「判断基準」―水害訴訟をめぐって」立教法学65号215頁)。今後は、適切な情報提供による危険性の把握を可能としつつ、総合治水のために住民の協力を得ながら、河川整備を進めていくことが肝要であろう(小幡・前掲注124)152頁)。

第 3 節　供用関連瑕疵類型

第 1 款　供用関連瑕疵に関わる類型の検討

第 1 項　「供用関連瑕疵」概念の問題点

　先に触れたように[1]、本章では、国家賠償法 2 条の瑕疵について、「物的性状瑕疵」と「供用関連瑕疵」を区別し、第 2 節において、「物的性状瑕疵」類型について検討し、本節で、「供用関連瑕疵」類型の考察を進めるものである。「供用関連瑕疵」は、通常は、公の営造物の周辺に及ぼされる環境公害訴訟において、国家賠償法 2 条の設置・管理の瑕疵が争われる場合に用いられているものの、「供用関連瑕疵」の概念自体は必ずしも固まったものではなく、「機能的瑕疵」「社会的瑕疵」などの語もみられるが[2]、本章では、「供用関連瑕疵」という語をあてていくこととしたい。

　「供用関連瑕疵」の概念は、一般的には、空港・道路等の営造物の周辺に及ぼされる環境被害事例における「瑕疵」概念として用いられるが、供用に関連して生ずる損害として広く解するならば、継続的な環境被害以外の、様々な性質の被害事例をも包含して広がりうる概念である。例えば、道路の供用の結果としての道路利用行為において、利用者が煙草の吸い殻を投棄して沿道地に火災を生じさせた場合[3]、道路を利用する車が道路外に転落して沿道住居を損壊した場合[4]などは、第三者に対して一過性の事故損害が及ぼされることになるが、

---

1) 本章第 1 節第 4 款第 2 項・第 3 項参照。
2) 高木光「事業損失」ジュリ993号147頁、阿部泰隆『国家補償法』（有斐閣・1988）239頁、原田尚彦『行政法要論』〔全訂第 3 版〕（学陽書房・1994）256頁等参照。
3) 東京地判昭51・2・26判時829号70頁。
4) 通常は、道路管理者の責任は、道路の安全設備の不備等との関連で争われることになるため、物的性状瑕疵類型の問題として現れることが多い（第三者に対する物的性状瑕疵事例として挙げた、鹿児島地判昭53・4・21判時915号85頁、福岡高宮崎支判昭60・10・31判タ597号70頁、最判平成 2・11・8 裁民161号155頁など）。

営造物自体に物的欠陥は存しておらず、供用に関連して生じた被害であるため、「供用関連瑕疵」としてとらえることも可能である。この場合には、供用行為によって通常もたらされる周辺効果とは考えられず、いわば因果関係が分断される事態(例えば、運転者の無謀運転、モラルを欠く行為)によって損害が発生している点で、不可避的に生ずる供用関連被害とは異なる性質を有するが[5]、他方で、自動車運転者の煙草の吸い殻の投棄等の事例では、直接の加害者は不明であり、不特定多数の通行車両の往来に内在する危険としてとらえれば、沿道に不可避的にもたらされる被害として認める余地も存するところである。また、判例の中には、河川上のダムの操作から生じた損害についても、これを「供用関連瑕疵」としてとらえるものが存する[6]。ダムの流量の調節操作に瑕疵が存し、ダムの物的構造自身には何ら欠陥がなかった点においては、「物的性状瑕疵」とは異なる面を有していることは否定できないが、これも、営造物の周辺に及ぼされる継続的環境被害とは被害の性質が大きく異なるものといえる[7]。

以下では、「供用関連瑕疵」の中に含まれうる可能性のある事例の中から、特徴的にとらえられる諸要素を検討し、同類型の性格を明らかにしていきたい。

第2項　「供用関連瑕疵」の類型化の検討

「供用関連瑕疵」類型については、様々なとらえ方が可能であるが、類型化の上で条件となるべき諸要素としては、①営造物自身の物的欠陥の不存在、②第三者に対する損害、③営造物の供用に関連して生ずる損害、④営造物の供用目的に沿った供用による損害、⑤供用行為との関連性の不可避的性格(事業損失)、⑥継続的に生ずる環境被害等を挙げることができよう。

①の条件は、「供用関連瑕疵」類型を、「物的性状瑕疵」類型に相対する類型

---

[5]　自動車運転者の異常・無謀な運転や、モラルを欠く行為などが、道路管理と損害との因果関係を遮断するとみることもでき、この点で瑕疵が否定されると考えられよう。また、通常の供用目的に合致しない形態で生ずる損害としてとらえれば、供用目的に合致した行為から不可避的に生ずる損害である環境被害との相違をみることもできよう。

[6]　大阪地判昭和63・7・13判時増刊平成元年8月5日号115頁(大迫ダム判決)において、「供用関連瑕疵」が判示されている。

[7]　ダムという営造物の管理の中に、ダムの操作(ダムの流量の調節)を含めて理解するならば、ダム自身の物的性状に関わるソフトな管理行為として、ダムの操作自体を包摂して「物的性状瑕疵」ととらえることも可能である。

として、対置せしめ、「物的性状」には瑕疵が存しないことを前提とするものであり、②の条件は、利用者に対する損害ではなく、第三者に対して及ぼされる損害であることをとらえるもので、被害者となる「第三者」としては、多くの場合、隣接する周辺住民が対象となる。また、③の条件は、供用行為との関連性のみを問題とするもので、供用目的との合致や不可避性を必要としない点で、正常な供用以外のものも広く包含することになる。以上の①、②、③の条件は、「供用関連瑕疵」概念の前提をなす条件として認められるものであるが、さらに、このほかに、供用関連瑕疵の典型事例を中心に、「供用関連瑕疵」概念を限定すべきいくつかの性質が特徴的にとらえられる。

まず、④の条件は、③の供用行為との関連性に加えて、供用目的に沿っていること、供用目的との合致をメルクマークとするもので、供用目的である利用行為の結果として利用者の行為によってもたらされる被害を広く含むほか、営造物による日照被害なども含むことになる。また、⑤の条件は、供用行為の結果、不可避的に発生する被害を対象とするもので、損失補償と隣接する「事業損失」としての性格を表すものでもあり、みぞかき補償や営業損失なども対象となりうることになろう。空港における航空機の騒音、高速道路における自動車の騒音等は、空港・道路をその本来の目的に供用する以上、不可避的に発生するものととらえられるが、不可避性をどのように解するかによって範囲が異

---

8) 国家賠償法2条の瑕疵事例の中の「物的性状瑕疵」以外をすべて「供用関連瑕疵」として包含するとした場合には、種々雑多なものが入りうるため、「供用関連瑕疵」概念が広範に拡大しすぎることになる。国家賠償法2条のすべての事例を「物的性状瑕疵」と「供用関連瑕疵」の2分類で網羅しうるかについては、疑問の存するところであり、また、その結果、「供用関連瑕疵」類型の中に、様々な異なる性質の瑕疵事例を含むことになるため、瑕疵判断基準を探る上での均一性には欠ける。もとより、「供用関連瑕疵」類型を概念として設定する意味は、そこに妥当する瑕疵判断基準の一定の方向づけを行うことにあると解するならば、広範に概念を広げることには問題があろう。ここでは、「供用関連瑕疵」として含みうる事例の特徴を明らかにすることによって、次款以下で瑕疵判断基準を検討する際の参考としていきたい。
9) 営造物による日照被害などについては、当該営造物の「物的性状」の問題としてもとらえられるが、通常は、供用に関連した損害として解されているように、明確に区別できない場合も存する。
10) 山王川事件（最判昭和43・4・23民集22巻4号964頁）のような、河川への工場廃水排出による被害やダム操作の誤りも含みうることになろう（前掲注6）の大迫ダム判決では、「供用関連瑕疵」としている）。
11) 供用目的との一致のみを条件とすれば、利用行為から生ずる被害はすべて含まれることになるが、通常の利用方法から外れたものを供用目的に沿わないものと解すれば、自動車運転者の無謀運転による隣接民家への衝突事例等は、この条件から外れる。ただし、供用目的に「通常性」を読み込むことによって、類型の外延が不確定な状況が生ずることになろう。

なることになる。これに対して、⑥の条件は、被害の性質において、騒音・振動等の継続的環境被害のみに、「供用関連瑕疵」を狭く限定するものであり、この種の事例について供用関連瑕疵を適用している現在の多くの判例の状況に合致するものといえよう。

このように、「供用関連瑕疵」概念については、その特徴のとらえ方によって広狭様々な概念規定が可能であるが、「供用関連瑕疵」の類型の性質についての議論は、以後検討する瑕疵判断基準をいかに解するかという問題と直結するものでもある。次款以下では、典型的な供用関連瑕疵事例として、供用行為に関連して継続的な環境被害が発生する場合を取り上げ、その瑕疵を判断するための要素について検討していくこととしたい。

第2款　供用関連瑕疵類型に関する責任理論の検討

第1項　供用関連瑕疵判例の検討

I　国家賠償法2条の適用

判例においては、大阪空港騒音公害訴訟最高裁判決が国家賠償法2条の適用による解決を明らかにしてから、同条の適用が確定され、ほぼ同様の責任判断の枠組みが採用されている。公の営造物をめぐる周辺住民の環境被害については、必ずしも国家賠償法2条ばかりではなく、国家賠償法1条や民法709条などの適用も考えうるところであり、同訴訟第一審判決は、国が、空港に離発着する航空機の発する騒音等により第三者に被害を生じないように空港を管理する義務に違反したとする構成の下で、国家賠償法1条を適用していた。これに

---

12) 例えば、道路上の自動車の走行と、運転者の投げ捨てる煙草の吸い殻による火災発生とが不可避の関係にあるか否かは、判断が分かれるところであろう。
13) 継続的環境被害に限定することによって、利用者が煙草の吸い殻を投棄して沿道地に火災を起こした場合、道路を利用する車が道路外に転落して沿道住居を損壊した場合等は、「供用関連瑕疵」類型から外れることになる。ただし、継続的環境被害は、多くの場合、身体的健康被害に至らない生活妨害を意味するため、当初から一定程度の被害に限定して加害行為をとらえていることが問題点となりえよう。
14) 最判昭和56・12・16民集35巻10号1369頁。
15) 大阪地判昭和49・2・27判時729号3頁。
16) 国家賠償法1条か2条かという適用の問題について、古崎慶長「大阪空港控訴審判決と国家賠償責任」判時797号12頁参照。

対して、例えば、名古屋新幹線騒音公害訴訟第一審判決では、被告側が、営造物が本来具備すべき安全性とは営造物の利用者に対する安全性を意味し、利用者以外の第三者に対する安全性を欠く場合は含まないと主張したのに対し、名古屋地裁は、「国賠法2条1項には右のように限定して解釈すべき文言はないし、同条及び民法717条の沿革に徴しても、被告主張のように理解すべき根拠を見出すことはできない」として、国家賠償法2条の適用を認めている。

このような状況の下で、大阪空港騒音公害訴訟最高裁判決は、「国家賠償法2条1項の営造物の設置又は管理の瑕疵とは、営造物が有すべき安全性を欠いている状態をいうのであるが、そこにいう安全性の欠如、すなわち、他人に危害を及ぼす危険性のある状態とは、……その営造物が供用目的に沿って利用されることとの関連において危害を生ぜしめる危険性がある場合をも含み、また、その危害は、営造物の利用者に対してのみならず、利用者以外の第三者に対するそれをも含むものと解すべき」であるとして、この種の公の営造物の周辺住民への被害について、国家賠償法2条が適用されることを明らかにしたものである。

国家賠償法2条が、利用者に対する損害ばかりでなく、第三者に対する損害についても適用されることは、公の営造物の崩壊による隣地への損害などの物的性状瑕疵事例の場合を考えるならば明らかである。しかし、第三者に対する国家賠償法2条の適用の前例としてしばしば挙げられる山王川事件は、公害発生源としての国営企業の責任が問われたもので、空港・道路のような利用便益施設を公衆の利用に供した結果生ずる環境被害とは異なる性質を有するため、大阪空港騒音公害訴訟最高裁判決は、この種の新しい類型に対する国家賠償法2条の適用を決定づけ、同条の新たな展開を示したといえよう。

---

17) 名古屋地判昭和55・9・11判時976号40頁。
18) 山王川事件（最判昭和43・4・23民集22巻4号964頁）は、国営アルコール工場からの廃水による河川汚染について、同工場の設置管理者としての国の責任が、国家賠償法2条によって問われたものである。その他、最判昭和37・4・26民集16巻4号975頁、最判昭和37・11・8民集16巻11号2216頁——民法717条につき——も、利用者以外の第三者に対する損害の事例として挙げられよう。
19) この点をとらえて、国家賠償法「2条の瑕疵を機能的瑕疵にまで拡大したことは、営造物公害の被害者に最強の武器を与えたことになるわけで、各地に提起されている営造物公害訴訟に重大な影響をもたらすばかりか、民法717条の『工作物の設置又は保存の瑕疵』の解釈に影響を与えることは言うまでもない」とする見解がみられる（古崎慶長「大阪空港控訴審判決と国家賠償責任」判時791号12頁）。他方、国家賠償法2条の責任論に異質な部分が入り込んだこともまた事実であろう。

II　供用関連瑕疵類型における判断基準

以下、代表的な供用関連瑕疵事例の裁判例を検討することによって、責任の有無を決定する判断基準を明らかにしていくこととしたい。[20]

大阪空港騒音公害訴訟最高裁判決では[21]、損害賠償責任の判断基準として、被害が社会生活上受忍すべき限度を超えるものか否かという受忍限度を用いており、具体的には「侵害行為の態様と侵害の程度、被侵害利益の性質と内容、侵害行為のもつ公共性ないし公益上の必要性の内容と程度等を比較検討するほか、侵害行為の開始とその後の継続の経過及び状況、その間にとられた被害の防止に関する措置の有無及びその内容、効果等の事情をも考慮し、これらを総合的に考察してこれを決すべきものである」としており、その後の判例も、ほぼ類似の要件を挙げている。

例えば、厚木基地第一次騒音訴訟第一審判決は[22]、「被侵害利益の性質・内容程度のみならず、侵害行為の態様・程度や公共性ないし社会的有用性、侵害回避のための措置、社会的行政的な一般基準等の諸種の要因との比較衡量をなし、相対的評価を下すことが不可欠である」とし、考慮すべき主要な事項として、①侵害行為の態様と程度、②被侵害利益の性質と内容・程度、③本件飛行場の重要性・適地性、④被害の回避軽減のための被告による対策とその効果、⑤騒音等に対する社会的行政的規制に関する一般的基準、⑥原告らの侵害行為への接近の度合いを挙げ、結論として、WECPNL値80以上の地域の住民は受忍限度を超えた被害を被っているとして、損害賠償請求を認めたものである。

これに対して、同訴訟控訴審判決は[23]、受忍限度の判断基準として、①侵害行為の態様と侵害の程度、②被侵害利益の性質と内容、程度、③侵害行為のもつ公共性ないし公益上の必要性の内容と程度を比較検討するほか、必要に応じて、④被害の防止に関する被告による対策の有無及び内容、効果、⑤騒音等に対する行政的規制に関する基準、⑥原告らの侵害行為への接近の度合いを考慮するとし、特に、侵害行為のもつ「公共性」については、本件飛行場の自衛隊及び

---

20) 小幡「最高裁大阪空港判決における「供用関連瑕疵」の適用等に関する裁判例及び主な学説」道路行政セミナー1991年6月号17頁以下に詳しい。
21) 最判昭和56・12・16民集35巻10号1396頁。
22) 横浜地判昭和57・10・20判時1056号26頁。
23) 東京高判昭和61・4・9判時1192号1頁。

米軍への供用が、わが国がとっている防衛政策の一環として高度の公共性を有し、大阪空港騒音公害訴訟で主張された公共性の内容——航空機による迅速な公共輸送の必要性——と同一には論じられず、事案・性質を異にするとし、さらに、被害の内容については、定量的には把握し難い精神的な不快感、苛立ち、航空機墜落等に対する不安感等の情緒的被害、睡眠妨害、テレビ・ラジオ・会話・電話等にみられる支障などの生活妨害であって、それ以上に、客観的に原告らの生命・身体・健康に対し、具体的な被害が発生しているとは認め難いとして、「公共性が高ければ、それに応じて受忍限度も高くなる」ため、結論としては、かかる被害は受忍限度内にあるとしたものである。

道路の周辺住民への騒音公害が争われた国道43号線騒音公害訴訟第一審判決[24]は、受忍限度の考慮事由として、①侵害行為の態様と侵害の程度、②被侵害利益の性質と内容、③侵害行為のもつ公共性ないし公益上の必要性の内容・程度、④侵害行為の開始とその後の継続の経過・状況、⑤その間にとられた被害の防止措置の有無及び内容・効果を挙げ、「本件道路の公共性は極めて高度なものであることが認められるが、絶対的なものとまではいうことができず、その沿道に居住することによって特別に受ける便益は、被害の程度に比べてさほど大きいものでもない」とした。さらに、「財政的・経済的な制約の存することは、損害賠償責任を免れる理由とはなりえない」とし、財政的制約論を排し、「当該営造物の直接の管理者とされている者（本件国道では建設大臣）の権限のみに限らず、他の行政庁の権限に属する事項であっても、……検討を加えることが必要であ」るとして、権限外の事項についての考慮の必要性を認めた。また、原告らの一律請求に対して、客観的・合理的な基準を設定し、その基準の枠内において共通する最低限度の侵害の程度について、受忍限度の判断を行うことを認めた点が特徴的で、「少なくとも本件道路からの距離が20メートル以内の範囲内では、一律に受忍限度を超える違法な侵害状態が存在」として、設置・管理の瑕疵を肯定したものである。

横田基地訴訟控訴審判決[25]は、社会生活上やむをえない最少限度の騒音を「通常の受忍限度」とし、最少限の受忍限度を超える被害は違法性を帯びるが、特

---

24) 神戸地判昭和61・7・17判時1203号1頁。
25) 東京高判昭和62・7・15判時1245号3頁。

別の事情が存するときは、被害者はさらに一定限度までは甘受しなければならないとして、これを「特別の受忍限度」と呼び、受忍限度を高める特別の事情として「公共性」と「地域特性」を挙げる。「公共性」については、国防上の公共性は航空機による迅速な公共輸送という民間飛行場の公共性の程度と等しく、侵害行為としては航空機騒音も工場騒音等も同一視されるべきなので、当該飛行場を特別に扱うことはできないとしたが、「地域特性」に関しては、居住地域の特性（商工業地域、住居地域等）を、受忍限度を高める事情として認めている。また、騒音対策（音源対策・運航対策、住宅防音工事）については、違法性阻却事由にはならないとして、結論的には、本件における受忍限度の基準値は、類型Ⅰ（もっぱら住居の用に供する地域）―WECPNL値75以上、類型Ⅱ（それ以外の地域）―WECPNL値80以上とした。[26]

国道43号線騒音公害訴訟控訴審判決[27]は、受忍限度の判断基準として、①侵害行為の態様と侵害の程度、②被侵害利益の性質と内容、③侵害行為の公共性、④発生源対策・防止策、⑤行政指針、⑥地域性等を挙げ、差止請求に関しては、生活妨害にとどまる程度の被害に比して、道路の公共性は非常に大きく、しかも代替しうる道路がないこと等を考慮し、「未だ社会生活上受忍すべき限度を超えているとはいえない」と述べ、棄却した。しかし、損害賠償については、「本件道路の公共性、経済的有用性は、原告らの犠牲の上に成り立っているにほかならず、無視できない社会的な不公正が生じている」として、Leq（等価騒音レベル）値65以上の原告らについては当該国道の距離の遠近に関わらず、Leq値60を超える原告らについては距離が20m以内の原告について、受忍限度を超えるものと認め、損害賠償請求を認容した。

このような大阪空港騒音公害訴訟最高裁判決以来の下級審判例の流れの中で、平成5年2月25日に、厚木基地第一次騒音訴訟及び横田基地訴訟についての最

---

26) このほか、福岡空港訴訟第一審判決（福岡地判昭和63・12・16判時1298号32頁）は、受忍限度の判断基準として、大阪空港訴訟最高裁判決の判示をほぼ踏襲して、本件空港の公共性を加味したとしても、空港周辺のWECPNL値75以上の区域に居住する原告らについては、受忍限度を超えていると認められるとした。また、小松基地訴訟第一審判決（金沢地判平成3・3・13判時1379号3頁）は、受忍限度の判断につき、違法性段階論により、差止請求については、損害賠償の場合より厳格に解して本案において請求を棄却した上で、損害賠償請求については、WECPNL値80以上の地域に居住する原告らについては受忍限度を超えるとし、請求を認容した。

27) 大阪高判平成4・2・20判時1415号3頁。

高裁判決が出された。厚木基地第一次騒音公害最高裁判決は、損害賠償請求を棄却した前出の原審判決を覆すものであった。すなわち、被害が原審の認定したような情緒的被害・睡眠妨害・生活妨害にとどまるとしても、当然にこれを受忍しなければならない軽度の被害であるということはできず、また、被害を受ける地域住民は多数にのぼっていること、これら周辺住民が受ける利益と被る被害との間に、後者の増大に必然的に前者の増大が伴うというような彼此相補の関係が成り立たないことから、「原審は、本件飛行場の使用及び供用に基づく侵害行為の違法性を判断するに当たり、前記のような各判断要素を十分に比較検討して総合的に判断することなく、単に本件飛行場の使用及び供用が高度の公共性を有するということから、上告人の前記被害は受忍限度の範囲内にあるとしたもので、右判断には不法行為における侵害行為の違法性に関する法理の解釈適用を誤った違法がある」として、損害賠償請求については、破棄差戻し判決を下した。

　一方、同日の横田基地最高裁判決は、大阪空港騒音公害訴訟最高裁判決の受忍限度の考慮事由の一般論を踏襲し、「侵害行為の公共性の要素を考慮したことは何ら違法ではない。……原審の確定した事実関係の下において、本件飛行場の公共性が認められるとした原審の判断は、正当として是認することができる」とし、また、原審が、受忍限度を高める要素として上告人らの各居住地域の特性を考慮すべきとしたことに関し、「航空機騒音に係る環境基準（昭和48年12月27日環境庁告示）が、専ら住居の用に供される地域とそれ以外の地域であって通常の生活を保全する必要がある地域とについて格別に基準値を定めていることか十分に考慮されなければならないことなどをいうものであって、右判断は不合理なものではない」と述べ、上告を棄却している。

　道路の供用関連瑕疵に関する最高裁判決としては、平成7年7月7日の国道43号線騒音公害訴訟（最判平成7・7・7民集49巻7号1870頁）が重要である。同判決は、営造物の供用が第三者に対する関係において違法な権利侵害ないし法益侵害となり、営造物の設置・管理者において賠償義務を負うかどうかを判断するにあたっては、「侵害行為の態様と侵害の程度、被侵害利益の性質と内容、

28）　最判平成5・2・25判時1456号32頁。
29）　最判平成5・2・25判時1456号53頁。

侵害行為の持つ公共性ないし公益上の必要性の内容と程度等を比較検討するほか、侵害行為の開始とその後の継続の経過及び状況、その間に採られた被害の防止に関する措置の有無及びその内容、効果等の事情をも考慮し、これらを総合的に考察してこれを決すべきものである」として、大阪空港騒音公害訴訟最高裁判決の一般論をそのまま引いた上で、道路騒音等がほぼ一日中沿道の生活空間に流入するという侵害行為により、沿道住民らが多大な生活妨害等を被っているのに対し、他方、「本件道路は、産業政策等の各種政策上の要請に基づき設置されたいわゆる幹線道路であって、地域住民の日常生活の維持存続に不可欠とまではいうことのできないものであ」ること、さらに、「騒音等が周辺住民に及ぼす影響を考慮して当初からこれについての対策を実施すべきであったのに、右対策が講じられないまま住民の生活領域を貫通する本件道路が開設され、その後に実施された環境対策は、巨費を投じたものであったが、なお十分な効果を上げているとまではいえない」ことから、「本件道路の公共性ないし公益上の必要性のゆえに、被上告人らが受けた被害が社会生活上受忍すべき範囲内のものであるということはでき」ないとして、国の損害賠償請求を認容した原審の判断を正当とした（回避可能性についての判断は後述）。なお、差止請求については、「考慮すべき要素は、……賠償請求を認容すべき違法性があるかどうかを判断するにつき考慮すべき要素とほぼ共通するのであるが、施設の供用の差止めと金銭による賠償という請求内容の相違に対応して、違法性の判断において各要素の重要性をどの程度のものとして考慮するかにはおのずから相違があるから、右両場合の違法性の有無の判断に差異が生じることがあっても不合理とはいえない」として、差止請求を棄却した原審は正当として維持されている[30]。

以上のように、公の営造物の周辺住民の環境被害に関する判例は、大阪空港騒音公害訴訟最高裁判決以来、国家賠償法2条を適用し、同判決が示した受忍限度の判断基準とほぼ同様の責任判断基準を一般論として採用しているが、それぞれの判例によって、受忍限度の各要素の比重の置き方、とりわけ、公共性の判断、被害防止策、地域性の考慮などに相違がみられることが明らかとなっ

---

30) 小幡「供用関連瑕疵論―違法性、受忍限度、国道43号線最高裁判決に至る『供用関連瑕疵』事例の研究」野村好弘＝小早川光郎編『道路管理の法と争訟』（ぎょうせい・2000）2頁以下。

た。以下では、判例がとっているこのような責任判断基準について、民法公害判例との関係をみた上で、供用関連瑕疵類型の責任理論における、国家賠償法2条の瑕疵責任一般論としての性格、損失補償的理念の挿入などについて検討を加えていくこととしたい。

第2項　民法の不法行為一般論との関係

I　民法理論における公害賠償のとらえ方

民法の不法行為理論においては、公害賠償訴訟を中心に、ニューサンス被害についての賠償理論の発達がみられた。民法理論においては、公害に対する金銭賠償や金銭塡補の問題をいかなる法的領域で処理するかについて、従来、第一に相隣関係法、第二に民法709条、第三に民法717条の3つの考え方がありえたとされている。[31] 第一の相隣関係法による処理は、わが国の民法の相隣関係規定に定められている「償金」の考え方によって、公害被害の補償を処理しようとするものであるが、判例はこれをとらず、学説上も少数であった。[32] 第三の民法717条の適用については、理論上は考えられ、判例上も適用事例が存するが、適用条文としては、必ずしも支配的ではないとされている。[33]

この中で、判例・通説は、不法行為法の原則規定である民法709条による処理を採用している。民法709条によれば、損害賠償責任を認める要件として、加害者に故意・過失及び違法性がなければならないとされているが、実際の判例は、違法性を受忍限度論によって判断し、あるいは、過失をも含めて受忍限度のみを責任要件として損害賠償責任の判断がなされている状況にある。

---

31) 淡路剛久『公害賠償の理論』（有斐閣・1975）41頁、野村好弘「故意・過失および違法性」加藤一郎編『公害法の生成と展開』（岩波書店・1968）401頁以下、沢井裕『公害の私法的研究』（一粒社・1969）152頁以下等参照。

32) ドイツでのイミシオンが相隣関係法の中に規定され、調節的補償として認められていることについて、沢井・前掲注31) 4頁参照。なお、相隣関係上の「償金」の考え方が、行政上の損失補償と類似していることにつき、伊藤高義「国道43号訴訟判決の問題点」判タ638号20頁以下、同「公害と差止請求」淡路剛久=伊藤高義=宇佐美大司編『不法行為法の現代的課題と展開　森島昭夫教授還暦記念論文集』（日本評論社・1995）269頁以下で、不法行為の中に異質のものを取り込んだとされる（282頁）。

33) 沢井・前掲注31) 187頁参照。メッキ工場からの有毒廃液が、ろ過装置の不良のために配水路に流され、下流で鯉が多量に斃死した事案について、ろ過装置を「土地の工作物」と解し、民法717条を適用した事例（前橋地判昭和46・3・23判時628号25頁）がみられる。

II　民法709条の適用における公害判例の概観

　公害被害の賠償について、民法の領域では709条が用いられているが、まず、民法709条の一般論について、ごく概略のみを明らかにしておきたい。[34]民法709条は、法文上は故意過失と違法性を要求しているが、過失については、予見可能性・回避可能性を中心として過失を構成するもの、予見可能性を過失の中心的要素として構成し、回避可能性は重視しないもの、損害が「受忍の限度」を超えていると認められる場合には、予見可能性の有無に関わらず過失を認めるもの（新受忍限度論）、違法性を含む種々の対立する利益を調節するための高度の政策的価値判断を取り入れた概念を呈示するもの（新過失論）などが展開されている。[35]ここで、「供用関連瑕疵」との対比で検討を必要とするのは、とりわけ、ニューサンス（nuisance）的被害であるため、以下では、公害判例における責任判断に絞って概観していくこととしたい。

　当初は、小規模な相隣関係的被害から始まり、次第に、工場騒音や建設工事騒音、広く公害一般にまで、被害が大規模化しており、古くは、信玄公旗掛松事件判決[36]にみられるように、権利濫用論をとるものもあったが、その後は、端的に、公害による被害が社会生活上受忍すべき限度を超えるか否かにより違法性の有無を判断する、いわゆる受忍限度論が採用されている。[37]過失については、かつて、大阪アルカリ事件判決[38]において、結果回避義務が重視され、事業の性質に従い相当の設備を施したか否かが検討されていたが、その後、四大公害訴訟判決において、高度の予見義務を課し、場合によっては操業停止を含む結果回避義務が課せられるなど、過失責任が厳格化されるに至った。[40]

---

34)　筆者は行政法専攻であるため、民法の議論に入ることは避けるが、必要な範囲で若干触れておくこととしたい。

35)　淡路・前掲注31) 45頁以下、沢井・前掲注31) 256頁、西原道雄「産業公害における企業の過失(1)」事故と災害2巻1号56頁、野村・前掲注31) 387頁、野村好弘＝淡路剛久『公害判例の研究』（都市開発研究会・1971) 4頁以下、平井宜雄『損害賠償法の理論』（東京大学出版会・1971) 395頁、大塚直「公害・環境の民事判例─戦後の歩みと展望」ジュリ1015号248頁等参照。特に過失と違法性との一元的把握の可否などの問題は、議論の盛んなところであるが、これ以上は触れずにとどめておく。

36)　大判大正8・3・3民録25輯356頁。

37)　最判昭和42・10・31判時499号39頁は、受忍限度論を採用した控訴審判決を支持している。

38)　大判大正5・12・22民録22輯2474頁。

39)　結果回避義務に関して、結果回避コストについても重視していたとされる（大塚・前掲注35) 248頁参照)。

40)　熊本水俣病判決（熊本地判昭和48・3・20判時695号15頁）は、人体等に対する影響の如何につ

公害判例の中でも、騒音・振動被害のような事案においては、過失については触れずに、受忍限度によってのみ判断する例[41]、あるいは、受忍限度を超える騒音等を防止しなかったことについて直ちに過失を認める例[42]も存するが、民法学においても、国家賠償法2条の適用による供用関連瑕疵判例について考察範囲に加え、受忍限度を判断基準とする事例として合わせて整理することが試みられている[43]。

Ⅲ　供用関連瑕疵の特殊性

　以上のような民法709条適用の公害事件に対して、公の営造物の周辺住民に対する環境被害の事例においては、前述のように、大阪空港騒音訴訟最高裁判決[44]が、社会生活上受忍すべき限度を超えるか否かという受忍限度を基準とし、具体的には、①侵害行為の態様と侵害の程度、②被侵害利益の性質と内容、③侵害行為のもつ公共性ないし公益上の必要性の内容・程度、④侵害行為の開始とその後の継続の経過及び状況、⑤その間にとられた被害の防止に関する措置の有無及びその内容・効果等の諸事情の総合的考察を判断基準として採用して以後、同種の事例について、ほぼ同様の瑕疵判断基準が用いられている。ここでは、民法709条ではなく、国家賠償法2条の適用によっているため、「過失」については触れられることなく、受忍限度の判断のみにより直ちに「瑕

　　いて調査研究を尽くしてその安全を確認し、その安全性に疑念を生じた場合には直ちに操業を中止するなどして、必要最大限の防止措置を講じ、「地域住民の生命・健康に対する危害を未然に防止すべき高度の注意義務を有する」として、操業中止義務を含めた結果回避義務を課している。また、四日市ぜんそく判決（津地四日市支判昭和47・7・24判時672号30頁）も、事前の調査研究をもなさず漫然と立地したことから、立地上の過失を肯認し、操業開始後も調査研究をせず施設を増大し、漫然操業を継続した過失が認められるとしたが、操業停止義務については触れていない。西淀川大気汚染第一次訴訟判決（大阪地判平成3・3・29判時1383号22頁）は、立地上の責任については否定したが、地区住民に健康被害を発生せしめることの予見可能性はあったとして、操業継続の過失を認めている。このように、立地上の過失と操業継続の過失とに分けて検討しているものも多くみられる（大塚・前掲注35）248頁参照）。
41）　東京地判昭和34・11・7下民集10巻11号2358頁、東京地判昭和45・5・27判時605号74頁は、建設工事による騒音・振動等の生活妨害事例。
42）　東京高判昭和37・5・26高民15巻5号363頁。
43）　例えば、大塚・前掲注35）248頁。受忍限度の判断要素としては、被害の程度のほか、行政上の取締規定違反の有無、地域性、土地利用の先後関係、加害者側の損害防止措置等の諸要素を総合的・相関的に考慮するものが多いとされる。
44）　最判昭和56・12・26民集35巻10号1319頁。

疵」が認定されている。このような判断基準は、民事の公害訴訟判例において、騒音・振動被害などの事例において、端的に受忍限度のみによって責任を判断している状況と共通する部分も多いが、そこには、「供用関連瑕疵」としての特殊性が表れていることを否定できない。すなわち、国家賠償法2条の適用であることから、公の営造物の「(通常)有すべき安全性」を欠く「瑕疵」の認定によっていること、営造物の周辺住民の被る「特別の犠牲」、「不公平」の観念が強調されていること、侵害行為の公共性が肯認されること等である。以下、受忍限度の判断において、これらの公の営造物の周辺住民の環境被害の場合に特徴的にとらえられる性質に焦点を当ててみていくこととしたい。

第3項　供用関連瑕疵における「通常有すべき安全性」

I　供用関連瑕疵判例における「(通常)有すべき安全性」

　これまで検討してきたように、公の営造物の周辺住民に及ぼされる騒音等の継続的環境被害については、国家賠償法2条の適用という形をとりながら、実際には、民法領域における公害判例において適用されている「受忍限度」と類似の基準により責任判断がなされている。

　供用関連瑕疵のリーディング・ケースとしての大阪空港訴訟最高裁判決においては、「国家賠償法2条1項の営造物の設置又は管理の瑕疵とは、営造物が有すべき安全性を欠いている状態をいう」とし、「当該営造物の利用の態様及び程度が一定の限度にとどまる限りにおいてはその施設に危害を生ぜしめる危険性がなくても、これを超える利用によって危害を生ぜしめる危険性がある状況にある場合には、そのような利用に供される限りにおいては右営造物の設置、管理には瑕疵がある」という一般論が呈示されており、このような公の営造物

---

45)　損失補償における「特別の犠牲」の観念との類似性が認められるところであろう(後述)。
46)　「公共性」を「社会的有用性」として読み替えるとすれば、民事の公害判例との連続性を認めることも可能であるが、そこには、質的な差異が横たわっていることも肯認することもでき、差止請求の認否に影響を与えうるものといえよう。民事の公害判例には、操業中止義務まで含めた結果回避義務を明示するものもみられるが、公の営造物の場合、例えば、全面的な道路の通行禁止や空港の使用停止措置等をとることは通常は現実的でなく、差止めにも一種の限界が認められるところであろう(道路の車線削減、空港についての夜間離発着禁止等、限定的な禁止措置は可能である)。この点は、「公共性」の重視との関連でとらえられるが、他方で被害の重大性・程度についての考慮が必要となることはいうまでもない。なお、大塚直「生活妨害の差止に関する基礎的考察(7)」法協107巻3号447頁参照。
47)　前掲注44)の最判昭和56・12・16。

の「(通常)有すべき安全性」という一般論は、以後の「供用関連瑕疵」判例においても、国家賠償法２条の適用を示す部分で同様に現れている。しかしながら、具体的に判例がとっている責任判断基準は、受忍限度論による違法性判断であるため、ここでの営造物の有すべき安全性に関する一般論といかに結び付くかについては、必ずしも明らかではない。

　従来は、一般に国家賠償法２条の「瑕疵」責任については、違法性の判断は不要と解されていたため[48]、同条の責任に、受忍限度論による「違法性」を導入することについては疑問とする見解も存在していたが[49]、いずれにせよ、供用関連瑕疵類型における「(通常)有すべき安全性」の中に加害行為側の違法性が包含された点で、典型的な営造物自体の物的状態に着目した物的性状瑕疵類型の「通常有すべき安全性」とは異質な内容を含むに至ったと解することができよう[50]。しかしながら[51]、他方で、供用関連瑕疵類型は、公の営造物がその公物としての本来の目的である「供用」を実現した結果として発生する被害であるため、被害防止可能性等に関して特殊な考慮が入る余地が存しており、この観点[52]

---

48)　西埜章「国家賠償法２条の解釈論」判時1056号14頁等参照。

49)　潮海一雄「空港の設置・管理の瑕疵と損害賠償」法時54巻２号31頁等参照。

50)　「瑕疵」の性質論に関して、「物的性状瑕疵」に関するリーディング・ケースとされる高知落石事故判決（最判昭和45・8・20民集24巻9号1268頁）のように、純客観的に瑕疵をとらえる立場をとるならば、公の営造物を利用する航空機や自動車から発する騒音等の被害を、当該営造物の設置・管理から生ずる損害としてとらえることによって、直ちに「瑕疵」が肯定されることになろう（このような危険責任・無過失責任的理解は、結果的に、後に論ずる損失補償的理念と近似することになる）。実際には、「物的性状瑕疵」の類型においても、損害類型の差異に応じて、様々な「通常有すべき安全性」の内容がみられ、利用者に対する損害においては、一般的には、利用者側の利用方法との関係で設定される保障すべき安全性が設定されると考えられるが、基本的には、当該営造物の物的状態に着目して、瑕疵の存否の判断がなされることになろう（本章第２節第２款参照）。

51)　公の営造物の周辺住民の騒音被害等の訴訟に国家賠償法２条が適用されること自体について、必然的とはいえない点について、前掲注19)参照。実際の「供用関連瑕疵」の判例においては、民法の公害判例において用いられている「受忍限度」を瑕疵の判断基準としていることは、前述のとおりである。

52)　例えば、代表的な公物法である道路法においては、一般交通に支障を及ぼさないよう道路を管理し、交通の発達に寄与することが目的とされており（道路法42条１項、１条）、道路の供用行為は、公物たる道路の本来の目的として、公物法によって「供用」が義務づけられているものと解することができる。このような公物法との関連から、民法の公害事例との相違をみることができ、国家賠償法２条によって処理する必然性を見出すことが可能であろう。なお、道路法には、第三者に対する安全性についての定めは存しないが、その後、昭和55年に制定された幹線道路の沿道の整備に関する法律において、沿道における良好な生活環境の確保が図られるよう道路交通騒音により生ずる障害の防止等が目指されるに至っている（小幡「公物法制における道路法の位置づけと課題」国際交通安全学会誌35巻２号60頁等参照）。

からは、民法の公害事例と異なり、「公の営造物」を対象とする国家賠償法2条を適用して解決されるべき前提を有しているとみることも可能である。以下では、「公の営造物」に特有の側面を有し、物的性状瑕疵における一般的な「通常有すべき安全性」の場面でも同様に議論されうる問題である財政的制約論、被害防止権限の制約などの被害の回避可能性に関する議論をみていくこととしたい。

II 供用関連瑕疵事例における被害回避可能性

「供用関連瑕疵」事例において、周辺住民に及ぼされる継続的環境被害を回避する措置としては、様々なレベルの回避可能性が存在している。供用停止という極限的なレベルの回避措置から、空港における夜間の航空機利用の停止や離着陸路の変更、道路における車線制限・遮音壁の設置・トンネル・地下シェルター化などが考えられ、また、長期的には技術発展による静音化などもありうるが、実際には、公物の目的たる供用目的との関係での制約、予算上の制約・財政的制約、及び当該営造物管理者に属する被害回避のための権限が限られていることなどの問題が存するところである。

まず、道路・空港等の公の営造物は、一般公衆への「供用」を目的とする公物であるために、その供用目的との関係で、被害防止可能性に制約が及ぼされ

---

53) 公の営造物の設置時における回避可能性に関しては、設置計画の段階で、継続的環境被害の発生を予見して、あらかじめ土地利用規制等により被害発生を防止することも考えられる。設置時における被害の予見可能性については、例えば、道路設置当時と比べ、自動車通行量が増大し、騒音被害が著しく悪化したこと、また騒音等の被害についての国民の意識が高まり、被害が広く顕在化するに至ったことなどから、予見可能性の不存在が主張されるケースも存するが、国道43号線訴訟控訴審判決（大阪高判平成4・2・20判時1415号3頁）では、当時の交通事情から生じた騒音被害の予見可能性について、「本件の如く極めて大きい潜在的需要を秘めた地域に、大規模な道路が新設されれば、交通需要を刺激するに至ることは、見易い道理であり、……当初の予測の範囲外の事象というのは、当をえないというべきである。……そうだとすれば、当然に自動車の騒音等が周辺住民に及ぼす影響に意を配った構造にしなければならなかった」として、予見可能性を肯定している。
なお、空港の設置による航空機騒音、道路の設置による自動車騒音・排ガスについては、抽象的には当然予見可能であり、いわば故意として前提とされているため、その限りでは、各判決における、「右設置・管理者の予測しえない事由によるものでない限り」責任を免れないとする判示は、実際には意味をもちえないと考えられよう。この種のニューサンス被害については、いわば故意が認定されるとする見解として、大塚・前掲注35) 249頁参照。
54) 公の営造物の周辺第三者に対する継続的環境被害の場合にも、国家賠償法2条の適用の形をとっているため、従来、同条の瑕疵一般論において論じられてきた、財政的制約・予算制約による免責の可能性や不可抗力による免責の可否などの議論が問題となる余地が存する。

るか否かが問題となりうる。周辺住民への被害防止のために、道路・空港等を全面的に供用停止する場合には、公物の供用目的に反することになるが[55]、物的性状瑕疵事例においても、落石等の危険道路について、多量の降雨の場合に、通行止め等の措置をとるべきことは、判例上被害防止措置として挙げられており[56]、少なくとも、限定的な供用停止は肯定される余地が存することに注意すべきであろう[57]。

また、財政的制約論については、例えば、国道43号線騒音公害訴訟第一審判決では、一般論として、「営造物の設置又は管理の瑕疵とは、営造物が通常有すべき安全性を欠如していることをいい、通常有すべき安全性とは、営造物が、その設置目的との関係において、通常予測し、かつ回避可能な、他人に危害を及ぼす危険性を有していない状態をいう」とした上で、「もっとも、道路など当初から通常予想される危害に対応する安全性を備えたものとして設置されるべき営造物の管理についての損害賠償請求の場合には、財政的・経済的な制約の存することは、損害賠償責任を免れる理由とはなりえないものである」と判

---

[55] 実際の供用関連瑕疵の判例では、差止請求に関する受忍限度の判断において、「公共性」の考慮などによって、供用停止の結果を回避している。供用関連瑕疵の場合には、営造物が供用されていることを前提に、周辺住民に生ずる被害の賠償の要否を考えるべきであり、この点では、損失補償的理念と共通する部分が認められよう。なお、回避可能性のレベルとして、民法の公害事例において、操業停止措置まで含めてとらえる見解として、大塚・前掲注46) 492頁参照。

[56] 飛驒川バス転落事故控訴審判決（名古屋高判昭和49・11・20判時761号18頁）等参照。

[57] 道路の供用関連瑕疵事例において、国道43号線騒音公害訴訟等は、道路の沿道住民の騒音等の被害を生活妨害ととらえて、国家賠償法2条による賠償責任を認めたが、道路上の自動車の通行という供用目的どおりの供用の結果、沿道住民に大気汚染被害が及ぼされ、それが健康被害を生ぜしめる場合には、供用の部分的停止等、何らかの方法による排ガス抑制措置（差止め）を命ずることができるかが問題となる。西淀川第2次～4次公害訴訟第一審判決（大阪地判平成7・7・5判時1538号17頁）は、排ガスによる健康被害について初めて国・道路公団の損害賠償責任を認めたものであるが（抽象的差止請求の可能性は認めたが、差止請求は棄却）、その後、尼崎大気汚染公害訴訟第一審判決（神戸地判平成12・1・31判時1726号20頁）は、沿道に居住する原告らの「居住地における1日平均値0.15mg／立方メートルを超える汚染を形成して沿道居住原告の身体権の享受を妨げてはならない」との趣旨の差止請求を認容し、続いて、名古屋南部大気汚染公害訴訟第一審判決（名古屋地判平成12・11・27判時1746号3頁）は、国道23号線の沿道20m以内に居住し、かつ、気管支ぜん息に罹患している原告1名が、被告である国に対し、国道23号線を自動車の走行の用に供することにより、排出する浮遊粒子状物質につき、同原告の肩書地において、1時間値の1日平均値0.159mg／m³を超える汚染となる排出の差止めを認容した。その後、東京大気汚染訴訟（東京地判平成14・10・29判時1885号23頁）は、都心の一定地域の住民らに対する国・首都高速道路公団・東京都の賠償責任を認容したが、差止請求は棄却している（広島地判平成22・5・20及びその控訴審である広島高判平成26・1・29判時2222号9頁等）。

示し、結局は、財政的制約論を排除している。このような財政的制約論については、物的性状瑕疵に関する高知落石事故最高裁判決（最判昭和45・8・20民集28巻9号1268頁）において、明確に排斥されているが、他方で、危険防御施設である河川から生ずる水害の場合には、過渡的安全性としての財政的制約を認める余地が判例上肯定されている。道路・空港のような利用者の便益に供するために作られた公物の場合には、当初から内在する危険に対する安全性を逐次確保していくことを目的とする河川等の公物とは異なり、原則として、設置の時点で、十分な安全性を備えておくことが期待されるため、財政的制約による責任回避は一般的には認められないことになろう。

さらに、公の営造物の供用の結果発生する継続的環境被害の場合には、直接的には利用者の行為により惹起される被害であるため、利用者の行為に対する規制をも含む被害防止措置として、当該営造物の管理者の権限に属する行為のみならず、他の行政機関の権限に属する行為が必要とされる場合も存する。例えば、国道43号線騒音公害訴訟では、道路管理者たる建設大臣〔当時〕の権限に属する措置のみならず、運輸大臣〔当時〕や環境庁長官〔当時〕などの権限に属する措置（発生源対策など）も問題となるところであるが、第一審の神戸地裁は、「法律によって当該営造物の直接の管理者とされている者（本件国道では建設大臣）の権限のみに限らず、他の行政庁の権限に属する事項であっても、当該営造物の運営に実質的に関連する事項についても検討を加えることが必要であり、場合によっては法律上の規定を欠く事項についても考慮の対象と

---

58) 神戸地判昭和61・7・17判時1203号1頁。「物的性状瑕疵」に関する事例ではあるが、当初からトンネルとして設計にすることによって落石の危険は回避しえたのに、財政的制約から、トンネル化しなかったことについて、危険の創出を認めて危険責任（無過失責任）を課したフランスの判例が参考に値しよう（小幡「フランスにおける道路の設置・管理の瑕疵をめぐる判例の一考察―落石事故に関する責任理論を中心として」法時57巻3号101頁）。

59) 大東水害訴訟最高裁判決（最判昭和59・1・26民集38巻2号53頁）等参照。

60) 民法の公害判例の中には、回避コストは全く考慮されるべきではないとして、操業停止義務まで肯定するものも存する（新潟水俣病判決：新潟地判昭和46・9・29下民22巻9号10頁別冊198）。なお、私的な企業が、被害回避措置をとる資力がないことを抗弁とする場合と、公の営造物における財政的制約を同一にとらえるべきか否かは議論の余地が存するところであり、後者については、公的な財政の合理的な分配の観点が入らざるをえないことになる。財政的制約を度外視して被害回避措置をとることが、現実の行為規範とはならないことについては、後述する損失補償的把握との関連で理解すべきであろう。

61) 前掲注58）の神戸地判昭和61・7・17。

なりうるものと解するのが相当である。ただし、事実上は適切な被害防止措置が存在する場合に、それが法律上は当該営造物の直接の管理者の権限に属していないとか、法律に規定がないとの一事をもって、国又は公共団体が損害賠償責任を免れるべきものではないからである」と述べ、道路管理者の権限外の措置についても被害防止措置の判断に入れるべきことを明確に判示している。

　このような行政上の権限配分から生ずる制約については、私法における企業の公害責任の場合には問題となりえない、国家賠償法2条に特有の問題であり、利用者に対する物的性状瑕疵類型においても、道路管理者と警察（公安委員会）との権限分離などに関わり、同様の問題が生ずるところである[62]。1つの行政主体内部の権限配分による場合以外にも、権限が他の行政主体に属する場合も存するが[63]、営造物管理者の他の機関への連絡通報義務等を肯認しうるほか、そもそも、当該被害の発生が営造物上である以上、国家賠償法2条の「物」の設置・管理の瑕疵責任の本質的理解に基づくならば[64]、権限外を理由に責任回避することはできないと考えることもできよう。回避可能性について、国道43号線騒音公害訴訟最高裁判決（平成7・7・7民集49巻7号1870頁）は、「国家賠償法2条1項は、危険責任の法理に基づき被害者の救済を図ることを目的として、国又は公共団体の責任発生の要件につき、公の営造物の設置又は管理に瑕疵があったために他人に損害が生じたときと規定しているところ、所論の回避可能性があったことが本件道路の設置又は管理に瑕疵を認めるための積極的要件となるものではない」と判示して、国家賠償法2条の責任の本質が危険責任法理であることを根拠として、回避可能性の位置づけを行っており、注目されよう。

　以上のように、供用目的からの制約、財政的制約論、権限配分による制約等は、供用関連瑕疵事例における実質的回避可能性に関わる問題として呈示され

---

62)　約87時間に及ぶ故障車放置の事例（最判昭和50・7・25民集29巻6号1136頁）では、「道路交通法上、警察官が……違法駐車に対して駐車の方法の変更・場所の移動などの規制を行うべきものとされていること（道路交通法1条、51条）を理由に、前記損害賠償責任を免れることはできない」として、道路管理者の責任を認めている。また、日本坂トンネル事件（東京高判平成5・6・24判時1462号46頁）においても、道路管理者の消防署・警察署への通報体制が問題とされている。

63)　通常は、1つの行政主体内の縦割り行政の問題として現れるが、例えば、都道府県警察の公安委員会の権限と、国道を管理する建設大臣の権限とが問題となる場合には、国と地方公共団体とで行政主体が異なるという場面が生じうる。

64)　国家賠償法2条の「瑕疵」責任については、人的な「管理」のソフトな側面も入りうるが、本質的には「物」の管理に関わる責任として理解すべきであろう。

うるが、多くの供用関連瑕疵の判例では、受忍限度の判断において、実質的回避可能性の不存在を瑕疵否定の判断要素としてはとらえていない。さらに、このような供用関連瑕疵類型においては、実質的回避可能性の不存在が、瑕疵を否定する方向に機能することを認めるのは妥当でなく、そもそも、供用行為がそれ自体としては、公物の目的に合致した適法な行為であり、公共の利益のためになされることに着目するならば、実際的な被害回避可能性が存在しない損失補償的な局面が想定されるのであり、この種の被害について、不法行為理論の範疇に位置づける場合にも、公の営造物に関わる供用関連瑕疵の特質としてとらえる必要があろう。[65]

第 4 項　供用関連瑕疵における「公共性」

I 「公共性」に関する判例

公の営造物の周辺住民の騒音等の被害に、国家賠償法 2 条の「供用関連瑕疵」を適用する際、その受忍限度の判断要素に、「公共性」の観念を入れることに関して、かつて名古屋新幹線騒音公害訴訟第一審判決は、新幹線が高度の公共性を有するとしても、「損害賠償の関係では公共性という衡量要素は受忍限度の判断に影響しないものと解するのが相当である」と判示していた。[66] しかしながら、大阪空港騒音公害訴訟最高裁判決[67]においては、前述のように、「侵害行為の態様と侵害の程度、被侵害利益の性質と内容、侵害行為のもつ公共性ないし公益上の必要性の内容と程度等を比較検討する」として、受忍限度の判断要素の中に「公共性」が含まれることが肯定され、さらに、少数意見においては、「公共性が高ければそれ相応に受忍限度の限界も高くなる」と判示されるに至った。その後の「供用関連瑕疵」に関する判例においては、大阪空港騒音公害訴訟最高裁判決にならって、「公共性」を受忍限度の判断要素の中に含めていることが認められる。

この中で、「公共性」に関して特徴的な判示をしているのが、厚木基地第一

---

65) 上記の国道43号線騒音公害訴訟最高裁判決は、国家賠償法 2 条の道路の物的性状瑕疵でみられた危険責任法理を根拠として引いており、物的性状瑕疵も含めた公の営造物責任の特質を重視して理解することは可能であろう。
66) 名古屋地判昭和55・9・11判時976号40頁。
67) 最判昭和56・12・16民集35巻10号1369頁。

次騒音訴訟控訴審判決である。同判決は、これまでの判例の中では、最も「公共性」を重視した受忍限度の判断を行い、損害賠償請求を否定する結論を下したものである。そこでは、基地飛行場が、一般の飛行場の有する航空機による迅速な公共輸送の必要性とは異なる「高度の公共性」を有していると解し、「公共性が高ければ、それに応じて受忍限度も高くなる」ことを前提に、他方で、原告らの被害が情緒的被害・睡眠妨害・生活妨害であることから、受忍限度を超えるものではないと結論しており、国の防衛に関わる基地飛行場の特殊性を重視し、「高度の公共性」としてとらえていることがうかがわれる。

これに対して、同訴訟上告審判決は、「高度の公共性」を重視した原審判決を覆し、侵害行為の違法性の判断においては、各判断要素の十分な比較検討による総合的な判断が要求されるとして、基地飛行場の「高度の公共性」の偏重を否定している。

また、横田基地訴訟控訴審判決においても、「通常の受忍限度」と「特別の受忍限度」とを区別する特徴的な判示がなされており、社会生活上やむをえない最少限度の騒音である「通常の受忍限度」とは別に、特別の事情が存するときに、受忍限度を高める「特別の受忍限度」を呈示し、本件で考慮すべき特別の事情の1つとして「公共性」を挙げている。しかしながら、基地飛行場の有する国防上の公共性については、国防のみが独り他の諸部門よりも優越的な公共性を有するものではなく、民間空港の有する公共性の程度と同等のものと解しており、航空機騒音についても、工場騒音等と同一視して、当該基地飛行場を特別扱いすることを否定している。

以上のように、「供用関連瑕疵」に関する判例においては、受忍限度の判断要素として「公共性」が挿入されており、その内容や比重の置き方については、具体的判例によって様々な判断がなされている状況にある。

II 「公共性」をめぐる学説の議論

これに対して、学説においては、受忍限度の判断に「公共性」の要素を入れることについて、消極的な見解がしばしばみられる。特に、差止請求の場合に

---

68) 東京高判昭和61・4・9判時1192号1頁。
69) 最判平成5・2・25判時1456号32頁。
70) 東京高判昭和62・7・15判時1245号3頁。

は、公共性が重要な要素を構成するとしても、損害賠償請求については、公共性を考慮に入れるべきではないとされ[71]、経済学的分析の立場からも、公共性が高い場合には多くの人に利益がわたっているため、被害を被った少数の者に賠償金を支払ったとしても、便益が社会的余剰としてなお残ることが指摘されている[72]。

また、学説の中には、大阪空港騒音公害訴訟最高裁判決以降の判例が、「公共性」を受忍限度の判断要素に加えながらも、厚木基地第一次騒音訴訟控訴審判決を除き、実質的には、「公共性」をそれほど重視していないのではないかとの指摘がみられる。例えば、「公共性の程度の判断は、実際上、損害賠償請求の成否の判断にあまり効いていない」[73]とされ、また、公共性を考慮に入れるといっても、実際にどの程度考慮に入れたかは判決によって違いがみられ、大阪空港騒音公害訴訟最高裁判決においても、控訴審の騒音基準を容認しているところから、公共性をそれほど考慮しているとは考えられないとの指摘がなされている[74]。

しかしながら、その後、横田基地訴訟最高裁判決[75]においても、大阪空港騒音公害訴訟最高裁判決の考慮事由の一般論が踏襲され、原審が「侵害行為の公共性の要素を考慮したことは何ら違法ではない」と判示されており、「公共性」は受忍限度の判断要素の中に組み込まれている状況がみられる。したがって、[76]

---

71) 淡路剛久教授・森島昭夫教授の発言［森島昭夫＝淡路剛久＝阿部泰隆『横田基地騒音公害控訴審判決（鼎談）』ジュリ895号42頁］、川井健「民事紛争と『公共性』について―大阪国際空港公害訴訟事件控訴審判決」判時797号3頁、沢井裕『大阪空港裁判：公害裁判第4集（法律時報臨時増刊）』（日本評論社・1973）11頁、同「差止訴訟における『公共性』の機能」公害研究3巻2号5頁、遠藤博也『『公共性』概念の検討」ジュリ559号46頁、大塚直「厚木基地第一次、横田基地第一次、二次訴訟最高裁判決について」ジュリ1026号61頁等参照。
72) 宇賀克也「賠償と補償」ジュリ866号20頁、中西健一「公共性―その経済学的考察」ジュリ559号52頁等参照。
73) 遠藤博也『国家補償法(中)』（青林書院新社・1984）831頁。
74) 阿部泰隆教授の発言［森島昭夫＝淡路剛久＝阿部泰隆『横田基地騒音公害控訴審判決（鼎談）』ジュリ895号43頁］。
75) 最判平成5・2・25判時1456号53頁。
76) 本章では、供用関連瑕疵類型の損害賠償請求について考察の対象とするものであるが、損害賠償についての責任判断基準とされている受忍限度の判断要素は、しばしば差止請求についての受忍限度の判断要素と共通して用いられていることが多い。そこでは、違法性段階論等によって説明されているように、差止請求については、損害賠償の場合と比べ、より高度な受忍限度が要求されていると考えられるが（伊藤・前掲注32）20頁、阿部泰隆「賠償と補償の間」曹時37巻6号1454頁）、

一般論としては、「公共性」が受忍限度の判断要素の1つとされていることを前提としつつも、実質的には、「公共性」がいかなる機能を果たしうるか、「公共性」にいかなる重要性を付与すべきかという観点から、「公共性」の意味内容を検討していく必要が認められよう。

III 「公共性」の意味・機能

　「公共性」を受忍限度の判断基準の1つとした場合にも、その実質的な働き方が様々であることは、前述の具体的判例によれば明らかである。厚木基地第一次騒音訴訟控訴審判決は、基地飛行場の国防上の公共性は、民間飛行場の公共性とは異なる次元のものととらえ、「公共性」の「質」を他の施設と異なるものとしてとらえたが、横田基地控訴審判決は、基地飛行場の公共性を積極的に評価せず、民間空港と同次元のものと解しており、公共性の「質」に差異を認めていない。したがって、両判決においては、基地飛行場の国防上の「公共性」についての判断に相違がみられ、同じく「公共性」という場合にも、「公共性」を論ずる次元の問題としての「質」のとらえ方には様々な可能性がありうるところであろう。

　大阪空港騒音公害訴訟最高裁判決においては、「航空機による迅速な公共輸送の必要性」という公共性と、「国民の日常生活の維持存続に不可欠な役務の提供」という公共性を比較し、後者には絶対的ともいうべき優先順位を肯認し、

　その場合に最も重要な機能を果たすのは、とりわけ「公共性」についての判断であろう。例えば、国道43号線騒音公害訴訟控訴審判決（大阪高判平成4・2・20判時1415号3頁）では、「差止請求の場合には、損害賠償と異なり、社会経済活動を直接規制するものであって、その影響するところが大きいのであるから、その受忍限度は、金銭賠償の場合よりもさらに厳格な程度を要求されると解するのが相当というべきである」として、本件道路について、公共性が非常に大きく、代替しうる道路がないこと等を考慮して、差止請求の関係では、未だ社会生活上受忍すべき限度を超えているとはいえないとして、差止請求を棄却しており、上告審判決（最判平成7・7・7民集49巻7号1870頁）においても、同判断は正当とされている。

77) 東京高判昭和61・4・9判時1192号1頁。厚木基地第一次騒音訴訟上告審判決は、このような「公共性」重視を否定し、破棄差戻しを行っている。
78) 東京高判昭和62・7・15判時1245号3頁。
79) ただし、一般の近隣騒音より、高い受忍限度を飛行場騒音の場合には設定しているとみられることに関して、淡路剛久教授の発言［森島昭夫＝淡路剛久＝阿部泰隆『横田基地騒音公害控訴審判決（鼎談）』ジュリ895号41頁］参照。
80) 遠藤博也「公共性」判時1025号15頁。
81) 最判昭和56・12・16民集35巻10号1369頁。

前者の「公共性」は、これに劣位するものと解している。同最高裁判決が、重視されるべき「公共性」として認める「日常生活の維持存続に不可欠な役務の提供」が実際に何を意味するかは、必ずしも明らかではないが、生活との直結という観点からは、道路・鉄道・電気・ガス・水道等公共施設が広く該当する可能性も存し、「公共性」の「量」という面から、連続する相対的な概念であることに注意すべきであろう。

このような観点からは、道路については、空港に比して、日常生活の維持存続との不可欠性を認めることが可能であるが、道路にも、一般道路や自動車専用道路（高速道路、バイパス道路等）など様々な種類があるため、その公共性の「量」は、道路の性質に応じて異なりうることになる。この点について、国道43号線騒音公害訴訟最高裁判決は、「本件道路は、産業政策等の各種政策上の要請に基づき設置されたいわゆる幹線道路であって、地域住民の日常生活の維持存続に不可欠とまではいうことのできないもの」としている[82]。「日常生活の維持存続に不可欠な役務の提供」の判断は、時代・所に応じた社会通念によって変化しうるものであり、将来的には民間空港などの日常生活との不可欠性も肯認される可能性が存するため、いずれにせよ、「公共性」を損害賠償における受忍限度の判断基準として機能させる限りにおいて、「公共性」の質・量それぞれについて、不確定の判断要素が介入することになるのは否めないであろう[83]。

なお、供用関連瑕疵類型に、損失補償的考慮を入れた場合には、「公共性」の要素が逆の働きをなしうることに注意する必要がある。すなわち、損失補償

---

82) 最判平成7・7・7民集49巻7号1870頁。同判決は、国道43号線の上記のような性質から、「被上告人らの一部を含む周辺住民が本件道路の存在によってある程度の利益を受けているとしても、その利益とこれによって被る前記の被害との間に、後者の増大に必然的に前者の増大が伴うというような彼此相補の関係はな」い旨、判示している。

83) 供用関連瑕疵の損害賠償請求の判断においては、受忍限度の判断基準の中に「公共性」が組み入れられ、差止請求の場合とほぼ同一の枠組みで「受忍限度」の概念が設定されている。そのため、「公共性」の概念は、損害賠償請求の場面より、差止請求の局面において、より重要な機能を果たすことになろう（前掲注76)参照）。ただし、尼崎大気汚染公害訴訟第一審判決（神戸地判平成12・1・31判時1726号20頁）は、「それら道路の供用の制限は……阪神間の広い地域の不特定多数の者の便益にも影響する重大な公益上の関心事である」が、「それら道路の限度を超えた供用を継続することは、沿道の広い範囲で、疾患の発症・増悪をもたらす非常に強い違法性があるといわざるをえず、それでも、なお、それら道路の限度を超える供用を公益上の必要性のゆえに許容せざるをえない状況が阪神間に存するとは考え難い」として、差止請求を認容している。

においては、当初から「公共性」が前提とされており、高い公共性を有するがゆえに、補償をした上での財産権侵害が容認される図式となっているため、供用関連瑕疵による被害を事業損失として、損失補償的にとらえた場合には、公共性が高いことは、賠償を否定する方向ではなく、むしろ補償を肯定する方向に働きうると考えられるからである。[84] したがって、国家賠償法2条の損害賠償責任の判断において、「公共性」の機能をいかに認めるべきかについては、後に論ずる損失補償との関係での再検討が必要とされるところであろう。

第5項 損失補償理念との共通性

I 判例における「損失補償」理念

公の営造物の周辺住民が被る「供用関連瑕疵」類型については、損害賠償の領域にある国家賠償法2条の適用という形をとりながら、実際には、行政法上の損失補償の分野において中核的要素とされる「特別の犠牲」の観念が妥当しうる状況が出現していたことは、判例上も認められていた。[85] この点は、供用関連瑕疵類型に関するリーディング・ケースといえる大阪空港訴訟最高裁判決の多数意見において、すでに明確に現れている。[86] すなわち、「結局、前記の公共的利益の実現は、被上告人らを含む周辺住民という限られた一部少数者の特別の犠牲の上でのみ可能であって、そこに看過することのできない不公平が存することを否定できない」と判示され、そこには、公共的利益のための一部少数者の「特別の犠牲」という損失補償の理念が横たわっている。同様の記述は、その後の他の判例にも、しばしばみられ、例えば、「その公共性は沿道住民という一部少数者の特別の犠牲の上でのみ実現されているものであり、そこには

---

84) 遠藤・前掲注73) 831頁、本書第1章第3節注27) 等。

85) 損失補償制度については、一般に、「適法な公権力の行為によって加えられた財産上の特別の犠牲に対し、全体的な公平負担の見地からこれを調節するためにする財産的補償をいう」(田中二郎『新版行政法(上)』〔全訂第2版〕(弘文堂・1974) 211頁) とされる。伝統的には、損失補償観念においては、公権力による侵害行為の適法性と、財産権に対する特別の犠牲が中心要素とされてきたとみることができ (美濃部達吉『公用収用法原理』(有斐閣・1936) 289頁、今村成和『国家補償法』(有斐閣・1957) 3頁、同『損失補償制度の研究』(有斐閣・1968) 24頁、西埜章『損失補償の要否と内容』(一粒社・1991) 1頁等参照。なお、公平・平等原則を強調する見解として、原田・前掲注2) 225頁)、補償の要否を決する基準としては、「特別の犠牲」を中心に議論されてきた (下山瑛二『国家補償法』(筑摩書房・1973) 360頁、「特別の犠牲」の基準としての空虚化について、西埜・前掲書45頁参照)。

86) 最判昭和56・12・16民集35巻10号1396頁。

看過することができない不公平の存在を否定できない[87]」、「本件道路の公共性、経済的有用性は、原告らの犠牲の上に成り立っているにほかならず、無視できない社会的な不公正が生じている[88]」、「公共性を有する活動によって被害が生じた場合は、右公共性を有する活動によって恩恵を受ける国民等の共同負担により国庫等から被害が塡補されるべきものであって、右活動により特別の利益を得ていない一部の国民等が特別の犠牲を強いられる理由は何ら存しない[89]」というように、公共性や公共的利益に対する「特別の犠牲」ないし「不公平」という損失補償の基本理念が、判決文中に明確に挿入されている判例は数多い。

II 行政法分野における位置づけ

公の営造物の周辺住民が被る「供用関連瑕疵」が、国家賠償法2条の適用という形をとりながら、実際には、独特の性格を備えていたことは、行政法領域においては、当初から認識されていた。例えば、雄川一郎博士は、「公共事業の活動に伴って生じた騒音・振動などの被害の事案についてみると……損害賠償の論理は必ずしも当てはまらず、むしろ実質的には損失補償の類型に属するとみるべき要素が多いように思われる[90]」とされており、また、大阪空港騒音公害訴訟上告審判決について、「損害賠償としながらも実質的には損失補償事件として解決しようとしているようにみえる」とする見解や、「2条の責任を認めるについて、損失補償法理が何らかの影響を与えたことは否定できないであろう[91]」とする見解がみられる[92]。

行政法分野における国の私人に対する金銭上の塡補に関する伝統的な二分論によれば、違法行為に対する損害賠償と適法行為に対する損失補償とに区分されていたが[93]、公の営造物の周辺被害については、当該公物の供用行為である事

---

87) 国道43号線騒音公害訴訟第一審判決(神戸地判昭和61・7・17判時1203号1頁)。
88) 国道43号線騒音公害訴訟控訴審判決(大阪高判平成4・2・20判時1415号3頁)。
89) 厚木基地第一次騒音訴訟最高裁判決(最判平成5・2・25判時1456号53頁)。
90) 雄川一郎「国家補償総説」『行政の法理』(有斐閣・1986) 492頁等参照。
91) 綿貫芳源「大阪空港飛行差止事件」Law Scholl 42号55頁、同「国家責任の法理についての疑問」雄川一郎ほか編『田中二郎先生追悼論文集 公法の課題』(有斐閣・1985) 647頁、そのほか、遠藤・前掲注73) 830頁等参照。
92) 西埜章「国家賠償法2条の解釈論」判時1056号15頁。なお、西埜教授のその後の見解として、前掲注85) 213頁。
93) 田中二郎『行政上の損害賠償及び損失補償』(酒井書店・1954) 145頁等参照。

業の施行自体は適法であるのに対し、騒音等の被害を住民に生ぜしめている結果は適法視できないという側面を有し、二元論によれば、そのどちらにも属さない中間的な性格を有していることは否めないことになろう[94]。したがって、本来は国家補償の谷間に属すべき問題について、国家賠償法2条の適用による「供用関連瑕疵」類型として、損害賠償責任を課する形で救済が試みられているのであって、当初から、通常の国家賠償法2条の適用類型とは異なる責任の本質を有することは意識されていたといえよう[95]。

III 民法分野での問題点の指摘

公の営造物をめぐる公害賠償事例については、民法分野においては、通常、公害一般と同様に、不法行為として位置づけられ論じられているが、中には、公共事業から生ずる騒音等の被害を、不法行為法（国家賠償法を含む）に基づく損害賠償として構成することを問題視し、損失補償的の発想を行う学説もみられる[96]。ここでは、差止請求を棄却し、損害賠償を認容する場合に、行為（加害行為とされる行為）自体の適法性を私法上も認めるべきことが主張され、私法上の適法行為による損害の補償という損失補償的観念が欠けていたことが指摘されている[97]。

他方、民法典の相隣関係規定の中には、隣地使用・立入権、隣人が損害を受けた場合の償金請求権（民法209条）や、袋地所有者の囲繞地通行権（同法211条）、

---

94) 公の営造物の周辺被害については、「事業損失」の一種としてもとらえられる。「事業損失」については、様々な観点からの概念分類がみられるが、通常、収用損失と対比させて、公共事業の施行に起因して起業地以外の土地に発生する騒音等の損害・損失や、高低差等の物理的影響を内容とするのが一般的である（小高剛「いわゆる『みぞ・かき補償』について」名城法学36巻別冊27頁、西埜・前掲注85）191頁、阿部・前掲注2）318頁、今村成和『損失補償制度の研究』33頁等参照）。事業損失の法的性質について、損害賠償説、損失補償説、結果責任説に分類・検討するものとして、西埜・前掲注85）208頁以下参照。なお、宇賀克也「賠償と補償—航空機騒音訴訟を中心として」ジュリ866号28頁は、飛行場として緩衝地帯も含む広い地域を観念することによって、事業損失ではなく、収用損失として理解することも可能であるとする。その他、阿部・前掲注76）1415頁等参照。

95) 小幡「国家補償の谷間」ソフィア42巻2号139頁。

96) 伊藤・前掲注32）20頁以下。そもそも、民法公害賠償事例に関する法的構成について、民法709条のみならず、相隣関係法や民法717条による構成もありえたことに関しては前述したが（本章第3節第2款第2項参照）、相隣関係法の延長において、損失補償的理念がとらえられているとみることができよう（西埜・前掲注85）210頁）。

97) 伊藤・前掲注32）23頁。

通行地の損害に対する「償金」(同法221条) のほか、自然流水の受忍義務 (同法214条) などの規定がみられる。これらの民法の条項は、所有権が周辺地に一定の損害を及ぼしうることを認め、それに対する相手方の受忍義務を定めるとともに、「償金」を必要とするものと解することができる。このような民法の相隣関係規定は、土地の利用上、必要不可欠と考えられる場合について、民法典で当該行為を定めることによって適法行為としたものであるが、ここで定められている「償金」の性質は、不法行為による損害賠償と異なることは明らかである。すなわち、民法上適法と認められた侵害行為について、その結果生じた被害に対する金銭の塡補であるため、一見、行政法上の損失補償と類似した面を有するものとして解しうることになろう。

しかしながら、行政法上の損失補償においては、一方が公権力としての性格を有し、その公共事業について必要な土地について、収用を許し、あるいは使用を受忍させるものであるため、そこには、通常の私法上の相隣関係にある相互に受忍し合うという観念は存在していない点で、民法の相隣関係上の「償金」との相違を見出すことが可能である。したがって、両者とも、適法行為による損害に対する金銭の支払いである点においては共通性を有するが、相互に同種の行為を行う可能性を前提にした相隣関係規定と、一方が公共事業としての性格を有することによって正当化される行政法上の損失補償とは、その前提が異なる点に注意する必要があろう。

このような見地からは、公の営造物の周辺環境被害に対する賠償金が、民法における相隣関係上の「償金」と同視しうるかについては疑問が存するが、いずれにせよ、民法分野においても、不法行為による損害賠償とは異なる性格を有するとの指摘がみられるのは示唆的であり、国家賠償法2条の適用による場

---

98) 例えば、袋地所有者の囲繞地通行権については、「必要にして且……損害最も少きものを選」んで行うべきこととされ (民法211条)、通行地の損害に対して「償金を払うことを要する」(同法212条) と定められている。伊藤・前掲注32) 24頁。

99) 民法起草者である梅謙次郎の説明について、『日本近代立法資料叢書1 法典調査会民法議事速記録1 (第1回〜第26回)』(商事法務研究会・1983) 739、779-782、947頁、伊藤・前掲注32) 31頁。

100) ただし、相隣関係においても、隣地使用・立入権には相互性が存するが、袋地所有者の囲繞地通行権や、高地の所有者の疎通工事権 (民法125条)、排水のための低地通水権 (同法220条) などのように、必ずしも相互性がない場合も存する。ただし、この場合にも、土地に内在する性質 (土地の高低等) からその利用に必要な限度での隣接地への影響を定めるもので、当該土地の所有者すべてに適用される、土地の性質から生ずる相隣関係上の定めであることには変わりはない。

合にも、その責任の本質において不法行為責任とは異なる部分を内包していることを認識する必要性が認められるところであろう。[101]

Ⅳ 「公共性」との関係

　公の営造物の周辺住民の継続的環境被害をめぐる訴訟においては、差止請求については、損害賠償請求の場合と比べ、厳格な判断がなされ、棄却あるいは却下されているのが現状であるが[102]、「公共性」が重視あるいは優先されて、差止めを否定された場合にも、なお一定の救済に値する損失が存在している場合には、結果的に損失補償と類似の場面が生じていることになる。

　従来、「供用関連瑕疵」類型に適用される受忍限度論においては、「公共性」は損害賠償請求に対して消極的に働く可能性を含むものとして理解されていたが[103]、ここに損失補償的考慮を入れた場合には、「公共性」の要素は、むしろ、損失補償の前提となり、補償を肯定する機能を有しうることになろう。そこでは、侵害行為の「公共性」は前提とされているため、適法視された侵害行為によって及ぼされた被害が、金銭的補償を行うに値する実質を有するか否かが賠償（補償）の有無を決定づける要素となると考えられる。例えば、損失補償に関する名取川砂利採取最高裁判決[105]においては、当該被害者が主張している損失に関して、「その財産上の犠牲は、公共のために必要な制限によるものとはいえ、単に一般的に当然受忍すべきものとされる制限の範囲をこえ、特別に犠牲

---

101)　国家賠償法によることは「理論の借用」とする考え方も存している（伊藤・前掲注32) 25頁）。
102)　大阪空港訴訟最高裁判決等においては、差止請求を却下しており、学説上批判が存するところであるが（原田尚彦「公共事業の差止訴訟」曹時44巻11号、『大阪空港大法廷判決（ジュリスト臨時増刊)』（有斐閣・1982）所収の諸論稿参照)、差止請求について本案審理がなされた場合にも、実際には、受忍限度の判断において、高度な受忍限度が要求されるため、請求は棄却される状況にある。この点は、同じく受忍限度の判断基準をとりつつ、差止めと損害賠償とで違法性の基準に差異を設ける違法性二段階論その他によって説明されている（伊藤・前掲注32) 22頁）。違法性二段階論によらない説明として、行政訴訟の事情判決的発想から、違法であっても差止請求が棄却される場合を認める見解として、阿部泰隆「新幹線訴訟と土地利用・総合交通政策」ジュリ728号56頁等参照。
103)　「公共性」の機能について、本章第3節第2款第4項参照。厚木基地第一次騒音訴訟控訴審判決（東京高判昭和61・4・9判時1192号1頁）のように、公共性を重視して、損害賠償請求を否定した判決も存する。
104)　差止請求が棄却される限りにおいて、差止請求との関係では、当該侵害行為が適法視されたものとみなすことができ、損失補償の問題が生じることになる。
105)　最判昭和43・11・27刑集22巻12号1402頁。

を課したものとみる余地が全くないわけではな」いと判示されており、損失補償についても、一種の受忍限度を判断基準としていると解されるが、ここでの「受忍すべき制限の範囲」は、被害のみに着目して決定されている点に注目すべきであろう。損失補償において補償の要否を決定する基準として考慮に入りうる「受忍限度」は、「特別の犠牲」の具体化の1つとしてとらえられ、公共の利益のために、一部の者が被る被害が、補償なくして受忍すべき制限の範囲を超えるか否かによって決定されることになる。したがって、供用関連瑕疵類型が、公共性を有することを前提とする損失補償類似の性格を示すことを重視するならば、補償を決定する際、「公共性」は消極的方向には機能せず、もっぱら、被害の実質に着目して補償の有無を決定すべきことになろう。

---

106) 少数残存者補償についても、公共用地の取得に伴う損失補償基準45条において、「受忍の範囲をこえるような著しい損失」と規定されており、一種の受忍限度が示されている。
107) 損失補償の要否を決定する基準としては、「特別の犠牲」の具体化として、形式的基準・実質的基準のほか、警察制限・公用制限、内在的制約と本質的制限などの様々な基準が論じられている（田中・前掲注85）214頁、今村・前掲注85）『損失補償制度の研究』31頁、西埜・前掲注85）51頁、塩野宏「国土開発」山下草二ほか『未来社会と法』（筑摩書房・1976）213頁等参照）。公の営造物の周辺住民の継続的環境被害について、これらの基準をそのまま適用することは必ずしも妥当でないが、一部の特定の者に対する制限であって、公用制限に属することは認められるため、補償の要否の決定は、主に被害の実質によることになろう。
108) 損失補償としての性格を強調した場合にも、それが差止請求を否定する論拠とはなりえないことに注意しておく必要があろう。損失補償は、本来、財産権に対する侵害を適法化するものとして正当な補償を位置づけるものであるため、財産権侵害を超え身体被害を生ぜしめる侵害行為を適法視することはできないと考えるべきである。したがって、少なくとも、身体被害を生ぜしめる侵害行為である場合には、当該土地は居住が極めて困難・不可能であるため、差止請求が認められるべきであり、あるいは、当該土地についての所有権を公共事業者側が取得する（収用の幅を広げる）ことによって対処すべきであろう（差止請求について却下判決がなされる場合に問題が存することは、学説上の批判からも明らかである）。なお、居住が不可能な程度の被害であるか否かの判断は、時代状況や社会通念によって変化しうるものであるため、差止請求を認める基準は、固定的には解しえないことに注意する必要がある。差止請求については、前掲注57）参照。
109) 例えば、防音のための二重窓・エアコン等の設置に対する各被害者への助成は、実質的には、損失補償の意味合いを有するものといえるが、このような損失補償的把握を押し進めると、生活妨害によって居住が困難とみなされる場合には、道路沿道あるいは空港周辺の一定範囲等について、公共事業による公用制限として、騒音等の不利益が課されていると解し、それに対して補償をするという見方も可能であり、このような形での損失補償の領域における立法も可能である（この場合に、後述するように、地域性・受益性が考慮されることは当然である）。事業損失については、損害賠償と損失補償のいずれの処理も、理論上は可能であり、法技術的な処理の仕方として、どちらによることもできることはかねてから指摘されているところである（高木光「事業損失」ジュリ993号147頁、遠藤・前掲注73）833頁等参照）。なお、現行法においても、特定空港周辺航空機騒音対策特別措置法8条は、用益制限の場合の土地の買入れを定めているが、土地の価格は時価による

V 地域性、受益性の考慮

　各居住地域の特性の考慮は、横田基地訴訟最高裁判決で明確に認められているが[110]、供用関連瑕疵類型に損失補償的考慮を入れた場合には、被害地の地域性の相違による受忍限度の差異は容易に説明しうることになる。すなわち、都市計画上の住居地域等の地域指定が、一般に受忍すべき財産権の制約内に含まれ[111]、当該土地について利用形態等に関する一定の制約がすでに課せられている以上、各地域が被る騒音等の被害についても、土地に付着した被害ととらえることによって[112]、当該土地の用途等の性質（地域性）に応じた受忍限度を設定して補償の要否を決定するのは当然と考えられることになろう。

　また、損失補償の理念においては、「特別の犠牲」として、不平等あるいは公平を失することが前提とされているが、同様に、公の営造物の周辺住民の被害においても、全体の利益との関係での一部少数者が被る不平等をとらえることができよう[113]。このような観点からは、当該営造物の供用の結果、特別の利益を得ている者に対しては、「特別の犠牲」を否定することが可能となる。例えば、道路の沿道において、通行車両を相手に営業活動を行っているような場合には、受益性が肯定されるため、損害賠償請求を否定する余地が生ずることになろう[114]。

　とされており、地価低落分の補償についての配慮が問題となろう（西埜・前掲注85）157頁参照）。
110)　最判平成5・2・25判時1456号53頁。同控訴審判決（東京高判昭62・7・15判時1245号3頁）は、「特別の受忍限度」を認めるための特別の事情として「地域性」を認めており、上告審はこれを支持している。
111)　用途地域による利用制限に関しては、一般に補償が不要と解されており、その論拠としては、警察制限、相隣関係上の制限、土地の本来的機能を回復させるための制限（松島諄吉「新都市計画法と損失補償の問題」ジュリ403号32頁）、全体的・長期的視野による被規制者の受ける利益（遠藤博也『行政法スケッチ』（有斐閣・1987）253頁）などが主張されている（西埜・前掲注85）95頁）。
112)　古典的な損失補償法理によれば、騒音等の被害も、土地の財産権に対して及ぼされる損害としてとらえられることになるが、実際には、生活妨害等の人身に対する損害も含む点で、典型的な損失補償の枠を超えていることには注意を要する。
113)　大阪空港騒音公害訴訟最高裁判決（最判昭和56・12・16民集35巻10号1396頁）では、「住民が空港の存在によって受ける利益とこれによって被る被害との間には、後者の増大に必然的に前者の増大が伴うというような彼此相殺の関係が成り立たないことも明らかで」あると判示されており、受益性が存しないことが明言されている。
114)　道路の性質によっても、受益性は大きく異なる。例えば、環状線のように交通量の多い道路に面して店舗（ガソリンスタンド、レストラン等）を構えている場合には、受益性が認められるケースも存するが、高架道路や、沿道に接続部分がない自動車専用道路などでは、受益性は認められないことになろう。

VI 被害防止措置の考慮

　公の営造物の周辺住民の継続的環境被害に関する訴訟では、ほとんどの判例が、受忍限度の判断要素の中に、被告側の被害防止措置の有無・内容・効果——発生源対策（騒音対策等）・周辺対策（障害防止対策）など——を加えて、総合的に判断するとしている。[115] このような被害防止措置の考慮は、受忍限度として違法性を責任要件とする場合には、侵害行為者側の事情——被害防止努力の評価——において、違法性を減ずる要素として働きうるものと解されるのが一般的である。[116]

　しかしながら、例えば、横田基地訴訟控訴審判決[117]においては、不法行為の違法性の判断には、「被侵害利益（その性質と内容）と侵害行為（その態様と程度）の両面から検討することが必要」で、それで足りるとされ、被害防止対策は、その考慮事由の中に独立の要素としては挙げられていない。すなわち、音源対策・運航対策、住宅防音工事のような騒音対策については、これらの対策の目的は騒音自体のW値を下げることにあり、対策が十分な効果を挙げれば、騒音値が受忍限度内にまで下がるはずであるため、それが成功しないで騒音値が依然として受忍限度を超えている以上は、騒音の違法性は消えないとして、「これらの対策そのものは違法性阻却事由の性格を有するものではな」く、「違法性の判断に当たって総合的に考慮されるべき事柄の１つではない」と判示されている。

　本来、侵害行為者側が行った被害防止努力の考慮は、加害者の非難可能性を被害者との関係で弱める意味を有するものであるが、このような作用は、典型的な不法行為の範疇においてみられるものであり、被害者が被っている「被害」それ自体は、加害者の被害防止努力の如何に関わらず、現実として存在していることに着目するならば、被害防止努力を考慮に入れることについては、疑問も存するところであろう。

---

115) 大阪空港騒音公害訴訟最高裁判決（最判昭和56・12・16民集35巻10号1396頁）以来、ほとんどの供用関連瑕疵事例について、被害防止措置の考慮を受忍限度の判断要素として加える判示がみられる。
116) 受忍限度論においては、被害防止措置の努力も考慮事由に入り、加害行為と被害との相関関係によって違法性が決定されるが、国家賠償法２条の「瑕疵」は、本来は違法性を含まないものと考えられており、この点で、そもそも、同条の責任の本質とは異質なものが挿入されたと解することもできよう。
117) 東京高判昭和62・7・15判時1245号３頁。

この点についても、損失補償的理念を導入するならば、もっぱら、周辺住民が被った「被害」が、補償なくして受忍すべき制限の範囲を超えるか否かによって判断されることになるため、「被害」の実質に責任判断は凝縮され、当該被害に至るまでの侵害行為者側の被害防止努力・被害防止措置の効果等の考慮は必ずしも必要とされないこととなろう。営造物管理者としては、供用行為の結果、周辺にもたらされる被害を最少のものとすべく努力するのは当然であるが、それでも防止できずにもたらされた現実の被害に関しては、受忍の範囲を超えるか否かの判断によって賠償の要否を決することで足りると解することも可能であろう。

第3款　供用関連瑕疵類型の小括

　以上のように、大阪空港騒音公害訴訟最高裁判決以降、公の営造物の周辺住民が供用行為に関連して被る継続的環境被害については、国家賠償法2条が適用され、そこでは、設置・管理の瑕疵について、「供用関連瑕疵」ともいうべき独特の性格を有する責任法理が働いていると解することができる。このような供用関連瑕疵の判例においては、民法領域の公害判例において用いられている受忍限度による違法性判断と類似の判断基準が示されており、国家賠償法2条の他の瑕疵類型に比べて際立った特徴が認められるところであるが、他方で、公の営造物の正当な供用に付随して不可避的に生ずる損害である点で、民法の通常の公害判例とは異なる性格を内在しており、そこに損失補償的理念を読み込むことが可能であると同時に、公の営造物の設置・管理の瑕疵として、国家賠償法2条を適用する限りにおいて、同条の瑕疵責任一般論との関係をもみる必要があろう。
　供用関連瑕疵判例の責任判断基準を前提とする限り、「受忍限度」の判断要素の中にいかなる事由を含むか、「公共性」にいかなる重要性をもたせるか、被害防止措置についての評価をどのようにとらえるかなど、個別の判断要素ごとに検討していくことになるが、供用関連瑕疵類型に内在する本質的性格を見

---

118)　被害防止努力の結果、なお残存する被害を公用制限としてとらえて、損失補償を観念することが可能であろう。なお、損失補償的にとらえることによっても、現実の被害がそのまま適法視されるわけではないので、管理者としては、その後も被害防止努力を続けるべきことは当然である。

失うことのないよう方向づけてとらえていくことが必要とされるところであろう。[119]

　わが国の判例が、公の営造物の周辺住民が被る騒音公害の訴訟において、国家賠償法2条の瑕疵責任の形をとり、受忍限度論に基づき責任の有無を決定していることに関しては、受忍限度論の操作によって、バランスのとれた解決方法となりうるものとして、一応の評価が可能である。[120]他方、その際に、損失補償の本質を加味した受忍限度の判断が要請されるのは、[121]この領域の特殊性であり、民法709条の一般的な受忍限度論と異なる瑕疵論[122]が、国家賠償法2条の[123]「供用関連瑕疵」において、生み出されているとみることもできよう。

　前款で「供用関連瑕疵」として検討した判例は、空港・道路等の公の営造物の周辺住民による公害訴訟であるが、第1款でも検討したように、「供用関連瑕疵」の定義は、それ自体として定まった概念ではなく、特に、「物的性状瑕疵」と対置させてとらえた場合には、その外延も明確でなく、多様な内容を含みうる概念である。本節においては、「供用関連瑕疵」の典型的事例として、継続的環境被害を検討の対象とし、そこでの責任理論の特色として、民法の不

119) 供用関連瑕疵について、学説においては、国家賠償法2条の「瑕疵」の本質的理解、受忍限度の判断基準の問題、公共性の機能の理解、損失補償的性格の考慮等、様々な議論がみられる。判例上は、供用関連瑕疵に関する「受忍限度」という観念は一方向に固まっておらず、様々な方向づけが可能であることが認められる。例えば、判例においては、受忍限度の判断要素として、被害を受ける地域住民が多数にのぼっていることが挙げられているが（厚木基地第一次騒音訴訟：最判平成5・2・25判時1456号32頁等）、差止請求との関係では有効に機能するとしても、損害賠償請求について、いかなる重要性を有するのかは明らかでない。被害の範囲の広狭は、当該被害の金銭的救済の必要性には関わらないと考えるべきであり、被害の一般化の強調は、損失補償の観点からは、逆に機能する場合も生じうることに注意を要しよう。
120) わが国の実務について、損害賠償の領域での国家賠償法2条の瑕疵責任という形をとり、さらに、受忍限度論と段階的違法説という道具により、公共事業の運行と損害の填補の双方のバランスを保とうとする処理を行っているとして、解釈論のレベルでは一定の評価を与える見解として、塩野宏『行政法Ⅱ』〔第5版補訂版〕（有斐閣・2013）376頁参照。また、塩野教授は、損害賠償による構成は、地位低落のみならず、精神的・身体的損失をカバーし、差止請求の余地を残している点で、利点を有するとされている（前掲書377頁）。
121) 民法における相隣関係にも類似するが、公権力による一方的侵害行為である点において、行政上の損失補償に近いとみるべきであろう。なお、西埜・前掲注85) 214頁参照。
122) 事業損失に対する補償の法的性質として、損害賠償説・損失補償説・結果責任説の3つに分類・検討し、基本的には損失補償説を妥当とするが、限界を認め、予見・認容された範囲をも超える被害については、違法行為に基づく損害賠償として理解すべきであるとする見解として、西埜・前掲注85) 208頁以下参照。
123) 同じく「受忍限度」を用いる場合にも、そこでは、いわゆる「違法性」という観念に相違がみられることに注意すべきであろう。

法行為理論における受忍限度論に拠りながら、損失補償の理念をも内包している性質を明らかにするものであるが、後者の観点からは、公の営造物の正当な供用の結果、周辺にもたらされる損失に、広く「供用関連瑕疵」を適用することが可能である点に注意する必要があろう。このように、損失補償的理念を重視して、「供用関連瑕疵」の類型をとらえた場合には、周辺住民が被っている「被害」の実質が、金銭的補償なくして受忍すべき制限の範囲を超えるか否かによって、賠償（補償）の有無を決するという共通の判断基準を呈示することができる。周辺住民の継続的環境被害に必ずしも限定されず、広く事業損失を含む責任類型が、公の営造物の「供用関連瑕疵」として、国家賠償法2条に包含される限りにおいて、同条が、損失補償的な損害をも広く含み、さらに拡大する可能性を孕むことが認められるであろう[125]。

このように、「供用関連瑕疵」について、不法行為に基づく損害賠償責任に対し、適法行為に基づく損失補償的性格を内包するものとして概念づけることは、損害賠償・損失補償の区別を排して、国家賠償法2条が展開しうることを認めるものであり、新たに国家賠償法2条の再構成を要求するものと解することもできよう[126]。

---

124) 事業損失については、様々な観点からの分類がみられるが、収用損失と対比させて、公共事業の施行に起因し起業地以外の土地に発生する損害・損失を、事業損失としてとらえるのが一般的である（小高・前掲注94）27頁、西埜・前掲注85）191頁、阿部・前掲注2）318頁、今村・前掲注85）『損失補償制度の研究』33頁等参照）。

125) そもそも、国家賠償法2条が「公の営造物」を対象としていた点で、土地収用等を典型とする財産権に対する損失補償と近接する下地を有していたと考えることができよう。

126) 従来から、みぞかき補償のような事例においても、国家賠償法2条に基づいて請求された事例が存していた。例えば、東京地判昭和43・10・28判タ230号276頁は、道路の拡張に伴う路面工事によって店舗の出入口が塞がれ、営業収益が減少したとして損害賠償請求がなされた事案について、「道路の設置自体により、周辺土地利用者に営業上の損失を加えるような場合には、道路が有する特殊の用法および構造上の危険性から生じた損害とは到底考え難いのであって、また、文理上も、このような場合道路の設置、管理の瑕疵があるとは、いかようにしても解せられない」と判示して、国家賠償法2条の請求を棄却したものである。同判例に対しては、営業損害はみぞかき補償（道路法70条）の対象にあたらず、憲法29条3項により補償請求がなされるべきであるとする見解もみられるが（古崎慶長『判例営造物管理責任法』（有斐閣・1975）96頁）、国家賠償法2条について損失補償的事例への拡張を認めるならば、同条を事業損失事例に広く適用・活用することも不可能とはいえないであろう。この場合には、周辺住民の公害被害等の供用関連瑕疵事例と同様に、当該被害の実質に着目して、補償なくして受忍すべき制限の範囲を超える被害であるか否かを判断基準として責任の有無を決定すべきことになる。このような国家賠償法2条の拡張は、損失補償請求について、憲法29条3項に基づく直接請求の手段によることなく、国家賠償法2条の適用によって解決する可能性に繋がることになろう（本書第1章第3節・終節）。

終　節　国家賠償法 2 条の再構成

　本章では、国家賠償法 2 条の適用事例として、利用者に対する物的性状瑕疵類型、第三者に対する物的性状瑕疵類型、供用関連瑕疵類型を中心として、それぞれについて、瑕疵の判断基準の検討を行ってきた。[1]従来、国家賠償法 2 条の設置・管理の瑕疵に関しては、無過失責任に近い客観的責任であると解するなど、責任の本質をめぐる議論があった。具体的には、判例により定式化された「通常有すべき安全性」の判断基準をめぐり、いわゆる瑕疵論争等の議論が盛んに展開されていたところであるが、本章は、国家賠償法 2 条の適用類型を分化することによって、「設置・管理の瑕疵」の内容の類型ごとの分析を試みたものである。[3]

I　利用者に対する物的性状瑕疵

　道路等の公衆の利用に供される営造物については、利用者に対する物的性状瑕疵として事例数が多い類型であるが、そこでは、公物の供用目的を果たすべき公物管理者としての責任が、国家賠償法 2 条の瑕疵責任として現れ、公物の利用関係において、利用者と公物管理者との関係で設定される利用者が合理的に期待しうる範囲の安全性が問題とされることになる。このような利用者に対する物的性状瑕疵においては、公の営造物の「物」としての財産的管理の瑕疵は問題とならず、民法717条の土地工作物責任とは乖離した、公物管理者の供用目的との関係での責任が前面に出ると考えるべきであろう。実際の判例は、路面不良事故や落石事故等それぞれの損害類型によって、「通常有すべき安全

---

1)　利用者に対する物的性状瑕疵類型は、公衆への利用を供用目的としている道路等の公の営造物を主に念頭に置くものであるが、利用便益施設でなく、当初から危険防御施設として位置づけられている河川のような公の営造物については、別個に瑕疵の内容を考えるべきことになる。したがって、本章でも、利用者に対する物的性状瑕疵、第三者に対する物的性状瑕疵のほかに、利用者・第三者の区別になじまない危険防御施設である河川については、第 2 節第 4 款で別に扱っている。
2)　本章第 1 節第 3 款第 2 項参照。
3)　本章は、国家賠償法 2 条の事例を網羅するものではなく、類型としての大枠を示すことを意図したものである。各類型における責任理論の詳細については、さらに別途検討する必要が認められよう。

性」のとらえ方について特徴がみられるが、穴ぼこ等路面不良事故等の大部分の事例においては、利用者の利用方法との関係で設定される安全性を考える必要があるのに対し、落石の直撃型事例等については、利用者側の関与によらず損害が発生する点において、相違がみられる。後者においては、道路を通行する利用者にとって自らは回避不能な道路の物的瑕疵による被害であることに配慮しつつ、利用者が合理的に期待しうる道路の安全性を観念していくことが必要であると思われる。いずれにしても、公物を利用に供している管理者として、利用者に対して利用の安全性を確保すべき公物法上の義務をその基礎として、公の営造物が備えるべき安全な「物的状態」に照らし、瑕疵の有無が判断されるべきことになろう。

これに対し、河川等の当初から危険が内在する公物を安全に管理することが目的とされる危険防御施設の場合には、「利用」の要素は利用者の損害発生への関与としては入りえないため、もっぱら公物管理者が果たすべき管理責任が問題となるところであるが、その場合にも、河川による危険から防御される地位にある河川周辺住民等の当該河川の安全性に対する期待・信頼関係等にも配慮しながら、それぞれの河川について合理的に期待される安全性を設定していくことが必要となろう。この場合にも、公物法の観点からの公物管理者としての責任が基礎とされているため、私人間の「物」の財産管理とは異質の瑕疵責任が想定されていると考えることができよう。ここでは、当初から公物に内包する危険を管理する営造物管理者としての果たすべき責任が、一種の危険管理責任として要求されることになろう。

II 第三者に対する物的性状瑕疵

他方で、利用に供すべき営造物の利用者以外の第三者に対する物的性状瑕疵

---

4) 本章第2節第2款参照。最近の国土交通省社会資本整備審議会においても、道路利用者の道路利用に係る要望・期待に添うべく、道路通行のあり方についての議論を行っている。例えば、道路の通行止め・車線規制時間の最短化、降雪時の高速道路の通行を極力確保（片側一車線の先行除雪、低速走行の確保等）、高速道路における工事の際の交通への影響低減化等が道路の時間信頼度確保のための対応案として挙げられている（2014年7月2日に開催された第15回道路分科会資料4の24頁以下。http://www.mlit.go.jp/policy/shingikai/road01sg000194.html）。

5) この意味で、河川によっては、「過渡的安全性」として、社会的条件や財政制約論が入りうる余地があると考えられよう（本章第2節第4款参照）。

類型においては、公物を1つの「物」として管理する側面が現れることになる。そこでは、公物の供用目的とは直接関係しない「物」の管理者としての責任が国家賠償法2条の瑕疵責任として現れることになるため、通常の民法における物の管理責任と同様の責任を観念することができよう[6]。このような見地からは、民法717条の工作物責任に古典的に現れていた危険責任としての無過失責任的理解に類似し[7]、営造物に存在する物的欠陥が第三者に損害を及ぼした場合には、営造物管理者がなすべき管理作用を尽くしたか否かに関わらず、責任が生ずると解することが可能であろう[8]。

III 供用関連瑕疵

これに対して、国家賠償法2条の適用事例として新たに類型化された「供用関連瑕疵」類型は、第三者に対する損害ではあるが、公物自身の物的性状から生ずる損害ではなく、供用の結果である利用者の行為により損害が及ぼされる点で、第三者に対する物的性状瑕疵とは異なる性格を有する。したがって、公物の本来の目的に合致した供用行為を実現した結果として発生する損害である点で、「物」の管理によって第三者に対し損害が及ぶ場合の私人間の「物」の管理責任とは異なる考慮が必要となろう。

現状の判例においては、公の営造物の周辺住民の継続的環境被害事例については、民法の公害判例と類似した「受忍限度」による判断基準がとられており、国家賠償法2条のその他の「瑕疵」の判断基準と比べて際立った特色を示しているが、「供用関連瑕疵」は、金銭的救済の観点についてみるならば、典型的な不法行為の範疇からは外れる損失補償的理念を内包する独特の性格を有することに留意すべきであろう[9]。ここでは、国家賠償法2条の中に、公共の利益の

---

[6] 通常の公物（管理）法は、公物の供用目的との関連で公物管理権を規定しているため、公物法によらない私人間でも同様に想定されうる「物」の管理作用とみることができよう。なお、公物の構造についての規定等は、直接は供用目的との関係で規定されているが、強固性などを考慮している点で第三者に対する関係でも機能する面を有する場合がある（例えば、道路構造令等）。

[7] 民法717条の古典的理解については、本章第1節第1款第2項参照。

[8] 国家賠償法2条の「瑕疵」に関する無過失責任的理解・客観責任的把握と結果は、同一に帰することとなる（本章第2節第3款参照）。

[9] 本章では、金銭上の救済である損害賠償責任について考察の対象としており、差止請求に関しては、全く別個に考える必要があろう。一定の程度を超える被害については、金銭的補償によっても適法視されえないため、差止請求が認められることになり、本来は、このような被害が及ぶ土地については、事業の開始にあたり、収用の対象として考えるべきであったことになろう。

ために周辺住民に及ぼされる「特別な犠牲」の観念が持ち込まれる必然性が認められるが、判例実務の現状を前提とするならば、供用関連瑕疵類型に関して採用されている「受忍限度」の判断基準において、損失補償的理念を挿入することが考えられるところであろう。具体的には、主に、「被害」の実質に着目して、金銭的補償なくして受忍すべき制限の範囲を超える被害であるか否かによって、瑕疵の有無を決定することなどが考えられるが、供用関連瑕疵類型が、公物の供用行為に固有の損害発生類型であることを認識し、国家賠償法2条を適用する意味を再確認する必要性が認められよう。

Ⅳ　公物管理の観点からの国家賠償法2条の再構成

　国家賠償法2条は、立法趣旨としては、民法717条と類似する規定として出発したものであるが、実際には、道路・河川のような公の営造物を対象としている点で、当初から、民法分野での「物」の管理とは、異質な要素を含む可能性を有していたというべきであろう。本章では、公の営造物について、その公物としての性格をとらえ、公物の供用目的との関連での公物管理作用を基礎として、国家賠償法2条の瑕疵責任の再構成を試みたものである。すなわち、そこでは、第三者に対する物的性状瑕疵類型のような、民法717条類似の「物」の管理としての局面も存する一方で、公の営造物の設置・管理責任が、公物の供用目的実現を目指す「公物管理」の責任と重なって現れる、国家賠償法2条に独特の諸類型が存する。後者には、利用者に対する物的性状瑕疵類型における公物利用関係における安全性を確保すべき公物管理者の責任、河川のような危険防御施設に対する公物管理者の危険管理責任、及び、供用関連瑕疵という損失補償的理念を内包した独特の責任理論を考えるべき類型などが存し、いずれも国家賠償法2条の主な適用事例を形成していることが認められるところで

---

10)　民法の公害判例において民法709条の適用としてとられている「受忍限度」の判断要素の中で、とりわけ「公共性」については、損失補償的理念を入れることによって、補償を認める方向へと逆に働く機能が認められ、また、加害者側の違法性が必要とされないと考えるならば、被害防止努力の評価等の考慮も要しないことになるなど、判断基準の相違が認められることになろう。

11)　ここでは、公物の中でも、とりわけ公共用物としての性格を考えている。公の営造物の概念には、公共用物のみならず、公用物も存し、様々な種類の営造物が含まれるため、本章で整理した類型にあてはまらない瑕疵類型も存しているが、本章では、国家賠償法2条の特色を明らかにするために、特徴的にとらえられる類型を中心に論じてきたものである。

ある。

そこでは、「瑕疵」の一般的理解もさることながら、類型ごとに特色ある責任理論が呈示されうることとなるが、特に、供用関連瑕疵類型については、伝統的不法行為論の範疇を超え、損失補償的理念を内包しうる点で、国家賠償法2条の瑕疵責任の拡大をもたらす可能性を内在するものといえよう。このような観点は、行政法における「国家賠償法」の位置づけが、民法の領域における「不法行為法」としての整理にとどまらず、私人に対する金銭の塡補という見地からの「国家補償法」の枠組みでしばしば論じられていることと無関係ではなく、ここに、国家賠償法2条の独自の展開が必要とされる前提が存していたことを認めることができよう。

---

12) この意味では、従来、しばしば論じられている国家賠償法2条の瑕疵の一般的概念は、実際の瑕疵の判断基準としては有効に機能しえず、類型ごとに区別して議論する必要性が認められよう。フランスにおいては、わが国の国家賠償法2条に該当する「公土木の損害」の領域において、責任類型を明確に区別し、各類型についての責任理論が呈示されている。すなわち、利用者に対する瑕疵類型と第三者に対する瑕疵類型を区別し、前者には、義務違反を中心とする瑕疵（フォート）責任が課せられ、後者に関しては、「事故損害」類型について、「非常態的かつ特別な損害」を要件とし、また、「恒久的損害」類型については、「補償なくして受忍すべき限度を超える損害」を要件として、責任の有無が決定されている。本章で検討したわが国の国家賠償法2条に関する「利用者に対する物的性状瑕疵」、「第三者に対する物的性状瑕疵」、「供用関連瑕疵」との対応関係が認められるところであろう。フランスの「公土木の損害」についての詳細は、本書第1章参照。
13) 今村成和『国家補償法』（有斐閣・1957）2頁、塩野宏『行政法II』〔第5版補訂版〕（有斐閣・2013）287頁、阿部泰隆『国家補償法』（有斐閣・1988）4頁等参照。

終 章

国家補償の体系の意義

第1項　国家補償法の意義——現状の理解と問題点

I　行政法の体系の中での「国家補償法」

　本章で取り上げる「国家補償」は、その概念自体、講学上のものであって[1]、行政法学上の基本概念としてほぼ定着しているとはいえ、その意義、機能は必ずしも単一のものではない[2]。

　国家補償は、1957年の今村成和博士による『国家補償法』以来、学界で定着したものであるが[3]、そこでは、国家補償とは、「国が、その活動により、直接又は間接に、個人にこうむらせた損失を塡補すること」を指し、そのような義務について定めた法の体系を国家補償法というと定義されている。同書は、適法行為に基づく損失の補償、違法行為に基づく損害の賠償、結果責任に基づく国家補償、これら3つを統合する概念として、国家補償を観念した。

　また、行政法の教科書の中には、国家補償法という項目を立てて、国家賠償と損失補償を扱っているものが数多くみられる[4]。行政法の体系自体が、基本法律の条文の配列等によるものでない以上、確定したものは存しないことは認めざるをえないが、このように行政法学上のスタンダードとなっている国家補償法という概念構成は、民法の不法行為法にはない、行政法に独自の法理論枠組

---

1)　北村和生「国家補償の概念と国家賠償法における違法性」公法67号（2005）254頁、西埜章「国家補償の概念と機能」新潟32巻2号（1999）1頁等。

2)　例えば、遠藤博也『国家補償法(上)』（青林書院新社・1981）24頁では、狭義の国家補償法、広義の国家補償法の概念がある。宇賀克也『国家補償法』（有斐閣・1997）2頁等。

3)　今村成和『国家補償法』（有斐閣・1957）。学界で、初めて「国家補償」の語を用いたのは田中二郎博士であるとされる（今村成和「田中先生の国家補償論」ジュリ767号（1982）60頁、宇賀・前掲注2）1頁以下）。

4)　芝池義一『行政救済法講義』〔第3版〕（有斐閣・2006）192頁、塩野宏『行政法Ⅱ』〔第5版補訂版〕（有斐閣・2013）286頁等。受益者負担、原因者負担金など利害調整のための諸制度と並んで、行政上の利害の調整として、損失補償を位置づけているものとして、原田尚彦『行政法要論』〔全訂第7版〕（学陽書房・2010）264頁。

みであるというべきであろう[5]。

　行政法の体系で用いられる国家補償の概念は、国家賠償と損失補償の二分論を前提に、その両者の谷間を含めて国家補償として統一的に包含した概念であって、もともとは、被害者の救済という観点からみるならば、適法行為か違法行為であるかという区別は、必ずしも重要ではなく、両者の統一的把握が必要であるという認識から出発したものであると考えられる[6]。このような視点は、今なお重要であると思われるが、他方で、その主な要素となる国家賠償と損失補償とは、その概念自体、それぞれ独自に、ほぼ自己完結的に議論されている状況にあるというべきであろう[7]。本章では、救済の谷間を埋める必要性という意図のみでなく、国家補償としての統一的把握を行うための理論的枠組みについて、改めて吟味することによって、行政法の体系としての国家補償法の意義について、検討していくこととしたい[8]。

II　適法行為に基づく損失補償
1　損失補償の意義の概要

　「損失補償」の意義としては、「行政上の適法行為に基づく損失補償は、適法な公権力の行使によって加えられた財産上の特別の犠牲に対し、全体的な公平負担の見地からこれを調節するためにする財産的補償をいう」[9]と解するのが、一般的である。ただし、当初からその外延・概念の境界は明確でなく、「救済法体系の一環を形成し、帰責事由をもたぬ私人の蒙った損害にたいして、なんらかの形態による塡補要求が社会的に存在」するとき、それを国家補償の中に入れて考察する場合には、厳格な概念規定を出発点とすることが不利となり、

---

5) なお、実定法上は、1952年の戦傷病者戦没者遺族等援護法1条や、1963年の戦傷病者特別援護法1条において、「国家補償の精神」に基づいて制定されたことが明示されているが、ここでの国家補償は、いずれも戦争被害に関わるものであり、国家責任の特殊な類型であるとみることもできる。
6) 田中二郎「不法行為に基づく国家の賠償責任」『行政上の損害賠償及び損失補償』(酒井書店・1954) 24頁等。
7) 両者の異なる役割分担として、国家賠償制度の制裁的機能等につき、芝池・前掲注4) 195頁、宇賀克也「国家責任の機能」兼子仁＝宮崎良夫編集代表『高柳信一先生古稀記念論集　行政法学の現状分析』(勁草書房・1991) 423頁等。
8) 以前から、国家補償としての把握は、現在ではその使命を終えているとの指摘もなされている(阿部泰隆『国家補償法』(有斐閣・1988) 353頁)。
9) 田中二郎『新版行政法(上)』〔全訂第2版〕(弘文堂・1974) 211頁等。

考察範囲に流動性をもたせざるをえなかったとの指摘もなされていた。

　損失補償法制は、明治憲法下では、憲法上は補償規定をもっておらず、個別法律によるものであったが、行政法上の１つの制度としての地位を有しており、むしろ、国家賠償法制よりも成立は早かったとされている。損失補償は、もともとは、土地収用における金銭補償を中心として概念構築がされてきたものであるが、補償原因のとらえ方は様々であって、公用収用として、財産権の目的の強制取得及び強制使用、強制譲渡、権利の剥奪、財産権の目的物の破壊・滅失、契約の解除、財産権の目的物の補修等の強制、保管物資、人的収用（身体的自由の制限、労力の徴収、役務の徴収）などが挙げられていた。

　上記のように、損失補償は、土地収用における補償を中心とするが、補償原因としては、土地収用に限らず、契約の解除等、財産権全般に対する侵害が含まれており、また、人的公用負担も含める場合には、そもそも財産権侵害には限られない可能性も存する。損失補償概念は、「特別の犠牲」「適法行為」「公権力の行使」「財産権侵害」「金銭塡補」などを要素として論じられるが、それぞれをどの程度厳格に解するかによって、損失補償概念の外延は変化しうることになろう。さらに、土地収用だけでなく、土地区画整理や再開発等の土地開発手法や土地利用規制を広くとらえてカテゴリー化することも考えられ、また、自然災害に対する補塡についても、1998年の被災者生活再建支援法の制定によって、一定程度の個人補償の方向が打ち出されたように、自然災害に対する国・行政の責任、その守備範囲をどのように考えるかという観点からの、国家補償概念の拡大も認めることもできる。このように損失補償理論の独自の拡大可能性も存在することを認識した上で、本章では、国家補償としての体系の中

---

10) 下山瑛二『国家補償法』（筑摩書房・1973）263頁。
11) 美濃部達吉『日本行政法(上)』（有斐閣・1936）355頁以下、同『公用収用法原理』（有斐閣・1936）285頁、塩野・前掲注４）356頁等。
12) 今村・前掲注３）53頁。
13) 自然災害は、法令に基づく侵害作用による損失ではないため、むしろ行政の守備範囲論と関わるテーマであり、国家賠償の場面で、天災に対する行政の不可抗力に係る責任問題と連続するところである。わが国では、1995年の阪神・淡路大震災後、被災者に対する必要最小限の公助（セーフティネット）の必要性から、国会において超党派の議論が行われ、立法がなされた。
14) 特に、土地利用法制への展開可能性は、金銭補償という国家賠償との共通テーマが存在しないため、国家賠償との統一的な把握に必ずしもなじまないというべきである。

の損失補償概念について主にみていくこととしたい。[15]

2　損失補償の概念と損失補償の要否の判断

　従来、損失補償においては、「損失補償」の概念自体が、補償を行う場合を指すものとして論じられている状況もみられたが、その場合には、損失補償の概念に該当するならば、侵害作用に際して補償が必要とされることを意味することとなり、概念の規定自体が決定的な要素となる。すなわち、損失補償という概念・定義の中で、補償の要否の基準まで含めて論じられる傾向にあるが、本来、損失補償の概念と損失補償の要否を判断する基準とは、異なるレベルのものとして認識されるべきであろう。[16] これに対して、国家賠償の場合には、賠償の責任要件が最も重要な要素となり、損害賠償の対象となる侵害作用の定義については、それほど詳細に論じられることはなく、むしろ、現実に何らかの被害が私人に生じていれば、そのまま損害賠償が認められるか否かの要件審理の問題に入り、損害賠償責任を論ずる範疇に入るか否かの入り口論は議論されないのが通例である。[17]

　損失補償においては、法令に補償規定が置かれていることが通常想定されているため、本来あるべき補償規定が存しない場合について、あらかじめ議論されることは少ないが、立法者としては、補償の要否は当然検討すべき事項であり、また、行政機関が処分を行う際に、補償の要否を考慮することも必要な場合が存し、さらに、憲法29条3項に基づく直接請求を認める判例・通説の立場[18] では、国家賠償と同様に、金銭補塡を裁判所に求めることができるため、そこ

---

15) 損失補償の理念について、これまで注で掲げたもののほか、今村成和『損失補償制度の研究』（有斐閣・1968）、柳瀬良幹『公用負担法』〔新版〕（有斐閣・1971）、高原賢治『財産権と損失補償』（有斐閣・1978）、遠藤博也『計画行政法』（学陽書房・1976）、西埜章『損失補償の要否と内容』（一粒社・1991）、塩野宏「国土開発」山本草二ほか『未来社会と法（筑摩現代法学全集54）』（筑摩書房・1976）、雄川一郎「国家補償総説」『行政の法理』（有斐閣・1986）492頁、小高剛『損失補償研究』（成文堂・2000）、棟居快行＝宇賀克也「損失補償」宇賀克也ほか編『対話で学ぶ行政法』（有斐閣・2003）197頁等。
16) 損失補償の補償の要否の基準については、野呂充「警察制限・公用制限と損失補償」争点96頁等参照。
17) 後述するように、適法行為であることを理由に損失補償の問題であるとして、国家賠償請求を否定する場合（後出・**判例4**）は存する。なお、国家賠償法の適用範囲の問題は存するが、民法か国賠法かは適用条文の問題であるため、同じ民事訴訟手続で審理されうる。
18) 最大判昭和43・11・27刑集22巻12号1402頁（名取川河川付近地事件）、今村・前掲注3）71頁、塩野・前掲注4）359頁、阿部・前掲注8）262頁、宇賀・前掲注2）394頁等。

で、事後的に補償の要否が判断される場面が生ずることになる[19]。このような観点から、損失補償の要否を検討する場の設定に係る概念と、補償を認める要件とは明確に区別して整理しておく方が明快になると考えるべきであろう。

したがって、損失補償の要否を考察していくための道具概念としての「損失補償」をとらえるならば、概念としては広めに解しておくことが適切であろう。損失補償の概念を広くとらえることによって、多様な原因行為について補償の要否を審理する場面が広がることが想定され、後述するように狭義の「公権力の行使」である侵害作用についての国家賠償事例との連続性を認識することができよう。

3　損失補償の概念の設定

このような観点から、道具概念としての損失補償を広く設定しようとする場合、とりわけ、以下の事項について議論されるべきであろう。

(1) **被侵害利益の性質──財産権に限るか否か**　損失補償は、通常、土地所有権をはじめとする財産権に対する侵害における金銭補償をいうのが一般的である。しかしながら、従来から、人的公用負担の場合も存することは認識されており、また、土地収用法においても、土地所有権に対する侵害に限らず、生活権を奪うことから生活権補償の必要性にも配慮され、また、予防接種禍のように、憲法29条3項の類推適用あるいは他の憲法条項と合わせた勿論解釈として、身体に対する被害に対する損失補償を認める議論も存する[20]。このような観点からは、損失補償の概念として、財産権侵害に限定する必要性は必ずしもないというべきであろう。なお、損失補償の概念の中に適法性を組み入れる場合には、人身に対する侵害が適法化されることはありえないとの批判も存するところであるが、適法な行政目的のために行った作用の結果、不可避的に生ずる侵害結果については、行為自体の適法性をなお肯定することは可能であるため、この点でも、財産権侵害に限る必然性はないといえよう。

(2) **侵害結果の意図性**　損失補償においては、通常、法令に侵害作用が規

---

19) 例えば、国家補償の谷間を救済する場合にも、税金を用いることになるため、裁判官の仕事（裁判）というよりは、立法者の役割ではないかとする議論もありうるが（塩野・前掲注4）381頁）、立法時に想定しえなかった事情については、通常、事後的な裁判による救済によることになろう。
20) 予防接種禍に対する損失補償構成について、小幡「予防接種と国家賠償責任」宇賀克也＝交告尚史＝山本隆司編『行政判例百選II』〔第6版〕（有斐閣・2012）462頁、宇賀克也「予防接種被害に対する救済」高木光＝宇賀克也編『行政法の争点（ジュリスト増刊）』（有斐閣・2014）162頁等。

定されると同時に、補償金の支払いについても規定されており、法令により直接、あるいは法令に基づく行政作用により、私人の財産権等が剥奪される結果が生じ、その意図された侵害結果に対して補償を行う場合がほとんどである。

しかしながら、事業損失の場合も含め、法令において意図されていた損失よりも広い範囲に損失が及ぼされる可能性はあり、立法当初に意図されていた侵害結果を厳密に確定することが困難である場合が存することに鑑みるならば、損失補償の概念として、その意図された侵害結果に限る必要性はないと考えられる。逆に、意図された侵害結果でなくても、現実に被害が生じている以上、それが特別の犠牲に該当するかについて、補償の要否の判断を行うべき場面が生じているといえよう。法令で認められていない侵害作用が事故的に発生した場合には、通常は、国家賠償の範疇で処理されると思われるが、不可避に発生するものなど、特別の犠牲の状況にある場合も考えられうる。

なお、自然災害の被災者支援の制度については、法令に基づく侵害といえないことは明らかであるが、自然災害に対して国・公共団体が補償する仕組みは、一部の地域が被った特別偶然の損害を全員の負担にならす意味で、広い意味での特別の犠牲としてとらえることが可能であるため、この点でも、概念として損失補償を狭めることは適当ではないといえよう。

(3) **侵害行為の適法性**　侵害作用が法令に基づかない違法なものであれば、損失補償ではなく、国家賠償の枠内で処理されるとするのが、従来の二分論であったが、適法性・違法性については、当該侵害作用の根拠法令に照らしての違法性をいうか、あるいは、侵害結果からみた不法性をいうかによって、そもそも異なりうるものであるため、違法行為による損害賠償との区別も含めて議論となりうるところであろう。[22]

行政処分等の侵害作用の名宛人に対する関係では、根拠規定等法令の要件に照らして適法であるとしても、第三者に対して損害が及ぼされる場合については、第三者に対する損害が受忍限度を超える重大な不利益である場合には、当

---

21) 後出・**判例3**のように、河川工事における発破により、付近の養鰻場の鰻が大量斃死したことは予想されない侵害作用であったとされた例がある。
22) 適法に行われていればそれにより被った損失の補償が認められる行為が、違法と判断される場合にも、損失補償を請求できるとすべきであるから、加害行為の適法性は、損失補償の要件とすべきではないとする見解として、芝池・前掲注4) 203頁参照。

該第三者にとっては違法性を構成するという見方も可能であり、1つの侵害行為が、一方では、適法となり、他方では、違法となされるという状況も認められる。このような場合も含め、損失補償の概念要素を適法行為のみに限る必要はなく、違法行為との峻別が困難であることを前提にしつつ、場合によっては、適法・違法を柔軟に解して損失補償の範疇で対応すべき場合も存することになろう。

(4) **侵害原因についての有責性の不存在**　通常、損失補償においては、特別偶然の損失を対象とする補償が典型例であるため、被侵害者側に侵害を受ける理由（一種の有責性）が存在しないことが前提とされている。例えば、財産権の剝奪または当該財産権の本来の効用の発揮を妨げることとなるような侵害は、「権利者の側に、これを受忍すべき理由がある場合でないかぎり」、当然に補償を要するとされ、許可等の撤回の際の損失補償についても、撤回を必要とする事由を私人の側が生ぜしめた場合には、補償を要しないと解されている[24]。このような侵害原因に係る有責性の存否は、まさに、補償の必要性を検討する際の考慮事由であって、損失補償の概念を画するものではないことに留意すべきであろう[25]。

　以上のように、損失補償の概念としては、土地収用による補償のような典型例の提示はできるとしても、それ以上に概念として狭く画することは困難であり、むしろ、概念として画するよりは、損失補償の範疇の中で位置づけ、補償の要否の問題として審理・判断していく状況を作るべきであろう。そのような立場に立つならば、違法行為に対する国家賠償との近似性も強まり、国家補償としての統一的把握はより容易になると思われる。

---

23) 今村・前掲注15) 19、30頁等。例えば、消防法29条の破壊消防の規定は、補償の要否を決定づける要素として、自らの責任範囲での警察違反の状態の有無を表しているといえよう。
24) 最判昭和63・6・17判時1289号39頁。須藤陽子「許可等の撤回と損失補償」芝池義一＝小早川光郎＝宇賀克也編『行政法の争点（ジュリスト増刊）』〔第3版〕（有斐閣・2004）98頁等。
25) 例えば、従来承認されてきた添加物の安全性に問題が存することが、後の技術進歩によって判明したためになされた承認の取消しによる損害について、侵害原因についての有責性をどのようにみるべきかは必ずしも明らかではない（後出・**判例6**参照）。

III 国家賠償責任の概念
1 国家賠償法1条1項の違法性

　国家賠償法1条1項は、「公権力の行使」による国・公共団体の不法行為責任を定めているが、「公権力の行使」については、広義説がとられており、権力作用から非権力作用、サービス行政、行政指導等まで含めて、多様な行政作用が対象とされている。[26]国家賠償法1条1項の責任要件である違法、故意・過失については、条文の文言どおり、違法性と故意・過失とを分離して、行政処分の法令上の要件に照らしての違法性と、注意義務違反を内容とする過失との両者を責任要件として必要とする違法一元説と、違法性と過失を一体化して職務上の注意義務違反を要件とする職務行為基準説（違法相対説）とが併存し議論されているが[27]、国家賠償法1条の「公権力の行使」は多様であるため、一律に議論すべきではなく、加害行為の類型によって分けて考えるべきではないかと思われる。

　すなわち、広義の「公権力の行使」の中で、権力作用である狭義の公権力の行使と、それ以外の非権力作用等を区分し[28]、㈠法令によって何らかの形で私人の権利・利益を侵害することが認められている行政作用においては、その侵害作用が法令上の要件に合致しているか否かが重要な責任要件として位置づけられるべきであるが、これに対して、㈡当該加害行為が権力作用でない場合には、そもそも適法に私人の権利・利益を侵害するという事態は生じえないため、要件等に照らしての適法性審理は不要となり、侵害結果を及ぼしていることがすなわち不法行為の局面となり、違法性と過失とが一体化した形での職務行為基準説も妥当しうる状況が多いと考えられよう。

　したがって、ここでは、㈠の法令に基づく侵害作用を対象として、国家賠償法1条の違法性についての議論をみていくこととしたい。違法一元説は、国

---

26) 宇賀・前掲注2) 24頁等。広義説は、国または公共団体の作用のうち純粋な私経済的作用と国家賠償法2条の対象である営造物の設置管理作用を除くすべての作用が含まれるとする。
27) 北村和生「国家賠償における違法と過失」高木＝宇賀編『行政法の争点（ジュリスト増刊）』（前掲注20)）147頁、同「所得税更正処分と国家賠償責任」宇賀＝交告＝山本編『行政事例百選Ⅱ』〔第6版〕（前掲注20)）466頁等。
28) 山下淳＝小幡純子＝橋本博之『行政法』〔第2版補訂〕（有斐閣・2003）236頁。宇賀・前掲注2）165頁も、行為規範が事前には詳細に明示されていない場合に、過失一元的処理がなされるとしているが、狭義の権力作用においては、行為規範が根拠法令において明示されるべき類型であるといえよう。

家賠償法上の違法は、客観的な法規範違反であり、抗告訴訟における違法と同一であると解するのに対して、違法相対説は、国賠法上の違法と、抗告訴訟上の違法とを別個にとらえるもので、客観的な法規範違反が存したとしても、職務上通常尽くすべき注意義務を尽くすことなく当該処分を行ったかどうかによって、国家賠償法上の違法を判断するという職務行為基準説が存する。最高裁は、後の裁判で無罪が確定した場合の検察官の公訴提起行為に関する国家賠償請求について、結果違法説を排して、職務行為基準説をとり、一般行政処分についても、更正処分国家賠償訴訟において、「職務上通常尽くすべき注意義務を尽くすことなく漫然と更正をしたと認め得るような事情がある場合に限り」、国家賠償法上の違法の評価を受けるとして職務行為基準説に立っており、ほかにも違法相対説をとる判例が多いとされているが、他方で、処分要件を充足していないことをもって違法としながら、法律の解釈を誤ったことについて、過失がないとする最高裁判決もみられる。

このような判例の状況に対し、行政法学説上は、行政処分に関する国家賠償請求については、違法相対説（あるいは職務行為基準説）ではなく、違法一元説（公権力発動要件欠如説）をとるものが多数説となっている。狭義の公権力の行

---

29) 違法一元説については、様々な呼称が用いられているが、公権力発動要件欠如説とも呼ばれる（宇賀克也『行政法概説Ⅱ』370頁、同・前掲注2）67頁参照）。国家賠償法1条の責任は、法令上の要件の欠如による違法性を認定した上で、故意・過失が判断されることになる（北村・前掲注27）「国家賠償における違法と過失」78頁、橋本博之「判例実務と行政法学説」小早川光郎＝宇賀克也編『塩野宏先生古稀記念　行政法の発展と変革(上)』（有斐閣・2001）380頁以下等）。

30) 違法相対説をとる学説では、国家賠償法上の違法は、事後に発生した損害を誰に負担させるのが適当かという意味での判断であるとするものがある（遠藤博也『実定行政法』（有斐閣・1989）272頁、同・前掲注2）167頁参照）。

31) 芦別事件：最判昭和53・10・20民集32巻7号1367頁。なお、ここでの職務行為基準説は、起訴・公訴追行時の行為規範として提示されたものであり、後の判例における職務行為基準説は、ここから変質していると解される（宇賀・前掲注29）368頁）。

32) 奈良更正処分事件：最判平成5・3・11民集47巻4号2863頁。住民票続柄記載事件：最判平成11・1・21判時1675号48頁も同様。井上繁規「最高裁判所判例解説」曹時46巻5号1010頁、喜多村勝德「行政処分取消訴訟における違法性と国家賠償請求事件における違法性の異同」藤山雅行編『行政争訟（新・裁判実務大系(25)）』（青林書院・2004）472頁以下等参照。

33) 外国人国保事件：最判平成16・1・15民集58巻1号226頁。監獄法幼児接見拒否事件：最判平成3・7・9民集45巻6号1049頁も同様に、処分要件の欠如による違法性の判断と過失判断という二段階の審理がなされている。

34) 塩野・前掲注4）321頁、藤田宙靖『行政法Ⅰ』499頁、阿部・前掲注8）14頁、西埜章『国家賠償責任と違法性』（一粒社・1987）80頁、芝池・前掲注4）239頁等。

使である行政処分は、処分要件に適合していれば適法に人の権利・利益を侵害することが認められている行政法に特有の領域で、客観的法規範に照らしての適法・違法が観念できるため、まず処分要件の欠如について審理し、違法であれば、さらに故意・過失について判断するという二段階審理を行うことが、国家賠償法1条1項の条文に忠実で、国家賠償責任の特質も合致し、合理的と考えられよう。[35]

　上記のように、国家賠償法1条の中でも、(ア)の狭義の「公権力の行使」についてみるならば、法令の根拠に基づき適法に人の権利・利益を侵害することが認められているため、適法に財産権等を侵害する行為類型である損失補償との類似性をみることができる。国家賠償においては、国・公共団体が法令に定められたとおりの行為を行い、意図したとおりの結果が生じていれば、それは取りも直さず、適法な行為であるため、損害賠償責任は生じないが、他方で、損失補償においては、意図したとおりの侵害結果に対して、補償を行うことになる。例として、私人が法令上の許可を得て認められていた活動が、許可の取消しによって認められなくなった場合に生じた損害については、当該取消処分が違法であれば（例えば、公益上の必要性が認められないにもかかわらず撤回した場合等）、損害賠償の問題になり、当該処分が適法であれば、補償の要否の問題となる。[36]こうした場面では、当該取消処分が違法であるか適法であるかをまず問題とすべきであって、その上で、違法とされた場合に国家賠償の問題となると考えられよう。このように損失補償における適法な侵害作用の行為類型と共通に括ることによって、国家賠償法1条1項の違法性についても、侵害行為の要件に照らしての違法性判断が必要になる場面を明確に意識することが可能になると考えられる。

　さらに、当該侵害作用に違法性がなく、国家賠償の問題とはならないとされた場合にも、他方で、適法行為として損失補償を要する場合にあたるか否かにつき検討する必要性が、潜在的には存在しているのではないかという問題意識

---

35) 処分要件について先に判断することになるため、国家賠償訴訟の適法性統制機能（違法抑制機能）を働かせることが可能となり、この点では、通常、職務行為基準説より優れていると解されている（これを疑問とする見解として、喜多村・前掲注32) 480頁)。
36) 須藤・前掲注24) 98頁、阿部泰隆「行政財産の使用許可の撤回と損失補償」『行政法の解釈』（信山社出版・1990）168頁等。

をもつことも可能であろう。

2　国家賠償法2条1項の瑕疵

　国家賠償法2条1項は、道路等の公の営造物の利用者が偶発的に被る事故における損害（河川水害も含む）【物的性状瑕疵】と、道路・空港・鉄道等の公の営造物が供用目的どおりに公共の利用に供された結果として周辺に及ぼされる損害【供用関連瑕疵】とに大きく分けることができ、設置・管理の瑕疵は「通常有すべき安全性」を欠いていることを要件としているが、その内容はそれぞれ検討される必要がある。[37]

　供用関連瑕疵類型においては、受忍限度を中心として瑕疵判断がなされているが、周辺住民に騒音・振動・排ガス等による被害を及ぼすような道路等の設置・管理について、適法行為とみるか、違法行為とみるかについては、道路の設置等に関わる根拠法令違反の存否によって適法・違法を判断するか、あるいは、周辺住民に対する関係での違法性を観念するかによって異なりうる。道路・空港等について、その設置自体を許している以上、供用目的に沿った利用がなされるのは予想されるところであり、設置行為のみをとらえるならば、適法性を認めざるをえないと思われるが、設置後の供用の結果、走行台数・利用時間等のコントロールを行う管理を含めて考えるならば、周辺住民への影響に配慮した管理が行われないことを違法とみることができ、現在の判例においても、国家賠償法2条1項の損害賠償責任が認められている。[38][39] ただし、高架橋の設置による日照被害や地価下落の被害については、道路等の公の営造物の適法な設置から生ずる損失として、事業損失ととらえることも考えられよう（後出・判例2）。

　他方、物的性状瑕疵として、道路の利用者に及ぼされた事故や河川の水害については、当該施設が「通常有すべき安全性」を欠いているか否かによって瑕疵が論じられており、義務違反説的構成によっても、営造物の安全性の欠如が

---

37) 小幡「営造物の管理の瑕疵の意義」高木＝宇賀編『行政法の争点（ジュリスト増刊）』（前掲注20））156頁。
38) 周辺住民に及ぶ被害が受忍限度を超えれば、国家賠償法上違法行為とされ、また、差止請求も認められる可能性がある（差止めについては、本書第2章第3節注57）参照）。
39) 大阪空港騒音公害訴訟最高裁判決（最大判昭和56・12・16民集35巻10号1369頁）、国道43号線騒音公害訴訟最高裁判決（最判平成7・7・7民集49巻7号1870頁）等。

中心に据えられている。[40] 瑕疵の有無については、当該公の営造物の事故発生状況下で、利用者が合理的に期待しうる安全性など、「通常有すべき安全性」の一定の水準を設定して、これを下回れば瑕疵が存するととらえることも可能であって、[41] 一定の備えるべき安全性の水準内であれば、瑕疵は否定され、その限りで、適法とみなされることになる。この場合には、適法な設置・管理によって及ぼされた侵害結果について、補塡なしで受忍されるべきかという損失補償としての見方も生じうることになろう。限られた予算の中で、備えられる安全性の水準には限界があるとすれば、その中で事故が生じた場合には、特別偶然の損失として、損失補償の枠組みの中で補償の要否を判断する可能性もありうるところであろう。[42]

IV 損失補償・国家賠償の融合事例の検討

従来の国家補償は、損失補償と国家賠償のそれぞれについて法理論を展開してきたが、これまでみてきたように、損失補償の概念には、なお広い包含可能性があり、また、国家賠償においても、損失補償との統一的把握によって、新たな視点がもたらされる可能性があるといえよう。従前の判例においても、ある損害について、損失補償として構成し、あるいは国家賠償と構成したり、その対応が区々であることは、両者を完全に峻別できない場面が多いことを示すものであるといえよう。

1 事業損失類型

従来から、損失補償・国家賠償の谷間の類型として、事業損失の概念が提示されていたが、[43] 判例上は、損失補償と国家賠償の両方からのアプローチがなされていた。以下に若干の例を掲げる。

判例1 一般国道に面する店舗を有していた者が、土地の一部を収用され、高架道路が設置されたことに伴い、店舗前の自動車の通行量が減少し、営業

---

40) 國井和郎「営造物管理責任」多胡圭一編『21世紀の法と政治 大阪大学法学部創立50周年記念論文集』(有斐閣・2002) 189頁等。
41) 利用者が合理的に期待しうる安全性の水準など、利用者の利用方法との関わりで、安全性基準を設定することも可能である(本書第2章第2節第2項参照)。
42) 高知落石事故判決(最判昭和45・8・20民集24巻9号1268頁)では、国家賠償法2条を無過失責任として位置づけており、損失補償的構成との類似性をみることができる。
43) 宇賀・前掲注2) 311頁以下等参照。

継続が不能となったため、店舗を廃棄した場合に、当該損失は、土地収用そのものによる損失ではないが、当該高架化事業に起因して生ずる事業損失として補償の対象とされるべきであるとして、土地収用法68条及び74条により、あるいは憲法29条3項に基づき、損失補償を請求した事案について、「事業損失……とは、事業の施行予定、工事の施行過程又は工事完成後における施設の形態、構造、供用に起因して被収用者又は周辺住民が被る損失又は損害をいう」として、店舗前を走行する自動車の通行量が減少したのは、交差点の混雑を避けたり、自動車道に入る利便性から高架道を使うようになったためであって、施設の形態、構造、供用に起因する損害とはいえないとして、廃業による建物廃棄による損失は、損失補償の対象とはならないとされた（名古屋高金沢支判平成5・4・26行集44巻4＝5号363頁）。

判例2　九州新幹線の軌道・架線及び高架橋の設置・管理により日照阻害、騒音被害、地価の低下による被害を被ったとして、周辺住民が国家賠償法2条1項に基づき損害賠償を求めた事案について、高架橋による日照阻害については、「本件高架橋は、そのような被害〔日照阻害〕が発生することを半ば予想しながら設置されたものと判断されるところであって、その設置上の瑕疵により損害賠償を要する程度の日照阻害が生じたもの」とされ[44]、地価下落については、「所在場所自体が……日照阻害や騒音被害を伴う地域となったことにより、賠償を相当とする程度の、地価の下落という経済的損害が生じたものと優に推認することができるところ、この損害についても、本件鉄道施設の設置・管理の瑕疵によるものである」とされた（鹿児島地判平成19・4・25判時1972号126頁）。

判例3　県が発注した河川工事に際し発破を実施した際、養鰻場で冬眠中の鰻が大量斃死したため、県が養鰻場の経営者に対して損失補償を行ったところ、補償をすべき場合にあたらないと主張する住民訴訟が提起された。裁判所は、憲法29条3項の趣旨による河川法89条8項に基づくものとして、損失補償は適法であるとした（神戸地判昭和61・10・29判タ637号99頁）。住民訴訟の原告側は、改修工事を行う河川の近くに養鰻場があり、ダイナマイトによる

---

44)　騒音については、「高架橋を含む本件鉄道施設の設置・管理の瑕疵により、損害賠償を相当とする程度の騒音被害を受けた」とした（その後の音源対策工事により環境基準を満たす状況になって、被害はやんだと認定）。

発破を繰り返せば養殖中の鰻に被害を及ぼすおそれが十分に予想されたにもかかわらず、これを防止するための何らかの措置をとることもなく漫然とダイナマイト発破を繰り返したことを管理の瑕疵ととらえて、国家賠償法2条1項に基づく損害賠償として扱うべきであると主張するが（原告の主張では、国家賠償法2条2項の求償権の問題になるとする）、判決は、ダイナマイト発破自体は違法とはいえないし、本件養鰻場の鰻が大量に斃死する被害を及ぼす危険は当時一般にも予想されていなかったことから、管理上の瑕疵は存しないと解され、民法上の過失も存しないとした。判決によれば、「従来、不法行為に基づく損害賠償と適法行為に基づく損失補償とは異なる制度、異なる理論に基づいて発展してきたものであるが、今日においては、双方から接近しいずれの場合にも損害の公平負担の見地から、被害者の損害の補塡に重点を置いて問題を解決しなければならない事情が生じており、本件のような公共事業により第三者にもたらされるいわゆる事業損失は、その一例というべき」とされ、「損害賠償を請求すべき場合には損失補償を一切請求できないと解することは相当でない」と判示されている。[45]

判例4　自然公園内の観光地で旅館の経営者が、ダムの設置・運営及び道路の拡幅工事によって、観光名所内の樹木が伐採され、コンクリートブロックで擁壁工事を施工されたことにより、自然景観の眺望を享受する利益や水資源を利用しうる利益等に損失を被ったとして、国家賠償法1条1項に基づく損害賠償請求を求めたのに対し、ダムの設置・運営はすべて関係法令に則って適法に行われ、道路拡幅工事も道路法所定の手続により適法に施工されており、いずれも適法な行政行為に基づくものであって、公権力の行使につき違法性は認められないとされた（福岡高判昭和63・5・26判時1474号74頁）。[46]

以上の判例は、いわゆる事業損失といわれる損害については、国家賠償請求をする場合や損失補償として請求する場合等、様々であって、違法行為か適法行為かによって訴訟形態が異なることのリスクを、実際上、被害者が負うこと

---

45) 「正当な補償」とは、「損害塡補の観点から十分に原状回復せしめることを要し、その補償の範囲は一般犠牲とは区別された前記特別の犠牲に対してのみ及ぶものというべき」とされた。
46) 上告審（最判平成5・7・20民集47巻7号4627頁）は、憲法29条3項に基づく損失補償請求の追加的併合を控訴審で行うには、相手方の同意が必要であるとした。

になる状況を示すものともいえよう。このような事例は、従来から、適法行為による補償と違法行為による賠償との谷間にあるものとして認識されてきたが、**判例3**が明確に示しているように、国家補償として統一的把握をすることは、救済のための概念の整理として有用であろう。**判例1**は、高架道による交通の流れの変化のために廃業に陥った事業損失について、損失補償として請求して認められなかったケースであるが、**判例2**は、鉄道高架橋等による周辺土地の日照阻害等の地価下落分を含めて国家賠償法2条1項で賠償の対象としており、補償の性質を強く有している賠償というべきである。実際には、憲法29条3項に基づく直接請求よりは、国家賠償請求によるほうが裁判所に認められやすいことから、国家賠償に近付けて請求される傾向があるが、他方で、**判例4**のように、国家賠償として請求したところ、明確に適法行為とされた場合には、損害賠償の範疇にないとして否定される場合も存する。

2　適法な侵害作用による損害の救済

　法令上侵害作用として容認されている行政作用によって、権利・利益を侵害された名宛人あるいは第三者が、自らが被った損害について救済を求める場合には、従来から、損失補償の形態を用いる場合、国家賠償請求の形をとる場合、様々な事例がみられた。以下に若干の判例を掲げる。

判例5　町が中学校を建設した結果、Xが鉱業権を有していたにもかかわらず、鉱業法64条により鉱石を採掘することができなくなったことから、町の土地取得が違法であるとして不法行為による損害賠償を求め、併せて憲法29条3項に基づく損失補償についても求めた事案について、鉱業法64条は、「鉄道、河川、公園、学校、病院、図書館等の公共施設及び建物の管理運営上支障がある事態の発生を未然に防止するため、これらの近傍において鉱物を掘採する場合には管理庁又は管理人の承諾を得ることが必要であることを定めたものにすぎず、この種の制限は、公共の福祉のためにする一般的な最小限度の制限であり、……特定の人に対し特別の財産上の犠牲を強いるものとはいえない」とされた（最判昭和57・2・5民集36巻2号150頁）。

---

47)　実際上、直接補償請求が認められた例はほとんど存しないことについて、遠藤・前掲注30)『実定行政法』212頁等。なお、最判平成17・11・1判時1928号25頁において、藤田宙靖判事の補足意見では、憲法29条3項に直接基づいた補償請求なのであるから、裁判所が「明確な法律の規定が無いことを理由に判断を避けることは、許されない」と明示されている。

48)　原審は、不法行為に基づく損害賠償請求について、町の害意を否定し、棄却している。

判例6 食品添加物の指定が取り消されたことによって損失を被ったとして、当該添加物を取り扱っていた業者が、厚生大臣の指定を取り消した措置の違法を主張して国家賠償請求を行い、併せて、指定取消しによる損失に対する損失補償を請求した事案について、判決は、当該措置について、答申の内容から科学的根拠があるものと認められるなどの理由から、指定取消しの違法性を否定して、国家賠償請求を斥け、かつ、「一旦は食品添加物の指定を受けながら、その後の自然科学の発達によってその安全性に疑問が抱かれて、指定の取消がなされることがあっても、それは、化学的合成品である食品添加物に本来内在する制約であるというべきである」として、損失を補償すべきものであるとはいえないとした（東京高判昭和53・11・27判タ380号94頁）[49]。

判例7 温泉法に基づくAに対する温泉動力装置許可処分により、近隣の既存温泉業者が、自らの温泉湧出量が減少する損害を被ったとして、Aに対する許可処分につき審議会の諮問を経ない違法がある旨主張し、また、Aに対する動力装置許可処分によって、近隣の既存温泉の湧出量が減少したのは、何ら正当な補償なくして財産権を侵害したものであるから、憲法29条に反すると主張した事案において、温泉法の趣旨は、「公益的見地から掘さく等が差支えないと認められるかぎり、多少既存の温泉井に影響を及ぼす場合でも許可しなければならない」と解せられ、「財産権に対するこのような制約は、公共の福祉のために受忍しなければならないものというべき」として、損失の補償をしないからといって、憲法に違反しないとされた（最判昭和46・1・22民集25巻1号45頁）。

判例8 個室付浴場の営業禁止区域を拡大する県風営条例改正の結果、新たに営業禁止区域とされた区域で開業準備に着手していた者が開業不能に陥った事案について、裁判所は、行政権の濫用として損害賠償責任を認めたが、同時に、開業準備を行っていた業者が不可避的に被った損失については、特別の犠牲にあたるものとして、損失補償の必要を生ずる余地はあるとして、憲法29条3項に基づいて損失補償を直接請求しうることも認めた（新潟地判昭和58・12・26判時1129号110頁）[50]。

---

49) 第一審（東京地判昭和52・6・27判時854号30頁）は、企業活動一般に伴う危険として受忍すべきであると述べて、国の損失補償義務を否定した。
50) この事案では、児童遊園の設置や確認申請の受付拒否と相まって、行政権の著しい濫用であると

判例9 地方公共団体の長が、選挙の結果、住民の意思に添って工場誘致の方針を変更したため、工場建設を準備していた者が被った損害について、「社会観念上看過することのできない程度の積極的損害を被る場合に、地方公共団体において右損害を補償するなどの代償的措置を講ずることなく施策を変更することは、……違法性を帯び、地方公共団体の不法行為責任を生ぜしめる」とされた（最判昭和56・1・27民集35巻1号35頁）。

　このような過去の判例は、法令に補償規定がなく、事後的に救済を求める場合に、損失補償として請求すべきであるか、国家賠償として請求すべきであるか、明確でない場合が少なくないことを示すものである。侵害作用が法令上の要件に合致しているか等の適法性自体が争われる場合には、国家賠償請求の中で、違法性の有無の審理がなされる場合が多いと思われるが、いったん違法性が否定された場合には、適法行為としての審理がなされるとしても、いずれも侵害作用による侵害結果は同一であるため、救済を求める立場からは、できる限り柔軟な対応が望まれるところであろう。[51] そもそも、損失補償の概念を入り口では広くとり、その上で、補償の要否を判断するような仕組み（前述）を考えるならば、国家賠償請求にせよ、損失補償請求にせよ、事後的に金銭補塡を求める構図には変わりないため、国家補償としての統一的把握の意味を、ここで積極的に機能させることも考えられるところではないかと思われる。

第2項　国家補償法の行政法体系の中での視座の設定

I　適法な侵害作用の類型としての共通理解
1　事後的損失補償と損害賠償

　損失補償は、従来から行政法学において、独立した1つの重要項目として位置づけられていたが、補償の原因となる作用に着目するならば、法令上、一定の侵害結果がもたらされることを認めながら、当該侵害作用を容認しており、法令に基づき、私人の権利利益を適法に侵害しうる点で、私人間の行為にみられない行政法に特有の作用領域であるということができよう。そこでの侵害作

　　して、損害賠償請求が認められた。
51)　損害賠償と損失補償とでは、賠償（補償）額の算出において、得べかりし利益や慰謝料等について相違がみられるとされる場合もあるが、この点は後述する。

用による結果に対して金銭による塡補が行われる場合を、損失補償として類型化したものととらえることができる。逆に言えば、補償が付与されることを条件として適法な侵害作用とされているとみることもできるため、許容される侵害作用は、通常、財産権に対する侵害に限られることになる。典型的には、法律で、侵害行為を特定し、併せて補償規定が置かれるのが通例であるため、法令上補償規定が置かれている場合について、損失補償としてとらえるのが一般的であったといえよう。

　しかしながら、補償が法令上定められていない場合にも、憲法29条3項による直接補償請求を認める判例・通説の立場に立つならば、侵害作用の後、事後的に損失補償の請求を行い、損失補償を要するか否かが判断される限りにおいて、事後的な損害賠償と同様のレベルでとらえることが可能となる。

　特に、損失補償において、直接法律に基づく制約ではなく、法律に基づき行政庁の処分により制限が命ぜられる場合等（一定の行為を不許可とする処分も含む）については、当該法令に補償規定がなく、また、行政庁が補償せずに行為を制限した場合には、処分の適法性の審理とともに、補償の要否が争われることになろう。例えば、私人の許可されていた活動について、公益上の理由によって許可の撤回処分がなされた場合には、まず、国家賠償訴訟で処分の違法を争い、当該処分が適法とされた場合には、次に、補償の必要性が議論されることになる。また、処分が客観的に処分要件等に照らして適法であるとしても、当該被侵害者に対する関係では違法であるとして、不法行為の問題ととらえて、国家賠償の中で論じられる場合もある。**判例9**においては、誘致された工場に対して、意図された加害行為であったが、当該行為自体は住民意思に添った適法なものともみなされうるため、本来、損失補償の範疇でとらえるべき性質のものと考えられるが、実際には、損害賠償請求として提起された場合には、損失補償についても、不法行為の賠償責任の枠組みの中で審理される例もみられる。

判例10　　地上に存在する米駐留軍の板付基地付属設備に対する保安という観点から採掘不可区域を設定し、原告である鉱業権者の施業案について、これに抵触するとして不認可処分がなされ、既認可の施業案に対しても採掘停止が命じられたため、原告は鉱業法53条の2による補償を要求したが、交渉が進まず補償されなかった事案について、「調達局長は、……適切な措置を執

らず、結果的には漫然と補償を引延してきたものであって、その結果原告をして、閉山の止むなきに至らしめたものというべく、不法に原告の鉱業権を侵害したものと解する」と判示して、（補償しないという）不作為は不法行為を構成するとして、国家賠償法1条1項の損害賠償責任を認めた。ここでは、国の賠償額は、正当に補償が行われたならば得られたであろう利益と解すべきとされた（東京地判昭和41・6・27判時468号9頁）。

　損失補償については、法令に基づく補償請求か、あるいは直接憲法29条3項に基づく補償請求が、通常考えられているが、特に行政処分が介在している場合には、処分が適法であるか違法であるか、さらに、適法であることを前提としつつ、補償をしないことを違法ととらえて、上記のように国家賠償を請求することもありうることになる。上記のケースでは、補償をしないで侵害行為を行ったことを損害賠償の問題として認定しているが、実質は、損失補償の枠組みで補償を行うべきところが、国家賠償の文脈で論じられているとみることもでき、いわば「補償代替型国家賠償」としてとらえることもできよう。

2　補償代替型国家賠償

　ある侵害作用によって及ぼされた損害が、一方で、国家賠償として請求され、他方で、損失補償として請求された場合には、国家賠償は民事訴訟手続で、損失補償は行政訴訟手続（実質的当事者訴訟）で審理されるため、訴えの併合が認められるにせよ、両方の訴訟が必要となる。[52] 判例4では、国家賠償訴訟において、違法性が否定され、適法行為と判断されたため、行政訴訟としての損失補償請求訴訟を提起しなければならなくなったものであるが、先行している国家賠償請求訴訟において、補償代替型国家賠償が認められるならば、被害者にとっては、便宜な救済手法となろう。この場合には、根拠法令上適法である行為について補償が必要であるか否かが、損害賠償として審理されることになるが、責任の判断においては、補償を行うべきところ、これがなされていない点をとらえて違法とし、ほぼ故意を認定することができるのではないかと思われ

---

52)　判例4は、控訴審における国家賠償から損失補償への訴えの併合は、相手方の同意を要するとした。異種の請求であるから、訴えの併合は許されないとする見解も存するが、少なくとも同一の損害についての国家賠償と損失補償は、請求の基礎を同じくするものであり、訴えの併合を認めるべきであろう（宇賀・前掲注2）383頁）。

る。

　なお、ここでは、本来損失補償として算出すべき補償額が、損害賠償額として算出されることになり、伝統的に、賠償と補償とでは填補額に差があるとされてきたところであるが、必ずしも既定のものではなく、少なくとも、同一の侵害作用による同一の損害（損失）について、賠償的構成をするか補償的構成をするかによって、差を設けることは妥当ではないと考えられよう。[53]

　このように、適法行為による損失補償類型を国家賠償の中に移入するとらえ方は、行政法に特徴的な侵害作用としての適法な侵害作用類型を共通の括りとすることによって、理解が容易になるものといえよう。法令に基づく適法な侵害作用としての統一的把握は、損失補償と国家賠償との間の垣根を低くして、相互の流動性を高め、結果的に、救済の便宜に資するものということができるのではないかと思われる。

II　「公権力の行使」（狭義）と補償の要否

　国賠法1条1項の「公権力の行使」のうち、権力作用である狭義の「公権力の行使」については、私人の権利・利益を侵害することが法令上認められている侵害作用であるため、適法な侵害作用を認める損失補償と同様に、行政法に特有の行為類型であるということができる。その中でも、侵害作用自体は適法になされるが、その損害結果に対して、補償を要する場合を抽出して類型化しているのが損失補償であるが、適法行為による侵害作用という行政作用の性質は同一のものと観念できるのであって、そこでの違いは、法令に基づく適法な侵害作用について、補償を要するか否か、言い換えれば、補償が必要とされて初めて適法となる侵害作用であるかというメルクマールによることになろう。

　法令上認められている侵害作用は、不利益処分、許認可等拒否処分、侵害的事実行為等、多様であるが、[54]いずれも根拠となる法令に要件が定められており、当該要件に合致している場合には適法となるが、通常の場合には、そのような

---

53)　補償的構成の場合には、賠償的構成とは異なり、逸失利益や慰謝料、弁護士費用等が対象とならないとされていたが、必ずしも既定のものではないとの見解もある（宇賀・前掲注2）317頁、阿部泰隆「賠償と補償の間」曹時37巻6号1418頁等）。
54)　適法な侵害作用としては、法的行為のみでなく、即時強制、行政上の強制執行、立入調査等の行政調査などの事実作用も、法令に基づいて容認される公権力の行使として、この類型に位置づけられるといってよい。

適法行為によって、名宛人に対して損害が及ぶことは当然前提とされ、あるいは、当該行為の意図された目的それ自体ともいえることにあろう。その際、損失補償の問題とならないのは、侵害作用を定めた法規の立法者の判断の中に、一定の要件の下で侵害作用を行う必要があり、かつ、そのための損害を当該名宛人に負わせる、あるいは、受忍させるのが適当であるという判断が、潜在的に先行していたことによると考えられる。

損失補償においては、「特別の犠牲」という観念、公平原則、公の負担の前の平等原則などが、補償のための根拠となる理念として提示されてきたが、そこでは、侵害作用を受ける側に原因となる事由（有責事由）が存する場合には、「特別偶然の損害」にはあたらないため、補償を要しないとする解釈がなされてきた。[55] 不利益処分、許認可等拒否処分においては、侵害される行為の名宛人には、自ら不利益処分を受ける原因、例えば、法令違反事実などが存しており、あるいは、許認可等を申請したが、許認可要件を満たさなかったという事情を自ら有していることになるため、仮に、損失補償の枠組みの中で整理するとしても、補償を不要とする結論が導かれることになろう。

他方で、自らの責めによらない公益上の理由による撤回処分の場合については、従来から、損失補償の問題として整理されてきた。例えば、漁業法上の許可・営業許可等や行政財産の使用許可が公益上の理由から撤回される場合には、[56] [57]それが適法な行為であれば、損失補償として、補償の要否の問題となりうる。

また、適法な不利益処分や許認可等の処分によって名宛人以外の者に損害が及ぶ可能性も考えられ、例えば、温泉許可によって、既存温泉業者の湧出量が減少した場合（**判例7**）や、施設の設置許可によって、付近住民が損害を被った場合が想定されうるが、当該作用が根拠法令に照らして適法である場合には、適法行為による第三者に対する損失と解することもできる。

いずれも、当該侵害作用が、適法行為と解される限りにおいては、損失補償の問題とされるのが従来の通例であるが、そもそも当該作用が適法であるか否

---

55) 財産権の側に規制を受ける原因が存する場合には、補償を要しないとされる（前掲注23)～25)参照)。消防法29条1項は、火災が発生した消防対象物の使用・処分については、補償を不要とする（塩野・前掲注4）362頁等）。
56) 例えば、漁業法39条1項は、公益上必要があると認めるときは、漁業権の変更、取消し、停止を命ずることができる旨規定している。
57) 最判昭和49・2・5民集28巻1号1頁等。

かが争われる場合も多いことを考えるならば、損害賠償として請求されたものを、損失補償として別の範疇に押しやることが適切であるか否か、ここでも再検討する余地があろう。

III 供用関連瑕疵と補償代替型国家賠償

これまで、法令によって適法に侵害作用を行うことが認められている類型（適法な侵害作用類型）を共通の括りにすることを試みてきたが、国家賠償法2条1項の公の営造物の供用関連瑕疵類型においては、道路・空港等が設置され、供用目的どおりに公共の利用に供された結果、周辺に不可避的に及ぼされる損害として位置づけるのであれば、適法な侵害作用類型と類似の類型として整理することも可能である。特に、高架橋による日照阻害、騒音、振動等の生活妨害、それによる地価下落を損害と考えた場合には、周辺土地所有者が被る損失は、事業損失であって、これを**判例2**のように、国家賠償法2条1項の損害賠償として扱うのは、補償代替型国家賠償というべきであろう。

ただし、供用関連瑕疵は、道路・空港等の設置行為だけでなく、管理作用の瑕疵を含むため、一定の受忍限度を超えて大気汚染等の被害を及ぼす場合には、管理作用の違法性が認定されるべきであると思われる。[59]

第3項 小 括

本章は、行政法学において、国家補償法という体系の意義を再検討するとい

---

58) 例えば、私人の設置する産業廃棄物処理場に関しては、当該施設に対する行政庁の許可という行政処分に着目して、当該処分が要件に合致していれば、適法な許可処分によって付近住民に及ぼされる損害としてとらえることも可能である。ただし、施設許可の根拠法令の要件において、生活環境等第三者に対する損害への配慮が定められている場合には、許可処分自体が違法となる可能性も存する（違法行為とされたときには、監督処分等によって、行為自体を差し止めることも考えられる）。通常は、第三者に対して受忍限度を超える損害が発生しないように、許可要件等を定めることが想定され、その場合には、損害賠償の範囲において、第三者が被る損害が受忍限度を超える場合には、違法となり、受忍限度を超えない場合には、適法行為となると考えられるが、許可要件等で想定されていない被害が発生するときには、たとえ、処分要件を満たし、その限りでは適法であるとしても、なお不法行為責任が生ずる可能性も存し、また、損失補償としてとらえるとしても、受忍限度を超える被害がもたらされた場合には、補償を行うべきと解されることになろう。

59) 違法性を認めて国家賠償責任を認めるだけでなく、差止めの可能性も存する。差止めの点で、賠償的構成の方が優れているとする見解として、宇賀・前掲注2）316頁。なお、道路公害訴訟で、道路の通行車両からの排ガスによる大気汚染の一部差止めを認容した判決として、神戸地判平成12・1・31判時1726号20頁、名古屋地判平成12・11・27判時1746号3頁がある。

う視点の下に、考察を行ったものであるが、若干提示しえた点は、次のとおりである。

　第一に、私人間になく、行政作用に特有の領域として、法令に基づいて適法に人の権利・利益を侵害しうる作用類型として視座を設定する場合、そこには、(A)補償を行うことによって適法とされる損失補償類型と、(B)補償を要せず適法とされる一般の侵害作用類型とが存する。(A)類型は、多くの場合、法令上に補償規定が備えられているが、これが存在しない場合には、事後的に損失補償がなされる必要があり、被った損失についての金銭救済を裁判所に対して求め、補償の要否を裁判所が審理することになるため、その点では、国家賠償請求との類似性が観念できることになろう。(B)類型は、当該侵害作用が違法である場合には、直ちに、国家賠償の問題となるが、適法な侵害作用として存在する場合には、補償を要する場合にあたらないことについて潜在的に肯認し、あるいは前提とされているとみるべきであろう。ここでは、通常は、損害を被る原因が自らにある（侵害原因の有責性）と考えられるため、損失補償が必要な場面は生じないと解される。ただし、(A)類型においても、状況によっては、当該侵害行為の適法・違法自体が争われる場合もあり、また、憲法29条3項に基づく直接請求が実際上ハードルが高いことを予想するのであれば、補償を欠くことを不法行為とする補償代替型国家賠償を用いる可能性も考えられよう。また、(B)類型においても、国家賠償請求において、当該侵害作用の違法性自体が争われ、その違法性が否定されたとしても、侵害作用を受ける者が、自ら原因となる事由がないと主張する場合や、あるいは予測できない損害を被った場合には[61]、適法行為として、損失補償の要否の問題が生ずる可能性が存する。そのような場合には、改めて損失補償を求める訴訟を提起させることは、救済の便宜上妥当性を欠くため、補償を欠くことを不法行為とする補償代替型国家賠償によって、国家賠償請求の枠組みの中で、適法行為による補償の要否についても判断する途を認めることが妥当ではないかと思われる。

---

60)　前掲注47)。
61)　法令上の要件に合致した適法な侵害作用においても、当該作用の影響や結果のすべてを網羅的に、根拠規定たる要件の中に呈示し切れていない場合もあるため、公権力発動要件を具備した適法行為の外観を有するとしても、それを適法行為として断定的に論ずることが適切ではない場合も生じえよう。

従来から、事業損失については、補償代替型国家賠償を認める判例（**判例2**）も出ているが、適法な侵害作用としての統一的把握により、一般の侵害作用についても、国家賠償における実質的な適法行為の取込みが可能になるものと考えられる。

　第二に、国家賠償法1条1項の違法性については、職務行為基準説等、様々な議論がなされているが、行政作用に特有の、法令に基づいて適法に人の権利・利益を侵害しうる作用類型としての、狭義の「公権力の行使」についてみた場合には、上述した第一のとらえ方をするならば、根拠規定等法令上の要件に照らしての適法性・違法性が、まず問題とされるべきことになろう。狭義の「公権力の行使」の適法性が肯認された場合には、次に、補償の要否が問題となりうるため（補償代替型国家賠償を用いるにせよ）、損失補償の観点を加味するならば、根拠規定等法令上の要件に照らしての適法性審査は不可欠であると解される。国家賠償は、国・公共団体の不法行為責任といわれているが、国家補償として、損失補償と国家賠償との統一的把握は、行政法に特有な視点であり、適法性・違法性審理は、過失・注意義務審理とは切り離して行われるべきであろう。

　本章は、行政法に特有な作用類型である法令に基づく侵害作用を共通の視座に据えることによって、損失補償と狭義の「公権力の行使」の国家賠償とを統合して、国家補償の枠組みの中に位置づけることとし、損失補償と国家賠償の

---

62) なお、前記(A)類型と(B)類型において観念される適法性は、侵害作用の相手方に対して、当該侵害作用の根拠規定等法令上の要件に照らしての適法性であるため、法令上の要件を具備して適法と解される場合にも、当該相手方に、予測されえない被害が及ぶ場合や、第三者に対して想定していなかった被害が及ぶ場合には、不法行為の観点から違法と解されることも考えられる。したがって、国家賠償法上の違法は、逆に、法令上の要件に照らしての違法よりも広がる可能性も存するが（なお、観点は異なるが、取消処分自体に違法は認められないが国家賠償法上の違法は認められるという場合について、芝池・前掲注4) 243頁参照)、このような場合について、不法行為として損害賠償の枠組みに入れるか、損失補償としてとらえるかは、通常は、国家補償の谷間の問題として議論されてきたところである。

63) 狭義の公権力の行使の違法を理由として、国家賠償請求を行う場合には、本来、処分が違法とされることによる原状回復は、取消訴訟あるいは職権取消しによりなされるべきであって、国家賠償はこれら原状回復によっては回復できない損害を対象としてなされるのが通例であるが、違法な処分によって、名宛人に予想し難い損害が生じた場合や、第三者に対して損害が及ぼされた場合、あるいは、侵害的事実行為によって損害が発生した場合には、国家賠償請求により救済されることになろう。なお、課税処分については、小早川光郎「課税処分と国家賠償」稲葉馨＝亘理格編『藤田宙靖博士東北大学退職記念　行政法の思考様式』（青林書院・2008）421頁以下参照。

連続した理解を可能とするよう試みた。国家補償法が、元来目指していたように、適法・違法という区別にとらわれることなく、被害者の立場から救済を図るという視点は、今なお、重要で、意義が大きいと考えられるが、この連続した理解の中で、補償代替型国家賠償による救済可能性など、補償と賠償の融合はさらに進められるべきではないかと思われる。また、その中で、国家賠償法１条１項の違法性の意味についても、損失補償との統合的理解の下に、改めて、行政法に特有のものとして、侵害行為の根拠規定等法令上の要件に照らしての違法性を観念すべきことを指摘しておきたい。

著者紹介

小幡 純子（おばた・じゅんこ）
上智大学大学院法学研究科教授
1957年　東京生まれ
1980年　東京大学法学部卒業
　　　　東京大学文部教官助手
1986年　上智大学法学部専任講師
1998年　上智大学法学部助教授
1995年　上智大学法学部教授
2004年　上智大学大学院法学研究科教授
専　攻　行政法
主　著　『行政法』〔アルマシリーズ〕（共著、有斐閣・1997年）
　　　　「公物の有効利用と公部部占用理論──フランス公物法の変容を中心として」上智法学論集41巻3号（1999年）
　　　　「国家賠償法の適用範囲について(上)(下)──民間委託等官民協働による行政活動をめぐって」法曹時報64巻2号・3号（2012年）
　　　　「行政法と人の属性」公法研究75号（2013年）

国家賠償責任の再構成
──営造物責任を中心として　　（行政法研究双書 31）

2015（平成27）年2月15日　初版1刷発行

著　者　小幡　純子
発行者　鯉渕　友南
発行所　株式会社 弘文堂　　101-0062 東京都千代田区神田駿河台1の7
　　　　　　　　　　　　　TEL 03(3294)4801　振替 00120-6-53909
　　　　　　　　　　　　　　　　http://www.koubundou.co.jp
印　刷　港北出版印刷
製　本　牧製本印刷

© 2015 Junko Obata. Printed in Japan

[JCOPY]　〈(社)出版者著作権管理機構　委託出版物〉
本書の無断複写は著作権法上での例外を除き禁じられています。複写される場合は、そのつど事前に、(社)出版者著作権管理機構（電話 03-3513-6969、FAX 03-3513-6979、e-mail:info@jcopy.or.jp）の許諾を得てください。
また本書を代行業者等の第三者に依頼してスキャンやデジタル化することは、たとえ個人や家庭内での利用であっても一切認められておりません。

ISBN978-4-335-31218-2

オンブズマン法〔新版〕《行政法研究双書1》	園部逸夫 枝根 茂
土地政策と法《行政法研究双書2》	成田頼明
現代型訴訟と行政裁量《行政法研究双書3》	高橋 滋
行政判例の役割《行政法研究双書4》	原田尚彦
行政争訟と行政法学〔増補版〕《行政法研究双書5》	宮崎良夫
環境管理の制度と実態《行政法研究双書6》	北村喜宣
現代行政の行為形式論《行政法研究双書7》	大橋洋一
行政組織の法理論《行政法研究双書8》	稲葉 馨
技術基準と行政手続《行政法研究双書9》	高木 光
行政とマルチメディアの法理論《行政法研究双書10》	多賀谷一照
政策法学の基本指針《行政法研究双書11》	阿部泰隆
情報公開法制《行政法研究双書12》	藤原静雄
行政手続・情報公開《行政法研究双書13》	宇賀克也
対話型行政法学の創造《行政法研究双書14》	大橋洋一
日本銀行の法的性格《行政法研究双書15》	塩野 宏 監修
行政訴訟改革《行政法研究双書16》	橋本博之
公益と行政裁量《行政法研究双書17》	亘理 格
行政訴訟要件論《行政法研究双書18》	阿部泰隆
分権改革と条例《行政法研究双書19》	北村喜宣
行政紛争解決の現代的構造《行政法研究双書20》	大橋真由美
職権訴訟参加の法理《行政法研究双書21》	新山一雄
パブリック・コメントと参加権《行政法研究双書22》	常岡孝好
行政法学と公権力の観念《行政法研究双書23》	岡田雅夫
アメリカ行政訴訟の対象《行政法研究双書24》	越智敏裕
行政判例と仕組み解釈《行政法研究双書25》	橋本博之
違法是正と判決効《行政法研究双書26》	興津征雄
学問・試験と行政法学《行政法研究双書27》	徳本広孝
国の不法行為責任と 　　公権力の概念史《行政法研究双書28》	岡田正則
保障行政の法理論《行政法研究双書29》	板垣勝彦
公共制度設計の基礎理論《行政法研究双書30》	原田大樹
国家賠償責任の再構成《行政法研究双書31》	小幡純子
条解 行政手続法	塩野 宏 高木 光
条解 行政事件訴訟法〔第4版〕	南博方 原編著／高橋滋 市村陽典・山本隆司 編
条解 行政情報関連三法	高橋滋・斎藤誠 藤井昭夫 編著